IMPROBIDADE ADMINISTRATIVA E TRIBUNAIS DE CONTAS
AS INOVAÇÕES DA LEI Nº 14.230/2021

FABRÍCIO MOTTA
ISMAR VIANA
Coordenadores

Fábio Medina Osório
Prefácio

IMPROBIDADE ADMINISTRATIVA E TRIBUNAIS DE CONTAS

AS INOVAÇÕES DA LEI Nº 14.230/2021

Belo Horizonte

FÓRUM

CONHECIMENTO JURÍDICO

2022

© 2022 Editora Fórum Ltda.

É proibida a reprodução total ou parcial desta obra, por qualquer meio eletrônico, inclusive por processos xerográficos, sem autorização expressa do Editor.

Conselho Editorial

Adilson Abreu Dallari
Alécia Paolucci Nogueira Bicalho
Alexandre Coutinho Pagliarini
André Ramos Tavares
Carlos Ayres Britto
Carlos Mário da Silva Velloso
Cármen Lúcia Antunes Rocha
Cesar Augusto Guimarães Pereira
Clovis Beznos
Cristiana Fortini
Dinorá Adelaide Musetti Grotti
Diogo de Figueiredo Moreira Neto (*in memoriam*)
Egon Bockmann Moreira
Emerson Gabardo
Fabrício Motta
Fernando Rossi
Flávio Henrique Unes Pereira

Floriano de Azevedo Marques Neto
Gustavo Justino de Oliveira
Inês Virgínia Prado Soares
Jorge Ulisses Jacoby Fernandes
Juarez Freitas
Luciano Ferraz
Lúcio Delfino
Marcia Carla Pereira Ribeiro
Márcio Cammarosano
Marcos Ehrhardt Jr.
Maria Sylvia Zanella Di Pietro
Ney José de Freitas
Oswaldo Othon de Pontes Saraiva Filho
Paulo Modesto
Romeu Felipe Bacellar Filho
Sérgio Guerra
Walber de Moura Agra

FÓRUM

CONHECIMENTO JURÍDICO

Luís Cláudio Rodrigues Ferreira
Presidente e Editor

Coordenação editorial: Leonardo Eustáquio Siqueira Araújo
Aline Sobreira de Oliveira

Rua Paulo Ribeiro Bastos, 211 – Jardim Atlântico – CEP 31710-430
Belo Horizonte – Minas Gerais – Tel.: (31) 2121.4900
www.editoraforum.com.br – editoraforum@editoraforum.com.br

Técnica. Empenho. Zelo. Esses foram alguns dos cuidados aplicados na edição desta obra. No entanto, podem ocorrer erros de impressão, digitação ou mesmo restar alguma dúvida conceitual. Caso se constate algo assim, solicitamos a gentileza de nos comunicar através do *e-mail* editorial@editoraforum.com.br para que possamos esclarecer, no que couber. A sua contribuição é muito importante para mantermos a excelência editorial. A Editora Fórum agradece a sua contribuição.

Dados Internacionais de Catalogação na Publicação (CIP) de acordo com ISBD

I34	Improbidade administrativa e Tribunais de Contas: as inovações da Lei nº 14.230/2021 / coordenado por Fabrício Motta, Ismar Viana. - Belo Horizonte : Fórum, 2022.
	287p. ; 14,5cm x 21,5cm.
	Inclui anexo.
	ISBN: 978-65-5518-445-7
	1. Direito Administrativo. 2. Direito Constitucional. 3. Direito Digital. 4. Direito Público. 5. Governo Eletrônico. 6. Administração Pública. I. Motta, Fabrício. II. Viana, Ismar. III. Título.
	CDD 341.3
2022-2188	CDU 342.9

Elaborado por Odilio Hilario Moreira Junior - CRB-8/9949

Informação bibliográfica deste livro, conforme a NBR 6023:2018 da Associação Brasileira de Normas Técnicas (ABNT):

MOTTA, Fabrício; VIANA, Ismar (coord.). *Improbidade administrativa e Tribunais de Contas*: as inovações da Lei nº 14.230/2021. Belo Horizonte: Fórum, 2022. 287p. ISBN 978-65-5518-445-7.

SUMÁRIO

PREFÁCIO
O NOVO CONCEITO DE SANÇÃO ADMINISTRATIVA E O
REGIME JURÍDICO DA IMPROBIDADE ADMINISTRATIVA
Fábio Medina Osório...11

A LEI DE IMPROBIDADE ADMINISTRATIVA DE 2021 E OS
PROCESSOS EM CURSO
Carlos Ari Sundfeld, André Rosilho, Ricardo Alberto Kanayama..............23
Introdução...23
1   Dolo e Improbidade Administrativa na LIA de 2021 24
2   O judiciário e a aplicação retroativa de normas mais benéficas da LIA de
2021...26
3   A LIA de 2021 como vetor de interpretação para processos iniciados à
luz da LIA de 1992...32
Conclusão..36
Referências 37

A ESPARRELA DA (IR)RETROATIVIDADE DA NOVA LEI DE
IMPROBIDADE
Floriano de Azevedo Marques Neto...39
1   Um grande avanço: definição da ação de improbidade como repressiva
de caráter sancionatório...40
2   Natureza das normas trazidas pela Lei nº 14.230/2021 42
3   A vigência das normas no direito brasileiro 43
4   As normas de direito material sancionador da nova lei e sua aplicação...44
5   As normas processuais contidas na nova lei e sua aplicação..................47
6   Hipótese de retroatividade excepcional 50
7   Conclusão...51
Referências 52

A PRESCRIÇÃO NO ÂMBITO DOS TRIBUNAIS DE CONTAS:
UMA PROPOSTA DE SOLUÇÃO TRAZIDA PELA NOVA LEI DE
IMPROBIDADE
Christianne de Carvalho Stroppa, Newton Antônio Pinto Bordin..............53
Introdução...53

1   A recente jurisprudência do STF sobre a prescritibilidade do dano ao erário 54

2   A Lei de Improbidade Administrativa e a atuação dos Tribunais de Contas..58

3   Da abertura da Lei de Improbidade Administrativa à atuação dos Tribunais de Contas..62

Conclusão...67

Referências 68

OS TRIBUNAIS DE CONTAS E A AÇÃO DE IMPROBIDADE ADMINISTRATIVA À LUZ DA LEI Nº 14.230/2021: NEM VINCULAÇÃO, NEM IRRELEVÂNCIA

Cristiana Fortini, Caio Mário Lana Cavalcanti....................................71

Introdução..71

1   Nem vinculação, nem irrelevância: os Tribunais de Contas nas ações de improbidade administrativa, com ênfase nas disposições legais inauguradas pela Lei nº 14.230/2021...74

Conclusão...83

Referências 84

ERRO GROSSEIRO NO RESSARCIMENTO AO ERÁRIO: ANÁLISE CRÍTICA DA DECISÃO DO TCU À LUZ DA LINDB E DAS MUDANÇAS PROMOVIDAS NA LEI DE IMPROBIDADE

Flávio Henrique Unes Pereira, Matheus Jasper Soares Nangino 89

Introdução..89

1   Inovações da LINDB e a busca da 'ressurreição das canetas'...................90

2   A interpretação do TCU – "não se altera responsabilidade pelo débito" 93

3   Mudanças na Lei de Improbidade – apenas dolo 102

Conclusão...105

Referências 106

A INDIVIDUALIZAÇÃO DE CONDUTAS E A DEFINIÇÃO DE RESPONSABILIDADES NOS PROCESSOS DE CONTROLE EXTERNO DE NATUREZA SANCIONADORA COMO MEIOS DE INSTRUMENTALIZAÇÃO DOS INQUÉRITOS CIVIS INSTAURADOS PELO MINISTÉRIO PÚBLICO

Henrique Pandim Barbosa Machado 109

Notas introdutórias...109

1   O Tribunal de Contas e a sua jurisdição 112

2 O Processo de Contas 116

2.1 Noções gerais 116

2.2 Parâmetros constitucionais 118

3 Conclusões parciais 125

4 Da possibilidade de se utilizar o processo de contas para instrumentalizar um inquérito civil 127

Referências 129

EQUILÍBRIO E SEGURANÇA NA RESPONSABILIZAÇÃO DAS DIVERSAS INSTÂNCIAS: IMPROBIDADE REFORMADA E DESAFIOS DO PODER SANCIONADOR PONDERADO

Irene Patrícia Nohara, Érika Capella Fernandes 133

Introdução 133

1 O problema do *bis in idem* e da multiplicação das oportunidades de responsabilização do agente público: equilíbrio do poder sancionador pela LINDB 135

2 Multiplicação das instâncias de responsabilização e novas orientações na revisão da improbidade 142

3 Excessos e intersecções do controle sobre o mesmo fato: ausência de concertação e possibilidade de quádruplo sancionamento 148

4 Imprescindível ponderação do "dogma da autonomia das instâncias" no calibramento com a proporcionalidade 151

Conclusões 154

Referências 155

A LEI DE IMPROBIDADE ADMINISTRATIVA REFORMADA: INOVAÇÕES, IMPACTOS E PROVAS PRODUZIDAS NOS TRIBUNAIS DE CONTAS COMO MEIO DE INSTRUMENTALIZAÇÃO DE INQUÉRITOS CIVIS E AÇÕES DE IMPROBIDADE

Ismar Viana, Fabrício Motta 157

Introdução 157

1 Inovações na Lei de Improbidade Administrativa promovidas pela Lei nº 14.230/2021 159

1.1 Principais inovações e as linhas condutoras das alterações no controle da Administração Pública 159

2 O novo regramento da atuação dos Tribunais de Contas na tutela da probidade administrativa 164

2.1 A apuração de dano em acordos de não persecução: o que é possível extrair do §3º do art. 17-B da Lei de Improbidade Administrativa? 166

2.2 Os reflexos das instruções processuais e decisões dos Tribunais de Contas no sistema de responsabilização por atos de improbidade administrativa: a segregação de funções no sistema de responsabilização no âmbito do Controle Externo como condição de legitimidade processual-decisória 172

Conclusão 176

Referências 176

ACORDOS DE NÃO PERSECUÇÃO CÍVEL E RESSARCIMENTO AO ERÁRIO NA LEI DE IMPROBIDADE ADMINISTRATIVA: O TRIBUNAL DE CONTAS COMO ÁRBITRO DO *QUANTUM DEBEATUR*

Luciano Ferraz 179

Introdução 179

1 Consensualidade Administrativa 180

2 Acordos de não persecução cível 182

3 Participação dos Tribunais de Contas nos acordos de não persecução cível: árbitro do *quantum debeatur* 185

Conclusão 187

Referências 188

O APROVEITAMENTO DA INSTRUÇÃO PROBATÓRIA E RESPONSABILIZAÇÃO NO ÂMBITO DOS TRIBUNAIS DE CONTAS COMO VIA POSSÍVEL PARA A SUPERAÇÃO DO INCREMENTO DAS CONDIÇÕES DE PROCEDIBILIDADE DE QUE TRATA O §6º DO ART. 17 DA LEI Nº 8.429, DE 1992

Marcelo Harger 189

Introdução 189

1 Os requisitos da petição inicial da ação de improbidade 191

1.1 Individualização da conduta do réu 193

1.2 Elementos probatórios mínimos que comprovem a ocorrência de uma das hipóteses dos artigos 9º a 11 da Lei de Improbidade 194

1.3 Elementos probatórios mínimos que indiquem a autoria 195

1.4 Seja instruída com documentos suficientes da veracidade dos fatos 195

1.5 Seja instruída com documentos suficientes da ocorrência de dolo 196

1.6 A obrigatoriedade da manifestação do investigado nos processos administrativos para apuração de ilícitos de improbidade em curso no Ministério Público 196

1.7 Justificação devidamente fundamentada da impossibilidade de apresentação dos elementos/provas anteriores 197

2 A justa causa na Lei de Improbidade 198
3 Os documentos colhidos em processos nos Tribunais de Contas como elementos importantes na análise do recebimento das ações de improbidade administrativa 202

Conclusões 205

Referências 205

O ELEMENTO SUBJETIVO DOLO PARA CONFIGURAÇÃO DE IMPROBIDADE ADMINISTRATIVA E O RECONHECIMENTO DE SUA OCORRÊNCIA POR TRIBUNAIS DE CONTAS

Márcio Cammarosano 207

Introdução 207

1 Competências para julgar imputação de responsabilidade por improbidade e os Tribunais de Contas............209

2 Legalidade, moralidade e probidade; distinções; o sistema de responsabilização por improbidade 211

3 Improbidade: responsabilidade subjetiva na modalidade dolosa. Inexistência de ofensa ao princípio da vedação do retrocesso 213

4 Reconhecimento por Tribunais de Contas de indícios de improbidade ...215

Conclusão............218

Referências 218

OS REFLEXOS DAS COMPETÊNCIAS DE CONTROLE EXTERNO NAS DECISÕES NO ÂMBITO DAS AÇÕES DE IMPROBIDADE ADMINISTRATIVA: ALARGAMENTO DO ÔNUS DECISÓRIO INAUGURADO PELO §1º DO ART. 21 DA LEI Nº 8.429, DE 1992, E OS IMPACTOS DOS ATOS DOS TRIBUNAIS DE CONTAS NO REGIME DA IMPROBIDADE ADMINISTRATIVA

Marcos Nóbrega, Aldem Johnston Barbosa Araújo 219

1 Premissas necessárias............219

2 O que a doutrina tem dito acerca dos parágrafos 1º e 2º do art. 21 da Lei nº 8.429/1992? 225

3 O parágrafo 1º do art. 21 da Lei nº 8.429/1992 precisa ser aplicado em conjunto com o art. 24 da LINDB 228

4 Considerações de ordem prática 230

4.1 O risco de os entendimentos dos Tribunais de Contas substituírem os entendimentos da Administração Pública............230

4.2 A provável inviabilidade de o Ministério Público aguardar o fim do trâmite de processos de contas para propor e julgar ações de improbidade............231

5 Provocações finais............233

Referências 234

A PARTICIPAÇÃO DOS TRIBUNAIS DE CONTAS NA APURAÇÃO DO DANO NOS ACORDOS DE NÃO PERSECUÇÃO CIVIL: AS MÚLTIPLAS CONTROVÉRSIAS DO §3º DO ART. 17-B DA LEI Nº 8.429/1992

Odilon Cavallari 235

    Introdução 235

1   Do significado da participação dos Tribunais de Contas prevista no §3º do art. 17-B da Lei nº 8.429/1992 236

2   Tribunal de Contas: de auxiliar do Poder Legislativo a auxiliar do Ministério Público e da Justiça? 243

3   Da necessidade de interpretação conforme à Constituição do §3º do art. 17-B da Lei nº 8.429/1992, inserido pela Lei nº 14.230/2021 245

4   Da inconstitucionalidade da interpretação que conclui pela obrigação de o Tribunal de Contas se manifestar sobre o valor do dano a ser ressarcido 250

5   Do não cabimento da invocação das Leis Orgânicas dos Ministérios Públicos e do CPC para justificar solicitações de auditorias e inspeções aos Tribunais de Contas 254

6   Da constitucionalidade do §3º do art. 17-B da Lei nº 8.429/1992, se a manifestação do Tribunal de Contas sobre o valor do dano for interpretada como facultativa 256

7   Do risco de interpretação ampliativa do §3º do art. 17-B da Lei nº 8.429/1992 262

    Conclusão 263

    Referências 267

CONTROLE DA LEGITIMIDADE DO ENRIQUECIMENTO DE AGENTES PÚBLICOS

Wallace Paiva Martins Júnior 269

    Introdução 269

1   Controle da legitimidade do enriquecimento de agentes públicos 270

3   Enriquecimento ilícito e evolução patrimonial desproporcional 275

4   Cooperação institucional 281

    Referências 282

SOBRE OS AUTORES 283

PREFÁCIO

O NOVO CONCEITO DE SANÇÃO ADMINISTRATIVA E O REGIME JURÍDICO DA IMPROBIDADE ADMINISTRATIVA

Uma honra prefaciar uma obra coordenada por Fabrício Motta e Ismar Viana. Nesta obra colaboram autores ilustres e renomados do cenário jurídico brasileiro. A temática não poderia ser mais oportuna: *o papel dos Tribunais de Contas na Lei de Improbidade Reformada.*

Para melhor compreender esse protagonismo, cumpre avaliar, no contexto da aplicação da Lei nº 8.429/1992, a natureza jurídica dos atos de improbidade administrativa e das respectivas sanções. Nesse passo, os Tribunais de Contas assumiram um relevante protagonismo na formatação e quantificação do dano ao erário, para formalização dos tipos sancionadores previstos no art.10 e nos respectivos incisos da Lei de Improbidade Administrativa, respeitada a autonomia e a independência dos Poderes. Esse é um ponto sobre o qual também refletirei neste prefácio.

Antes, porém, de um breve exame sobre esse protagonismo dos Tribunais de Contas quanto à celebração dos acordos de não persecução cível envolvendo os atos de improbidade administrativa, examino em breves linhas o novo regime jurídico do Direito Administrativo Sancionador aplicável ao âmbito da improbidade administrativa e os respectivos princípios constitucionais.

Em 25 de outubro de 2021 foi sancionada a Lei nº 14.230, que deu nova redação a vários dispositivos da Lei nº 8.429/1992 (LIA), promovendo alterações no regime legal da improbidade administrativa que têm ampla repercussão geral.

Dentre tais alterações, uma das mais significativas é a determinação de aplicar os princípios do Direito Administrativo Sancionador ao sistema da improbidade, conforme a nossa doutrina preconiza desde 1999 e de modo pioneiro no Brasil.[1] Com efeito, o artigo 1º, §4º, da Lei nº 8.429/1992 (LIA), em sua nova redação, acolheu expressamente o regime jurídico dos princípios do Direito Administrativo Sancionador na Lei de Improbidade (grifamos):

> Art. 1º O sistema de responsabilização por atos de improbidade administrativa tutelará a probidade na organização do Estado e no exercício de suas funções, como forma de assegurar a integridade do patrimônio público e social, nos termos desta Lei.
> [...]
> *§4º Aplicam-se ao sistema da improbidade disciplinado nesta Lei os princípios constitucionais do Direito Administrativo Sancionador.*

Conforme tive a oportunidade de expor em minha obra *Direito Administrativo Sancionador*, desde 2000, com base na doutrina de autores como EDUARDO GARCÍA DE ENTERRÍA, FRANCK MODERNE, ZANOBINI, GOLDSCHMIDT e muitos outros clássicos, as raízes mais diretas do Direito Administrativo Sancionador são encontradas no direito moderno, porque é a partir da Revolução Francesa que surgem e se consolidam dois princípios fundamentais, verdadeiros sustentáculos das modernas teorias em torno das sanções administrativas, ou seja: os princípios da separação de poderes e da separação das autoridades judiciais e administrativas. O legislador revolucionário entendeu, assim, que as funções repressivas e preventivas deveriam ser tratadas separadamente.

Em linhas gerais, percebe-se que o poder sancionador evolui para o direito punitivo e esse em direção a uma especialização funcional, diversificando-se em Direito Penal e Direito Administrativo Sancionador. Primeiro, o direito punitivo constitui limite ao poder sancionador da autoridade. Essa, por sua parte, passa a encarnar a chamada função de polícia, já uma evolução em relação ao que se concebia nos Estados tipicamente feudais. A genérica função estatal de polícia se subdividia em várias outras, incluindo a judicial. O direito administrativo já aparecia,

---

[1] De fato, sustentamos que o Direito Administrativo Sancionador rege as ações de improbidade desde 1999, pioneiramente no Brasil e no exterior. Ainda naquele ano, tivemos a oportunidade de publicar trabalho seminal nesta matéria na *Revista de Administración Pública Española* (RAP, n. 149), no qual propusemos um novo conceito de sanção administrativa para o Direito brasileiro, um conceito que abarcaria elementos formal e material, permitindo, assim, que também o Judiciário aplicasse diretamente sanções de Direito Administrativo, conforme veremos adiante. Na oportunidade, também traduzimos a Lei de Improbidade para o idioma espanhol, pela primeira vez.

embrionariamente, junto ao direito penal, nesse momento, na tutela de funções ordenadoras e repressivas da autoridade. Na sequência, o direito penal se consolida como ramo jurídico mais grave, rigoroso, severo, identificando-se, sobremaneira, com o direito punitivo.

Sem embargo da expansão e do prestígio do Direito Penal, o Direito Administrativo Sancionador se expande a partir da ideia de que o Estado carece de sanções para viabilizar sua própria e direta atuação. As proibições, inerentes às funções de polícia, necessitam da ameaça das sanções. Além disso, o direito penal, em sua evolução garantista, resulta absorvido pela Justiça Criminal, não dando conta de todas as suas tarefas repressivas, ante o congestionamento que se observa, daí derivando outras causas políticas da maior importância para a expansão do Direito Administrativo Sancionador.

O direito penal é confundido com o poder sancionador judicial, ao passo que o Direito Administrativo Sancionador é supostamente absorvido pelo poder administrativo sancionador. Essa confusão está enraizada na tese de que o Poder Judicial teria funções repressivas e a Administração Pública funções preventivas. Todavia, nem o direito penal seria necessariamente judicializado, salvo em sua progressão humanística que culmina com o aumento de suas garantias, nem o Direito Administrativo Sancionador seria apenas preventivo ou confundível com o poder sancionador da Administração Pública, uma vez que, ao revés, sendo direito repressivo, o Direito Administrativo Sancionador seria passível de imposição pelo Poder Judicial, em suas origens. Pelo histórico, é possível perceber esses traços evolutivos.

Quando se trata de analisar a evolução histórica da teoria da sanção administrativa, o que se observa é uma migração da pena administrativa do campo do Poder de Polícia para o terreno do Poder Sancionador. Noutras palavras, o que se verifica é que a teoria da sanção culmina por englobar duas outras categorias, quais sejam, sanções penais e sanções administrativas, recortando o próprio poder de polícia, além de abarcar outras possíveis categorias menos relevantes ou impactantes no meio social. Daí a pertinência da sanção administrativa no universo do Direito Punitivo, por suas conexões e paralelos com a teoria da sanção penal, que lhe serve de referência. Esse Direito Punitivo, quando incidente no campo do Direito Administrativo, transforma-se em Direito Administrativo Sancionador, consoante se pacificou na doutrina europeia e na jurisprudência dos Tribunais dos países europeus, tais como Alemanha, Itália, França, Portugal e, sobretudo, no Tribunal Europeu de Direitos Humanos, cuja jurisprudência é conhecida por esse egrégio Supremo Tribunal Federal. No Brasil, em 2000, trouxemos a jurisprudência do Tribunal Constitucional Espanhol e do Tribunal Supremo da Espanha como referências, além de havermos trabalhado a jurisprudência do devido processo legal da Suprema Corte Americana.

Neste contexto, foi preciso retomar o tema do conceito de sanção administrativa no direito brasileiro, já que a lei de improbidade tem sanções judiciais cujo regime jurídico é de direito administrativo, mais especificamente de Direito Administrativo Sancionador.[2]

A conceituação das sanções administrativas, no âmbito do direito administrativo brasileiro, está vinculada às dimensões formal e material desse ramo jurídico.[3] Com efeito, as sanções administrativas podem conceituar-se, como de fato sempre ocorreu de forma esmagadora na doutrina brasileira e estrangeira, partindo de uma subjacente concepção do direito administrativo como direito processual, confundindo-se, neste caso, a sanção administrativa com o chamado poder administrativo sancionador.

Foi necessário reinserir, nesse contexto, as sanções administrativas no universo do direito administrativo material, como consequência dos ilícitos, não só como produto de um processo de formalização de quaisquer ilícitos, e sem abandonar a possibilidade legítima da perspectiva processual em determinados casos.

Não se nega a importância da dimensão processual do Direito Administrativo Sancionador, na medida em que não raro constitui instrumento de formalização de infrações e de sanções para o amparo

---

[2] A tarefa foi necessária, porque a doutrina nacional não elucidou o tema originariamente, grassando a desavença com relação à natureza jurídica das sanções aos atos de improbidade. Em artigo doutrinário, o saudoso ex-Ministro do STJ, JOSÉ AUGUSTO DELGADO, identificou apenas três correntes acerca da natureza jurídica da improbidade administrativa, *in verbis*: "a) A primeira entende que os seus efeitos são de natureza administrativa e patrimonial, isto é, cível no sentido lato; b) A segunda defende que ela encerra, preponderantemente, conteúdo de Direito Penal, pelo que assim deve ser considerada; c) A terceira adota posição eclética. Firma compreensão no sentido de que, dependendo da autoridade que for chamada para integrar o polo passivo, ela terá a natureza de espelhar crimes políticos, de responsabilidade ou de responsabilidade patrimonial e administrativa" (DELGADO, José Augusto. *Improbidade administrativa*: algumas controvérsias doutrinárias e jurisprudenciais da LIA. Disponível em: https://www.stj.jus.br/publicacaoinstitucional/index.php/informativo/article/view/404/363. Acesso em 5 jun. 2022).

[3] Ao tratarmos do direito brasileiro, calha consignar que a primeira disciplina com a nomenclatura de "Direito Administrativo Sancionador" (Princípios de Direito Administrativo Sancionador) no Brasil foi criada em 2004, pelo signatário deste prefácio nos Cursos de Mestrado e Doutorado da Faculdade de Direito da Universidade Federal do Rio Grande do Sul (UFRGS). A criação de uma disciplina começa a dar autonomia científica para uma matéria. Atualmente, o Direito Administrativo Sancionador encontra ressonância em várias Faculdades de Direito do Brasil.

de quaisquer espécies de bens jurídicos, desde a perspectiva da atuação administrativa, adentrando esferas tuteladas diretamente por outros ramos jurídicos, tais como o direito ambiental, o direito da concorrência ou o direito dos consumidores. Tão somente foi necessário ampliar o conceito, englobando também a perspectiva material do Direito Administrativo Sancionador, que é um instrumento específico para tutelar os ilícitos tipicamente administrativos, aqueles que devem ser sancionados pela Administração Pública ou pelo Poder Judiciário, não importa, mas que têm como figurante no polo passivo da agressão à Administração Pública.

Nesse passo, para que se analise a sanção administrativa, necessário inseri-la no âmbito mais geral do poder punitivo estatal e, logo, no universo do Direito Público Punitivo, pois somente assim se poderá apartá-la de outros institutos similares, reconhecendo-lhe um regime jurídico próprio, ainda que aproximado a outros por afinidades evidentes.[4]

---

[4] Formulamos esse histórico apropriadamente nas obras *Direito Administrativo Sancionador*, desde a primeira edição (RT, 2000), e *Teoria da Improbidade Administrativa*, também desde a 1ª edição (RT, 2007). Veja-se que, em artigo doutrinário, o Min. Gilmar Mendes e o jurista Arnoldo Wald (MENDES, Gilmar; WALD, Arnoldo. Competência para julgar ação de improbidade administrativa. *Revista de Informação Legislativa*, Brasília a. 35 n. 138 abr./jun. 1998) sustentaram a tese de que os atos de improbidade, nos seus primórdios, configuravam crimes de responsabilidade para determinados sujeitos, argumentando que haveria um duplo regime sancionatório, de modo que o regime desses últimos, por ser mais específico, absorveria o regime da improbidade administrativa, a fim de respeitar o princípio *ne bis in idem*. Nada mencionaram, em verdade, sobre a categoria do Direito Administrativo Sancionador. De sua parte, Emerson Garcia e Rogério Pacheco Alves (GARCIA, Emerson; ALVES, Rogério Pacheco. *Improbidade Administrativa*. 8. ed. São Paulo: Saraiva, 2014, p. 617-628) negavam que o ilícito de improbidade tivesse natureza de direito administrativo sancionador e que suas sanções pertencessem a esse ramo jurídico, sustentando que, na verdade, "ostentam características de natureza civil, resultando em restrições na esfera jurídica do ímprobo a partir de uma metodologia de igual natureza [...]". Mauro Roberto Gomes de Mattos (MATTOS, Mauro Roberto Gomes de. *O limite da improbidade administrativa*. 5. ed. São Paulo: Forense, 2010) mantinha, antes do advento da Nova Lei de Improbidade Administrativa, uma posição eclética, pois entendia que, embora a LIA fixasse sanções civis, não seria possível ignorar o seu aspecto penal, silenciando sobre a natureza do direito administrativo sancionador. Waldo Fazzio Jr. (FAZZIO JR., Waldo. *Improbidade administrativa*. 4. ed. São Paulo: Atlas, 2016) afirmava que as sanções da LIA "são civis e político-administrativas", ao passo que Wallace Paiva Martins Jr. (MARTINS JR., Wallace Paiva. *Probidade Administrativa*. 4. ed. São Paulo: Saraiva, 2009) entendia a Lei de Improbidade como "norma extrapenal de caráter punitivo", ressalvando, porém, que a responsabilidade seria de natureza civil. Também o ex-Desembargador do TRF4, Amir José Finocchiaro Sarti, Lia Sarti e Cauê Simon (SARTI, Amir José Finocchiaro Sarti; SARTI, Lia; SIMON, Cauê. Natureza jurídica da ação de improbidade administrativa. *Revista da Faculdade de Direito da FMP* – 2013, n. 8, p 156-173) caracterizavam as sanções de improbidade como civis, nada mencionando sobre a natureza de direito administrativo sancionador, cuja doutrina até mesmo mostraram ignorar. Por sua vez, Edilson Pereira Nobre Jr. (NOBRE JR. Edilson Pereira. Ação para a apuração de ato de improbidade administrativa e o seu cabimento

Pois bem, já na primeira edição de nossa obra *Direito Administrativo Sancionador* (Ed. RT, no ano de 2000), reafirmamos o conceito de *sanção administrativa* desenvolvido em trabalho pioneiro no ano anterior, como antes referido, apresentando-o nos mesmos termos ainda hoje professados, *in verbis* (grifamos):

> No caso das sanções administrativas (de Direito Administrativo) aplicadas por Juízes e Tribunais, a nota distintiva da sanção será, além da presença da Administração Pública em um dos polos (como lesada), e demais elementos já apontados, a ausência de natureza penal da sanção, o que se deve verificar, de um lado, na decisão legislativa soberana e discricionária e, de outro, na ausência de previsão, direta ou indireta, de pena privativa de liberdade. O critério da previsão legislativa está ligado ao princípio democrático, porque o legislador tem competências discricionárias, amplas, elásticas, para definir a natureza das sanções contempladas aos ilícitos por ele estatuídos. O critério da pena privativa de liberdade tem natureza objetiva e constitucional, inclusive com suporte no Direito Internacional, evidenciando uma limitação progressivamente reconhecida pelos tribunais europeus, incluído o Tribunal Europeu de Direitos Humanos, aos Estados soberanos. Essa limitação busca amparo no caráter fragmentário do Direito Penal e na privação de liberdade como uma sanção drástica, que afeta direitos fundamentais conectados a uma série de garantias materiais e processuais. Esse conjunto de direitos e garantias processuais e materiais reside no interior do Direito Penal e do Direito Processual Penal.
>
> *Consiste a sanção administrativa, portanto, em um mal ou castigo, porque tem efeitos aflitivos, com alcance geral e potencialmente pro futuro, imposto pela Administração Pública, materialmente considerada, pelo Judiciário ou por corporações de direito público, a um administrado, jurisdicionado, agente público, pessoa física ou jurídica, sujeitos ou não a especiais relações de*

---

frente aos agentes políticos. *RTDP*, Belo Horizonte, n. 58, nov. 2013) abonou a tese de que a Lei de Improbidade Administrativa configuraria infrações político-administrativas e crimes de responsabilidade para determinados agentes políticos e, inclusive, não se aplicaria a membros da Magistratura e do Ministério Público, silenciando a respeito da tese de que a lei se enquadraria no regime jurídico do Direito Administrativo Sancionador. Veja-se, ainda, o trabalho de Thiago Antunes de Aguiar (AGUIAR, Thiago Antunes de. Responsabilização dos agentes políticos nos atos de improbidade administrativa. *Revista de Informação Legislativa*, Brasília, a. 47, n. 185, jan./mar. 2010), referenciando a natureza jurídica dos atos de improbidade administrativa: "As sanções da LIA têm natureza político-administrativa, portanto, são de direito civil, em sentido amplo, não tendo 'forte conteúdo penal', a despeito da gravidade de pelo menos duas destas (perda da função pública e suspensão dos direitos políticos)". Há outros autores que, posteriormente, aderiram à corrente que sustentamos desde 1999, como foi o caso de Diogo de Figueiredo Moreira Neto, saudoso professor, que deixou consignado o seu posicionamento no prefácio da segunda edição do nosso *Direito Administrativo Sancionador*.

sujeição com o Estado, como consequência de uma conduta ilegal, tipificada em norma proibitiva, com uma finalidade repressora ou disciplinar, no âmbito de aplicação formal e material do Direito Administrativo. A finalidade repressora, ou punitiva, já inclui a disciplinar, mas não custa deixar clara essa inclusão, para não haver dúvidas.

É com essa definição *lato sensu* de sanção administrativa (sanção de Direito Administrativo) que buscaremos o exame da unidade da pretensão punitiva do Estado e o alcance dos princípios constitucionais do Direito Administrativo Sancionador, a partir da funcionalidade normativa da cláusula constitucional do devido processo legal.[5]

A maior novidade de nosso conceito residiu precisamente em separar o Direito Administrativo Sancionador da presença supostamente inarredável da Administração Pública no polo sancionador. Consequentemente, separamos também tal ramo de direito punitivo do processo administrativo, situando-o, em termos de possibilidade, também no processo judicial. Assim, retomando as raízes históricas dos institutos em exame, redimensionamos a sanção administrativa à luz do direito administrativo, e não do poder administrativo sancionador ou do poder sancionador da Administração Pública.

Reconhecemos, pois, que as sanções administrativas podem ser aplicadas ao abrigo da normativa de um Direito Administrativo Sancionador que formaliza infrações e penas, protegendo bens jurídicos afetos a outras áreas, tal como se dá no direito penal. Sem embargo, reconhecemos que essas mesmas sanções podem ser aplicadas no interior de normas genuinamente administrativas, a partir de infrações que, na definição do legislador, configuram-se como de Direito Administrativo Sancionador, já que sua ocorrência depende da violação de normas materiais de direito administrativo, tal como ocorre na tutela das funções públicas, constituindo suas penas as respectivas consequências jurídicas.

Nosso conceito de sanção administrativa assumiu relevância prática, pois o regime jurídico do Direito Administrativo Sancionador se aplicou, desse modo, também aos atos de *improbidade administrativa*. Com tal abrangência, o Poder Judiciário poderia aplicar sanções administrativas, inclusive as sanções previstas na Lei nº 8.429/1992, de sorte que essas sanções podem ser consideradas inseridas no regime jurídico do Direito Administrativo Sancionador.[6]

---

[5] OSÓRIO, Fábio Medina. *Direito Administrativo Sancionador*. 4. ed. São Paulo: Thomson Reuters Brasil, 2020. Item 2.2. [versão eletrônica].

[6] Na doutrina brasileira, um dos pioneiros no reconhecimento do regime jurídico do Direito Administrativo Sancionador proposto na nossa doutrina foi o Promotor de Justiça do

Afinal, não se pode descartar a existência de sanções de Direito Administrativo aplicadas pelo Poder Judiciário, mormente quando a norma invocada possui em um de seus polos a figura da Administração Pública – direta, indireta ou descentralizada – como lesada pela ação de agentes públicos ou particulares, desafiando o Direito Punitivo.[7]

Não se pode considerar, portanto, elemento indissociável da sanção administrativa, a figura da autoridade administrativa, visto que podem as autoridades judiciárias, de igual modo, aplicar essas medidas punitivas, desde que outorgada por lei, a respectiva competência repressiva, na tutela de valores protegidos pelo Direito Administrativo.

Nesse contexto, cabe dizer que a Reforma da Lei de Improbidade Administrativa (Lei nº 8.249/1992) consagrou, explicitamente, como se disse, a aplicabilidade dos princípios constitucionais do Direito

---

Estado do Rio Grande do Sul e Professor da Faculdade de Direito da Universidade Federal do Rio Grande do Sul (UFRGS) José Guilherme Giacomuzzi, Mestre e Doutor em Direito por essa mesma Universidade, em sua clássica obra *A moralidade administrativa e a boa-fé da Administração Pública*. O autor, já no ano de 2002, reconheceu a complexidade do assunto e asseverou o seguinte: "*Entendo, pois, o ilícito de improbidade administrativa como um 'meio termo' entre o ilícito penal e o civil. Aproveitando a figura geométrica de Assis Toledo, entendo que o ilícito de improbidade configura um terceiro círculo, intermédio entre o menor (criminal) e maior (civil). O ilícito de improbidade administrativa, portanto, assim encarado, abre portas a matérias pouco estudadas entre nós, quais sejam, a da natureza jurídica, contornos e implicações do ilícito administrativo – o qual, bem verdade, não é ontologicamente distinto do ilícito penal, como não o é do civil, mas com certeza merece aprofundamento dogmático, o que não ocorrerá neste espaço, insuficiente; temática que, por sua vez, implica uma outra, mais abrangente: a do poder sancionador do Estado, nos seus mais diversos âmbitos. Aqui estará o espaço onde se alocará uma série de discussões em torno da atividade sancionadora estatal, do "tamanho" que o direito penal deve modernamente assumir, da não-nova tese da 'administratização' do direito penal, que desembocou na Alemanha no direito penal administrativo e teve na Espanha seu equivalente no chamado 'direito administrativo sancionador', de muito incipiente estudo entre nós*" (GIACOMUZZI, José Guilherme. *A moralidade administrativa e a boa-fé da Administração Pública*. São Paulo: Malheiro, 2002. p. 297).

[7] A jurisprudência acolheu nosso conceito de sanção administrativa para aplicar o regime do direito administrativo sancionador às ações de improbidade administrativa. Confiram-se os seguintes julgados do STJ: (REsp 704.570/SP, Rel. Ministro FRANCISCO FALCÃO, Rel. p/ Acórdão Ministro LUIZ FUX, PRIMEIRA TURMA, julgado em 17.05.2007, DJ 04.06.2007, p. 302; REsp 879.360/SP, Rel. Ministro LUIZ FUX, PRIMEIRA TURMA, julgado em 17.06./2008, DJe 11.09.2008; REsp 751.634/MG, rel. Min. Teori Zavascki, 1ª T., j. 26.06.2007; MS 12.957/DF, rel. Min. Napoleão Nunes Maia Fº, 3ª Sessão, j. 27.08.2008; MS 12.927/DF, Min. Félix Fischer, 3ª Sessão, j. 12.12.2007. Mais recentemente, calha citar: AgInt no RMS 65.486/RO, Rel. Ministro MAURO CAMPBELL MARQUES, 2ª T., j. 17.08.2021). Na sequência, e mais recentemente, o STF também se posicionou sobre o tema. Confira-se: (Pet 3240AgR, Relator(a): TEORI ZAVASCKI, Relator(a) p/ Acórdão: ROBERTO BARROSO, Tribunal Pleno, julgado em 10.05.2018, ACÓRDÃO ELETRÔNICO DJe-171 DIVULG. 21.08.2018 PUBLIC. 22.08.2018; RCL. 41.557, Relator(a): GILMAR MENDES, Segunda Turma, julgado em 5.12.2020, PROCESSO ELETRÔNICO DJe-045 DIVULG. 09.03.2021 PUBLIC. 10.03.2021; Rcl. 2138, Relator(a): NELSON JOBIM, Relator(a) p/ Acórdão: GILMAR MENDES (ART.38, IV, b, DO RISTF), Tribunal Pleno, julgado em 13/06/2007, DJe-070 DIVULG 17- 04-2008 PUBLIC. 18.04.2008 EMENT. VOL-02315-01 PP-00094 RTJ VOL-00211-01 PP-00058; MS 32201, Primeira Turma, rel. Min. ROBERTO BARROSO, j. 21.03.2017).

Administrativo Sancionador ao campo da improbidade administrativa. Ao fazê-lo, apenas consolidou direitos fundamentais aos réus e acusados em geral, reforçando o Estado Democrático de Direito e acolhendo orientação jurisprudencial já consolidada no Brasil.

Aplicam-se às ações de improbidade, por simetria, os princípios penais também incidentes no regime jurídico do Direito Administrativo Sancionador. Deve-se reconhecer, de modo definitivo, que cabe ao Direito Administrativo a tipificação das infrações e sanções previstas e contempladas nas Leis de Improbidade Administrativa e Empresarial. E, sendo assim, trata-se de normas de Direito Administrativo Sancionador, mesmo que venham a ser aplicadas diretamente pelo Judiciário.

Em tal contexto, *normas mais benéficas retroagem*, tais como as normas que descaracterizam tipos sancionadores ou que tratam de prazos prescricionais, seja quanto à prescrição do direito de ação, seja quanto à prescrição intercorrente, pois qualquer delas afeta a pretensão punitiva do Estado.

O certo é que o Direito Administrativo, como já exposto, tem uma dúplice natureza: formal e material. A sanção administrativa não está ligada ao exercício necessário da função administrativa, tanto que pode ser resultado do desempenho de uma função tipicamente jurisdicional.

Infrações e sanções desenhadas materialmente pelo Direito Administrativo, como ramo jurídico do Direito do Estado, podem ser aplicadas diretamente pelo Poder Judiciário, tal como ocorre com a Lei de Improbidade Administrativa ou a Lei de Improbidade Empresarial. Em tais condições, o regime jurídico presente será o Direito Administrativo Sancionador, ainda que o órgão repressor seja o próprio Judiciário e não a Administração Pública.

Obviamente, o Direito Administrativo Sancionador estará sempre subordinado à Constituição e às regras e princípios simétricos do Direito Penal. Nesse sentido, insere-se no universo do Direito Público Punitivo.

Essa ruptura do elemento subjetivo da sanção administrativa redefiniu o conceito de sanção administrativa no direito brasileiro e reflete a vontade soberana dos Tribunais pátrios e do Poder Legislativo, a partir do princípio democrático. Não importa o que digam vetustos Manuais de Direito Administrativo, que podem eventualmente inventar explicações esotéricas para a natureza jurídica dessas infrações e sanções, tentando criar um ramo jurídico inexistente no atual universo normativo.

Nesse cenário, as sanções aos atos de improbidade administrativa previstas na Lei nº 8.429/1992 são privativas do Poder Judiciário e, mesmo assim, são sanções administrativas, ou melhor dizendo, sanções que pertencem ao campo do Direito Administrativo Sancionador.

Com essas reflexões mais profundas sobre o conceito da sanção administrativa e o regime do Direito Administrativo Sancionador aos atos de improbidade, não posso deixar de trazer algumas poucas palavras sobre o importante protagonismo dos Tribunais de Contas na aplicação dessa Lei de Improbidade Administrativa.

Compete, com efeito, aos Tribunais de Contas, apreciar o valor do dano a ser ressarcido no âmbito dos acordos de não persecução cível, nas investigações ou ações envolvendo atos de improbidade administrativa, à luz das regras e princípios de Direito Administrativo Sancionador. Diz a Lei de Improbidade Administrativa em seu art.17b, §3º: "Para fins de apuração do valor do dano a ser ressarcido, deverá ser realizada a oitiva do Tribunal de Contas competente, que se manifestará, com indicação dos parâmetros utilizados, no prazo de 90 (noventa) dias".

Cuida-se, aqui, de norma processual, não retroativa, com aplicação imediata, sem incidência nos acordos celebrados anteriormente à data de sua vigência.

Os acordos de não persecução cível ostentam uma natureza jurídica que pode variar no espectro do direito consensual, como já tive a oportunidade de expor em outro trabalho. Integram uma faceta do Direito Administrativo Sancionador, que é sua dimensão consensual.[8]

Entende-se que eventual acordo exige prévia consulta ao Tribunal de Contas competente, o qual dispõe de prazo para se manifestar de modo facultativo. Expirado o prazo, o Ministério Público pode celebrar o acordo sem a manifestação do Tribunal de Contas. De igual modo, havendo manifestação do Tribunal de Contas, o Ministério Público pode dela discordar e o Juiz pode homologar ou não o acordo. As instituições e os Poderes são independentes entre si, embora harmônicos.

Se não houver consulta ao Tribunal de Contas, o acordo será nulo. E se o acordo for celebrado sem parâmetros objetivos e racionais, sem fundamentação adequada, discordando dos parâmetros delineados pela Corte de Contas, o problema será do administrado ou do jurisdicionado. Isso, porque eventual acordo com o Ministério Público, ainda que

---

[8] OSÓRIO, Fábio Medina. *Natureza jurídica do instituto da não persecução cível previsto na lei de improbidade administrativa e seus reflexos na lei de improbidade empresarial*. 2020. Disponível em: https://www.migalhas.com.br/depeso/321402/natureza-juridica-do-instituto-da-nao-persecucao-civel-previsto-na-lei-de-improbidade-administrativa-e-seus-reflexos-na-lei-de-improbidade-empresarial. Acesso em: 05 jun. 2022.

homologado pelo Juízo, não protegerá a pessoa contra futuras ações do Tribunal de Contas, dada a independência das instâncias. Todavia, se houver concordância e adesão de todas as instituições ao acordo, haverá possibilidade de encerramento completo do conflito. Estão de parabéns, pois, os Professores Fabrício Motta e Ismar Viana, pela organização desta obra coletiva, não apenas por reunirem profissionais tão destacados na seara do Direito Administrativo brasileiro, mas também por elegerem um tema crucial para a agenda de desenvolvimento do Brasil.

Fábio Medina Osório
Doutor em Direito Administrativo pela Universidade Complutense de Madri (orientado por Eduardo García de Enterría). Mestre em Direito Público pela Universidade Federal do Rio Grande do Sul (UFRGS). Ex-Ministro da Advocacia-Geral da União. Presidente da Comissão Nacional de Direito Administrativo Sancionador do Conselho Federal da OAB.

A LEI DE IMPROBIDADE ADMINISTRATIVA DE 2021 E OS PROCESSOS EM CURSO

CARLOS ARI SUNDFELD
ANDRÉ ROSILHO
RICARDO ALBERTO KANAYAMA

Introdução

A Lei nº 8.429, de 1992, – Lei de Improbidade Administrativa (LIA de 1992) – foi editada em contexto político conturbado e com evidente propósito moralizante. Para tanto, conferiu grande discricionariedade a quem acusa e a quem julga, confiando que as caraterísticas institucionais do Ministério Público e do Judiciário, liberados de amarras legais muito cerradas quanto à tipificação de infrações e à imposição de sanções, seriam suficientes para garantir a consistência dessa luta.[1] Com o diploma, as autoridades foram para o "banco dos réus, com seus pecados, ameaçada pelo fogo".[2]

---

[1] Cf.: SUNDFELD, Carlos Ari; KANAYAMA, Ricardo Alberto. A promessa que a lei de improbidade administrativa não foi capaz de cumprir. *Escola da AGU*: Direito, Gestão e Democracia, v. 12, p. 412, 2021.

[2] SUNDFELD, Carlos Ari. Administração e Justiça: um novo equilíbrio? (cap. 12). *In: Direito Administrativo para Céticos*. 2. ed. São Paulo: Malheiros, 2014. p. 330.

Pesquisas revelaram uma série de problemas práticos na aplicação da LIA de 1992,[3] sugerindo que o diploma não teria sido capaz de cumprir a promessa de "virar o jogo contra a corrupção e a má gestão".[4] Em 2021, a Lei nº 14.230 foi editada para reformar a LIA de 1992. As modificações foram significativas, mas não radicais. Grosso modo, elas se concentraram em seis grandes temas: 1) caracterização do ilícito de improbidade administrativa (art. 1º e arts. 9º a 11); 2) delimitação dos sujeitos passíveis de incidirem na prática de atos de improbidade administrativa (art. 1º, §6º, e arts. 2º e 3º); 3) regras de instrução processual em ações de improbidade administrativa (art. 17); 4) medidas constritivas em ação de improbidade administrativa (art. 16); 5) prescrição (art. 23); e 6) delimitação e dosimetria de sanções (art. 12 e art. 17-C, V).

Nessa fase de transição da LIA de 1992 para a LIA de 2021, tem surgido a seguinte dúvida: qual impacto teriam as modificações recentes em relação a processos em curso?

Para tratar do tema, o presente artigo inicia indicando que o dolo, na LIA de 2021, é essencial à caracterização do ilícito de improbidade. Na sequência, demonstra que apesar de o Poder Judiciário ainda não ter fixado entendimento geral acerca da aplicação da LIA de 2021 a processos instaurados à luz da LIA de 1992, há indícios de que prevalecerá a tese da retroação das normas mais benéficas. A seguir, argumenta que a LIA de 2021, mesmo que não seja aplicável a processos anteriores a ela, deve servir de vetor de interpretação para o Poder Judiciário.

1 Dolo e Improbidade Administrativa na LIA de 2021

A LIA de 2021 dispõe que só são "atos de improbidade administrativa" as *condutas dolosas* tipificadas nos arts. 9º, 10 e 11" (art. 1º). Como esclarece Marçal Justen Filho, um dos núcleos da reforma que

---

[3] Sobre o tema, ver, por exemplo, Ricardo Kanayama. (KANAYAMA, Ricardo. *Improbidade por Violação aos Princípios da Administração Pública*: um diagnóstico da fundamentação das decisões do Tribunal de Justiça de São Paulo. Dissertação (Mestrado) – Escola de Direito da Fundação Getulio Vargas de São Paulo, 2020. Disponível em: https://bibliotecadigital.fgv.br/dspace/bitstream/handle/10438/28949/Ricardo%20A.%20Kanayama%20-%20Dissertac%CC%A7a%CC%83o%20versa%CC%83o%20final%20definitiva.pdf?sequence=5&isAllowed=y. Acesso em 01 jun. 2022.

[4] SUNDFELD, Carlos Ari; KANAYAMA, Ricardo Alberto. A promessa que a lei de improbidade administrativa não foi capaz de cumprir. *Escola da AGU*: Direito, Gestão e Democracia, v. 12, p. 412, 2021.

resultou na LIA de 2021 "consistiu em afirmar que a improbidade somente se configura nos casos de conduta dolosa".[5]

A presença de dolo – isto é, da "vontade livre e consciente de alcançar o resultado ilícito tipificado nos arts. 9º, 10 e 11 (...), não bastando a voluntariedade do agente" (art. 1º, §2º) – é condição *sine qua non* para a caracterização da própria improbidade. Eventual constatação de "ilegalidade sem a presença de dolo que a qualifique não configura ato de improbidade" (art. 17-C, §1º).

A conclusão é reforçada pelas normas que preveem cada um dos tipos de improbidade administrativa. O art. 9º, que trata do ato de improbidade administrativa oriundo de enriquecimento ilícito, exige a demonstração "da prática de ato doloso"; o art. 10, que dispõe sobre o ato de improbidade administrativa decorrente de lesão ao erário, sofreu alteração substancial, ao suprimir a possibilidade de ato culposo (previsto na LIA de 1992) e demandar, atualmente, "ação ou omissão dolosa"; por fim, o art. 11, que versa sobre ato de improbidade administrativa que atenta contra princípios da administração pública, cobra "ação ou omissão dolosa" – aqui, é imprescindível a "demonstração objetiva da prática de ilegalidade no exercício da função pública, com a indicação das normas constitucionais, legais ou infralegais violadas" (art. 11, §3º), não sendo suficiente a mera enunciação de valores abstratos supostamente violados.

Sem a presença de dolo, a constatação da prática das condutas descritas no *caput* dos arts. 9º a 11 e em seus respectivos incisos poderá ter outras repercussões jurídicas, mas não caracterizará improbidade administrativa.[6] Nesse cenário, por óbvio, seria impertinente cogitar da aplicação de qualquer das sanções previstas no art. 12 da LIA de 2021.

A LIA de 2021 é peremptória e definitiva: sem a demonstração do elemento subjetivo dolo, ou seja, sem a prova da intenção do agente

---

[5]   JUSTEN FILHO, Marçal. *Reforma da Lei de Improbidade Administrativa Comparada e Comentada – Lei nº 14.230, de 25 de outubro de 2021.* Rio de Janeiro: Forense, 2022. p. 25.

[6]   Em vários momentos, a LIA de 2021 dispõe, de maneira direta, acerca do ponto: no art. 1º, §3º, ao afirmar que "o mero exercício da função ou desempenho de competências públicas, sem comprovação de ato doloso com fim ilícito, afasta a responsabilidade por ato de improbidade administrativa"; no art. 17, §16, segundo o qual "se o magistrado identificar a existência de ilegalidades ou de irregularidades administrativas a serem sanadas sem que estejam presentes todos os requisitos para a imposição das sanções (...) poderá, em decisão motivada, converter a ação de improbidade administrativa em ação civil pública (...)"; e, no art. 17-D, em que "a ação por improbidade administrativa (...) não constitui ação civil, vedado seu ajuizamento para o controle de legalidade de políticas públicas e para a proteção do interesse público e social, do meio ambiente e de outros direitos difusos, coletivos e individuais homogêneos".

de praticar os ilícitos tipificados nos arts. 9º a 11 da LIA de 2021, não há improbidade administrativa.[7]

Ademais, a LIA de 2021 esclarece que o ônus da prova – inclusive da prova atinente ao dolo – é de quem acusa, não sendo do réu o ônus de provar a ausência de malícia. A vedação à imposição "de ônus da prova ao réu" em ações de improbidade administrativa é expressa (art. 17, §19, II). Em linha com essa premissa, determina a LIA de 2021 que a não apresentação de "documentos ou justificação que contenham indícios suficientes da veracidade dos fatos e do dolo imputado ou com razões fundamentadas da impossibilidade de apresentação de qualquer dessas provas" impõe a rejeição da petição inicial (art. 17, §6º, II e §6º-B).

2 O judiciário e a aplicação retroativa de normas mais benéficas da LIA de 2021

A LIA de 2021, quando comparada à LIA de 1992, contém, em geral, regras mais benéficas a réus acusados de improbidade administrativa. Por conta disso, decisões recentes têm adotado a postura de aplicá-las a processos em curso.

Isso tem sido justificado pela natureza conferida ao sistema da improbidade administrativa pela LIA de 2021, ao qual se aplicariam princípios constitucionais do direito administrativo sancionador (art. 1º, §4º). Uma possibilidade é interpretar essa inovação como solução do debate na literatura sobre a natureza dos atos de improbidade administrativa – civil, penal, administrativo ou híbrido[8] – e alteração

---

[7] Sobre o elemento subjetivo da improbidade na LIA de 2021, afirmou Marçal Justen Filho: "A improbidade não se caracteriza pela simples ocorrência de um dano ou prejuízo patrimonial aos cofres públicos. Nem se configura pela simples obtenção de uma vantagem patrimonial indevida para o próprio agente ou terceiro. Nem se materializa apenas na reprovável violação ao dever de honestidade. É indispensável um elemento subjetivo determinado, consistente na vontade defeituosa e reprovável do sujeito. Consiste na ausência de adesão subjetiva à condição de agente estatal. (...)
Apenas existe improbidade nos casos em que o agente estatal tiver consciência da natureza indevida da sua conduta e atuar de modo consciente para produzir esse resultado. Ou seja, a improbidade é uma conduta necessariamente dolosa. Assim se impõe, porque a configuração da desonestidade depende da consciência e da vontade de violar um dever moral" (JUSTEN FILHO, Marçal. *Reforma da Lei de Improbidade Administrativa Comparada e Comentada – Lei nº 14.230, de 25 de outubro de 2021*. Rio de Janeiro: Forense, 2022. p. 25).

[8] Para um panorama, conferir: KANAYAMA, Rodrigo Luís; KANAYAMA, Ricardo Alberto. A interpretação da Lei de Improbidade Administrativa entre o interesse público e os direitos individuais de defesa. *Revista de Direito Administrativo*, Rio de Janeiro, v. 279, n. 3, p. 245-273, set./dez. 2020.

do entendimento jurisprudencial até então vigente de que a natureza seria civil.[9]

Ao inserir os atos de improbidade administrativa no direito administrativo sancionador, a LIA de 2021 possivelmente estaria atraindo o entendimento firmado pelos tribunais[10] de que se aplicaria a garantia constitucional (e legal) da retroatividade das leis penais novas mais benéficas ao réu.[11] Como sintetiza Nelson Hungria, "a *lei mais favorável é extra-ativa*: quando é a lei anterior, sobrevive à sua revogação (*ultra-atividade*); quando é a posterior, projeta-se no passado (*retroatividade*)".[12]

Disse-se, anteriormente, que a LIA de 2021 é, em geral, mais favorável. Isso se observa na exclusão de condutas típicas,[13] no abrandamento de sanções,[14] no favorecimento do modo de execução da sanção,[15] na previsão de circunstâncias atenuantes para a aplicação de sanções,[16] nas condições mais rígidas de processabilidade,[17] na previsão de prescrição intercorrente,[18] dentre outros casos.

Porém, pode existir situação em que a LIA de 1992 poderá ser mais favorável do que a nova lei.[19] Por isso, no direito penal, a diretriz

---

[9] Conferir, por todos, a decisão no AgRg na Pet. nº 3.240/DF, do Supremo Tribunal Federal (Relator p/acórdão Ministro Roberto Barroso, julg. 10.05.2018).

[10] A título de exemplo, o Superior Tribunal de Justiça decide que "tratando-se de diploma legal mais favorável ao acusado, de rigor a aplicação da Lei Municipal nº 13.530/03, porquanto o princípio da retroatividade da lei penal mais benéfica, insculpido no art. 5º, XL, da Constituição da República, alcança as leis que disciplinam o direito administrativo sancionador". (STJ. Primeira Turma, RMS nº 37.031/SP, Rel. Min. Regina Helena Costa, julg. 08.02.2018). No Supremo Tribunal Federal, conferir: Rcl. nº 41.557/SP, Rel. Min. Gilmar Mendes, julg. 15.12.2020).

[11] Na Constituição Federal de 1988, a garantia está prevista no art. 5º, XL, segundo o qual "a lei penal não retroagirá, salvo para beneficiar o réu". Já no Código Penal, a garantia está no art. 2º, parágrafo único, no qual se lê: "A lei posterior, que de qualquer modo favorecer o agente, aplica-se aos fatos anteriores, ainda que decididos por sentença condenatória transitada em julgado".

[12] HUNGRIA, Nélson. *Comentários ao Código Penal*. Rio de Janeiro: Forense, 1949. v. 1, p. 90.

[13] É o caso da revogação do inciso I, do art. 11.

[14] É o caso da diminuição do valor da multa civil prevista para a violação a princípios (art. 12, III).

[15] Por exemplo: na sanção de perda da função pública (art. 12, §1º), de proibição de contratar (art. 12, §3º) e de suspensão dos direitos políticos (art. 12, §10).

[16] A LIA de 2021 passou a prever as circunstâncias atenuantes no art. 17-C, IV.

[17] No art. 17, §6º, há novos ônus para o autor da ação de improbidade administrativa. Ainda, os §§10-C e 10-D preveem limitações na tramitação da ação.

[18] Art. 23, §5º, LIA de 2021.

[19] São poucos casos em que isto pode ocorrer. Por exemplo, o prazo prescricional geral aumentou na LIA de 2021 de cinco para oito anos. Contudo, foi alterado o marco inicial de contagem. Em alguns casos, é possível que a LIA de 2021 seja prejudicial ao acusado. Isso pode acontecer também em relação a algumas sanções, que tiveram o tempo máximo

ao aplicador seria de que as duas leis – a nova e a antiga – devem ser colocadas lado a lado, a fim de se verificar qual é mais favorável ao réu no caso e naquele aspecto específico (pode ser favorável na prescrição, mas desfavorável na tipificação).[20] O que não se admitiria, no entendimento dos tribunais,[21] é a combinação das duas leis (pois representaria a criação de uma terceira), embora o tema seja controverso na literatura.[22]

É claro que o direito administrativo sancionador é uma área ainda a procura de características próprias. Como adverte Alice Voronoff, não é possível equiparar o direito administrativo sancionador ao direito penal e simplesmente transportar as garantias, princípios e diretrizes do segundo para o primeiro, como se houvesse um único *ius puniedi* estatal.[23]

No entanto, a autora sustenta que temas disciplinares, que impõem sanções a agentes públicos e têm componentes éticos e morais – à semelhança do que ocorre na improbidade administrativa – estariam

---

aumentado, como é caso da suspensão dos direitos políticos e da proibição de contratar em todas os tipos de improbidade.

[20] "A primeira das questões [critérios comparativos para o reconhecimento da lei mais benigna] deve ser resolvida renunciando-se a qualquer critério apriorístico em favor do exame individualizado do caso concreto. A complexidade dos elementos passíveis de serem levados em consideração, bem como seus reflexos diretos ou indiretos na economia do delito ou em suas repercussões penais, produzindo benefícios para o réu, sugerem um método hipotético de ensaio e erro, através do qual, formuladas e cotejadas as variantes possíveis, optar-se-ia pela solução menos gravosa para o réu. O resultado dessa operação, que revela a *lex mitior*, deve representar uma redução, quantitativa ou qualitativa, na intervenção punitiva concreta: menos pena, se idênticas aquelas concorrentes, ou pena menos grave, se distintas: condições de prova menos onerosas, em casos de suspensão condicional, ou mesmo prazo menor; regime executório-penal menos rígido etc.". (ZAFFARONI, Eugenio Raúl *et al. Direito Penal Brasileiro*: primeiro volume – teoria geral do direito penal. 4. ed. Rio de Janeiro: Revan, 2003, 2011. p. 214).

[21] Conferir: Supremo Tribunal Federal, RE nº 600.817/MS, Rel. Min. Ricardo Lewandowski, julg. 07.11.2013.

[22] Conferir, em sentido favorável à combinação, ZAFFARONI, Eugenio Raúl *et al. Direito Penal Brasileiro*: primeiro volume – teoria geral do direito penal. 4. ed. Rio de Janeiro: Revan, 2003, 2011. p. 214-215.

[23] "De modo geral, a literatura recorre à identidade de fundo entre as sanções administrativas e criminais (o *ius puniendi* único) para, com base nela, e tendo por referência o marco da Constituição da República de 1988 – especialmente as garantias penais fixadas no art. 5º – delinear os princípios e regras aplicáveis ao direito administrativo sancionador. Só que faltam parâmetros ou consensos mínimos. Afinal, o que pode e deve ser estendido à seara administrativa do rol do art. 5º, da CRFB/1988? Qual o critério orientador dessa transposição? (...) Não se ignora que os campos penal e administrativo mantêm uma comunicação contínua e dinâmica moldada pelas diferentes demandas e necessidades sociais de cada momento histórico. Mas isso não permite afirmar que os institutos sejam fungíveis. Há vocações e papéis distintos em cada caso. Aspectos finalísticos e funcionais próprios que devem ser valorados (ainda que as diferenças quanto ao direito penal sejam de grau, e não absolutas), em busca de consistência e coerência". (VORONOFF, Alice. *Direito Administrativo Sancionador no Brasil*: justificação, interpretação e aplicação. Belo Horizonte: Fórum, 2019. p. 79).

mais próximos ao direito penal.[24] O desafio, então, seria encontrar o meio termo, o ajuste ou o equilíbrio do que poderia ser aplicado ao direito administrativo sancionador por analogia do direito penal.[25]

De qualquer modo, observa-se nos primeiros dias de vigência da LIA de 2021 a aplicação retroativa irrestrita das disposições mais benéficas aos réus. Isso tem ocorrido de quatro formas: (i) no reconhecimento da atipicidade das condutas; (ii) na retroatividade da prescrição do direito de ação; (iii) na retroatividade da prescrição intercorrente; (iv) na retroatividade de medidas cautelares tomadas sob a antiga lei.

(i) No reconhecimento da atipicidade das condutas.

Se uma conduta deixa de ser considerada crime pela nova lei, a conduta passa a ser atípica. O mesmo se dá em relação às condutas ímprobas.

Assim decidiu o Tribunal Regional da Quarta Região (TRF4) em ação de improbidade ajuizada pelo Ministério Público Federal contra Defensor Público Federal, cujas condutas haviam sido tipificadas no art. 10, *caput*, na modalidade culposa e no art. 11, *caput*.

O Tribunal, aplicando retroativamente a LIA de 2021, entendeu que a culpa não era suficiente para configurar ato de improbidade que causa dano ao erário e que o rol do art. 11 era taxativo. Assim, nas palavras do acórdão, o servidor acusado deveria ser absolvido em razão da atipicidade superveniente, já que "o demandado fora condenado por condutas que o legislador entendeu por bem não mais sancionar, seja eliminando da Lei de improbidade a modalidade culposa, seja impondo maior rigidez para a subsunção aos casos de violação dos princípios da Administração Pública".[26]

(ii) Na retroatividade da prescrição do direito de ação.

A prescrição é instituto de direito material e se caracteriza por causa extintiva da punibilidade. Ela constitui um vetor objetivo do princípio da segurança jurídica.[27]

---

[24] VORONOFF, Alice. *Direito Administrativo Sancionador no Brasil*: justificação, interpretação e aplicação. Belo Horizonte: Fórum, 2019. p. 116-117. No mesmo sentido, mais antigo, MAXIMILIANO, Carlos. *Direito intertemporal ou teoria da retroatividade das leis*. 2. ed. Rio de Janeiro: Livraria Freitas Bastos, 1955. p. 299.

[25] Anteriormente à Alice Voronoff, José Guilherme Giacomuzzi já problematizava o ponto na obra (GIACOMUZZI, José Guilherme. *A Moralidade Administrativa e a Boa-fé da Administração Pública – o conteúdo dogmático da moralidade administrativa*. 2. ed. rev. atual. São Paulo: Malheiros, 2013. p. 306).

[26] Tribunal Regional Federal da Quarta Região. Apelação/Remessa Necessária nº 5001247-67.2015.4.04.7109/RS, Rel. Des. Marga Inge Barth Tessler, julg. 22.03.2022.

[27] Nesse sentido, conferir: ÁVILA, Humberto. *Teoria da Segurança Jurídica*. 4. ed. rev. atual. ampl. São Paulo: Malheiros, 2016. p. 366.

Com este raciocínio, o Tribunal Regional da Quarta Região[28] reformou sentença que havia afastado a prescrição. A decisão de primeiro grau aplicou entendimento do Superior Tribunal de Justiça de que aos atos de improbidade que também caracterizam crime deve-se aplicar o prazo prescricional da lei penal. Assim, como o caso cuidava de ato de improbidade correspondente ao peculato (art. 312, §1º, Código Penal), cujo prazo prescricional é de 16 anos, o prazo de propositura da ação de improbidade não havia transcorrido no caso.

A LIA de 2021, porém, unificou o prazo prescricional do direito de ação para 8 (oito) anos, a contar da data da ocorrência do fato (art. 23, *caput*). Como no caso em discussão o fato havia ocorrido em 2004 e a ação havia sido proposta em 2014, o Tribunal, aplicando retroativamente a nova lei, reconheceu a prescrição.

(iii) Na retroatividade da prescrição intercorrente.

Este tem sido um dos temas mais discutidos sobre a aplicação da LIA de 2021 aos casos em curso. Porém, o que se observa é que os tribunais começam a aplicar as disposições sobre prescrição retroativamente – tanto a prescrição intercorrente quanto a prescrição para o exercício do direito de ação.

Na decisão proferida pela Terceira Turma do Tribunal Regional Federal da 3º Região nos autos da apelação cível nº 5000547-79.2018.4.03.6118 (Rel. Des. Carlos Muta, j. 17.12.2021), aplicou-se, retroativamente, a prescrição intercorrente.

O caso dizia respeito a ação civil pública ajuizada em outubro de 2008 pelo Ministério Público Federal em face de agente federal do Instituto Nacional do Seguro Social acusado de ter cometido ato de improbidade administrativa. Os fatos que suscitaram a propositura da ação teriam ocorrido entre setembro e outubro de 2000.

Na ocasião, o relator, em voto seguido pelos demais desembargadores da turma, avaliou que as normas mais benéficas ao réu acusado de improbidade, introduzidas pela reforma de 2021, deveriam ser aplicadas,

> ainda que de forma retroativa, às ações de improbidade administrativa em curso, mesmo que ajuizadas antes da vigência da nova lei, em decorrência e por imposição da extensão ao direito administrativo sancionador de princípios do direito penal, entre os quais o da retroatividade da lei mais benigna ao réu, previsto no art. 5º, XL, CF: 'A lei penal não retroagirá, salvo para beneficiar o réu'.

---

[28] Tribunal Regional Federal da Quarta Região. Apelação/Remessa Necessária nº 5003371-42.2014.4.04.7211/SC, Rel. Des. Marga Inge Barth Tessler, julg. 15.03.2022.

A conclusão encontraria respaldo tanto na jurisprudência do Supremo Tribunal Federal (por exemplo: MS nº 23.262, Rel. Min. Dias Toffoli, j. 30.10.2014) quanto do Superior Tribunal de Justiça (por exemplo: RMS nº 37.031, Rel. Min. Regina Costa, j. 20.2.2018). Ademais, seria corroborada pela aplicação analógica da súmula nº 501/STJ, segundo a qual "[é] cabível a aplicação retroativa da Lei nº 11.343/2006, desde que o resultado da incidência das suas disposições, na íntegra, seja mais favorável ao réu do que o advindo da aplicação da Lei nº 6.368/1976, sendo vedada a combinação de leis".[29]

Calcada nessa premissa, a 3ª Turma do TRF-3 decidiu que a sentença havia sido

> proferida (...) mais de quatro anos depois do ajuizamento da ação civil pública de improbidade administrativa (...) acarretando, nos termos e com esteio no artigo 23, *caput*, §§4º, I e II, 5º e 8º, da Lei nº 8.429/1992, com alterações da Lei nº 14.230/2021, a consumação da prescrição intercorrente da pretensão sancionadora, salvo no tocante ao ressarcimento ao erário.

(iv) Na retroatividade de medidas cautelares tomadas sob a antiga lei.
A LIA de 2021 alterou substancialmente os procedimentos cautelares previstos na LIA de 1992 e que foram sendo construídos pelos tribunais. Agora, na linha do que exige o Código de Processo Civil, a indisponibilidade de bens depende da demonstração de perigo de dano irreparável ou de risco ao resultado útil do processo, além da verossimilhança dos fatos narrados (art. 16, §3º).

A modificação da lei foi o fundamento usado pelo Tribunal Regional da Quarta Região para reformar decisão interlocutória que havia determinado a indisponibilidade de bens sob a vigência da LIA de 1992. Nas palavras do acórdão,

> a despeito da existência de indícios de prática de ato, em tese, ímprobo pelo agravante, é imprescindível a prévia manifestação do juízo *a quo* acerca do impacto da superveniente edição da Lei nº 14.230 / 2021 no caso concreto, especialmente em relação à manutenção, ou não, da medida

---

[29] Egon Bockmann Moreira e Gustavo Binenbojm, em artigo recente, defenderam a aplicação da LIA de 2021 a ações de improbidade administrativa em curso, propostas à luz da LIA de 1992 (MOREIRA, Egon Bockmann; BINENBOJM, Gustavo. A eficácia imediata da Lei de Improbidade e o julgamento do Tema 1.199 pelo STF. *O Globo*, 18 fev. 2022. Disponível em: https://blogs.oglobo.globo.com/fumus-boni-iuris/post/eficacia-imediata-da-lei-de-improbidade-e-o-julgamento-do-tema-1199-pelo-stf.html. Acesso em 17 abr. 2022).

de indisponibilidade de bens e valores de titularidade do agravante e respectiva extensão (artigo 493 do CPC).[30]

São quatro exemplos da aplicação retroativa da LIA de 2021 aos casos em curso. Mas ainda não há orientação geral dos tribunais quanto ao tema. No entanto, o STF acaba de formar maioria para reconhecer a repercussão geral de recurso sobre o tema (ARE nº 843.989, Rel. Min. Alexandre de Moraes). No âmbito dessa ação, os ministros deliberarão sobre "eventual (ir)retroatividade das disposições da Lei nº 14.230/2021, em especial, em relação: (i) à necessidade da presença do elemento subjetivo – dolo – para a configuração do ato de improbidade administrativa, inclusive no artigo 10 da LIA; e (ii) à aplicação dos novos prazos de prescrição geral e intercorrente" (Tema 1199).

3 A LIA de 2021 como vetor de interpretação para processos iniciados à luz da LIA de 1992

Ainda que, ao final, o Judiciário não reconheça a aplicabilidade direta da LIA de 2021 a processos em curso, há de, ao menos, lhe ser reconhecido valor hermenêutico para guiar o julgamento dos casos anteriores. Isso porque o novo texto se alinha perfeitamente a um conjunto de interpretações (sobre as regras da LIA de 1992), cuja plausibilidade não se pode negar. Eram interpretações que, embora sujeitas a divergências, como é natural, já vinham sendo defendidas historicamente, com consistência, por tribunais e pela doutrina.

Ao proferir voto no RE nº 852.475 (Relator para o acórdão Min. Edson Fachin, j. 8.8.2018), no âmbito do qual houve a definição do Tema nº 897/STF,[31] o Ministro Alexandre de Moraes procurou sintetizar a interpretação construída ao longo do tempo pela jurisprudência do STJ acerca das normas da LIA de 1992. Confira-se:

> (...) a comprovação de responsabilidade subjetiva para a condenação por ato de improbidade administrativa, com a consequente aplicação das sanções previstas no art. 12 da Lei nº 8.429/1992, inclusive a de

---

[30] Tribunal Regional Federal da Quarta Região. Apelação/Remessa Necessária nº 5046983-85.2021.4.04.0000/SC, Rel. Des. Vivian Josete Pantaleão Caminha, julg. 09.03.2022.

[31] Com base no Tema nº 897 ("Prescritibilidade da pretensão de ressarcimento ao erário em face de agentes públicos por ato de improbidade administrativa"), o STF fixou a tese de que são imprescritíveis as ações de ressarcimento ao erário fundadas na prática de ato doloso tipificado na Lei de Improbidade Administrativa.

ressarcimento ao erário, somente poderá ocorrer após a constatação da prática das elementares do tipo previstas nos arts. 9º, 10 ou 11, e, *desde que presente o necessário elemento subjetivo do tipo (dolo)*, ou na hipótese do art. 10, também o elemento normativo (culpa), mediante o devido processo legal e a observância da ampla defesa e contraditório, na ação específica prevista nos arts. 14 a 18 da Lei nº 8.429/1992 e cujo prazo para ajuizamento está disciplinado em seu art. 23. (Grifos acrescentados).

O próprio STJ, por meio do REsp nº 1.713.044 (Rel. Min. Mauro Campbell Marques, j. 7.11.2019), destacou ter pacificado em sua jurisprudência

> o entendimento no sentido de que para a configuração dos tipos ímprobos previstos na Lei nº 8.429/1992, especificamente os atos que importem enriquecimento ilícito (art. 9º da LIA), causem prejuízo ao erário (art. 10 da LIA) e atentem contra os princípios da administração pública (art. 11 da LIA), é *indispensável a presença de elemento subjetivo* (em regra, conduta dolosa para todos os tipos e, excepcionalmente, culpa grave para ato lesivo ao erário – art. 10 da LIA), não sendo admitida a atribuição de responsabilidade objetiva em sede de improbidade administrativa.

Isso correspondeu a uma evolução do tribunal quanto ao alargamento que havia aceito anteriormente, em 2010, quando decidira que

> o elemento subjetivo, necessário à configuração de improbidade administrativa censurada nos termos do art. 11 da Lei nº 8.429/1992, é o *dolo genérico* de realizar conduta que atente contra os princípios da Administração Pública, não se exigindo a presença de dolo específico (REsp nº 951.389, Rel. Min. Herman Benjamin, j. 9.6.2010).[32]

---

[32] O caso que firmou este entendimento (*"leading case"*) no STJ (REsp nº 765.212/AC, Rel. Min. Herman Benjamin, julg. 03.03.2010) foi bastante criticado na literatura por carecer de coerência interna. Segundo Vivian Maria Pereira Ferreira, "verifica-se, portanto, uma divergência entre os ministros quanto aos contornos do dolo genérico que se pretendeu definir: se por um lado, o Ministro Humberto Martins sustenta que o dolo seria natural, correspondente à simples vontade de fazer algo, não importando a consciência da ilicitude, por outro lado, o voto do Ministro Mauro Campbell Marques parece basear-se na ideia de que o dolo envolve os elementos normativos do tipo proibitivo, de modo que, ainda que não se exija comprovação de que o agente visou enriquecer ou se favorecer, ainda assim seria o caso de indagar se tinha consciência (ou deveria ter) de que estaria a violar um princípio regente da Administração Pública ao agir da forma como agiu". (FERREIRA, Vivian Maria Pereira. O dolo na improbidade administrativa: uma busca racional pelo elemento subjetivo na violação aos princípios da Administração Pública. *Revista de Direito GV*, São Paulo, v. 15, n. 3, p. 1-31, set./dez. 2019. p. 14-15).

Posteriormente, ao afirmar a inviabilidade de qualquer forma, expressa ou implícita, "de responsabilidade objetiva em sede de improbidade administrativa", o STJ se inclinou pela necessidade de demonstração de má-fé, não sendo suficiente o dolo genérico, pois a LIA visaria punir o sujeito desonesto.

Portanto, de acordo com orientação jurisprudencial que vinha sendo acolhida no STJ nos últimos anos, a configuração de atos de improbidade administrativa, mesmo à luz da LIA de 1992, já dependia da demonstração de intenção maliciosa (má-fé) do agente de praticar os ilícitos tipificados nos arts. 9º e 11.

Com o tempo, vinha ganhando mais consistência, na cúpula do Poder Judiciário, a visão segundo a qual seria inviável ao Ministério Público, ou a qualquer outro legitimado a propor ação de improbidade, pretender aplicar sanções da LIA de 1992, a partir da mera indicação genérica de condutas de agentes públicos, desacompanhada de prova de dolo, de má-fé, da intenção de praticar ato de improbidade. Como bem sintetizara o Ministro Teori Zavascki, mesmo em acórdão mais antigo, eventual constatação da prática de ato ilegítimo, mas desprovido de dolo, "estará sujeita a sanção de outra natureza, estranha ao âmbito da ação de improbidade" (REsp. nº 827.445, Rel. Min. Luiz Fux, relator para o acórdão Min. Teori Zavascki, j. 8.3.2010).

No plano doutrinário, é bem verdade que alguns defenderam a prescindibilidade do dolo para a configuração de atos de improbidade.[33] Mas a maioria da doutrina se firmou no sentido oposto. Para José Guilherme Giacomuzzi, por exemplo, em texto escrito no ano de 2002, as condutas do administrador ímprobo sempre precisariam ser analisadas "do ponto de vista subjetivo do agente". Remetendo a ideias desenvolvidas por Pedro Henrique Távora e Cláudio Ari Mello, Giacomuzzi explicou a razão de ser do seu pensamento: "O legislador pune o administrador desonesto, não o administrador incompetente".[34]

Em suma, a interpretação de que a LIA de 1992 já exigia dolo para a configuração de atos de improbidade administrativa, embora não unânime, vinha sendo sustentada historicamente pela jurisprudência e por parte significativa da doutrina.

---

[33] Por todos, ver: OSÓRIO, Fabio Medina. *Teoria da Improbidade Administrativa*. São Paulo: RT, 2007. p. 270 e ss.

[34] GIACOMUZZI, José Guilherme. *A Moralidade Administrativa e a Boa-fé da Administração Pública – o conteúdo dogmático da moralidade administrativa*. São Paulo: Malheiros, 2002. p. 288.

Em 2018, a visão segundo a qual agentes públicos não poderiam ser pessoalmente responsabilizados por atos culposos ganhou reforço normativo fundamental. Calcada no diagnóstico de que seria preciso "consolidar e melhorar as regulações e controles públicos existentes e, ao mesmo tempo, proteger as pessoas, organizações e servidores contra incertezas, riscos e custos injustos", a Lei nº 13.655, de 25 de abril de 2018, incluiu os arts. 20 a 30 na Lei de Introdução às Normas do Direito Brasileiro (LINDB).[35] Com a mudança, o diploma passou a disciplinar, em caráter geral, a criação, interpretação e aplicação do direito público no Brasil, de modo a reforçar orientações e valores que, histórica e gradualmente, haviam sido absorvidos pela comunidade jurídica como um todo.

No que tange especificamente à responsabilização pessoal de agentes públicos, o art. 28 foi enfático: "O agente público responderá pessoalmente por suas decisões ou opiniões técnicas *em caso de dolo ou erro grosseiro*". A *contrario sensu*, o dispositivo inviabiliza a responsabilização pessoal de agente público em caso de culpa leve.

O art. 28 da LINDB, como afirma Gustavo Binenbojm e André Cyrino, "constitui espécie de cláusula geral do erro administrativo". Seu escopo "é oferecer segurança jurídica ao agente público com boas motivações, mas falível como qualquer pessoa".[36] A responsabilização

---

[35] Cf.: ANASTASIA, Antonio. *Segurança Jurídica e qualidade das decisões públicas – Desafios de uma sociedade democrática*: Estudos sobre o projeto de Lei nº 349/2015, que inclui, na Lei de Introdução às Normas do Direito Brasileiro, disposições para aumentar a segurança jurídica e a eficiência na aplicação do direito público. Brasília: Secretaria de Editoração e Publicações do Senado Federal, 2015. p. 6.
A Lei nº 13.655, de 2018, é fruto do PLS nº 349/2015, proposto pelo Senador Antonio Anastasia. O projeto de lei, como consta da sua exposição de motivos, acolheu proposta normativa elaborada por Carlos Ari Sundfeld e Floriano de Azevedo Marques Neto em âmbito acadêmico. A minuta do anteprojeto foi concebida a partir de estudos e pesquisas empíricas desenvolvidas na Sociedade Brasileira de Direito Público – SBDP e pode ser consultada no livro *Contratações Públicas e seu Controle* (SUNDFELD, Carlos Ari; MARQUES NETO, Floriano de Azevedo. *Contratações Públicas e seu Controle*. São Paulo: Malheiros, 2013. p. 277-285). Para uma visão abrangente sobre as origens do diploma que alterou a LINDB, ver: PALMA, Juliana Bonacorsi de. Segurança jurídica para a inovação pública: a nova Lei de Introdução às Normas do Direito Brasileiro (Lei nº 13.655/2018). *Revista de Direito Administrativo*, Rio de Janeiro, v. 279, n. 2, p. 209-249, mai./ago. 2020. Para análises jurídicas de cada um dos novos dispositivos da LINDB, ver: Edição Especial Direito Público na Lei de Introdução às Normas do Direito Brasileiro – LINDB (Lei nº 13.655/2018). *Revista de Direito Administrativo*, Rio de Janeiro, 2018. Disponível em: https://bibliotecadigital.fgv. br/ojs/index.php/rda/issue/view/4255. Acesso em 01 jan. 2022.

[36] "O art. 28 da LINDB – A cláusula geral do erro administrativo". (BINENBOJM, Gustavo; CYRINO, André. Edição Especial Direito Público na Lei de Introdução às Normas do Direito Brasileiro – LINDB (Lei nº 13.655/2018). *Revista de Direito Administrativo*, Rio de Janeiro, 2018. p. 221. Disponível em: https://bibliotecadigital.fgv.br/ojs/index.php/rda/issue/view/4255. Acesso em 01 jan. 2022).

pessoal de agente público apenas em caso de dolo ou erro grosseiro tem duplo efeito: de um lado, reprimir e desestimular desvios, fraude e culpa grave; de outro, reconhecer que erros leves – cometidos sem dolo ou culpa grave – são escusáveis, não podendo, por isso, ensejar punição a quem os comete.

Também visou trazer equilíbrio à aplicação do direito público e conforto decisório ao gestor com boa motivação o art. 22, *caput* e §1º, da LINDB. Os dispositivos estabelecem que, "[n]a interpretação de normas sobre gestão pública, serão considerados os obstáculos e as dificuldades reais do gestor e as exigências das políticas públicas a seu cargo" e que "[e]m decisão sobre regularidade de conduta ou validade de ato, contrato, ajuste, processo ou norma administrativa, serão consideradas as circunstâncias práticas que houverem imposto, limitado ou condicionado a ação do agente". Ou seja: nos termos da LINDB, é inviável, no Direito brasileiro, a responsabilização pessoal objetiva.[37]

Do exposto se conclui que o texto da LIA de 2021 (salvo pontos bem específicos, como a restrição da legitimidade ativa ao Ministério Público e as exigências para decretar as medidas cautelares) não traduziu uma guinada normativa disruptiva, e sim uma positivação em lei daquilo que o legislador de 2021 entendeu ser a melhor interpretação para própria LIA de 1992.

Conclusão

É possível que a Justiça venha a fixar orientação geral no sentido de aplicar regras novas mais benéficas a processos de improbidade administrativa em curso.

Mas ainda que não se reconheça a aplicabilidade direta do texto legal de 2021 aos processos em curso, há de, ao menos, lhe ser reconhecido elevado valor hermenêutico para guiar o julgamento dos casos anteriores. Isso porque o novo texto se alinha perfeitamente a um conjunto de interpretações (sobre as regras anteriores da LIA) cuja plausibilidade não se pode negar. A leitura de que mesmo a LIA de 1992 exigia dolo para a caracterização de atos de improbidade administrativa, embora sujeita a divergências, como é natural, já vinha sendo defendida

---

[37] Não por menos, os artigos 20 e 22 foram incorporados integralmente à LIA de 2021, como se lê no art. 17-C, II, III e V.

historicamente, com consistência, pela jurisprudência e por parcela importante da doutrina.

Ademais, a visão segundo a qual seria juridicamente inviável punir o erro leve, sem dolo, acabou sendo positivada em normas como as da Lei de Introdução *às* Normas do Direito Brasileiro (LINDB), na redação que lhe foi conferida pela Lei nº 13.655, de 2018 (art. 22, *caput* e §1º, e art. 28). O texto da LIA 2021 (salvo pontos bem específicos, como a restrição da legitimidade ativa ao Ministério Público) não traduziu, assim, uma guinada normativa disruptiva, mas uma positivação em lei daquilo que o legislador de 2021 entendeu ser a melhor interpretação para a própria LIA de 1992.

Referências

ANASTASIA, Antonio. *Segurança Jurídica e qualidade das decisões públicas – Desafios de uma sociedade democrática*: Estudos sobre o projeto de Lei nº 349/2015, que inclui, na Lei de Introdução às Normas do Direito Brasileiro, disposições para aumentar a segurança jurídica e a eficiência na aplicação do direito público. Brasília: Secretaria de Editoração e Publicações do Senado Federal, 2015.

ÁVILA, Humberto. *Teoria da Segurança Jurídica*. 4. ed. rev. atual. ampl. São Paulo: Malheiros, 2016.

BINENBOJM, Gustavo; CYRINO, André. Art. 28: Edição Especial Direito Público na Lei de Introdução às Normas do Direito Brasileiro – LINDB (Lei nº 13.655/2018). *Revista de Direito Administrativo*, Rio de Janeiro, 2018. Disponível em: https://bibliotecadigital.fgv. br/ojs/index.php/rda/issue/view/4255. Acesso em 01 jan. 2022.

FERREIRA, Vivian Maria Pereira. O dolo na improbidade administrativa: uma busca racional pelo elemento subjetivo na violação aos princípios da Administração Pública. *Revista de Direito GV*, São Paulo, v. 15, n. 3, p. 1-31, set./dez. 2019.

GIACOMUZZI, José Guilherme. *A Moralidade Administrativa e a Boa-fé da Administração Pública – o conteúdo dogmático da moralidade administrativa*. São Paulo: Malheiros, 2002.

GIACOMUZZI, José Guilherme. *A Moralidade Administrativa e a Boa-fé da Administração Pública – o conteúdo dogmático da moralidade administrativa*. 2. ed. rev. atual. São Paulo: Malheiros, 2013.

HUNGRIA, Nélson. *Comentários ao Código Penal*. Rio de Janeiro: Forense, 1949. v. 1.

JUSTEN FILHO, Marçal. *Reforma da Lei de Improbidade Administrativa Comparada e Comentada – Lei nº 14.230, de 25 de outubro de 2021*. Rio de Janeiro: Forense, 2022.

KANAYAMA, Ricardo. *Improbidade por Violação aos Princípios da Administração Pública*: um diagnóstico da fundamentação das decisões do Tribunal de Justiça de São Paulo. Dissertação (Mestrado) – Escola de Direito da Fundação Getulio Vargas de São Paulo, 2020. Disponível em: https://bibliotecadigital.fgv.br/dspace/bitstream/handle/10438/28949/Ricardo%20 A.%20Kanayama%20-%20Dissertac%CC%A7a%CC%83o%20versa%CC%83o%20final%20 definitiva.pdf?sequence=5&isAllowed=y. Acesso em 01 jun. 2022.

KANAYAMA, Rodrigo Luís; KANAYAMA, Ricardo Alberto. A interpretação da Lei de Improbidade Administrativa entre o interesse público e os direitos individuais de defesa. *Revista de Direito Administrativo*, Rio de Janeiro, v. 279, n. 3, p. 245-273, set./dez. 2020.

MAXIMILIANO, Carlos. *Direito intertemporal ou teoria da retroatividade das leis*. 2. ed. Rio de Janeiro: Livraria Freitas Bastos, 1955.

MOREIRA, Egon Bockmann; BINENBOJM, Gustavo. A eficácia imediata da Lei de Improbidade e o julgamento do Tema 1.199 pelo STF. *O Globo*, 18 fev. 2022. Disponível em: https://blogs.oglobo.globo.com/fumus-boni-iuris/post/eficacia-imediata-da-lei-de-improbidade-e-o-julgamento-do-tema-1199-pelo-stf.html. Acesso em 17 abr. 2022.

OSÓRIO, Fabio Medina. *Teoria da Improbidade Administrativa*. São Paulo: RT, 2007.

PALMA, Juliana Bonacorsi de. Segurança jurídica para a inovação pública: a nova Lei de Introdução às Normas do Direito Brasileiro (Lei nº 13.655/2018). *Revista de Direito Administrativo*, Rio de Janeiro, v. 279, n. 2, p. 209-249, mai./ago. 2020.

SUNDFELD, Carlos Ari. Administração e Justiça: um novo equilíbrio? (cap. 12). *In: Direito Administrativo para Céticos*. 2. ed. São Paulo: Malheiros, 2014.

SUNDFELD, Carlos Ari; KANAYAMA, Ricardo Alberto. A promessa que a lei de improbidade administrativa não foi capaz de cumprir. *Escola da AGU*: Direito, Gestão e Democracia, v. 12, p. 412, 2021.

SUNDFELD, Carlos Ari; MARQUES NETO, Floriano de Azevedo. *Contratações Públicas e seu Controle*. São Paulo: Malheiros, 2013.

VORONOFF, Alice. *Direito Administrativo Sancionador no Brasil*: justificação, interpretação e aplicação. Belo Horizonte: Fórum, 2019.

ZAFFARONI, Eugenio Raúl *et al. Direito Penal Brasileiro*: primeiro volume – teoria geral do direito penal. 4. ed. Rio de Janeiro: Revan, 2003, 2011.

Informação bibliográfica deste texto, conforme a NBR 6023:2018 da Associação Brasileira de Normas Técnicas (ABNT):

SUNDFELD, Carlos Ari; ROSILHO, André; KANAYAMA, Ricardo Alberto. A Lei de Improbidade Administrativa de 2021 e os processos em curso. *In*: MOTTA, Fabrício; VIANA, Ismar (coord.). *Improbidade administrativa e Tribunais de Contas*: as inovações da Lei nº 14.230/2021. Belo Horizonte: Fórum, 2022. p. 23-38. ISBN 978-65-5518-445-7.

A ESPARRELA DA (IR)RETROATIVIDADE DA NOVA LEI DE IMPROBIDADE

FLORIANO DE AZEVEDO MARQUES NETO

Desde o advento da Lei nº 14.230/2021, por muitos chamada de *Nova Lei de Improbidade* (embora não seja propriamente uma lei nova, mas uma lei modificadora substancialmente da LIA - Lei nº 8.429/1992), passou-se a debater na doutrina ou na jurisprudência se as novas normas seriam ou não aplicadas "retroativamente" aos casos e processos em curso. Pressuponho que o debate tenha surgido de boa fé e não por qualquer postura estratégica dos que se opõe à alteração perpetrada pelo legislador.

Porém, estou certo de que tal debate parte de um equívoco. Isso porque, no caso, a maior parte das discussões não diz com qualquer retroação de lei. Trata-se meramente de aplicação das normas de direito material ou processual para os atos que sejam praticados doravante. A única hipótese em que se poderia discutir retroatividade de lei estaria em revisitar condenações pretéritas transitadas em julgado e com sanções já efetivadas, em sede rescisória ou à semelhança da revisão penal, mas tais hipóteses – ao menos até onde me é dado conhecer – não estão na pauta.

O presente texto tenta demonstrar o despropósito de discutir retroatividade e os fundamentos jurídicos para plena aplicação da lei nova aos processos de improbidade em curso. A hipótese, pontual e isolada, de produção de efeitos para o passado será abordada ligeiramente em tópico próprio.

Para demonstrar minha tese, percorrerei o seguinte itinerário: (i) começarei por enfocar o que considero o principal avanço da nova lei, ao definir o caráter sancionatório da ação de improbidade e apartar sua ação do regime da Ação Civil Pública; (ii) na sequência, analisarei a natureza das normas vertidas pela inovação legislativa; (iii) em seguida, passarei rapidamente pelas regras gerais de vigência das normas no direito brasileiro; (iv) feito isso, abordarei a aplicação das normas de natureza sancionatória e (v) a aplicação das normas de direito processual. Antes de concluir, (vi) enfrentarei brevemente a hipótese de retroação para ensejar a reforma de decisões transitadas em julgado. Concluirei com alguma especulação sobre o que move os críticos à inevitável aplicação imediata das normas da Lei nº 14.230/2021.

1 Um grande avanço: definição da ação de improbidade como repressiva de caráter sancionatório

Tenho comigo que o principal avanço da Lei nº 14.230/2021 foi superar o entendimento que se consolidou nos anos noventa, de que a ação para combater atos de improbidade seria uma espécie de ação civil. Tal entendimento foi formulado no âmbito do Ministério Público e rapidamente ganhou assento na jurisprudência.[1] O principal vetor para esse entendimento foi consolidado numa especiosa criação doutrinária e jurisprudencial, que se denominou "microssistema de tutela coletiva", pelo qual se criava uma regra própria, implícita, para as ações cujo objeto fosse a tutela de direitos difusos e coletivos excludente do CPC, abrindo margem para uma escolha da norma mais favorável à elevada

---

[1] Por todas, ver o REsp nº 944.295/SP, Rel. Ministro CASTRO MEIRA, SEGUNDA TURMA, julgado em 04.09.2007, *DJ* 18.09.2007, p. 291): PROCESSO CIVIL. IMPROBIDADE ADMINISTRATIVA. AÇÃO CIVIL PÚBLICA. MINISTÉRIO PÚBLICO. LEGITIMIDADE. CUMULAÇÃO DE PEDIDOS. POSSIBILIDADE. DISPENSA DE LICITAÇÃO. CASO DE EMERGÊNCIA. CARACTERIZAÇÃO. IMPOSSIBILIDADE EM SEDE DE RECURSO ESPECIAL. SÚMULA 7.
1. O Ministério Público é parte legítima para ajuizar ação civil pública que vise aplicar as sanções previstas na Lei de Improbidade Administrativa.
2. A ação civil pública é meio processual adequado para buscar a responsabilização do agente público nos termos da Lei de Improbidade Administrativa, sendo também possível a cumulação de pedidos.
3. O recurso especial interposto antes do julgamento dos embargos infringentes é intempestivo.
4. Em sede de recurso especial é inadmissível o reexame da matéria fática dos autos para identificar a existência ou não de situação emergencial que justifique a contratação de pessoal sem concurso público, com base no art. 24, IV, da Lei nº 8.666/93.
5. Recurso especial do Parquet não conhecido e recurso especial de Nei Eduardo Serra conhecido em parte e não provido.

função de defesa desses direitos transindividuais.[2] Decisões recentes do STJ indicam que tal criação, agora *contra legem*, demorará para ser abandonada.[3]

Ao se definir que as ações para coibição dos atos de improbidade seriam processadas não sob as regras do CPC, mas como ações civis públicas, trouxe-se as regras processuais constantes da Lei nº 7.347/1985, para aplicação de uma lei cominando sanções, que se voltava à responsabilização por violação do dever de agir probamente. A ACP tem por objeto "a condenação em dinheiro ou o cumprimento de obrigação de fazer ou não fazer" (art. 3º). Nunca teve por escopo a aplicação de sanções. O equívoco do passado foi submeter a uma ação especial, com escopo de buscar o ressarcimento, pecuniário ou fático, de um dano, para se aplicar uma lei cujo escopo principal fora aplicar penas, sanções, a quem agisse de forma ímproba.

A Lei nº 14.230/2021 equacionou de forma correta o problema, superando a disfuncionalidade da orientação anterior. Faz isso em dois momentos. No artigo 17, definiu claramente que a ação para aplicação das penalidades da LIA se rege pelo CPC, sem submissão ao rito especial da LACP.[4] Exclusão do rito da ação civil pública reforçada logo adiante, no §16 deste artigo que liquida qualquer dúvida ao estabelecer que a ação para aplicação de sanções da LIA será convertida em ação civil pública (e não se converte algo naquilo que já se é) caso, no curso do processo, se verifique que estão ausentes os pressupostos para a punição, mas remanesça causa de pedir para ressarcimento do poder público.[5]

---

[2] Por todos ver REsp nº 1.217.554/SP, Rel. Ministra Eliana Calmon, Segunda Turma, *DJe* 22.8.2013. Ver também o REsp nº 695.396/RS, Primeira Turma, Rel. Ministro Arnaldo Esteves Lima, *DJe* 27.4.2011, onde lemos: "Os arts. 21 da Lei da Ação Civil Pública e 90 do CDC, como normas de envio, possibilitaram o surgimento do denominado Microssistema ou Minissistema de proteção dos interesses ou direitos coletivos amplo senso, no qual se comunicam outras normas, como o Estatuto do Idoso e o da Criança e do Adolescente, a Lei da Ação Popular, a Lei de Improbidade Administrativa e outras que visam tutelar direitos dessa natureza, de forma que os instrumentos e institutos podem ser utilizados com o escopo de 'propiciar sua adequada e efetiva tutela'" (art. 83 do CDC))".

[3] REsp nº 1.925.492/RJ, Rel. Min. Hermann Benjamin, *DJe* 01.07.2021: PROCESSUAL CIVIL. IMPROBIDADE ADMINISTRATIVA. DECISÃO INTERLOCUTÓRIA QUE INDEFERE PEDIDO DE DEPOIMENTO PESSOAL. AGRAVO DE INSTRUMENTO. CABIMENTO. PREVALÊNCIA DE PREVISÃO CONTIDA NA LEI DA AÇÃO POPULAR SOBRE O ARTIGO 1.015 DO CPC/2015. MICROSSISTEMA DE TUTELA COLETIVA. HISTÓRICO DA DEMANDA.

[4] "Art. 17. A ação para a aplicação das sanções de que trata esta Lei será proposta pelo Ministério Público e seguirá o procedimento comum previsto na Lei nº 13.105, de 16 de março de 2015 (Código de Processo Civil), salvo o disposto nesta Lei.

[5] *Literis*: "§16. A qualquer momento, se o magistrado identificar a existência de ilegalidades ou de irregularidades administrativas a serem sanadas sem que estejam presentes todos os

A outra importante passagem da Lei nº 14.230/2021 está no seu artigo 1º, §4º. O *caput* define que a lei se presta à responsabilização sancionatória por atos afrontantes da probidade. No §4º desse art. 1º, de forma ainda mais relevante, a nova lei estabeleceu que aos preceitos da LIA se aplicam *os princípios constitucionais do direito administrativo sancionador*. Apesar de parecer acaciana, a disposição tem uma importância ímpar. Durante décadas, as sanções de improbidade, submetidas a um regime de ação civil, foram tratadas como se sanções civis fossem equiparadas a meras multas contratuais. Doutrina e jurisprudência desconsideravam se tratar de manifestação do poder extroverso estatal. A Lei nº 14.230/221, então, "inova", para consolidar o óbvio: sanções pode improbidade são manifestações do poder punitivo estatal e, como tal, devem ser tratadas, com os limites e condicionantes próprios do direito sancionador, do qual o direito penal é a manifestação mais saliente.[6]

Essas duas alterações são, no meu sentir, das mais relevantes. Delas decorre tanto o regramento processual que passa a ser mandatoriamente aplicado às ações que visam a enquadrar condutas nos tipos infracionais da LIA e condenar os responsáveis às penalidades nela cominadas, como também o caráter penal (não de privação da liberdade, mas de apenamentos bastante severos). Estas duas consequências serão fundamentais para o deslinde do que trata este artigo, a aplicação temporal das novas normas.

2 Natureza das normas trazidas pela Lei nº 14.230/2021

Com as alterações trazidas pela nova Lei, fica claro que a Lei de Improbidade contém dois tipos de normas jurídicas: as normas propriamente penais (ou, como parecem preferir os puristas, de natureza sancionatória) e as normas processuais.

No primeiro grupo podemos listar, entre outros, boa parte das normas do art. 1º, 2º, 3º, os artigos 9, 10, 11, estes três contendo tipos infracionais, e o artigo 12, que traz as penas cominadas. Igualmente neste grupo estão as normas dos artigos 19, 20, 21 e 22.

---

requisitos para a imposição das sanções aos agentes incluídos no polo passivo da demanda, poderá, em decisão motivada, converter a ação de improbidade administrativa em ação civil pública, regulada pela Lei nº 7.347, de 24 de julho de 1985".

[6] Sobre o tema, ver meu "Ensaio sobre o processo como disciplina do exercício da atividade estatal", *In.* DIDIER JR., Fredie; JORDÃO, Eduardo Ferreira. *Teoria do Processo.* Salvador: Editora Podium, 2007. p. 261 e ss.

No segundo grupo podemos listar os artigos 7º, 8º, 8º-A, 14 a 18, 23, 23-A, 23-B e 23-C.[7]

Além destes dois blocos, encontramos normas instrumentais, como é o caso do art. 13, que trada da declaração de bens obrigatória para os agentes públicos.

A divisão entre normas de natureza sancionatória e normas processuais ajuda a compreender a vigência da nova lei no âmbito da improbidade.

3 A vigência das normas no direito brasileiro

A regra de vigência das leis no direito brasileiro segue o disposto desde os anos 40 na Lei de Introdução, à época ao Código Civil e, hoje, às normas do direito brasileiro.

O texto do art. 6º com a redação dada pela Lei nº 3.238/57, é a seguinte:

> Art. 6º A Lei em vigor terá efeito imediato e geral, respeitados o ato jurídico perfeito, o direito adquirido e a coisa julgada.[8]

Logo, desde sempre, a lei se aplica a todos os atos e processos imediatamente, apenas não podendo colher o ato jurídico perfeito e a coisa jugada.

De seu turno, o art. 5º da Lei nº 14.230/2021 prescreve que: "Esta Lei entra em vigor na data de sua publicação". Inexiste, na nova lei, previsão de vigência ou eficácia retida,[9] ou de preservação dos processos em curso. Lembre-se que o CPC vigente, aprovado pela Lei nº 13.105/2015, continha regra (art. 1045) prevendo a entrada em vigor um ano após a publicação, e no seu §1º determinava que "ao entrar

---

[7] Não desconheço a discussão sobre a natureza jurídica das normas relativas à prescrição. Tampouco descuro do entendimento de que prescrição seja norma de direito material. Porém, para os efeitos que aqui desenvolvemos, seja porque ela não é norma penal-sancionadora, seja pelas repercussões processuais, estou as colocando no segundo bloco.

[8] A redação original tinha o seguinte teor: "Art. 6º A lei em vigor terá efeito imediato e geral. Não atingirá, entretanto, salvo disposição expressa em contrário, as situações jurídicas definitivamente constituídas e a execução do ato jurídico perfeito".

[9] Ressalva parcial seja feita ao art. 30. Da Lei nº 14.230/2021: "Art. 3º No prazo de 1 (um) ano a partir da data de publicação desta Lei, o Ministério Público competente manifestará interesse no prosseguimento das ações por improbidade administrativa em curso ajuizadas pela Fazenda Pública, inclusive em grau de recurso. §1º No prazo previsto no caput deste artigo suspende-se o processo, observado o disposto no art. 314 da Lei nº 13.105, de 16 de março de 2015 (Código de Processo Civil)".

em vigor este Código, suas disposições se aplicarão desde logo aos processos pendentes".

Pois bem, temos então, como regra no direito brasileiro, que uma lei nova se aplica de forma imediata e da data de sua vigência em relação a todos os eventos do porvir que venham a ocorrer doravante.

4 As normas de direito material sancionador da nova lei e sua aplicação

O conjunto de normas da Lei nº 14.230/2021, com conteúdo de direito material sancionador, devem ser aplicadas para aplicação das penas de improbidade que venham a ser cumuladas doravante, independentemente de quando o ato tiver sido praticado.

O eixo vetorial deste entendimento está no fato de que o direito sancionatório, como o direito penal, não se rege como o direito civil, pautado no momento temporal em que se praticou o ato. Isso porque a regra civil disciplina o direito aplicável ao tempo em que os sujeitos jurídicos exercem o seu direito e consumam o ato ou negócio jurídico. No direito sancionador, a subsunção jurídica é diversa. Neste campo, o Estado sancionador faz a subsunção da conduta ao Direito, para, ao tempo do exercício do poder extroverso punitivo, enquadrar a conduta nos tipos penais e sopesar a sanção aplicável. Logo, o direito aplicável em matéria de direito sancionatório é aquele vigente no momento da aplicação da pena e não da prática do ato punível.

A razão para esta distinção é simples. Na vida civil, os atos jurídicos são válidos a menos que contrariem a lei. A pessoa casa, contrata, falece, assume posse à luz do direito que disciplina estes atos ao tempo da sua consumação. No direito penal, ao contrário, a submissão do ato ao direito pressupõe o seu enquadramento numa conduta típica classificada como crime, sujeitando-se a uma pena adrede cominada. A missão maior do direito sancionador não é punir, mas evitar a prática da conduta indesejada (e, como tal, punível).

No direito civil, a prática de um ato faz emergir direitos a terceiros. Se alguém casa, faz emergirem direitos decorrentes da mudança no estado civil. Se alguém pratica um ato ilícito que causa dano, faz emergir na esfera de direitos subjetivos de outrem um direito a ser indenizado. Se alguém com algum patrimônio falece, faz emergir direitos de herança aos sucessores. Os direitos e deveres que surgem de um ato na esfera civil, portanto, se regem pela regra vigente ao tempo do ato.

No direito sancionador, ao contrário, a prática de uma conduta típica não faz emergir direito subjetivo algum. Pode fazer, o ato ilícito típico, emergir um direito da vítima ou ser indenizado os seus sucessores. Mas essa não é a consequência advinda do direito penal, mas do direito civil. Não emerge, porém, um "direito adquirido a punir", não existe propriamente um direito subjetivo da vítima a ver o criminoso punido,[10] a menos que voltássemos à justiça medieval da vindicta.

Pode-se argumentar que o Estado tem *o jus puniendi*. Sim, mas este não pode ser tido como um direito de punir, e sim como um poder-dever jurídico de aplicar o comando legal e assim aplicar a sanção. Tanto que não é um direito enquanto faculdade jurídica, disponível, mas uma *função* estatal decorrente do monopólio do poder extroverso.

Neste passo, vale rejeitar, com repulsa, uma criação pretoriana recente tão abespinhante quanto anticivilizatória. Refiro-me à construção do "princípio" *in dubio pro societatis*. Este racional, de corte absolutamente revanchista, não tem respaldo algum no texto constitucional. Ouso dizer que essa construção pretoriana tangencia a afronta à dignidade da pessoa humana, pois submete direitos fundamentais (liberdade, integridade física) a uma difusa titularidade do direito de ver impingido um mal em retribuição a quem o mal fez. Despropósito esse que surge, ora e vez, na pena ou na voz do agente público encarregado de julgar sob o pálio do Estado de Direito.

Pois bem. Dizia que a regra de temporalidade do direito sancionatório é, e será sempre, aquela vigente ao tempo em que o Estado-jurisdição vai cotejar a conduta com o direito sancionatório vigente e aplicável ao tempo do julgamento. Entender de forma diversa implicaria em conceber que a prática do ilícito seria o mesmo que praticar um ato jurídico civil, balizado pelo ordenamento vigente ao tempo da infração. A conduta proba há de ser – e, afortunadamente, é – a regra. O ilícito é a exceção. E a ocorrência desta conduta reprovável faz emergir o poder-dever do Estado sancionador (função sancionatória) de coibi-la, aplicando o direito ao tempo de aplicação da pena e não aquele vigente ao tempo da prática do ato punível.

Figuremos um exemplo. Imagine-se que, no futuro, que os derivados da cannabis venham a ser excluídos da lista de entorpecentes formulada pela Anvisa e que integra os tipos penais da lei de entorpecentes. E imagine-se que, após essa mudança regulatória, que

---

[10] O direito que emerge para a vítima na ação penal de iniciativa privada, subsidiária ou não, é um direito de ação e não de punição.

alguns impropriamente designam por "descriminalização", um sujeito esteja sendo processado por tráfico de entorpecente por transportar uma quantidade relevante de maconha ou de derivados contendo THC. Alguém sustentaria que este sujeito deva ser condenado por uma conduta não mais típica, baseado no fato de que quando praticou a conduta aquilo era considerado crime? Incogitável.[11]

Por essa razão, por exemplo, que o direito penal não considera mais punível ato que, malgrado fosse tipificado ao tempo de sua prática, deixa de ser antes da aplicação da pena. Neste sentido é a expressa previsão do art. 2º do Código de Processo Penal.[12] E no mesmo sentido o art. 107, III, do Código Penal, que determina a extinção da punibilidade "pela retroatividade de lei que não mais considera o fato como criminoso".

Pois o mesmo raciocínio vale para as normas constantes, por exemplo, nos artigos 9º a 12 da LIA. Imagine-se que um agente público esteja sendo processado com base exclusivamente no art. 11, IX, por *deixar de cumprir a exigência de requisitos de acessibilidade previstos na legislação*. O

---

[11] A esse respeito, a jurisprudência do STF: HC nº 120.026, Relator Celso de Mello, firmando entendimento sobre *abolitio criminis* mesmo diante de alteração posterior em norma infralegal integradora de norma penal em branco. O acórdão veio assim ementado: EMENTA: TRÁFICO DE ENTORPECENTES. LANÇA-PERFUME. LISTA DAS SUBSTÂNCIAS PSICOTRÓPICAS DE USO PROSCRITO NO BRASIL (PORTARIA SVS/MS Nº 344/98). EXCLUSÃO DO CLORETO DE ETILA DE MENCIONADO ROL. VIGÊNCIA, AINDA QUE POR BREVE PERÍODO, DA RESOLUÇÃO QUE EXCLUIU DA RELAÇÃO INCRIMINADORA O CLORETO DE ETILA. CARACTERIZAÇÃO DE "ABOLITIO CRIMINIS" TEMPORÁRIA. PRECEDENTES. RELAÇÕES ENTRE AS LEIS PENAIS EM BRANCO E OS ATOS QUE AS COMPLEMENTAM. DOUTRINA. POSTERIOR REINCLUSÃO, PELA ANVISA, DO CLORETO DE ETILA NA LISTA DE SUBSTÂNCIAS PROIBIDAS. IMPOSSIBILIDADE, EM TAL HIPÓTESE, DE ATRIBUIR-SE EFICÁCIA RETROATIVA À RESOLUÇÃO QUE REINCLUIU, EM MOMENTO POSTERIOR, O CLORETO DE ETILA NA RELAÇÃO DE SUBSTÂNCIAS PROSCRITAS. VEDAÇÃO CONSTITUCIONAL QUE INIBE A RETROATIVIDADE DA "LEX GRAVIOR" (CF, ART. 5º, XL). PRECEDENTES. "HABEAS CORPUS" DEFERIDO". E onde se lê: "Esse entendimento – não constitui demasia acentuar – encontra apoio no magistério de outros eminentes autores que também sustentam que supervenientes alterações ou supressões introduzidas nos atos que complementam as leis penais em branco, além de operarem a "abolitio criminis" referentemente aos elementos não mais abrangidos pela nova regra integradora (o que implica eliminação da elementar típica), ainda impedem a aplicação retroativa da cláusula legal de tipificação (BITENCOURT, Cezar Roberto. *Tratado de Direito Penal – Parte Geral*. 19. ed. São Paulo: Saraiva, 2013. v. 1, item n. 6, p. 215-217; REALE JÚNIOR, Miguel. *Instituições de Direito Penal – Parte Geral*. 3. ed. Rio de Janeiro: Forense, 2009. Item n. 6.5, p. 101; PRADO, Luiz Regis. *Comentários ao Código Penal*. 9. ed. São Paulo: RT, 2014. Item n. 4, p. 65; MIRABETE, Julio Fabbrini; FABBRINI, Renato N. *Manual de Direito Penal*. 26. ed. São Paulo: Atlas, 2010. vol. I/54, item n. 2.2.11; GALVÃO, Fernando. *Direito Penal – Parte Geral*. 2. ed. Belo Horizonte: Del Rey, 2007. Item n. 2.2, p. 93. v.g.)1".

[12] "Art. 2º A lei processual penal aplicar-se-á, desde logo, sem prejuízo da validade dos atos realizados sob a vigência da lei anterior".

tipo de improbidade que foi revogado pela nova lei. E que o processo esteja em fase de produção de provas. Alguém sustentaria que se deva condenar por ímprobo o agente, baseado em conduta que, mesmo que ilícita, não é mais cominada como ímproba. Igualmente incogitável.

Da mesma forma, pode um juiz, nos dias correntes, aplicar dosimetria das penas de improbidade, desconsiderando a redação vigente no art. 1º da LIA, baseando-se na redação original revogada? Impensável.

Logo, tenho que em relação às normas de direito material, de matiz punitiva, a regra intertemporal há de ser, necessariamente, a da aplicação das condutas e penas vigentes no momento em que o julgador estiver decidindo o processo, apreciando a conduta e aplicando as penas. Nada importa o direito vigente ao tempo do ato ímprobo ou imputado como tal.

Logo, e aqui a armadilha, neste caso não estamos falando de retroação ou retroatividade da norma nova. A questão se resolve meramente pela aplicação da lei no tempo em matéria de direito sancionador. As normas de direito material da Lei nº 8429/1992 devem ser aplicadas, desde a edição da Lei nº 14.230/2021 pela redação nova, ou seja, a vigente ao tempo da decisão. E de retroatividade não se trata.

5 As normas processuais contidas na nova lei e sua aplicação

Já quanto à aplicação da norma processual no tempo, o debate se mostra um pouco mais complexo. Mas não o suficiente para gerar maiores dúvidas. Três linhas foram sendo construídas em torno do tema: a escola da unicidade processual (o processo é um só e, portanto, deve ser regido pela lei vigente ao tempo da sua instauração); o sistema de fases processuais, em que cada etapa demarcada do processo é regida pela lei processual vigente ao tempo do respectivo início da etapa); e o sistema de isolamento dos atos processuais (pela qual se aplica a regra vigente ao tempo da prática de cada ato). Com o tempo, o nosso sistema processual foi se afunilando em torno do sistema dos atos processuais.

O Código de 2015 expressamente abraçou este entendimento[13] nos artigos 14[14] e 1.046.[15]

Daí porque podemos afirmar, com apoio da melhor doutrina, que

> a lei nova, encontrando o processo em desenvolvimento, respeita a eficácia dos atos processuais já realizados e disciplina o processo a partir da sua vigência. Por outras palavras, a lei nova respeita os atos processuais realizados, bem como os seus efeitos, e se aplica aos que houverem de realizar-se.[16]

A regra, então, de entrada da vigência das normas em matéria de processo é seguir aplicando-se a regra nova para os atos processuais vindouros, preservando-se os atos já consumados. Tal entendimento se coaduna tanto com a segurança jurídica, quanto com a vedação de que leis antigas perdurem indefinidamente no tempo.

É aderente à segurança jurídica, pois ao se aplicar a nova lei a atos jurídicos processuais do porvir, não se está desconstituindo nem a coisa julgada (porquanto processo em curso, acacianamente, não transitou em julgado), nem muito menos os atos jurídicos perfeitos no momento anterior à vigência da nova lei. E a ninguém caberia alegar existir um direito adquirido à norma processual anterior.

Mais que tudo, o sistema de isolamento dos atos processuais impede que lei revogada perdure indeterminadamente. Sim, pois o processo no sistema brasileiro, em que pese a garantia do art. 5º, LXXVIII, da CF, tem duração que muitas vezes trespassa décadas. Assim, fosse prevalecente aqui o sistema da unicidade do processo, uma ação iniciada um dia antes da vigência da nova lei daria ultratividade ao diploma revogado por muitos e muitos anos.

---

[13] "O CPC-2015, ao tratar da sua aplicação no tempo, mais propriamente nos arts. 14 e 1.046, adotou o sistema do isolamento dos atos processuais. Logo, cada ato deve ser considerado isoladamente, aplicando-se, para cada um, a lei em vigor no momento de sua prática". (CARNEIRO DA CUNHA, Leonardo. *Direito Intertemporal e o Novo CPC*. Rio de Janeiro: Forense, 2016. p. 29.

[14] Art. 14. A norma processual não retroagirá e será aplicável imediatamente aos processos em curso, respeitados os atos processuais praticados e as situações jurídicas consolidadas sob a vigência da norma revogada.

[15] Art. 1.046. Ao entrar em vigor este Código, suas disposições se aplicarão desde logo aos processos pendentes, ficando revogada a Lei nº 5.869, de 11 de janeiro de 1973.

[16] SANTOS, Moacyr Amaral. *Primeiras linhas de direito processual civil*. 16. ed. São Paulo: Saraiva, 1993. v. 1, p. 32.

Tanto é assim que o STJ já deixou assentado:

PROCESSUAL CIVIL. AGRAVO REGIMENTAL. DECISÃO AGRAVADA PUBLICADA SOB A ÉGIDE DO CPC/1973. CONTAGEM DO PRAZO. REGRAS DE DIREITO INTERTEMPORAL. INAPLICABILIDADE DO CÓDIGO DE PROCESSO CIVIL DE 2015. RECURSO INTEMPESTIVO. 1. A nova lei processual se aplica imediatamente aos processos em curso (*ex vi* do art. 1.046 do CPC/2015), respeitados o direito adquirido, o ato jurídico perfeito, a coisa julgada, enfim, os efeitos já produzidos ou a se produzir sob a *égide* da nova lei. 2. Considerando que o processo *é* constituído por inúmeros atos, o Direito Processual Civil orienta-se pela Teoria dos Atos Processuais Isolados, segundo a qual cada ato deve ser considerado separadamente dos demais, para o fim de determinar qual a lei que o regerá (princípio do *tempus regit actum*). Esse sistema está inclusive expressamente previsto no art. 14 do CPC/2015.[17]

Ora, parece não restar dúvidas que prevalece entre nós a regra segundo a qual a norma processual – e, por conseguinte, as normas processuais veiculadas pela Lei nº 14.230/2021 – é aplicável nos processos em curso e passa a ser a regente dos atos processuais praticados após sua vigência. Resta também sem sentido a discussão sobre retroatividade dessas normas da nova LIA. Todas as normas versantes sobre regras processuais são vigentes e aplicáveis nos processos ainda não concluídos, *rectius*, não transitados em julgado, devendo ser sob elas praticados os atos do porvir.

Não me parece cogitável um juiz determinar, numa ação de responsabilização por improbidade ajuizada no dia 24 de outubro de 2021 (véspera da vigência da lei nova), a notificação do réu (requerido) para "oferecer manifestação por escrito" a partir da qual venha a decidir, sem dilação probatória, pela improcedência da ação, rejeitando-a vestibularmente. E não se cogita mais deste agir, porque os §§7º e 8º do art. 17 da LIA foram revogados, inexistindo deste então a regra processual da defesa prévia em ação de improbidade.

Contudo, outras regras processuais trazidas pela Lei nº 14.230/2021 são perfeitamente aplicáveis e regentes dos atos das ações por improbidade em curso. Não porque a nova lei retroaja. Mas simplesmente porque ela é vigente e rege os atos processuais do porvir. Como sói em matéria processual.

---

[17] AgInt no AGRAVO EM RECURSO ESPECIAL Nº 785.269 – SP (2015/0236257-0); Relator: Ministro Gurgel De Faria, julgado em 19.04.2016.

Assim, se um juiz chamar à conclusão para sentenciar uma ação de improbidade ajuizada há anos, terá que, ao elaborar a sentença, seguir além dos requisitos do CPC os requisitos específicos veiculados pelo art. 17-C acrescidos pela Lei nº 12.230/2021. Igualmente,[18] o juiz haverá de aplicar as regras de prescrição constantes dos artigos 23 e seguintes, pelas mesmas razões. E de retroatividade não se estará tratando, mas de singela aplicação da regra de vigência da norma processual no direito brasileiro.

6 Hipótese de retroatividade excepcional

Perceba-se que até aqui não aludi ao princípio da retroação da lei mais benigna ao réu.[19] E não o fiz, pois a aplicação das normas de cunho material sancionatório ou das normas processuais aos atos vindouros após a vigência da lei nova prescinde, de modo absoluto, de se recorrer a este princípio do direito punitivo.

A única hipótese em que este debate pode ter lugar – e aí se falaria em retroatividade da lei nova – seria no caso de se cogitar de uma revisão em matéria punitiva de improbidade, em via autônoma ou atípica, ou em sede de rescisória. Seria a hipótese de uma condenação pró improbidade transitada em julgado, baseada em conduta típica, já não mais punível ou cominando pena exorbitante em relação aos novos parâmetros.

Essa hipótese, que cogito em caráter teórico, teria algumas dificuldades, embora plausível.

Primeiro, entendo que ela só é possível dentro do prazo legal para as ações rescisórias. E mesmo dentro deste interstício, haveria tal revisão caber no enquadramento das ações rescisórias previstas no art. 966 do CPC.[20] A única hipótese que vislumbro é a do inciso V. E mesmo assim, ter-se-á que construir uma sofisticada tese da contrariedade

---

[18] Certo que desde que superada a suspensão da fluência do prazo prescricional determinada pelo Min. Alexandre de Moraes, embargos de declaração da PGR no, ARE nº 843989 ED-SEGUNDOS/PR.

[19] Consagrado no art. 5º, XL, da CF: "A lei penal não retroagirá, salvo para beneficiar o réu".

[20] Art. 966. A decisão de mérito, transitada em julgado, pode ser rescindida quando:
I – se verificar que foi proferida por força de prevaricação, concussão ou corrupção do juiz;
II – for proferida por juiz impedido ou por juízo absolutamente incompetente;
III – resultar de dolo ou coação da parte vencedora em detrimento da parte vencida ou, ainda, de simulação ou colusão entre as partes, a fim de fraudar a lei;
IV – ofender a coisa julgada;
V – violar manifestamente norma jurídica;
VI – for fundada em prova cuja falsidade tenha sido apurada em processo criminal ou venha a ser demonstrada na própria ação rescisória;

superveniente da norma jurídica baseada no direito intertemporal e na retroação mais benéfica. Afora isso, a única hipótese que me ocorre com a retroação benéfica é a de ser invocada para obstar a fase de execução de uma condenação por improbidade, determinando que se oponha ao comprimento alegações como a perda de punibilidade ou a mudança na dosimetria da pena.

O segundo óbice estará no fato de que, no sistema anterior, as condenações por improbidade – sem a restrição individualizante trazida pelo art. 17, §10-D, da Lei nº 14.230/2021[21] – em geral baseava a condenação em mais de um tipo infracional, tornando a argumentação da rescisória ainda mais complexa.

Porém, apenas no caso de ação rescisória para revisão da pena baseada na lei nova é que poderemos estar diante de hipótese de retroatividade da norma nova. Nas demais hipóteses, trata-se de mera aplicação da lei vigente, sem se precisar cogitar de retroatividade.

7 Conclusão

Neste breve artigo tentei abordar a vigência da Lei nº 14.230/2021, sob o prisma do direito temporal. Procurei demonstrar que, em que pese estar pautando o debate doutrinário e jurisprudencial pelas teses de retroatividade ou irretroatividade da lei, esta discussão está fora do lugar, pois o tema se resolve a partir das regras cogentes e assentadas para vigência das normas materiais sancionatórias (a partir da aplicação dos princípios do direito penal-punitivo, como manda a lei) e em matéria processual (como manda o CPC, o CPP e a jurisprudência do STJ).

Ao levar o debate para o campo da retroatividade da lei (tecnicamente, imaginando necessário fazer a lei nova retroceder para alcançar atos praticados no passado), somos levados a acreditar que se trataria de uma aplicação excepcional e desafiadora do direito novo. Recolocando o debate no trilho da mera regra de aplicação das leis penais e processuais no tempo, usando a métrica conhecida e assentada, vemos que este sequer é um tema debatível. A lei já traz a solução, inexistindo margens para a jurisprudência afastar a aplicabilidade imediata da Lei nº 14.230/2021 ou mesmo para modular sua incidência. Por vício de repetição, por ler

---

VII – obtiver o autor, posteriormente ao trânsito em julgado, prova nova cuja existência ignorava ou de que não pôde fazer uso, capaz, por si só, de lhe assegurar pronunciamento favorável;

VIII – for fundada em erro de fato verificável do exame dos autos.

[21] §10-D. Para cada ato de improbidade administrativa, deverá necessariamente ser indicado apenas um tipo dentre aqueles previstos nos arts. 9º, 10 e 11 desta Lei.

hiperbolicamente o princípio constitucional da retroação benigna ou por astúcia de parcela irresignada com os avanços da nova lei, corremos o risco de protelar a plena vigência da norma. Talvez, esta seja a aposta dos críticos, talvez esperando uma improvável, mas não impossível decisão do STF, dando a lei por inconstitucional ou amputando parte relevante do seu conteúdo.

Creio que, caso queiramos realmente travar este debate sobre a plena vigência da Lei nº 14.230/2021, por honestidade intelectual, melhor seria designarmos as teses emergentes, inclusive na Suprema Corte, de afastamento da vigência imediata como tentativas de dar *ultratividade temporal a normas revogadas ou alteradas da Lei nº 8.429/1992*. Não é a lei nova que precisa retroagir. É a lei antiga que precisa deixar de ser vigente, como o legislador determinou. Falar em retroatividade seria permitir que simpatias ou preferências por certas normas superadas pelo legislador pudessem ter o condão de criar zumbis normativos por alquimia hermenêutica. Mais que esparrela, será puro feitiço.

Referências

BITENCOURT, Cezar Roberto. *Tratado de Direito Penal – Parte Geral*. 19. ed. São Paulo: Saraiva, 2013. v. 1.

CARNEIRO DA CUNHA, Leonardo. *Direito Intertemporal e o Novo CPC*. Rio de Janeiro: Forense, 2016.

DIDIER JR, Fredie; JORDÃO, Eduardo Ferreira. *Teoria do Processo*. Salvador: Editora Podium, 2007.

GALVÃO, Fernando. *Direito Penal – Parte Geral*. 2. ed. Belo Horizonte: Del Rey, 2007.

MIRABETE, Júlio Fabbrini; FABBRINI, Renato N. *Manual de Direito Penal*. 26. ed. São Paulo: Atlas, 2010. v. I/54.

PRADO, Luiz Regis. *Comentários ao Código Penal*. 9. ed. São Paulo: RT, 2014.

REALE JÚNIOR, Miguel. *Instituições de Direito Penal – Parte Geral*. 3. ed. Rio de Janeiro: Forense, 2009.

SANTOS, Moacyr Amaral. *Primeiras linhas de direito processual civil*. 16. ed. São Paulo: Saraiva, 1993. v. 1.

Informação bibliográfica deste texto, conforme a NBR 6023:2018 da Associação Brasileira de Normas Técnicas (ABNT):

MARQUES NETO, Floriano de Azevedo. A esparrela da (ir)retroatividade da Nova Lei de Improbidade. *In*: MOTTA, Fabrício; VIANA, Ismar (coord.). *Improbidade administrativa e Tribunais de Contas*: as inovações da Lei nº 14.230/2021. Belo Horizonte: Fórum, 2022. p. 39-52. ISBN 978-65-5518-445-7.

A PRESCRIÇÃO NO ÂMBITO DOS TRIBUNAIS DE CONTAS: UMA PROPOSTA DE SOLUÇÃO TRAZIDA PELA NOVA LEI DE IMPROBIDADE

CHRISTIANNE DE CARVALHO STROPPA
NEWTON ANTÔNIO PINTO BORDIN

Introdução

A Constituição Federal reservou aos Tribunais de Contas posição de destaque na avaliação da atuação administrativa das administrações direta e indireta, abrangendo a fiscalização dos três Poderes e dos demais órgãos autônomos. Os arts. 70 e 71 do texto constitucional estabelecem amplos aspectos de verificação das atribuições estabelecidas para as Cortes de Contas, como a análise de legalidade, de legitimidade e de economicidade relacionada à utilização de recursos públicos.

Como todo órgão de matiz constitucional, a efetivação da atuação dos Tribunais de Contas deve ser avaliada em cotejo com a jurisprudência do Supremo Tribunal Federal, a respeito do alcance da fiscalização das Cortes de Contas.

Esse cotejamento é especialmente importante no atual contexto de redefinições de entendimentos legais e jurisprudenciais a respeito da preservação do erário: de um lado, vem o Supremo Tribunal Federal revisitando o "dogma" da imprescritibilidade do dano ao erário, tradicionalmente amparado pelo §5º do art. 37; de outro, as recentes inovações produzidas pela Lei nº 14.230/2021 na Lei de Improbidade Administrativa

(LIA, Lei nº 8.429/1992),[1] como a derrogação da modalidade culposa de improbidade e a redefinição do cômputo dos prazos prescricionais. As inovações anteriormente sintetizadas favorecem o aperfeiçoamento dos processos de controle externo, seja quanto ao prazo de instrução, seja quanto à acurada apreciação dos fatos, desde o início da fiscalização, uma vez que não mais se está diante de irregularidades potencialmente imprescritíveis nessa sede fiscalizatória.

1 A recente jurisprudência do STF sobre a prescritibilidade do dano ao erário

Desde a promulgação da Constituição Federal, prevaleceu o entendimento de que o dano ao erário seria matéria imprescritível, amparada que estaria na previsão constante do §5º do art. 37 e, axiologicamente, nas perspectivas de supremacia e de indisponibilidade do interesse público.

Celso Antônio Bandeira de Mello, desde a 27ª edição do seu *Curso de Direito Administrativo,* mudou de posição, adotando o entendimento externado por Emerson Gabardo, em conferência proferida no Congresso Mineiro de Direito Administrativo, realizado em maio de 2009, no sentido de que, se acolhida a tese da imprescritibilidade,

> restaria consagrada a minimização ou a eliminação prática do direito de defesa daquele a quem se houvesse increpado danos ao erário, pois ninguém guarda documentação que lhe seria necessária além de um prazo razoável, de regra não demasiadamente longo. De fato, o Poder Público pode manter em seus arquivos, por período de tempo

---

[1] Não há dúvida de que a Lei nº 8.429/1992 constituiu importante instrumento de proteção à probidade administrativa, permitindo a apuração e a punição de graves desvios na Administração Pública. Entretanto, a sua alteração, pela Lei nº 14.230/2021, gerou manifestações antagônicas. De um lado, os que defendem a alteração efetuada indicam seus "indesejados efeitos colaterais, frutos de distorções interpretativas que levaram à excessiva judicialização e insegurança jurídica ao administrador público". (PRADO FILHO, Francisco Octavio de Almeida; ALVES, Adriano. Alterações na Lei de Improbidade: Avanços e reflexos eleitorais. *Consultor Jurídico,* 07 fev. 2022. Disponível em: https://www.conjur.com.br/2022-fev-07/direito-eleitoral-alteracoes-lei-improbidade-avancos-reflexos-eleitorais. Acesso em 20 mar. 2022). Os que criticaram a alteração, destacaram que "a proposta legislativa traz grande dificuldade ao combate à corrupção e à improbidade administrativa no Brasil, criando uma zona de imunidade à responsabilização. Com certeza, será um sério retrocesso" (Cf.: Críticas a mudanças na Lei de improbidade administrativa são destaque na imprensa. *AMPERJ,* 16 jun. 2021. Disponível em: https://www.amperj.org/blog/2021/06/16/criticas-a-mudancas-na-lei-de-improbidade-administrativa-sao-destaque-na-imprensa/. Acesso em 20 mar. 2022).

longuíssimo, elementos prestantes para brandir suas increpações contra terceiros, mas o mesmo não sucede com estes, que terminariam inermes perante arguições desfavoráveis que se lhes fizessem.[2]

O julgamento dos temas de repercussão geral nº 666[3] e 897[4] apresentam especial importância, consolidando o *turning point* jurisprudencial a respeito da matéria prescricional do dano ao erário: não porque tenha havido uma "revolução copernicana", que tenha transformado todo e qualquer dano ao erário em matéria prescritível, mas porque o STF pormenorizou o entendimento a respeito do §5º.

Primeiramente, porque prescritível ou imprescritível não seria o dano, mas a ação que pleiteasse o ressarcimento de valores líquidos e certos a respeito de condutas que tenham gerado prejuízos aos recursos públicos.

Além disso, não seria toda e qualquer ação de ressarcimento que seria imprescritível, mas somente aquelas fundadas em atos dolosos de improbidade administrativa.

O uso de atos "dolosos" de improbidade, ensejadores de dano ao erário, está relacionado ao conteúdo então vigente da lei de improbidade administrativa. A partir da Lei nº 14.230/2021, atos ímprobos são, necessariamente, dolosos.

Lembra Marçal Justen Filho que a improbidade agora compreende um elemento subjetivo próprio e diferenciado, que é o dolo, desta forma:

> [...] não se caracteriza pela simples obtenção de uma vantagem patrimonial indevida para o próprio agente ou terceiro. Nem se materializa apenas na reprovável violação ao dever de honestidade. É indispensável um elemento subjetivo determinado, consistente na vontade defeituosa e reprovável do sujeito. Consiste na ausência de adesão subjetiva à condição de agente estatal.[5]

---

[2] BANDEIRA DE MELLO, Celso Antônio. *Curso de direito administrativo*. 35. ed. São Paulo: Malheiros, 2021. p. 996-997.

[3] STF. Tema nº 666 – Imprescritibilidade das ações de ressarcimento por danos causados ao erário, ainda que o prejuízo não decorra de ato de improbidade administrativa.

[4] STF. Tema nº 897 – São imprescritíveis as ações de ressarcimento ao erário fundadas na prática de ato doloso tipificado na Lei de Improbidade Administrativa.

[5] JUSTEN FILHO, Marçal. *Reforma da lei de improbidade administrativa comentada e comparada*: Lei nº 14.230, de 25 de outubro de 2021. 1. ed. Rio de Janeiro: Forense, 2022. p. 25.

Em contrapartida, as ações de ressarcimento fundadas em outras hipóteses de dano ao erário – ilícitos civis – estão sujeitas ao prazo prescricional quinquenal.

Nesse aspecto, o novel entendimento do STF, por meio dos Temas 666 e 897, consolidou que somente em hipóteses de dano decorrente de improbidade seria considerada imprescritível a ação; admitindo-se, nas demais hipóteses, a prescritibilidade do instrumento.

Em complemento a essa especificação jurisprudencial relacionada à prescritibilidade das ações de reparação de danos ao erário, é de se destacar o Tema de Repercussão Geral nº 899.[6] Conquanto esse caso tenha versado sobre a prescrição fundada em título executivo oriundo de Tribunal de Contas, é de relevo se observar a consolidação do entendimento do STF de que as Cortes de Contas não apuram atos de improbidade administrativa.[7] [8]

Com base nessas informações, os Temas 666, 897 e 899 parecem defender que somente são imprescritíveis as ações de reparação de danos ao erário decorrentes de atos de improbidade administrativa, que não é matéria da competência dos Tribunais de Contas.[9]

O novel entendimento do STF guarda relação com as alterações paradigmáticas havidas no Direito Administrativo desde a década de 1990. Se, naquele momento inicial, pós-Constituinte, prevaleciam os

---

[6] STF. Tema nº 899 – Prescritível a pretensão de ressarcimento ao erário fundada em decisão de Tribunal de Contas.

[7] A saber: a) "a Corte de Contas, em momento algum, analisa a existência ou não de ato doloso de improbidade administrativa"; b) inexistindo decisão judicial pela existência de ato ilícito doloso, bem como, por conseguinte, efetivação do contraditório e ampla defesa no âmbito do Tribunal de Contas, "não é possível ao imputado defender-se no sentido da ausência de elemento subjetivo".

[8] Sobre a resistência do TCU na adoção da tese firmada, recomenda-se a leitura do artigo escrito por: CRISTÓVAM, José Sérgio da Silva; SILVA, Eliza Maria da. 'Pode isso, Arnaldo?': o TCU e a tentativa de 'drible da vaca' no Tema 899 do STF. *Consultor Jurídico*, 03 out. 2020. Disponível em: https://www.conjur.com.br/2020-out-03/opiniao-tcu-tenta-aplicar-drible-tema-899-stf. Acesso em 20 mar. 2022.

[9] Conquanto seja o Ministério Público o grande personagem na persecução da improbidade, detendo a legitimação institucional e processual de provocar o Poder Judiciário, de instaurar procedimento administrativo ou inquérito civil, e, ainda, de requisitar às polícia judiciária a instauração de inquérito policial, cumpre também aos tribunais e conselhos de contas papel de extrema relevância na tutela da probidade e da moralidade na Administração Pública. Importante lembrar que o não envio das prestações de contas anuais de órgãos e entidades que sejam obrigadas a fazê-lo poderão ensejar ação judicial por improbidade administrativa, sequestro de bens e até mesmo afastamento do administrador (TRF/1ª Região, 3ª Turma, AG 1999.01.00.023278-3/PA, Rel. Juiz Olindo Menezes; STJ, MC 3.181/GO, 1ª Turma, Rel. Min. José Delgado). Desta forma, no curso das apurações a cargo do TCU, são diversas as possibilidades de identificação de condutas irregulares também tipificadas como atos de improbidade administrativa.

conceitos relacionados à supremacia e à indisponibilidade do interesse público, a década de 2010 avançou na consolidação de novas perspectivas relacionadas a esse ramo do Direito.

A rigor, sob uma ordem constitucional garantidora das liberdades individuais e que se pretende democrática – formal e materialmente –, não haveria amparo para pré-julgamentos quando as situações que envolvessem a Administração Pública.

Nesse novo contexto, em que há prevalência de relações horizontais e de pluralidade de atores na arena pública, aptos a interferirem na definição de prioridades e, consequentemente, na construção do interesse público para o caso concreto, a temática da segurança jurídica como balizadora das relações jurídicas é valorizada.[10]

Essa perspectiva restou bem evidenciada na inovação normativa produzida pela Lei nº 13.655/2019 na Lei de Introdução às Normas do Direito Brasileiro (LINDB, Decreto-Lei nº 4.657/1942), determinando-se que não se decidiria com base em valores jurídicos abstratos – como, por exemplo, usar da "supremacia do interesse público" *per se* para fundamentar uma decisão administrativa.

Em razão das considerações apresentadas, percebe-se que os Tribunais de Contas, por não apurarem atos de improbidade administrativa, estão sujeitos à apuração da prescrição em seus processos de fiscalização – matéria debatida na ADI nº 5.509.[11] Isso não significa que os Tribunais de Contas não possam atuar em apoio a atividades investigatórias e persecutórias em matéria de improbidade.

---

[10] "Convém ressaltar que vínculos são criados mediante um prévio e necessário processo de negociação, em que são discutidas as bases sobre as quais eventualmente serão firmados acordos e contratos. O conteúdo desses ajustes será o objeto do entendimento, do possível consenso entre as partes; será o resultado das concessões e dos intercâmbios realizados no transcurso do processo de negociação que antecedeu ao compromisso. Por isso, convém ressaltar que as posturas assumidas pelo Estado mediador são distintas das posições tradicionalmente ostentadas pelo Estado impositor, cuja nota característica encontra-se justamente no poder de impor obrigações, exercido em razão do atributo da autoridade, imanente ao poder político ou estatal" (OLIVEIRA, Gustavo Justino de; SCHWANKA, Cristiane. A administração consensual como a nova face da Administração Pública no século XXI: fundamentos dogmáticos, formas de expressão e instrumentos de ação. *A&C Revista de Direito Administrativo & Constitucional*, Belo Horizonte: Fórum, a. 8, n. 32, p. 31-50, abr./jun. 2008. Disponível em: http://www.revistaaec.com/index.php/revistaaec/article/view/504/488. Acesso em 20 mar. 2002).

[11] "[...] fato é que a ADI nº 5509 deverá repercutir intensamente nos processos em curso perante os Tribunais de Contas do país, propiciando discussão *qualificada* de aspectos essenciais das fiscalizações em curso, inclusive quanto à adequada análise dos marcos prescricionais – iniciais, finais e interruptivos" (BORDIN, Newton Antônio Pinto. Os Tribunais de Contas e a prescrição reconhecida na ADI nº 5.509. *Consultor Jurídico*, 17 dez. 2021. Disponível em: https://www.conjur.com.br/2021-dez-17/bordin-tribunais-contas-prescricao-reconhecida-adi-5509. Acesso em 20 mar. 2022).

2 A Lei de Improbidade Administrativa[12] e a atuação dos Tribunais de Contas

Tomando como referência as lições de Marçal Justen Filho,[13] as inovações consagradas na Lei nº 14.230/2021 são muitas. As principais são:

- a exigência do dolo, devidamente comprovado, para a punição por improbidade;
- o sancionamento por improbidade a entidades privadas que tenham recebido benefício, incentivo ou vantagem de origem estatal;
- a eliminação da sanção de perda do cargo ou mandato nas infrações do art. 11;
- a restrição ao sancionamento por improbidade do terceiro à comprovação de ter induzido ou concorrido para a prática da improbidade;
- a instituição de uma ação judicial típica, envolvendo a punição por improbidade, com o afastamento da aplicação do regime da ação civil pública;
- a atribuição ao Ministério Público da legitimidade ativa privativa para a ação de improbidade;
- a ampliação do rigor no tocante aos requisitos de ajuizamento da ação de improbidade, com a expressa exigência de qualificação dos fatos em face dos arts. 9º, 10 e 11 da Lei nº 8.429/1992;
- a vedação ao julgamento antecipado da lide nas hipóteses de condenação do réu;
- a fixação de prazo prescricional de oito anos, computado a partir da data de consumação do ilícito;
- a previsão da prescrição intercorrente, computada a partir da ocorrência dos marcos prescricionais interruptivos previstos no §4º do art. 23, com prazo de quatro anos.

---

[12] Importante análise crítica das alterações relevantes sobre os quatro elementos estruturantes dos sistemas de responsabilização – bens jurídicos tutelados, ilícitos, sanções e processos, foi efetuada por José Roberto Pimenta Oliveira e Dinorá Adelaide Musetti Grotti (OLIVEIRA, José Roberto Pimenta; GROTTI, Dinorá Adelaide Musetti. Sistema de responsabilização pela prática de atos de improbidade administrativa: críticas à Lei nº 14.230/2021. *Revista de Direito Administrativo e Infraestrutura – REDAI*, São Paulo, v. 6, n. 20, p. 97-140, jan./mar. 2022).

[13] JUSTEN FILHO, Marçal. *Reforma da lei de improbidade administrativa comentada e comparada*: Lei nº 14.230, de 25 de outubro de 2021. 1. ed. Rio de Janeiro: Forense, 2022. p. VIII.

Na esteira dessas inovações, e como destacado por Luiz Henrique Lima,[14] a nova LIA ampliou os espaços de interação dos Tribunais de Contas com o Poder Judiciário, porquanto as menções aos Tribunais de Contas na redação original da lei de improbidade administrativa – Lei nº 8.429/1992 – eram bem discretas. Por sua vez, com a Lei nº 14.230/2021, as menções são deveras ampliadas, ora fazendo referência expressa ao Tribunal de Contas, ora apenas a órgãos de controle ou controle externo.

De início, destaca-se que o §8º do art. 1º indica não se configurar como improbidade a ação ou omissão decorrente de divergência interpretativa da lei, baseada em jurisprudência, ainda que não pacificada, mesmo que não venha a ser posteriormente prevalecente nas decisões dos órgãos de controle ou dos tribunais do Poder Judiciário. "É importante o reconhecimento da jurisprudência dos TCs; contudo, é de se lamentar que esses ainda não disponham de mecanismos de uniformização de entendimentos, como ocorre no Judiciário".[15]

A nova LIA também promoveu uma relativização na caracterização da omissão na prestação de contas como ato de improbidade administrativa que atenta contra os princípios da administração pública. Na redação original do inciso VI do art. 11, "deixar de prestar contas quando esteja obrigado a fazê-lo" era suficiente para caracterizar a improbidade. A nova norma estabeleceu duas condicionantes "desde que disponha das condições para isso, com vistas a ocultar irregularidades".

A nova lei também foi mais complacente com a negligência na prestação de contas. Anteriormente, havia improbidade em "agir negligentemente" na celebração, fiscalização e análise das prestações de contas de parcerias firmadas pela administração pública com entidades privadas. A nova redação passou a "agir para a configuração de ilícito na celebração etc.". Ou seja, uma atuação omissiva ou, de qualquer modo, negligente, deixou de ser considerada ímproba, exigindo-se, agora, que o agente atue para a configuração do ilícito.

Outra inovação foi a supressão do inciso IX do art. 11, que considerava como improbidade "deixar de cumprir a exigência de requisitos de acessibilidade previstos na legislação".

---

[14] LIMA, Luiz Henrique. Tribunal de Contas e improbidade administrativa. *Atricon*, 08 nov. 2021. Disponível em: https://atricon.org.br/tribunal-de-contas-e-improbidade-administrativa/. Acesso em 20 mar. 2022.

[15] LIMA, Luiz Henrique. Tribunal de Contas e improbidade administrativa. *Atricon*, 08 nov. 2021. Disponível em: https://atricon.org.br/tribunal-de-contas-e-improbidade-administrativa/. Acesso em 20 mar. 2022.

Merece destaque, ainda, o novo art. 17-B, que prevê que o Ministério Público poderá, conforme as circunstâncias do caso concreto, celebrar acordo de não persecução civil. Uma das condições do referido acordo é o integral ressarcimento do dano, para cuja apuração deverá ser realizada a oitiva do Tribunal de Contas competente, que se manifestará, com indicação dos parâmetros utilizados, no prazo de 90 (noventa) dias.

O art. 21 da LIA estipula que a aplicação das sanções nela previstas (perda dos bens ou valores acrescidos ilicitamente ao patrimônio; perda da função pública; suspensão dos direitos políticos; pagamento de multa civil equivalente ao valor do acréscimo patrimonial, ou do valor do dano, ou proporcional ao valor da remuneração percebida pelo agente; e proibição de contratar com o poder público ou de receber benefícios ou incentivos fiscais ou creditícios, direta ou indiretamente, ainda que por intermédio de pessoa jurídica da qual seja sócio majoritário) independeria da aprovação ou da rejeição das contas do responsável pelo órgão de controle interno ou pelo Tribunal ou Conselho de Contas. O dispositivo consagra o princípio da independência das instâncias e significa que a decisão do órgão de controle não vincula a decisão do Judiciário ou vice-versa.

Novos parágrafos também foram inseridos ao art. 21, estipulando que as provas produzidas perante os órgãos de controle e as correspondentes decisões deverão ser consideradas na formação da convicção do juiz, sem prejuízo da análise acerca do dolo na conduta do agente; bem como que os atos do órgão de controle interno ou externo serão considerados pelo juiz quando tiverem servido de fundamento para a conduta do agente público.

Em palestra *online* realizada pela Escola de Gestão Pública do Tribunal de Contas do Estado do Paraná, o titular da Coordenadoria-Geral de Fiscalização (CGF) do TCE-PR[16] teceu algumas considerações sobre o impacto da nova LIA aos Tribunais de Contas, destacando, em especial, que:

- agora não há mais improbidade culposa, mas apenas dolosa;
- agora não haveria mais a improbidade exclusivamente administrativa, já que a improbidade dolosa está diretamente ligada à área penal;

---

[16] CASTRO, Cláudio Henrique de. *Nova Lei de Improbidade Administrativa provocará impactos no controle externo*. 28 jun. 2022. Disponível em: https://www1.tce.pr.gov.br/noticias/nova-lei-de-improbidade-administrativa-provocara-impactos-no-controle-externo/9491/N. Acesso em 20 mar. 2022.

- o Ministério Público terá um ano a partir da publicação da lei para contestar a extinção da improbidade culposa, que estará suspensa durante esse período. Afirmou que somente seria possível a conversão em ação civil pública para dar continuidade ao processo;
- imprudência, imperícia e negligência não serão mais motivos para condenação em improbidade de caráter penal;
- a Súmula nº 651 do Superior Tribunal de Justiça, que consolidara o entendimento de que haveria analogia em relação à improbidade administrativa para aplicação da pena de demissão mesmo sem decisão judicial, acabou sendo esvaziada;
- a comprovação robusta do dolo e a voluntariedade do agente dificultam que sejam impetradas ações penais de improbidade administrativa, mas lembrou que a divergência interpretativa da lei, baseada em jurisprudência, não pode mais configurar improbidade, e ressaltou que isso é positivo, pois gera segurança ao acusado;
- a omissão também não caracteriza mais improbidade; e que a perda patrimonial administrativa agora deve ser comprovada de forma mais robusta;
- o dolo na fiscalização também pode ser caracterizado como improbidade; e que é preciso ter atenção, principalmente em relação ao controle externo, referente a atos contra os princípios da administração pública. No entanto, mais uma vez, ele destacou que isso está atualmente abrangido pela esfera penal, com o esvaziamento do âmbito administrativo;
- as mudanças quanto às prestações de contas e quanto ao nepotismo, principalmente em relação ao chamado nepotismo cruzado e ao agente político. Destacou que a partir de indícios já pode ser proposta ação de improbidade ao Ministério Público; e que a lei enfatizou a necessidade de publicidade da aplicação de recursos públicos;
- em relação às sanções, lembrou que a suspensão de direitos políticos será agora de 12 a 14 anos e que haverá multa, mas que não haverá inelegibilidade de agentes em decorrência de sanções sem débitos financeiros;

O palestrante fez outras considerações pertinentes a respeito das inovações implementadas pela Lei nº 14.230/2021 e seus impactos na atuação dos Tribunais de Contas, tendo explicado como deve ser feita a representação ao Ministério Público, com a apuração dos fatos; e que a lei vedou a utilização da ação de improbidade administrativa para coagir o gestor a implementar determinadas políticas públicas.

Além disso, tratou-se da compensação de sanções financeiras, cogitando-se que haveria inconstitucionalidade em relação à prescrição no prazo de oito anos, pois atos que ensejam ressarcimento ao erário seriam imprescritíveis, nos termos da Constituição. Ademais, quanto à prescrição da indenização de danos, houve o alerta de que os Tribunais de Contas devem primar pela celeridade processual, com a indenização de recursos dispendidos de forma irregular, para que não haja impunidade, nos termos da nova lei.

Por se tratar de tópicos que podem afetar diretamente a atuação dos Tribunais de Contas, o Ministro Benjamin Zymler, em sessão realizada no dia 27 de outubro de 2021, propôs a criação de um grupo de trabalho para estudar as implicações da nova Lei de Improbidade Administrativa (LIA) sobre os Tribunais de Contas. O ministro mencionou como principais pontos a exigência de comprovação do dolo para a condenação, a necessidade de ouvir os tribunais de contas sobre o dano ao erário no acordo de não persecução cível e o dever de o juiz considerar tanto as provas produzidas quanto as sanções aplicadas em outras instâncias controladoras.[17]

3 Da abertura da Lei de Improbidade Administrativa à atuação dos Tribunais de Contas

A Constituição Federal, em seu art. 2º, estabelece que os Poderes Executivo, Legislativo e Judiciário são independentes e harmônicos entre si, características essas das quais decorrem diversos efeitos.

Além dos três poderes, pela estrutura disposta na Constituição, alguns órgãos foram postos de forma a não se enquadrar na tradicional divisão tripartite; são órgãos autônomos que não estão alocados hierarquicamente em nenhum dos poderes. É o caso dos Tribunais de Contas, do Ministério Público e das Defensorias Públicas. Tais instituições

---

[17] KANAYAMA, Ricardo Alberto. Como a nova Lei de Improbidade Administrativa pode inspirar o TCU? *Jota*, 09 fev. 2022. Disponível em: https://sbdp.org.br/wp/wp-content/uploads/2022/02/09.02.22-Como-a-nova-Lei-de-Improbidade-Administrativa-pode-inspirar-o-TCU_.pdf. Acesso em 20 mar. 2022.

não são pessoas jurídicas, mas integram a estrutura da Administração Direta da respectiva entidade federativa.

Como corolário do princípio republicano, a própria Constituição também se encarrega de fixar mecanismos de controle dos Poderes uns sobre os outros, dando concreção à teoria dos freios e contrapesos (*checks and balances*).

E, assim, estabelece como uma das funções típicas do Poder Legislativo o *controle externo* da Administração Pública sob os critérios político e financeiro.[18] Como integrantes do sistema de controle externo,[19] os Tribunais de Contas[20] são órgãos constitucionais aos quais compete o exercício do controle externo, em auxílio ao Poder Legislativo, nos termos dos arts. 70 a 75 da Constituição Federal de 1988.

Outro órgão autônomo, cuja atribuição decorre diretamente da Constituição Federal de 1988, é o Ministério Público, o qual, tratado em Capítulo próprio – *Das funções essenciais à Justiça*, teve a essência de sua atuação ligada à defesa da ordem jurídica, do regime democrático e dos interesses sociais e individuais indisponíveis (art. 127, *caput*). Dentre suas funções típicas, destaca-se: a ação penal pública (art. 129, inciso I, CF/1988), a promoção da ação civil pública (art. 129, inciso III, CF/1988), o zelo de interesses sociais ou individuais indisponíveis (art. 127 CF/1988), entre outros.

Diogo de Figueiredo Moreira Neto advoga que o Tribunal de Contas da União, assim como outros órgãos de controle, como a Controladoria Geral da União e o Ministério Público, são atores que desempenham funções que denomina como "neutrais". Corporificam o controle social dos atos públicos, embora também componham o Estado, ao mesmo tempo em que auxiliam os demais poderes no exercício de suas funções típicas – ou tradicionais. E esclarece o autor o que denomina de "funções neutrais independentes":

---

[18] CARVALHO FILHO, José dos Santos. *Manual de Direito Administrativo (livro eletrônico)*. 35. ed. São Paulo: Atlas, 2021. p. 1085.

[19] Pode ser conceituado como o "conjunto de ações de controle desenvolvidas por uma estrutura organizacional, com procedimentos, atividades e recursos próprios, não integrados na estrutura controlada, visando à fiscalização, verificação e correção dos atos" (JACOBY FERNANDES, Jorge Ulisses. *Tribunais de Contas do Brasil*: Jurisdição e Competência. Belo Horizonte: Fórum, 2003. p. 24).

[20] A concepção de que o Tribunal de Contas é um órgão constitucional autônomo e desafia a noção da tripartição de poderes é o entendimento mais aceito na doutrina e jurisprudência. Nesse sentido já decidiu o Supremo Tribunal Federal: "O Tribunal não é preposto do Legislativo. A função que exerce recebe-a diretamente da Constituição, que lhe define as atribuições" (STF – Pleno – j. 29.6.84, in RDA158/196).

[...] encontram-se estampadas na descrição dessas funções, as inovações mais significativas quanto à importante distinção apresentada entre as tradicionais funções públicas do Estado e as novas funções públicas no Estado – estas, com seus exemplos cuidadosamente institucionalizados de categorias constitucionais de funções neutrais independentes – diretamente voltadas ao conceito de realização da justiça na sociedade: não mais, como então se a concebia, ou seja, um conceito essencialmente vinculado à legalidade, senão que, nestes tempos de pós-modernidade, ampliado à legitimidade e à licitude, em suma: referidas ao conceito síntese de juridicidade.[21]

Nesse entender, as funções neutrais são constitucionalmente independentes e referem-se à fiscalização contábil, financeira e orçamentária, voltadas, explicitamente, à tutela da legalidade, da legitimidade e da economicidade da gestão administrativa; e, implicitamente, também à tutela da impessoalidade, da moralidade, da publicidade e da eficiência da gestão pública, categorizadas como atividades de zeladoria e de controle, cometidas ao Tribunal de Contas da União.

Compreender esse debate é relevante para entender a natureza e a complexidade das funções exercidas pelo controle.

Aliás, o sentido atual da expressão *controle* passou a significar a manifestação formal do controlador sobre a conformidade da atividade e, ainda, a expedição de uma medida decorrente desse juízo que acarreta efeitos (positivos ou negativos) sobre a eficácia da própria atividade (sanção). O controle adquire, nesse cenário, o poder de interferir na atividade da pessoa controlada, ao exigir a correção das ações que não estão de acordo com o padrão de conformidade exigido ou impedir que elas produzam seus efeitos. Não é por outra razão que Odete Medauar assinala que "o poder de impor um ato ou uma medida vinculada ao juízo formado acerca do ato controlado constitui a chave para qualificar uma atividade como de controle".[22]

Quanto à independência entre os Poderes, a jurisprudência do STF tem feito apreciação abrangente, versando, por exemplo, sobre

---

[21] MOREIRA NETO, Diogo de Figueiredo. Funções essenciais à justiça e contra-poderes. *Revista da Revista da AGU*, Brasília, a. X, n. 27, jan./mar. 2011.

[22] MEDAUAR, Odete. *Direito administrativo moderno*. 10. ed. São Paulo: RT, 2006. p. 392.

temáticas institucionais,[23] organizacionais,[24] orçamentárias,[25] referentes ao funcionalismo[26] e até mesmo ao controle externo do órgão.[27]

Em relação à harmonia entre os Poderes, pode-se aventar tratar-se de decorrência do respeito à independência entre os Poderes, afinal, se há a observância dos limites constitucionalmente estabelecidos ao Executivo, ao Judiciário e ao Legislativo, estar-se-ia diante de situação harmônica (viés negativo, de ausência de conflito).

Ocorre que a harmonia também se coloca como viés positivo de relacionamento entre os Poderes, ensejador de cooperação entre eles, em benefício da pessoa jurídica de direito público que integram.

Essa perspectiva cooperativa no âmbito estatal é o que permite, de um lado, a existência de "diálogos público-públicos"[28] e a cooperação para fins de implementação das finalidades institucionais do órgão demandante do auxílio.

Os diálogos público-públicos podem ser exemplificados pelas denominadas "Mesas Técnicas", que têm sido normatizadas em Tribunais de Contas do país.[29] Trata-se de reuniões técnicas de trabalho, procedimentalizadas, por meio das quais se busca o esclarecimento de matérias controvertidas constantes de autos de processo de fiscalização.[30]

De igual forma, a celebração de Termos de Ajustamento de Gestão (TAG) no âmbito dos Tribunais de Contas que disciplinaram

---

[23] STF. ADI nº 6.696, min. Roberto Barroso, j. 26.08.2021. ADI nº 1.905, Min. Dias Toffoli, j. 17.08.2021.

[24] STF. ADI nº 179, Min. Dias Toffoli, j. 19.02.2014.

[25] STF. Súmula Vinculante 37: Não cabe ao Poder Judiciário, que não tem função legislativa, aumentar vencimentos de servidores públicos sob o fundamento de isonomia. ADPF nº 485, min. Roberto Barroso, j. 7.12.2020.

[26] STF. ADI nº 2.300, Rel. Min. Teori Zavascki, j. 21.08.2014.

[27] STF. Súmula nº 649: É inconstitucional a criação, por Constituição estadual, de órgão de controle administrativo do Poder Judiciário do qual participem representantes de outros Poderes ou entidades.

[28] SCHIEFLER, Gustavo Henrique de Carvalho. *Diálogos público-privados: da opacidade à visibilidade na administração pública*. Tese (Doutorado em Direito) – Faculdade de Direito, Universidade de São Paulo, 2016. p. 286, citado em: MONTEIRO, Egle dos Santos; BORDIN, Newton Antônio Pinto. Mesas Técnicas em Tribunais de Contas. *Revista Simetria*, São Paulo: v. 1, n. 7, 2021. Disponível em: https://revista.tcm.sp.gov.br/simetria/article/view/10. Acesso em 16 mar. 2022.

[29] Segundo Jacoby Fernandes, se trata de sua verdadeira função "didático-pedagógica", qual seja, "alertar para a possível ocorrência de irregularidade, orientar para futuras ocorrências de condutas que fogem ao ordenamento jurídico e sempre buscando ouvir os que estão na linha de frente" (JACOBY FERNANDES, Jorge Ulisses. *Tribunais de Contas do Brasil*: Jurisdição e Competência. Belo Horizonte: Fórum, 2003. p. 512).

[30] MONTEIRO, Egle dos Santos; BORDIN, Newton Antônio Pinto. Mesas Técnicas em Tribunais de Contas. *Revista Simetria*, São Paulo: v. 1, n. 7, 2021. Disponível em: https://revista.tcm. sp.gov.br/simetria/article/view/10. Acesso em 16 mar. 2022.

o instituto também representa viés cooperativo no âmbito interno da administração pública (interorgânico), do que se extrai a harmonia entre órgãos autônomos na superação de irregularidades constatadas.[31]

Se os TAGs e as Mesas Técnicas podem ser exemplos de diálogos público-públicos, de que forma os órgãos e os Poderes atuariam para a implementação das finalidades institucionais do órgão demandante, outra hipótese de cooperação fundada na harmonia?

Exemplo corriqueiro dessa medida é a atuação dos Tribunais de Contas em apoio à Justiça Eleitoral no âmbito da análise das prestações de contas de campanhas eleitorais. A titularidade da deliberação acerca da regularidade das contas eleitorais é da Justiça Especializada, mas que executa sua finalidade institucional por meio do suporte técnico disponibilizado pelos Tribunais de Contas – sem que disso resulte na convolação do processo em fiscalização presidida no controle externo, nem que os Conselheiros possam determinar qualquer tipo de instrução processual nessa análise.

A nova Lei de Improbidade Administrativa determina que o Tribunal de Contas se manifeste a respeito da apuração de dano ao erário em caso da celebração de acordo de não persecução civil celebrado pelo Ministério Público:

> Art. 17-B. O Ministério Público poderá, conforme as circunstâncias do caso concreto, celebrar acordo de não persecução civil, desde que dele advenham, ao menos, os seguintes resultados: (Incluído pela Lei nº 14.230, de 2021)
> I – o integral ressarcimento do dano; (Incluído pela Lei nº 14.230, de 2021)
> II – a reversão à pessoa jurídica lesada da vantagem indevida obtida, ainda que oriunda de agentes privados. (Incluído pela Lei nº 14.230, de 2021)
> (...)
> §3º Para fins de apuração do valor do dano a ser ressarcido, deverá ser realizada a oitiva do Tribunal de Contas competente, que se manifestará, com indicação dos parâmetros utilizados, no prazo de 90 (noventa) dias. (Incluído pela Lei nº 14.230, de 2021).

Conquanto a manifestação do Tribunal de Contas competente represente exigência legal – e, possivelmente, condição para a homologação do acordo de não persecução civil –, deve haver cooperação entre

---

[31] BORDIN, Newton Antônio Pinto. Da viabilidade Jurídica da utilização de Termos de Ajustamento de Gestão (TAG) por Tribunais de Contas. *In*: OLIVEIRA, Gustavo Henrique Justino de (Coord.); BARROS Filho, Wilson Accioli de (Org.). *Acordos Administrativos no Brasil*: teoria e prática. São Paulo: Almedina, 2020. p. 389-403.

a Corte de Contas e o Ministério Público, para fins de apuração do valor do dano a ser ressarcido.[32]

Trata-se de cooperação para a implementação das finalidades institucionais de órgão autônomo – no caso, não há órgão demandante propriamente dito –, uma vez que a análise técnica realizada pelo Tribunal de Contas irá colaborar para a apuração do valor do dano ao erário, objeto de ressarcimento, que constará de cláusula específica do acordo de não persecução civil, nos termos do inciso I do art. 17-B.

E é daí que se extrai a possibilidade de incremento da cooperação entre Tribunais de Contas e Ministério Público em matérias relacionadas à avaliação de danos causados ao erário, decorrentes ou não de atos de improbidade administrativa.

A Lei Anticorrupção (Lei nº 12.846/2013) estabelece diversos atos lesivos à administração pública que podem ser apurados com o auxílio dos Tribunais de Contas, como a fraude ou a manipulação do equilíbrio econômico-financeiro dos contratos administrativos.[33]

De igual forma, em situações de celebração de acordos de leniência – que exigem a reparação integral do dano causado – poderia ser solicitada a cooperação dos Tribunais de Contas para a identificação da inteireza e da correção do valor, em auxílio ao Ministério Público ou ao próprio juízo responsável pela homologação do ajuste.

Conclusão

A Lei nº 14.230/2021 trouxe importantes novidades na Lei nº 8.429/1992, reformulando as premissas para a apuração dos atos de improbidade administrativa.

Muitas dessas novidades refletem diretamente na atuação dos Tribunais de Contas, havendo um ligeiro incremento, aliás, na sua atuação. Dentre as citações expressas, destaca-se a necessidade de

---

[32] "Quando se utiliza das informações contábeis com a finalidade de investigar fraudes, desfalques e demais ações danosas ao patrimônio, envolvendo, principalmente, valores financeiros e desvios de bens, estar-se-á diante de um novel ramo da contabilidade, conhecida por contabilidade forense ou contabilidade investigativa, como também é denominada. Tal ramo da ciência contábil representa uma evolução do processo de controle do patrimônio, torna-se, portanto, uma espécie de auditoria especial no viés de investigação de fraudes" (DIAS, Omar Pires. A contabilidade forense como instrumento de controle e de investigações de crimes perpetrados contra o patrimônio público. *In*: LIMA, Luiz Henrique (Coord.). *Tribunais de Contas*: temas polêmicos na visão de Ministros e Conselheiros Substitutos. 2. ed. rev. e ampl. Belo Horizonte: Fórum, 2018. p. 242).

[33] Art. 5º, IV, "g".

implementar medidas que possibilitem soluções consensuais, mesmo quando há dano ao erário.

Nesse sentido, em especial o contido no art. 17-B da nova LIA indica a necessidade de que o Tribunal de Contas se manifeste a respeito da apuração de dano ao erário em caso da celebração de acordo de não persecução civil celebrado pelo Ministério Público.

Certamente, essa mudança de atuação dos Tribunais de Contas resvalará nos seus processos de auditoria, os quais deverão ser remodelados para atender a essas premissas, bem como possibilitar, em nome da segurança jurídica, que as decisões exaradas sejam efetivadas, impedindo que venham a prescrever.

Referências

AMPERJ. *Críticas a mudança na Lei de improbidade administrativa são destaque na imprensa*. 16 jun. 2021. Disponível em: https://www.amperj.org/blog/2021/06/16/criticas-a-mudancas-na-lei-de-improbidade-administrativa-sao-destaque-na-imprensa/. Acesso em 20 mar. 2022.

BANDEIRA DE MELLO, Celso Antônio. *Curso de direito administrativo*. 35. ed. São Paulo: Malheiros, 2021.

BORDIN, Newton Antônio Pinto. Da viabilidade Jurídica da utilização de Termos de Ajustamento de Gestão (TAG) por Tribunais de Contas. *In*: OLIVEIRA, Gustavo Henrique Justino de (Coord.); BARROS Filho, Wilson Accioli de (Org.). *Acordos Administrativos no Brasil*: teoria e prática. São Paulo: Almedina, 2020.

BORDIN, Newton Antônio Pinto. Os Tribunais de Contas e a prescrição reconhecida na ADI nº 5.509. *Consultor Jurídico*, 17 dez. 2021. Disponível em: https://www.conjur.com.br/2021-dez-17/bordin-tribunais-contas-prescricao-reconhecida-adi-5509. Acesso em 20 mar. 2022.

CARVALHO FILHO, José dos Santos. *Manual de Direito Administrativo (livro eletrônico)*. 35. ed. São Paulo: Atlas, 2021.

CASTRO, Cláudio Henrique de. *Nova Lei de Improbidade Administrativa provocará impactos no controle externo*. 28 jun. 2022. Disponível em: https://www1.tce.pr.gov.br/noticias/nova-lei-de-improbidade-administrativa-provocara-impactos-no-controle-externo/9491/N. Acesso em 20 mar. 2022.

CRISTÓVAM, José Sérgio da Silva; SILVA, Eliza Maria da. 'Pode isso, Arnaldo?': o TCU e a tentativa de 'drible da vaca' no Tema 899 do STF. *Consultor Jurídico*, 03 out. 2020. Disponível em: https://www.conjur.com.br/2020-out-03/opiniao-tcu-tenta-aplicar-drible-tema-899-stf. Acesso em 20 mar. 2022.

DIAS, Omar Pires. A contabilidade forense como instrumento de controle e de investigações de crimes perpetrados contra o patrimônio público. *In*: LIMA, Luiz Henrique (Coord.). *Tribunais de Contas*: temas polêmicos na visão de Ministros e Conselheiros Substitutos. 2. ed. rev. e ampl. Belo Horizonte: Fórum, 2018.

JACOBY FERNANDES, Jorge Ulisses. *Tribunais de Contas do Brasil*: Jurisdição e Competência. Belo Horizonte: Fórum, 2003.

JUSTEN FILHO, Marçal. *Reforma da lei de improbidade administrativa comentada e comparada*: Lei nº 14.230, de 25 de outubro de 2021. 1. ed. Rio de Janeiro: Forense, 2022.

KANAYAMA, Ricardo Alberto. Como a nova Lei de Improbidade Administrativa pode inspirar o TCU? *Jota*, 09 fev. 2022. Disponível em: https://sbdp.org.br/wp/wp-content/uploads/2022/02/09.02.22-Como-a-nova-Lei-de-Improbidade-Administrativa-pode-inspirar-o-TCU_.pdf. Acesso em 20 mar. 2022.

LIMA, Luiz Henrique. Tribunal de Contas e improbidade administrativa. *Atricon*, 08 nov. 2021. Disponível em: https://atricon.org.br/tribunal-de-contas-e-improbidade-administrativa/. Acesso em 20 mar. 2022.

MEDAUAR, Odete. *Direito administrativo moderno*. 10. ed. São Paulo: RT, 2006.

MONTEIRO, Egle dos Santos; BORDIN, Newton Antônio Pinto. Mesas Técnicas em Tribunais de Contas. *Revista Simetria*, São Paulo: v. 1, n. 7, 2021. Disponível em: https://revista.tcm.sp.gov.br/simetria/article/view/10. Acesso em 16 mar. 2022.

MOREIRA NETO, Diogo de Figueiredo. Funções essenciais à justiça e contra-poderes. *Revista da Revista da AGU*, Brasília, a. X, n. 27, jan./mar. 2011.

OLIVEIRA, Gustavo Justino de; SCHWANKA, Cristiane. A administração consensual como a nova face da Administração Pública no século XXI: fundamentos dogmáticos, formas de expressão e instrumentos de ação. *A&C Revista de Direito Administrativo & Constitucional*, Belo Horizonte: Fórum, a. 8, n. 32, p. 31-50, abr./jun. 2008. Disponível em: http://www.revistaaec.com/index.php/revistaaec/article/view/504/488. Acesso em 20 mar. 2002.

OLIVEIRA, José Roberto Pimenta; GROTTI, Dinorá Adelaide Musetti. Sistema de responsabilização pela prática de atos de improbidade administrativa: críticas à Lei nº 14.230/2021. *Revista de Direito Administrativo e Infraestrutura – REDAI*, São Paulo, v. 6, n. 20, p. 97-140, jan./mar. 2022.

PRADO FILHO, Francisco Octavio de Almeida; ALVES, Adriano. Alterações na Lei de Improbidade: Avanços e reflexos eleitorais. *Consultor Jurídico*, 07 fev. 2022. Disponível em: https://www.conjur.com.br/2022-fev-07/direito-eleitoral-alteracoes-lei-improbidade-avancos-reflexos-eleitorais. Acesso em 20 mar. 2022.

SCHIEFLER, Gustavo Henrique de Carvalho. *Diálogos público-privados: da opacidade à visibilidade na administração pública*. Tese (Doutorado em Direito) – Faculdade de Direito, Universidade de São Paulo, 2016.

Informação bibliográfica deste texto, conforme a NBR 6023:2018 da Associação Brasileira de Normas Técnicas (ABNT):

STROPPA, Christianne de Carvalho; BORDIN, Newton Antônio Pinto. A prescrição no âmbito dos Tribunais de Contas: uma proposta de solução trazida pela Nova Lei de Improbidade. *In*: MOTTA, Fabrício; VIANA, Ismar (coord.). *Improbidade administrativa e Tribunais de Contas*: as inovações da Lei nº 14.230/2021. Belo Horizonte: Fórum, 2022. p. 53-69. ISBN 978-65-5518-445-7.

OS TRIBUNAIS DE CONTAS E A AÇÃO DE IMPROBIDADE ADMINISTRATIVA À LUZ DA LEI Nº 14.230/2021: NEM VINCULAÇÃO, NEM IRRELEVÂNCIA

CRISTIANA FORTINI
CAIO MÁRIO LANA CAVALCANTI

Introdução

Os Tribunais de Contas, malgrado constem constitucionalmente como auxiliares do Poder Legislativo no âmbito do controle externo, não integram tal poder estatal e tampouco àquele se subordinam, senão são órgãos autônomos, independentes[1] e detentores de estrutura, de pessoal,

---

[1] Nesse sentido, o Supremo Tribunal Federal já firmou que os Tribunais de Contas "ostentam posição eminente na estrutura constitucional brasileira, não se achando subordinados, por qualquer vínculo de ordem hierárquica, ao Poder Legislativo, de que não são órgãos delegatários nem organismos de mero assessoramento técnico". Conferir: BRASIL. Supremo Tribunal Federal. Ação Direta de Inconstitucionalidade nº 4.190/RJ MC-REF, Rel. Ministro CELSO DE MELLO, *DJe* 11.06.2010. No mesmo sentido: MEIRELLES, Hely Lopes. *Direito administrativo brasileiro*. 25. ed. São Paulo: Malheiros, 2000. p. 646; FERNANDES, Bernardo Gonçalves. *Curso de direito constitucional*. 4. ed. rev., ampl. e atual. Salvador: JusPodivm, 2012. p. 835; MEDAUAR, Odete. *Direito administrativo moderno*. 12. ed. São Paulo: RT, 2008. p. 389; LEITE, Harrison. *Manual de direito financeiro*. 10. ed. rev., atual. e ampl. Salvador: JusPodivm, 2021. p. 764; CONTI, José Maurício. Julgamento das contas do governo precisa ser feito com rigor. *Revista Consultor Jurídico*, 30 jun. 2015. Disponível em: https://www.conjur.com.br/2015-jun-30/contas-vista-julgamento-contas-governo-feito-rigor. Acesso em 29 mar. 2022.

de competências, de prerrogativas e de orçamentos próprios. Possuem as Cortes de Contas, portanto, "natureza de instituição constitucional autônoma que não pertence a nenhum dos três poderes, a exemplo do que ocorre com o Ministério Público".[2]

São os Tribunais de Contas, nesse sentido, essenciais para o controle administrativo, incumbindo-lhes, precipuamente, dentre outras atribuições, nos termos do art. 71 da Constituição da República,[3] o controle contábil, patrimonial, financeiro e orçamentário da Administração Pública, de modo a fiscalizar e averiguar a correta aplicação dos recursos públicos que, claro, devem se direcionar à consecução do interesse público primário. Importa registrar ainda que, sobre o sistema de controle externo adotado pela Carta Constitucional de 1988, esclarece José Maurício Conti que o

> Brasil adota o sistema de controle externo 'continental-europeu', com um órgão colegiado responsável pelo controle externo das contas públicas, diferentemente dos países de origem britânica, que preferem o modelo de controladorias, como se vê no Reino Unido (National Audit Office – NAO), Estados Unidos da América (Government Accountability Office – GAO), e Austrália (Australian National Audit Office – ANAO), para citar alguns exemplos.[4]

Relacionam-se os Tribunais de Contas, nesse contexto, com a sistemática das ações de improbidade administrativa, na medida em que inconsistências financeiras, orçamentárias, contábeis e patrimoniais podem ser levadas a efeito mediante a prática de atos ímprobos, pelo que a atuação das Cortes de Contas podem ensejar, suscitar, sugerir e até mesmo respaldar o ajuizamento das ações de improbidade administrativa, sempre tendo em vista o cuidado e a prudência de se considerar que o ato de improbidade é aquele ato ilegal, qualificado pelo

---

[2] NOVELINO, Marcelo. *Manual de direito constitucional.* 8. ed. rev. e atual. Rio de Janeiro: Forense; São Paulo: Método, 2013. p. 835 e 836. No mesmo sentido: BRITTO, Carlos Ayres. O regime constitucional dos Tribunais de Contas. *Revista Diálogo Jurídico*, Salvador, Centro de Atualização Jurídica, v. I, n. 9, dez. 2001.

[3] Em que pese o art. 71 da Constituição da República diga respeito ao Tribunal de Contas da União, sua lógica é aplicável, no que couber, nos termos do art. 75, *caput*, *"à organização, composição e fiscalização dos Tribunais de Contas dos Estados e do Distrito Federal, bem como dos Tribunais e Conselhos de Contas dos Municípios".*

[4] CONTI, José Maurício. Tribunais de Contas são os guardiões do dinheiro público. *Revista Consultor Jurídico*, 14 jan. 2014. Disponível em: https://www.conjur.com.br/2014-jan-14/contas-vista-tribunais-contas-sao-guardioes-dinheiro-publico. Acesso em 29 mar. 2022.

elemento subjetivo do dolo, da desonestidade, da má-fé e do conluio.[5] Não por outra razão, Luiz Henrique Lima advoga que os Tribunais de Contas, no exercício do seu mister, são também guardiões da probidade administrativa;[6] e, por sua vez, Marcelo Harger observa que as Cortes de Contas vêm "desempenhando um papel fundamental no combate a atos administrativos ilegais, imorais e *ímprobos*".[7]

Entretanto, conquanto a atuação dos Tribunais e dos Conselhos de Contas tenham relevância para as ações de improbidade administrativa – sobretudo, mas não se limitando, devido às razões anteriormente postas –, a Lei nº 8.429/1992, desde a sua redação original, não vincula o desfecho jurisdicional daquelas ações de rito especial à aprovação ou rejeição das contas naqueles mencionados órgãos de controle. Em contrapartida, com o advento da Lei nº 14.230/2021, as Cortes de Contas ganham um contorno literal mais relevante para os fins da Lei nº 8.429/1992, embora se acredite que muitas dessas novas diretrizes já são decorrentes da principiologia do ordenamento jurídico pátrio, mormente após o advento da Lei nº 13.655/2018, conforme será visto doravante.

Dito isso, se presta este estudo a demonstrar, brevemente, quais são essas normas jurídicas que, embora literalmente inéditas, já poderiam ser extraídas pelos fundamentos da interpretação e da aplicação do Direito Público.

Passa-se, pois, à análise da questão cerne deste artigo.

---

[5]   Nesse sentido: CAVALCANTI, Caio Mário Lana. A banalização do conceito de ato ímprobo. *In*: PEREIRA, Rodolfo Viana; SACCHETTO, Thiago Coelho (Orgs.). *Advocacia pública em foco*, Belo Horizonte: IDDE, 2019. v. II, p. 20-21; HARGER, Marcelo. *Improbidade administrativa*: comentários à Lei nº 8.429/92. Coleção Direito Administrativo positivo, sob a coordenadoria de Irene Patrícia Nohara e Marco Antonio Praxedes de Moraes Filho. São Paulo: Atlas, 2015. v. 7, p. 45; MATTOS, Mauro Roberto Gomes de. *O limite da improbidade administrativa*: o direito dos administrados dentro da Lei nº 8.429/92. 3. ed. rev. atual. e ampl. Rio de Janeiro: América Jurídica, 2006. p. 290; BEZERRA FILHO, Aluízio. *Processo de improbidade administrativa anotado e comentado*. 4. ed. rev., atual. e ampl. São Paulo: JusPodivm, 2022. p. 21.

[6]   Segundo o autor, os "Tribunais de Contas exercem uma função essencial à democracia, que é o controle externo da Administração Pública. Além de guardiões da responsabilidade fiscal e da probidade e eficiência administrativas, os Tribunais de Contas devem atuar como impulsionadores da transparência na gestão pública, da qualidade na execução de políticas públicas e da criação e aperfeiçoamento de mecanismos de participação da cidadania, inclusive mediante o uso das novas tecnologias de comunicação e informação". Conferir: LIMA, Luiz Henrique. O controle da responsabilidade fiscal e os desafios para os Tribunais de Contas em tempos de crise. *In*: LIMA, Luiz Henrique; OLIVEIRA, Weder de; CAMARGO, João Batista. *Contas governamentais e responsabilidade fiscal*: desafios para o controle externo. Belo Horizonte: Fórum, 2018. p. 107.

[7]   HARGER, Marcelo. *Improbidade administrativa*: comentários à Lei nº 8.429/92. Coleção Direito Administrativo positivo, sob a coordenadoria de Irene Patrícia Nohara e Marco Antonio Praxedes de Moraes Filho. São Paulo: Atlas, 2015. v. 7, p. 30.

1 Nem vinculação, nem irrelevância: os Tribunais de Contas nas ações de improbidade administrativa, com ênfase nas disposições legais inauguradas pela Lei nº 14.230/2021

Nos termos do art. 21, II, da Lei nº 8.429/1992 – dispositivo não alterado tampouco acrescido pela Lei nº 14.230/2021 –, a aplicação das penalidades por cometimento de ato comprovadamente ímprobo independe "da aprovação ou rejeição das contas pelo *órgão* de controle interno ou pelo Tribunal ou Conselho de Contas".

Ou seja, é plenamente possível que as contas sejam aprovadas por tais órgãos de controle e, ainda assim, o agente público seja condenado conforme a Lei nº 8.429/1992, nos termos dos incisos do seu art. 12;[8] e, no mesmo sentido, é possível que haja a rejeição da prestação de contas e, todavia, os pedidos da ação de improbidade administrativa sejam julgados improcedentes, absolvendo, pois, o réu. A correlação entre as contas prestadas e o resultado da avaliação jurisdicional do ato ímprobo, por conseguinte, não caminham necessariamente no mesmo sentido.

Os posicionamentos e as decisões dos Tribunais e dos Conselhos de Contas, portanto, não vinculam o Poder Judiciário quando da apreciação das ações de improbidade administrativa, nos termos da iterativa jurisprudência pátria, inclusive do Superior Tribunal de Justiça. Destarte, o magistrado, no bojo da persuasão racional, tem repleta independência para decidir de maneira diametralmente oposta àqueles

---

[8] Art. 12. Independentemente do ressarcimento integral do dano patrimonial, se efetivo, e das sanções penais comuns e de responsabilidade, civis e administrativas previstas na legislação específica, está o responsável pelo ato de improbidade sujeito às seguintes cominações, que podem ser aplicadas isolada ou cumulativamente, de acordo com a gravidade do fato: I – na hipótese do art. 9º desta Lei, perda dos bens ou valores acrescidos ilicitamente ao patrimônio, perda da função pública, suspensão dos direitos políticos até 14 (catorze) anos, pagamento de multa civil equivalente ao valor do acréscimo patrimonial e proibição de contratar com o poder público ou de receber benefícios ou incentivos fiscais ou creditícios, direta ou indiretamente, ainda que por intermédio de pessoa jurídica da qual seja sócio majoritário, pelo prazo não superior a 14 (catorze) anos; II – na hipótese do art. 10 desta Lei, perda dos bens ou valores acrescidos ilicitamente ao patrimônio, se concorrer esta circunstância, perda da função pública, suspensão dos direitos políticos até 12 (doze) anos, pagamento de multa civil equivalente ao valor do dano e proibição de contratar com o poder público ou de receber benefícios ou incentivos fiscais ou creditícios, direta ou indiretamente, ainda que por intermédio de pessoa jurídica da qual seja sócio majoritário, pelo prazo não superior a 12 (doze) anos; III – na hipótese do art. 11 desta Lei, pagamento de multa civil de até 24 (vinte e quatro) vezes o valor da remuneração percebida pelo agente e proibição de contratar com o poder público ou de receber benefícios ou incentivos fiscais ou creditícios, direta ou indiretamente, ainda que por intermédio de pessoa jurídica da qual seja sócio majoritário, pelo prazo não superior a 4 (quatro) anos.

órgãos de controle, desde que de forma motivada, conforme exigem o art. 93, IX, da Constituição da República,[9] e o art. 11, *caput*, do Código de Processo Civil.[10]

Trata-se a previsão do art. 21, II, da Lei de Improbidade Administrativa, em verdade, de corolário da independência das instâncias, diretriz que é regra no ordenamento jurídico pátrio: ora, considerando que apenas ao Poder Judiciário incumbe a decretação das penalidades da Lei nº 8.429/1992, não poderia mesmo as decisões dos Tribunais ou do Conselho de Contas, administrativas que são, vincular o juízo competente frente à ação de improbidade administrativa. Destaca-se, neste trilho, o entendimento de Rafael Carvalho Rezende Oliveira, para quem "o Tribunal de Contas não exerce função jurisdicional, mas sim, função administrativa de natureza técnica, razão pela qual a validade dos seus atos pode ser apreciada pelo Poder Judiciário".[11][12]

Ademais, enquanto uma consequência do fato de as decisões dos Tribunais e dos Conselhos de Contas terem caráter administrativo, o supracitado dispositivo legal é também uma consequência do princípio da inafastabilidade jurisdicional, insculpido no art. 5º, XXXV, da Constituição da República.[13] Ora, se a aprovação e a rejeição das contas são decisões de natureza administrativa, impõe o texto constitucional que elas, ilegais sendo – sobretudo porque não fazem coisa julgada

---

[9] Art. 93. Lei complementar, de iniciativa do Supremo Tribunal Federal, disporá sobre o Estatuto da Magistratura, observados os seguintes princípios (...) IX – todos os julgamentos dos órgãos do Poder Judiciário serão públicos, e fundamentadas todas as decisões, sob pena de nulidade, podendo a lei limitar a presença, em determinados atos, às próprias partes e a seus advogados, ou somente a estes, em casos nos quais a preservação do direito à intimidade do interessado no sigilo não prejudique o interesse público à informação.

[10] Art. 11. Todos os julgamentos dos órgãos do Poder Judiciário serão públicos, e fundamentadas todas as decisões, sob pena de nulidade. Cabe ao magistrado, pois, "expor as razões fáticas e jurídicas que alicerçam a sua decisão". Conferir: GAIO JÚNIOR, Antônio Pereira; MELLO, Cleyson de Moraes. *Novo Código de Processo Civil comentado*. Belo Horizonte: Del Rey, 2016. p. 37.

[11] OLIVEIRA, Rafael Carvalho Rezende. *Curso de direito administrativo*. 4. ed. rev., atual. e ampl. Rio de Janeiro: Forense; São Paulo: Método, 2016. p. 772. Também sobre a função eminentemente administrativa dos Tribunais de Contas: ACCIOLI, Wilson. *Instituições de direito constitucional*. Rio de Janeiro: Forense, 1984. p. 384 e FERRAZ, Luciano. *Controle da Administração Pública*: elementos para a compreensão dos Tribunais de Contas. Belo Horizonte: Mandamentos, 1999. p. 178-174.

[12] O Superior Tribunal de Justiça, no mesmo horizonte, já afirmou que "o controle exercido pelo TCU não é jurisdicional, e não há, portanto, vinculação da decisão proferida pelo órgão de controle (...)" Conferir: STJ. REsp nº 1.032.732/CE, Rel. Ministro LUIZ FUX, julgado em 19.11.2009. O acórdão será em parte transcrito oportunamente.

[13] Nesse sentido: PAZZAGLINI FILHO, Marino; ROSA, Márcio Fernando Elias; FAZZIO JÚNIOR, Waldo. *Improbidade administrativa*: aspectos jurídicos da defesa do patrimônio público. 2. ed. São Paulo: Atlas, 1997. p. 131-132.

material propriamente dita – podem ser revisitadas pelo Poder Judiciário (se provocado para tanto, à luz do princípio da inércia jurisdicional): insustentável, por conseguinte, cogitar que aquelas decisões vinculassem o juízo da ação de improbidade administrativa, ainda que inexistisse o art. 21, II, da Lei nº 8.429/1992.[14]

Nesse sentido, didático é o seguinte acórdão, de lavra do Superior Tribunal de Justiça, elaborado com fundamento também na doutrina de Marino Pazzaglini Filho, autoridade quando o assunto é improbidade administrativa:

> PROCESSUAL CIVIL E ADMINISTRATIVO. AÇÃO DE IMPROBIDA-DE. RECEBIMENTO DA INICIAL. AGRAVO DE INSTRUMENTO. APROVAÇÃO DAS CONTAS PELO TRIBUNAL DE CONTAS DA UNIÃO. ART. 21, INC. II, DA LEI Nº 8.429/92. NÃO VINCULAÇÃO FRENTE AO PODER JUDICIÁRIO. POSSIBILIDADE DE IMPUGNAÇÃO VIA AÇÃO DE IMPROBIDADE ADMINISTRATIVA. FALTA DE PREQUESTIONAMENTO (ARTS. 267, INCS. I e VI e 295, INC. I E PAR. *ÚNICO*, INCS. I e III, DO CÓDIGO DE PROCESSO CIVIL). INOVAÇÃO EM SEDE DE EMBARGOS DE DECLARAÇÃO.
>
> 1. O Controle exercido pelo Tribunal de Contas não *é* jurisdicional, por isso que não há qualquer vinculação da decisão proferida pelo *órgão* de controle e a possibilidade de ser o ato impugnado em sede de ação de improbidade administrativa, sujeita ao controle do Poder Judiciário, consoante expressa previsão do art. 21, inc. II, da Lei nº 8.429/92. Precedentes: REsp *nº* 285305/DF, Primeira Turma, julgado em 20.11.2007, *DJ* 13.12.2007 p. 323; REsp *nº* 880662/MG, Segunda Turma, julgado em 15.02.2007, *DJ* 01.03.2007 p. 255; REsp *nº* 1038762/RJ, Segunda Turma, julgado em 18.08.2009, *DJe* 31.08.2009.

---

[14] Neste norte, a corroborar o que foi nesta oportunidade desenvolvido, é de se destacar o entendimento de Sérgio Monteiro Medeiros, que, sobre o dispositivo em questão, explica: "Inobstante as decisões dos Tribunais de Contas terem validade como título executivo extrajudicial, nada obsta que a propositura de ação de improbidade anteceda o julgamento nessa esfera, ou lhe seja posterior, até mesmo contrariando essas decisões, por obséquio ao princípio da inafastabilidade do controle jurisdicional, na forma do art. 5º, inciso XXXV, da Lex Fundamentalis. O dispositivo em tela não deixa qualquer dúvida a esse respeito. Ainda que as contas apresentadas tenham sido aprovadas pelos órgãos de controle interno e/ou externo, o Ministério Público, ou qualquer dos co-legitimados, poderá interpor ação de improbidade administrativa, logrando obter o decreto condenatório. Não se pode olvidar, ainda, que os Tribunais de Contas, em que pese o nome, não integram o Poder Judiciário. São instâncias administrativas, não sendo dotados de típico poder jurisdicional, devendo-se respeitar, assim, a independência das estâncias, bem como a prevalência das decisões judiciais, em respeito à Constituição Federal, norma hipotética fundamental que valida todo o ordenamento jurídico". Conferir: MEDEIROS, Sérgio Monteiro. *Lei de improbidade administrativa*: comentários e anotações jurisprudenciais. São Paulo: Editora Juarez de Oliveira, 2003. p. 219-220.

2. Deveras, a atividade do Tribunal de Contas da União denominada de Controle Externo, que auxilia o Congresso Nacional na fiscalização contábil, financeira, orçamentária, operacional e patrimonial da União e das entidades da administração direta e indireta, quanto *à* legalidade, legitimidade, economicidade, aplicação das subvenções e renúncia de receitas, *é* revestida de caráter opinativo, razão pela qual não vincula a atuação do sujeito ativo da ação civil de improbidade administrativa.
3. A doutrina sob esse enfoque preconiza que: assim, as decisões dos Tribunais de Contas não vinculam a atuação do sujeito ativo da ação civil de improbidade administrativa, posto que são meramente opinativas e limitadas aos aspectos de fiscalização contábil, orçamentária e fiscal. Devem, por isso, ser objeto de análise crítica do Ministério Público e dos demais co-legitimados ativos, visando identificar, entre as irregularidades apontadas pelo Tribunal de Contas, se alguma delas realmente configura ato de improbidade administrativa.[15] [16]

Em contrapartida, é evidente que, mesmo que não vinculantes, as atuações dos Tribunais e dos Conselhos de Contas não são irrelevantes para os fins da Lei nº 8.429/1992: muito pelo oposto, interferem, e muito, no julgamento das ações de improbidade administrativa, realidade que a prática forense demonstra e ratifica. Em primeiro lugar, porque o juiz, ser humano que é, está certamente sujeito a influências exteriores, inclusive alheias aos autos, sendo uma ficção jurídica a existência de um magistrado totalmente imparcial e isento; e, em segundo lugar, porque a experiência na advocacia administrativista demonstra que, muitas vezes, os estudos e decisões das Cortes de Contas integram o próprio acervo probatório juntado quando da petição inicial, pelo que em tese deverão ser objeto de apreciação pelo juízo competente, à luz do contraditório substancial.[17]

---

[15] PAZZAGLINI FILHO, Marino. *Lei de Improbidade Administrativa Comentada.* 2. ed. São Paulo: Atlas, 2005. p. 78-79 e 220-221.

[16] STJ. REsp nº 1.032.732/CE, Rel. Ministro LUIZ FUX, PRIMEIRA TURMA, julgado em 19.11.2009.

[17] Em oportunidade precedente, já havíamos afirmado, sobre o art. 21, II, da Lei nº 8.429/1992: "Importante asseverar que não se está a dizer que o trabalho dos Tribunais de Contas é completamente irrelevante para os fins da aplicabilidade da Lei nº 8.429/1992. Não é isso que se extrai da Lei de Improbidade Administrativa, e não é isso que se está a inferir neste trabalho. É certo que os procedimentos administrativos prévios ou concomitantes à ação de improbidade administrativa possuem grande relevância para a averiguação do caso concreto, conjuntamente com os demais elementos que compõem o acervo probatório dos autos. Assim, é claro que a atuação dos Tribunais de Contas tem, sim, grande relevância para os fins da correta e ampla averiguação da prática de atos ímprobos. Entretanto, o que estabelece o art. 21, II, da Lei nº 8.429/1992, e o que se está a afirmar, é que a aprovação ou a rejeição das contas não é fator que vincula o juízo quanto à conclusão da existência ou

Veja-se, à guisa conclusiva, que as compreensões dos Tribunais e dos Conselhos de Contas, mormente no tocante à aprovação ou à rejeição de contas, não vincula o desfecho da ação de improbidade administrativa, inclusive tendo em vista a independência das instâncias e o princípio da inafastabilidade jurisdicional. Isso, entretanto, não implica afirmar que aqueles órgãos de controle não têm importância para a aplicação das sanções da Lei nº 8.429/1992, sendo certo que as suas decisões administrativas por vezes são extremamente relevantes, ou até mesmo decisivas para a procedência ou para a improcedência dos pedidos contidos na peça exordial. Quanto a isso, não restam dúvidas, e é o que a experiência da advocacia revela.

Destaca-se, inclusive, que, em curiosa decisão administrativa, o Tribunal de Contas da União já chegou a afirmar que enquanto

> consectário lógico do artigo 71, II, da Carta Magna, com vistas *à* continuidade do julgamento das contas dos responsáveis, por prejuízos aos cofres públicos, tem este Tribunal o dever-poder de avaliar, no seu âmbito, o cometimento de ato típico de improbidade administrativa e se o agente cometeu o ato de forma dolosa.[18]

Diz-se curiosa, porque, em tese, as Cortes de Contas não exercem uma análise sobre o *animus* dos agentes públicos, a sugerir uma atuação de cunho doloso, mas atuam sobre a compatibilidade e a pertinência das contas e das movimentações financeiras envolvendo recursos públicos, sendo que a análise daquele elemento subjetivo especial qualificador do ato ímprobo é realizada pelo Poder Judiciário, conforme já corroborou o Supremo Tribunal Federal, ao afirmar que

> no processo de tomada de contas, o TCU não julga pessoas, não perquirindo a existência de dolo decorrente de ato de improbidade administrativa, mas, especificamente, realiza o julgamento técnico das contas a partir da reunião dos elementos objeto da fiscalização e apurada a ocorrência de irregularidade de que resulte dano ao erário, proferindo

---

não da prática de ato ímprobo, embora possa, claro, interferir no convencimento motivado do magistrado, no escopo da persuasão racional". Conferir: CAVALCANTI, Caio Mário Lana. *Comentários à lei de improbidade administrativa*. Rio de Janeiro: CEEJ, 2020. p. 449-450.

[18] TCU. Acórdão nº 1.482/2020-Plenário, Rel. Ministro WALTON ALENCAR, julgado em 10.06.2020.

o acórdão em que se imputa o débito ao responsável, para fins de se obter o respectivo ressarcimento.[19]

De toda sorte, resta demonstrado que os impactos das instruções e das decisões no âmbito do controle externo, principalmente dos Tribunais e dos Conselhos de Contas, no âmbito da ação de improbidade administrativa, são, portanto, significantes; máxime quando se considera que muitas das vezes tais ações demandam cálculos e metodologias matemáticas que, se não conhecidos pelo juiz, têm familiaridade para com os servidores públicos lotados naqueles órgãos, na maioria das vezes dotados de expertise técnica e de excelência funcional.

De qualquer modo, em que pese a ausência da vinculação multicitada, fato é que a Lei nº 14.230/2021, que modificou substancialmente a Lei nº 8.429/1992, majorou a importância (sob o aspecto literal, ao menos) das Cortes de Contas no julgamento das ações de improbidade administrativa, conforme se extrai dos dispositivos acrescidos por aquela nova lei. Isso se revela sob dois principais prismas, a nosso sentir: a uma, sob o viés da atividade jurisdicional, que passa a expressamente ter que levar em consideração os atos do controle externo, quando utilizados como fundamento para o ato teoricamente ímprobo; a duas, no âmbito do acordo de não persecução cível, quando determina a Lei nº 14.230/2021 que o Tribunal de Contas competente deverá ser ouvido, no sentido de apurar o valor do dano a ser ressarcido aos cofres públicos.[20]

Destaca-se, assim, em primeiro lugar, o art. 21, §1º, da Lei nº 8.429/1992, acrescido pela Lei nº 14.230/2021, que versa que "os atos do órgão de controle interno ou externo serão considerados pelo juiz quando tiverem servido de fundamento para a conduta do agente público". Em segundo lugar, importa salientar também o §2º do mesmo artigo, também acrescido pela Lei nº 14.230/2021, que impõe que "as provas produzidas perante os órgãos de controle e as correspondentes decisões deverão ser consideradas na formação da convicção do juiz, sem prejuízo da análise acerca do dolo na conduta do agente".

---

[19] STF. RE nº 636.886/AL, Rel. Ministro ALEXANDRE DE MORAES, TRIBUNAL PLENO, julgado em 20.04.2020.

[20] Nesse sentido, o art. 17-B, §3º, inaugurado pela Lei nº 14.230/2021, que, no âmbito do acordo de não persecução cível, determina que "para fins de apuração do valor do dano a ser ressarcido, deverá ser realizada a oitiva do Tribunal de Contas competente, que se manifestará, com indicação dos parâmetros utilizados, no prazo de 90 (noventa) dias". Mas, para os fins deste artigo, concentrar-se-á a análise sobretudo nos §§1º e 2º do art. 21, também acrescidos pela Lei nº 14.230/2021. Adentrar-se-á, em outra oportunidade, no art. 17-B.

Ou seja, versam os dispositivos legais que, quando da penalização e da sua respectiva dosimetria, deve o magistrado levar em consideração, se for o caso, o fato de as condutas dos réus terem sido praticadas com fundamento em atos dos órgãos de controle interno ou de controle externo, bem como devem ser consideradas as provas já produzidas e as decisões já prolatadas nesses mesmos órgãos, a exemplo dos Tribunais e dos Conselhos de Contas. Ratifica a Lei nº 14.230/2021, portanto, que os trabalhos dos órgãos de controle, relativos aos mesmos fatos discutidos na ação de improbidade, não podem simplesmente ser ignorados pelo juiz.

Para Daniel Amorim Assumpção Neves e Rafael Carvalho Rezende Oliveira, os dispositivos demonstram que "a independência das instâncias", embora existente, "não é absoluta",[21] pelo que há – e de fato deve haver – um diálogo entre os Tribunais e os Conselhos de Contas e o Poder Judiciário, em uma relação não de subordinação ou de vinculação, mas de coordenação, harmonia, cooperação mútua. Marçal Justen Filho, por sua vez, vai um pouco mais além: para o respeitado administrativista, "se o Tribunal de Contas reputar inexistente o dolo, há presunção contrária *à* configuração de improbidade, mesmo que a referida decisão tiver reputado que o ato administrativo padeceu de algum defeito".[22]

Destaca-se, ainda, na direção do exposto, para fins ilustrativos, a compreensão de Matheus Carvalho, Procurador da Fazenda Nacional, a respeito do art. 21, §§1º e 2º, da atual Lei de Improbidade Administrativa:

> Muito embora seja possível a prática de atos de improbidade administrativa a agentes que tiveram contas aprovadas pelo tribunal de contas, as manifestações destes órgãos de controle devem servir de parâmetro na avaliação da prática do ato de improbidade.
>
> Assim, o gestor público que toma uma decisão em um determinado contrato administrativo, embasada em parecer ou acórdão plenário do tribunal, está respaldado por essas atuações da corte, o que, em princípio, afasta o dolo da conduta praticada e, consequentemente, descaracteriza a infração de improbidade (...)
>
> Da mesma forma, a decisão do Tribunal de Contas não impede a configuração do ato de improbidade, mas deve ser levada em consideração

---

[21] NEVES, Daniel Amorim Assumpção; OLIVEIRA, Rafael Carvalho Rezende. *Comentários à reforma da lei de improbidade administrativa*: Lei nº 14.230, de 25.10.2021, comentada artigo por artigo. Rio de Janeiro: Forense, 2022. p. 125.

[22] JUSTEN FILHO, Marçal. *Reforma da lei de improbidade administrativa comentada e comparada*: Lei nº 14.230, de 25 de outubro de 2021. Rio de Janeiro: Forense, 2022. p. 239.

quando da análise da prática de ato de improbidade, principalmente no que tange ao elemento subjetivo, a ser caracterizado pelo dolo específico.[23]

Trata-se, em verdade, de dispositivo juridicamente desnecessário (embora faticamente importante), porquanto a atividade judicante, malgrado marcada pelo convencimento do magistrado, deve ser exercida de acordo com as circunstâncias fático-jurídicas que envolvem o caso concreto, com o contexto experimentado, enfim, com as peculiaridades de cada situação. A persuasão racional e a independência funcional dos juízes, claro, não podem ser vislumbradas como um cheque em branco, mas de acordo com o acervo fático-probatório construído nos autos.

Portanto, se um agente público pratica uma conduta com respaldo em um ato de um órgão de controle interno ou externo, deve isso ser necessariamente considerado, até porque a existência ou a inexistência do dolo – elemento subjetivo imprescindível para a configuração do ato ímprobo – poderá ser averiguada a partir dessa análise.

Assim sendo, o que fez o legislador quando da inclusão do art. 21, §1º à Lei nº 8.429/1992 é atestar o óbvio e corroborar o que já determina a Lei de Introdução às Normas do Direito Brasileiro, mormente após as inclusões da Lei nº 13.655/2018: as leis e ciência jurídica amplamente considerada não podem ser interpretadas e aplicadas em abstrato, de forma pura e dissociada de tudo e de todos, como almejavam os positivistas clássicos; mas de maneira correlacionada com a realidade vivida,[24] com as peculiaridades casuísticas, com as circunstâncias práticas vivenciadas, com os obstáculos e com os desafios experimentados pelo gestor público.

Nesse contexto, por exemplo, versa a Lei de Introdução às Normas do Direito Brasileiro que "na interpretação de normas sobre gestão pública, serão considerados os obstáculos e as dificuldades reais do gestor e as exigências das políticas públicas a seu cargo" (art. 22, *caput*), que "em decisão sobre regularidade de conduta ou validade de ato, contrato, ajuste, processo ou norma administrativa, serão

---

[23] CARVALHO, Matheus. *Lei de improbidade comentada*: atualizada com a Lei nº 14.230/2021. São Paulo: Editora JusPodivm, 2022. p. 155.

[24] É o que defende o realismo jurídico, privilegiado pela Lei nº 13.655/2018. Sobre o tema, conferir: TOSTA, André Ribeiro. Realismo e LINDB: amor à primeira vista? *In*: MAFFINI, Rafael; RAMOS, Rafael (Coord.). *Nova LINDB*: consequencialismo, deferência judicial, motivação e responsabilidade do gestor público. Rio de Janeiro: Lumen Juris, 2020. p. 5 e seguintes; TABORDA, Maren Guimarães. Realismo, natureza das coisas e publicidade: discussão sobre os critérios hermenêuticos da Lei nº 13.655/2018. *In*: MAFFINI, Rafael; RAMOS, Rafael (Coord.). *Nova LINDB*: consequencialismo, deferência judicial, motivação e responsabilidade do gestor público. Rio de Janeiro: Lumen Juris, 2020. p. 33 e seguintes.

consideradas as circunstâncias práticas que houverem imposto, limitado ou condicionado a ação do agente" (art. 22, §1º) e que "na aplicação de sanções, serão consideradas a natureza e a gravidade da infração cometida, os danos que dela provierem para a administração pública, as circunstâncias agravantes ou atenuantes e os antecedentes do agente" (art. 22, §2º).[25] Esses são apenas alguns exemplos legais importantes contidos na LINDB, por inclusão da Lei nº 13.655/2018, que indicam essa necessidade de a interpretação e de a aplicação do Direito estarem circunscritas na realidade e no que efetivamente envolve o caso a ser analisado. Foi-se a época em que Direito era apenas dever-ser. Direito é também realidade, é o que é vivido, é o que é experimentado.

Mas, sobretudo em um cenário de temor administrativo, de Direito Administrativo do Medo,[26] de apagão das canetas, de aplausos a relativizações de direitos processuais fundamentais, de banalização do ato ímprobo e de vulgarização das ações de improbidade administrativa, é conveniente que também o óbvio seja previsto pelo legislador. O óbvio, em tempos de excessos, precisa ser dito; o Estado Democrático de Direito, para se sustentar, precisa ser reafirmado.

Imagine-se, por exemplo, nesse contexto, a hipótese de um agente político mineiro que, antes da contratação direta de serviços advocatícios por inexigibilidade licitatória,[27] recebe resposta de consulta formulada ao Tribunal de Contas do Estado de Minas Gerais, no sentido de ser legal a contratação almejada. Se, posteriormente, esse mesmo agente político for alvo de uma ação de improbidade administrativa, é indiscutível que o fato de a Corte de Contas Mineira ter respaldado a contratação atacada é relevantíssimo para o deslinde processual, até porque o elemento subjetivo doloso poderá ser mais facilmente

---

[25] No mesmo sentido são as diretrizes do Decreto nº 9.830, de 10.06.2019, que regulamenta o disposto nos arts. 20 a 30 da Lei de Introdução às Normas do Direito Brasileiro, todos eles acrescidos pela Lei nº 13.655/2018.

[26] Rodrigo Valgas dos Santos assim define o fenômeno: "Por Direito Administrativo do Medo, queremos significar: a interpretação e aplicação das normas de Direito Administrativo e o próprio exercício da função administrativa pautadas pelo medo em decidir dos agentes públicos, em face do alto risco de responsabilização decorrente do controle externo disfuncional, priorizando a autoproteção decisória e a fuga da responsabilização em prejuízo do interesse público". (SANTOS, Rodrigo Valgas dos. *Direito administrativo do medo*: risco e fuga da responsabilização dos agentes públicos. 1. ed. São Paulo: Thomson Reuters Brasil, 2020. p. 39).

[27] Sobre o tema, nosso recente estudo: FERREIRA NETO, Oder; CAVALCANTI, Caio Mário Lana; FORTINI, Cristiana. A possibilidade de contratação direta de advogados pela Administração Pública Municipal segundo o STJ e a Lei de Improbidade Administrativa. *Sollicita*, 07 mar. 2022. Disponível em: https://sollicita.com.br/Noticia/?p_idNoticia=18835&n=undefined. Acesso em 28 mar. 2022.

afastado. Lado outro, se, nesse mesmo cenário hipotético, o Tribunal de Contas do Estado de Minas Gerais responder à consulta de maneira a manifestar a escancarada impossibilidade de contratar diretamente os serviços advocatícios, em confirmação de um parecer jurídico negativo da assessoria jurídica, e, ainda assim, o agente público optar pela inexigibilidade licitatória, a figura do dolo toma forma, embora, claro, o dolo e a má-fé nunca possam ser presumidos.

Ante o exposto, para os fins do presente artigo, importa concluir que a Lei nº 14.230/2021 privilegiou a relevância da atuação dos órgãos de controle interno e externo para o deslinde da ação de improbidade administrativa.

E, nesse sentido, por fim, se enfatiza que, embora se compreenda que as disposições objeto desta análise já sejam consequências do que já existe no ordenamento jurídico pátrio, máxime após o advento da Lei nº 13.655/2018, importante que tenha o legislador trazido à baila, de forma expressa, tal relevância, a fim de conferir uma maior segurança jurídica àquele que atua com respaldo nos órgãos de controle interno e externo, bem como no afã de garantir que o controle amplamente considerado seja harmônico, íntegro e coerente.

Conclusão

Os Tribunais e os Conselhos de Contas exercem um papel primordial para o Estado Democrático de Direito. Ao fiscalizarem as contas públicas e ao analisarem as transações financeiras públicas, tais órgãos de controle executam papel essencial para a integridade dos cofres públicos, o que é essencial, sobretudo considerando que a concretização de todos os direitos fundamentais exige, em maior ou menor medida, dispêndio de recursos públicos.[28]

No exercício desse mister, as informações colhidas e as provas produzidas no âmbito dos processos administrativos em trâmite naqueles órgãos de controle, bem como quaisquer atuações institucionais deles, podem, claro, interferir no convencimento do magistrado no âmbito da ação de improbidade administrativa. Até porque a prática de atos

---

[28] Trata-se da conclusão primordial da teoria dos custos dos direitos, cujo enfoque foge do objetivo deste trabalho. Sugere-se, sobre o tema: CAVALCANTI, Caio Mário Lana. *Uma teoria do dever fundamental de pagar tributos*. Rio de Janeiro: CEEJ, 2019; HOLMES, Stephen; SUNSTEIN, Cass Robert. *The cost of rights*: why liberty depends on taxes. New York: Norton, 2000; GALDINO, Flávio. *Introdução à teoria dos custos dos direitos*: direitos não nascem em árvores. Rio de Janeiro: Lumen Juris, 2005.

ímprobos, muitas vezes, exsurge do uso indevido dos recursos públicos, de forma a atrair as atribuições e a competência constitucional das Cortes de Contas.

Em contrapartida, não há, e nunca houve, vinculação entre as decisões e as atuações dos Tribunais e dos Conselhos de Contas e a atuação do Poder Judiciário. Seja porque o ordenamento jurídico pátrio privilegia a independência das instâncias, seja porque as decisões administrativas não fazem coisa julgada material, seja porque o art. 21, II, da Lei de Improbidade Administrativa – em sua redação original, não modificada pela Lei nº 14.230/2021 – literalmente determina que as sanções por cometimento de ato ímprobo independem "da aprovação ou rejeição das contas pelo *órgão* de controle interno ou pelo Tribunal ou Conselho de Contas".

Em contrapartida, em que pese não vincularem as decisões judiciais relativas às ações de improbidade administrativa, nunca foram irrelevantes as decisões, instruções e pronunciamentos dos Tribunais e dos Conselhos de Contas relativos aos mesmos fatos naquelas discutidos. Malgrado sejam independentes as instâncias, há, claro, uma interferência recíproca, uma intercessão jurídica mútua, sendo certo que o que é decidido e desenvolvido administrativamente não é imprestável judicialmente, e vice-versa, nos termos defendidos neste trabalho. Mas devemos sempre alertar que as provas produzidas em sede de processos administrativos desenvolvidos em sede de Tribunais de Contas precisam ser refeitas, quando da ação judicial, sob o crivo do contraditório.

Enfim, os §§1º e 2º do art. 21 da Lei de Improbidade Administrativas, incluídos pela Lei nº 14.230/2021, atestam, expressamente, tal raciocínio, que, em nossa avaliação, já fazia parte da lógica da Lei nº 13.655/2018: os atos do órgão de controle interno ou externo (a exemplo dos Tribunais de Contas), bem como as provas ali produzidas, devem ser considerados pelo Poder Judiciário, no escopo da formação da convicção do magistrado.

Referências

ACCIOLI, Wilson. *Instituições de direito constitucional*. Rio de Janeiro: Forense, 1984.

BEZERRA FILHO, Aluízio. *Processo de improbidade administrativa anotado e comentado*. 4. ed. rev., atual. e ampl. São Paulo: JusPodivm, 2022.

BRASIL. Superior Tribunal de Justiça. Agravo Interno no Recurso Especial nº 1.372.775/SC, Rel. Ministra REGINA HELENA COSTA, PRIMEIRA TURMA, julgado em 27.11.2018.

BRASIL. Superior Tribunal de Justiça. Recurso Especial nº 1.032.732/CE, Rel. Ministro LUIZ FUX, julgado em 19.11.2009.

BRASIL. Supremo Tribunal Federal. Ação Direta de Inconstitucionalidade nº 4.190/RJ MC-REF, Rel. Ministro CELSO DE MELLO, *DJe* 11.06.2010.

BRASIL. Supremo Tribunal Federal. Recurso Extraordinário nº 636.886/AL, Rel. Ministro ALEXANDRE DE MORAES, TRIBUNAL PLENO, julgado em 20.04.2020.

BRASIL. Tribunal Regional Federal da 1ª Região, Agravo de Instrumento nº 0063090-26.2014.4.01.0000, Rel. Desembargadora Federal MÔNICA SIFUENTES, TERCEIRA TURMA, julgado em 20.05.2015.

BRASIL. Tribunal de Contas da União. Acórdão nº 1.482/2020-Plenário, Rel. Ministro WALTON ALENCAR, julgado em 10.06.2020.

BRASIL. Tribunal Regional Federal da 1ª Região. Apelação Cível nº 0030552-94.2001.4.01.9199, Rel. Desembargador Federal CATÃO ALVES, TERCEIRA TURMA, julgado em 16.07.2013.

BRITTO, Carlos Ayres. O regime constitucional dos Tribunais de Contas. *Revista Diálogo Jurídico*, Salvador, Centro de Atualização Jurídica, v. I, n. 9, dez. 2001.

CARVALHO, Matheus. *Lei de improbidade comentada*: atualizada com a Lei nº 14.230/2021. São Paulo: Editora JusPodivm, 2022.

CAVALCANTI, Caio Mário Lana. A banalização do conceito de ato ímprobo. *In*: PEREIRA, Rodolfo Viana; SACCHETTO, Thiago Coelho (Orgs.). *Advocacia pública em foco*, Belo Horizonte: IDDE, 2019. v. II.

CAVALCANTI, Caio Mário Lana. *Comentários à lei de improbidade administrativa*. Rio de Janeiro: CEEJ, 2020.

CAVALCANTI, Caio Mário Lana. *Uma teoria do dever fundamental de pagar tributos*. Rio de Janeiro: CEEJ, 2019.

CONTI, José Maurício. Julgamento das contas do governo precisa ser feito com rigor. *Revista Consultor Jurídico*, 30 jun. 2015. Disponível em: https://www.conjur.com.br/2015-jun-30/contas-vista-julgamento-contas-governo-feito-rigor. Acesso em 29 mar. 2022.

CONTI, José Maurício. Tribunais de Contas são os guardiões do dinheiro público. *Revista Consultor Jurídico*, 14 jan. 2014. Disponível em: https://www.conjur.com.br/2014-jan-14/contas-vista-tribunais-contas-sao-guardioes-dinheiro-publico. Acesso em 29 mar. 2022.

FERNANDES, Bernardo Gonçalves. *Curso de direito constitucional*. 4. ed. rev., ampl. e atual. Salvador: JusPodivm, 2012.

FERRAZ, Luciano. *Controle da Administração Pública*: elementos para a compreensão dos Tribunais de Contas. Belo Horizonte: Mandamentos, 1999.

FERREIRA NETO, Oder; CAVALCANTI, Caio Mário Lana; FORTINI, Cristiana. A possibilidade de contratação direta de advogados pela Administração Pública Municipal segundo o STJ e a Lei de Improbidade Administrativa. *Sollicita*, 07 mar. 2022. Disponível em: https://sollicita.com.br/Noticia/?p_idNoticia=18835&n=undefined. Acesso em 28 mar. 2022.

GAIO JÚNIOR, Antônio Pereira; MELLO, Cleyson de Moraes. *Novo Código de Processo Civil comentado*. Belo Horizonte: Del Rey, 2016.

GALDINO, Flávio. *Introdução à teoria dos custos dos direitos*: direitos não nascem em árvores. Rio de Janeiro: Lumen Juris, 2005.

HARGER, Marcelo. *Improbidade administrativa*: comentários à Lei nº 8.429/92. Coleção Direito Administrativo positivo, sob a coordenadoria de Irene Patrícia Nohara e Marco Antonio Praxedes de Moraes Filho. São Paulo: Atlas, 2015. v. 7.

HOLMES, Stephen; SUNSTEIN, Cass Robert. *The cost of rights*: why liberty depends on taxes. New York: Norton, 2000.

JUSTEN FILHO, Marçal. *Reforma da lei de improbidade administrativa comentada e comparada*: Lei nº 14.230, de 25 de outubro de 2021. Rio de Janeiro: Forense, 2022.

LEITE, Harrison. *Manual de direito financeiro*. 10. ed. rev., atual. e ampl. Salvador: JusPodivm, 2021.

LIMA, Luiz Henrique. O controle da responsabilidade fiscal e os desafios para os Tribunais de Contas em tempos de crise. *In*: LIMA, Luiz Henrique; OLIVEIRA, Weder de; CAMARGO, João Batista. *Contas governamentais e responsabilidade fiscal*: desafios para o controle externo. Belo Horizonte: Fórum, 2018.

MATTOS, Mauro Roberto Gomes de. *O limite da improbidade administrativa*: o direito dos administrados dentro da Lei nº 8.429/92. 3. ed. rev. atual. e ampl. Rio de Janeiro: América Jurídica, 2006.

MEDAUAR, Odete. *Direito administrativo moderno*. 12. ed. São Paulo: RT, 2008.

MEDEIROS, Sérgio Monteiro. *Lei de improbidade administrativa*: comentários e anotações jurisprudenciais. São Paulo: Editora Juarez de Oliveira, 2003.

MEIRELLES, Hely Lopes. *Direito administrativo brasileiro*. 25. ed. São Paulo: Malheiros, 2000.

NEVES, Daniel Amorim Assumpção; OLIVEIRA, Rafael Carvalho Rezende. *Comentários à reforma da lei de improbidade administrativa*: Lei nº 14.230, de 25.10.2021, comentada artigo por artigo. Rio de Janeiro: Forense, 2022.

NOVELINO, Marcelo. *Manual de direito constitucional*. 8. ed. rev. e atual. Rio de Janeiro: Forense; São Paulo: Método, 2013.

OLIVEIRA, Rafael Carvalho Rezende. *Curso de direito administrativo*. 4. ed. rev., atual. e ampl. Rio de Janeiro: Forense; São Paulo: Método, 2016.

PAZZAGLINI FILHO, Marino. *Lei de Improbidade Administrativa Comentada*. 2. ed. São Paulo: Atlas, 2005.

PAZZAGLINI FILHO, Marino; ROSA, Márcio Fernando Elias; FAZZIO JÚNIOR, Waldo. *Improbidade administrativa*: aspectos jurídicos da defesa do patrimônio público. 2. ed. São Paulo: Atlas, 1997.

SANTOS, Rodrigo Valgas dos. *Direito administrativo do medo*: risco e fuga da responsabilização dos agentes públicos. 1. ed. São Paulo: Thomson Reuters Brasil, 2020.

TABORDA, Maren Guimarães. Realismo, natureza das coisas e publicidade: discussão sobre os critérios hermenêuticos da Lei nº 13.655/2018. *In*: MAFFINI, Rafael; RAMOS,

Rafael (Coord.). *Nova LINDB*: consequencialismo, deferência judicial, motivação e responsabilidade do gestor público. Rio de Janeiro: Lumen Juris, 2020.

TOSTA, André Ribeiro. Realismo e LINDB: amor à primeira vista? *In*: MAFFINI, Rafael; RAMOS, Rafael (Coord.). *Nova LINDB*: consequencialismo, deferência judicial, motivação e responsabilidade do gestor público. Rio de Janeiro: Lumen Juris, 2020.

Informação bibliográfica deste texto, conforme a NBR 6023:2018 da Associação Brasileira de Normas Técnicas (ABNT):

FORTINI, Cristiana; CAVALCANTI, Caio Mário Lana. Os Tribunais de Contas e a Ação de Improbidade Administrativa à Luz da Lei nº 14.230/2021: nem vinculação, nem irrelevância. *In*: MOTTA, Fabrício; VIANA, Ismar (coord.). *Improbidade administrativa e Tribunais de Contas*: as inovações da Lei nº 14.230/2021. Belo Horizonte: Fórum, 2022. p. 71-87. ISBN 978-65-5518-445-7.

ERRO GROSSEIRO NO RESSARCIMENTO AO ERÁRIO: ANÁLISE CRÍTICA DA DECISÃO DO TCU À LUZ DA LINDB E DAS MUDANÇAS PROMOVIDAS NA LEI DE IMPROBIDADE

FLÁVIO HENRIQUE UNES PEREIRA
MATHEUS JASPER SOARES NANGINO

Introdução

O art. 71 da Constituição da República Federativa do Brasil (CRFB) trouxe a gama de competências do Tribunal de Contas da União (TCU). Seu papel, como sabido, é de natureza administrativa e não judiciária. Mas seus julgados impactam na vida dos administradores públicos Brasil afora.

Prevê o art. 1º, I, g, da Lei Complementar nº 64, por exemplo, que são inelegíveis os que tiverem suas contas relativas ao exercício de cargos ou funções públicas rejeitadas por irregularidade insanável que configure ato doloso de improbidade administrativa. Portanto, ainda que não julgue casos por improbidade administrativa, as decisões do TCU podem servir de embasamento para tornar agentes inelegíveis, se a autoridade judiciária eleitoral entender que a regularidade insanável julgada pelo Tribunal de Contas configurou ato doloso de improbidade administrativa.

Não apenas aí, os julgados exarados pelo Tribunal de Contas exercem influência importante no dia a dia da Administração. Se em alguns casos colabora para o aprimoramento da gestão pública e para o necessário controle de contas, por outro também leva medo a muitos administradores que, temerosos com a interpretação que poderá ser dada pelo Tribunal 'decidem não decidir'. Isso, é claro, engessa a máquina administrativa e não colabora para o aprimoramento e a eficiência da gestão pública, levando a consequência inversa daquilo que intenta o próprio Tribunal.

Buscando definir balizas que norteassem as decisões dos Tribunais, inclusive o de Contas – nos dizeres da própria Lei: esferas administrativa, controladora e judicial – o Legislativo brasileiro aprovou e o Executivo sancionou a Lei nº 13.655/2018. Ela acrescentou novos dispositivos na Lei de Introdução às Normas do Direito Brasileiro (LINDB), dentre eles, o art. 28, que estabelece que o agente público responderá pessoalmente por suas decisões ou opiniões técnicas em caso de dolo ou erro grosseiro.

O TCU, no entanto, tem entendido que o art. 28 deve-se aplicar apenas aos casos de sanção. Dessa forma, o agente não deve ser punido se não houver dolo ou erro grosseiro, mas mesmo assim será obrigado a ressarcir o erário. Isso porque o Tribunal entendeu que o art. 37, §6º, da CFRB, assegura o direito de regresso contra o responsável nos casos de dolo ou culpa, não fazendo qualquer referência ao tipo de culpa. Lei ordinária, dessa forma, não poderia modificar aquilo que seria, no entendimento do TCU, determinação constitucional.

O presente artigo tem o objetivo de debater esse entendimento, à luz do regime jurídico vigente e da jurisprudência, e demonstrar como as alterações promovidas na Lei de Improbidade pela Lei nº 14.230, de 2021, reforçam justamente o caminho contrário daquele que quer fazer prevalecer o Tribunal de Contas da União.

1 Inovações da LINDB e a busca da 'ressurreição das canetas'

A Lei nº 13.655/2018 acrescentou novos dispositivos na Lei de Introdução às Normas do Direito Brasileiro (LINDB), com disposições sobre segurança jurídica e eficiência na criação e aplicação do direito público. Em seu art. 28, a LINDB passou a definir que o agente público responderá pessoalmente por suas decisões ou opiniões técnicas em caso de dolo ou erro grosseiro. Ou seja, mais que a simples 'culpa' – ou o que se possa interpretar como 'negligência, imprudência e imperícia' – passou-se a exigir 'erro grosseiro', no nosso sentir inequivocamente culpa grave, para responsabilização do agente público.

O dispositivo acabou por reverberar, no âmbito do direito público, a interpretação do art. 37, §6º da Constituição, que prevê que "as pessoas jurídicas de direito público e as de direito privado prestadoras de serviços públicos responderão pelos danos que seus agentes, nessa qualidade, causarem a terceiros, assegurado o direito de regresso contra o responsável nos casos de dolo ou culpa". Afinal, observa-se, o constituinte não conceituou 'culpa' ou 'dolo', comportando para isso discricionariedade legislativa por parte do legislador ordinário.

O art. 28 da LINDB, portanto, deixa claro a que tipo de 'culpa' o art. 37, §6º da Constituição se refere. Não será qualquer culpa, qualquer erro formal ou simples deslize que levará à responsabilização do agente público, mas apenas a culpa em que houve erro grosseiro.

Ao analisarem a importância desse dispositivo no ordenamento brasileiro, Binenbojm e Cyrino[1] destacam que o artigo surgiu em um contexto de 'apagão das canetas', um teatro de temor e inação, nas suas palavras, que tomou conta da administração pública no Brasil por causa da interpretação dos órgãos de controle.

Santos[2] destaca o poder dos órgãos de controle na imposição de pesadas sanções aos agentes públicos. Ele cita desde a total perda de patrimônio pessoal do agente – seja anterior ou posterior ao fato pretensamente ilícito –, até pesadas sanções aos direitos políticos fundamentais, ações de improbidade e condenações criminais. Segundo ele, tais ações deixam um recado muito claro: entre a opinião dos administradores e a dos órgãos de controle vale a última, e quem discordar estará sujeito a sanções.

> A partir da ideia de que os princípios da administração pública poderiam ser diretamente cotejados com atos administrativos concretos, conferiu-se permissão para que órgãos de controle pudessem verdadeiramente administrar sem serem administradores, isentos de qualquer responsabilidade pelos acertos ou desacertos de suas decisões. (...) Tal estado de coisas hoje cobra seu preço. O administrador passou a exercer de modo timorato suas funções. Começa a perceber que de um momento para o outro poderá ter seus bens indisponíveis com facilidade assustadora. Sua consciência desperta para a possibilidade real de ser decretada sua

---

[1] BINENBOMJM, Gustavo; CYRINO, André. O Art. 28 da LINDB – A cláusula geral do erro administrativo. *Revista de Direito Administrativo*, p. 203-224, 2018. p. 206. Disponível em: https://doi.org/10.12660/rda.v0.2018.77655. Acesso em 10 mai. 2022.

[2] SANTOS, Rodrigo Valgas dos. *Direito administrativo do medo [livro eletrônico]*: risco e fuga da responsabilização dos agentes públicos. 1. ed. São Paulo: Thomson Reuters Brasil, 2020. n. p.

prisão em operação conjunta entre polícia e Ministério Público, pouco importando seu grau de culpabilidade ou mesmo se há culpabilidade, com consequentes danos reputacionais jamais remediados. As condenações milionárias nos tribunais de contas são absolutamente frequentes e ninguém parece muito preocupado com isso, agravado ainda pela flagrante ausência nas cortes de contas de um devido processo legal que importe ampla prova testemunhal e pericial, realizando-se espécie de responsabilização objetiva vedada pela constituição. O resultado? Temor, medo, pânico e desespero.[3]

É uma crítica forte, porém necessária. Não se questiona que muitos administradores públicos pelo Brasil afora, mesmo tendo a intenção de fazer a coisa certa, de acordo com a probidade e a Lei, têm medo de assinar um documento, de executar uma ordem, de, efetivamente, gerir e cumprir seu papel, seja como político eleito, seja como executor de despesas ou servidor público de carreira.

Exatamente por isso Binenbojm e Cyrino[4] defendem que o legislador federal precisa cuidar do gestor que quer fazer uma boa administração a partir de abordagens inovadoras. "O legislador precisava lidar com o receio de qualquer espécie de criatividade administrativa, de não se querer assumir o risco do erro". Destacam eles que o rigoroso sistema de controles administrativos, que nem sempre é suficiente para inibir casos graves de má gestão e corrupção, acaba por dissuadir a ação daqueles que poderiam implementar mudanças.

Nesse mesmo raciocínio, Marques Neto e Freitas[5] afirmam que uma das principais falhas do sistema normativo brasileiro é que ele não considerava o administrador probo, honesto e responsável. É nesse contexto que o art. 28 da LINDB teve o condão de contribuir para que o administrador melhor fundamente o seu agir, por intermédio de uma adequada processualização. Eles acreditam, com acerto, que esse dispositivo inverte e amplia o ônus de fundamentação para o controlador, que passa, a partir dele, a ter que demostrar, por intermédio de provas

---

[3] SANTOS, Rodrigo Valgas dos. *Direito administrativo do medo [livro eletrônico]*: risco e fuga da responsabilização dos agentes públicos. 1. ed. São Paulo: Thomson Reuters Brasil, 2020. n. p.

[4] BINENBOMJM, Gustavo; CYRINO, André. O Art. 28 da LINDB – A cláusula geral do erro administrativo. *Revista de Direito Administrativo*, p. 203-224, 2018. p. 206. Disponível em: https://doi.org/10.12660/rda.v0.2018.77655. Acesso em 10 mai. 2022.

[5] MARQUES NETO, Floriano de Azevedo; FREITAS, Rafael Véras de. A LINDB e o regime jurídico para o administrador honesto. *Revista Consultor Jurídico*, São Paulo, mai. 2018. Disponível em: https://www.conjur.com.br/2018-mai-25/opiniao-lindb-regime-juridico-administrador-honesto. Acesso em 10 mai. 2022.

concretas, que o ato praticado pelo agente público restou maculado pela intenção de malferir a probidade administrativa.

O art. 28 da LINDB, portanto, teve esta intenção: a de proteger o bom gestor.[6] Não há dúvidas quanto ao dolo: quem age deliberadamente para prejudicar a Administração Pública deve ser responsabilizado, deve ressarcir o erário e ser punido. Da mesma forma, aquele que age com erro grosseiro. Ao contrário, aquele que por um deslize formal ou por uma culpa simples causou prejuízo ao erário tentando acertar deve ser protegido, e não será responsabilizado. Mas o Tribunal de Contas da União não entendeu dessa forma.

2 A interpretação do TCU – "não se altera responsabilidade pelo débito"

Antes mesmo de se transformar em norma jurídica, o então projeto que originou a Lei nº 13.655/2018 (PLS nº 349/2015 no Senado, e PL nº 7.448/2017 na Câmara dos Deputados) sofreu muita resistência por parte do Tribunal de Contas da União. Apesar de a matéria ter tramitado por mais de três anos nas duas Casas do Poder Legislativo nacional, de ter contado com audiência pública e lançamento de um livro[7] que comentava artigo por artigo da proposta no Senado, tão logo o seu envio para sanção, diversos órgãos se insurgiram contra o texto, fazendo pressão para o veto completo da proposta pelo Executivo. O TCU estava entre esses órgãos.

Dois dias antes do prazo final para sanção, o Tribunal realizou em sua sede um "Diálogo Público – Discussão do Projeto de Lei nº 7448/2017" em que manifestava "preocupação com o impacto negativo que o PL nº 7448/2017 terá sobre o controle externo, prejudicando, principalmente, a fiscalização e punição da fraude e corrupção na Administração Pública Federal".[8] Segundo o chamamento para o evento, "a proposição inclui dispositivos que poderão causar consequências desastrosas para o

---

[6] Sobre o tema, já nos manifestamos: (PEREIRA, Flávio Henrique Unes. Ao bom ou ao mau agente público, a quem interessa a regulamentação da LINDB. *Jota*, 15 jun. 2019. Disponível em: https://www.jota.info/opiniao-e-analise/artigos/ao-bom-ou-ao-mau-agente-publico-a-quem-interessa-a-regulamentacao-da-lindb-15062019. Acesso em 10 mai. 2022).

[7] PEREIRA, Flávio Henrique Unes (Org.). *Segurança Jurídica e qualidade das decisões Judiciais, desafios de uma Sociedade Democrática*. Brasília: Senado Federal, 2015.

[8] BRASIL. Tribunal de Contas da União. *Diálogo Público – Discussão do Projeto de Lei nº 7448/2017*. 23 abr. 2018. Disponível em: https://portal.tcu.gov.br/eventos/dialogo-publico/eventos/dialogo-publico-discussao-do-projeto-de-lei-n-7448-2017.htm. Acesso em 20 abr. 2022.

controle da administração pública no Brasil, materializando um sistema de manutenção da corrupção no País".

Para defender o veto ao projeto, a Consultoria Jurídica do Tribunal (PROCESSO TCU/CONJUR: TC-012.028/2018-5) produziu um parecer de 56 páginas, entregue à Presidência da República e divulgado para toda a imprensa,[9] em que alegava ausência de discussão do PL com os órgãos de controle, além de apontar o que considerava uma série de problemas da proposta. Especificamente sobre o art. 28, o parecer assinalava que "pela proposta, o agente público pode ser negligente, imprudente e imperito que nada lhe acontecerá, pois estará isento de responsabilidade".

> O art. 28, na contramão da necessidade do Brasil de contar com agentes públicos diligentes, peritos e prudentes, simplesmente isenta de qualquer reprimenda aqueles que deixarem de cumprir com seus deveres constitucionais e legais de se conduzirem no exercício do cargo no caminho da busca da eficiência da Administração Pública, com a realização de um consistente planejamento das ações públicas, inclusive no campo fiscal, e com a adoção de medidas de prudência presentes e exigidas em qualquer empresa privada assim como em qualquer Administração Pública de países que se pretendem bem administrados. Trata-se de dispositivo que será usado pelos maus intencionados e até por alguns bem intencionados, mas de perfil acomodado, para simplesmente permanecerem em suas zonas de conforto ou, o que é mais preocupante, adotarem uma conduta, por longos anos, negligente, imprudente ou imperita.[10]

Observe-se os argumentos trazidos pela nota técnica do Tribunal. Trata-se o gestor público, de maneira absolutamente generalizada, como aquele que quer agir com má-fé ou que é deliberadamente preguiçoso ou desidioso. Ora, a legislação já trata de responsabilizar o servidor que age com desídia. O art. 117, XV, da Lei nº 8.112/1990, por exemplo, proíbe expressamente o servidor de proceder de forma desidiosa.[11] A depender do grau da imprudência, da imperícia e da negligência, tais casos configuram-se, inclusive, erro grosseiro ou culpa grave. Não é

---

[9] BRASIL. Tribunal de Contas da União. *Processo TCU/CONJUR*: TC-012.028/2018-5. Disponível em: https://cdn.oantagonista.net/uploads/2018/04/PL-7448-2017-Inteiro-teor-Altera-LINDB-Parecer-Conjur-2018-04-20.pdf. Acesso em 20 abr. 2022.

[10] BRASIL. Tribunal de Contas da União. *Processo TCU/CONJUR*: TC-012.028/2018-5. p. 51. Disponível em: https://cdn.oantagonista.net/uploads/2018/04/PL-7448-2017-Inteiro-teor-Altera-LINDB-Parecer-Conjur-2018-04-20.pdf. Acesso em 20 abr. 2022.

[11] Sobre essa temática, os julgados do STJ: MS nº 20940/DF; MS nº 12.317/DF; MS nº 12.634/DF; MS nº 8.517/DF.

a esses servidores a que o projeto – e a nova Lei – se dirigiu. O que o efetivamente se buscou evitar, reitera-se, é a responsabilização daqueles que, por um equívoco, são prejudicados, enquanto sua intenção era tão somente fazer o melhor. Para os demais casos de dolo ou culpa grave não há e nem deve haver qualquer amparo.

Tão logo o projeto foi parcialmente sancionado e tornou-se norma jurídica, o tribunal administrativo apressou-se em interpretar a nova Lei à luz de suas orientações. A Lei é de 25 de abril de 2018. O *leading case* desse tema é o acórdão nº 2391/2018, de Plenário, relatado pelo Ministro Benjamin Zymler, em outubro daquele mesmo ano.

Analisando um caso concreto, entendeu o Tribunal naquele julgamento que o agente não teve culpa grave na consumação da irregularidade. Isso porque não havia evidências de que ele participou da licitação que deu ensejo ao contrato nem de que atuou diretamente na orientação irregular dos fiscais do contrato.

O "agente somente participou de um processo de pagamento, de forma que ele pode não ter tido tempo suficiente para tomar conhecimento das falhas na fiscalização do contrato e do descumprimento das condições contratuais pela empresa, a ponto de poder corrigi-la antes do pagamento".

Entendeu o TCU, dessa forma, à luz da Lei nº 13.655/2018, que o agente não deveria ser punido. Mas isso não alternaria a sua responsabilidade sobre o débito. Ou seja, mesmo assim ele deveria ressarcir o erário, em solidariedade com a empresa que recebeu o pagamento, porque autorizou, na condição de Coordenador Geral de Logística Substituto, o pagamento da nota fiscal.

Nas palavras do relator, isso ocorre porque as alterações promovidas na LINDB, em especial no art. 28, não provocaram uma modificação nos requisitos necessários para a responsabilidade financeira por débito. Observe-se os dizeres do voto:

> 147. O dever de indenizar os prejuízos ao erário permanece sujeito à comprovação de dolo ou culpa, sem qualquer gradação, como é de praxe no âmbito da responsabilidade aquiliana, inclusive para fins de regresso à administração pública, nos termos do art. 37, §6º, da Constituição (...).

> 148. Como regra, a legislação civil não faz nenhuma distinção entre os graus de culpa para fins de reparação do dano. Tenha o agente atuado com culpa grave, leve ou levíssima, existirá a obrigação de indenizar. A única exceção se dá quando houver excessiva desproporção entre a gravidade da culpa e o dano. Nesta hipótese, o juiz poderá reduzir,

equitativamente, a indenização, nos termos do art. 944, parágrafo único, do Código Civil.

149. No presente caso, compreendo que o responsável agiu com culpa na consumação da irregularidade, não havendo nenhuma desproporcionalidade entre o seu grau de negligência, verificado no cometimento do ato inquinado, e o dano que causou ao erário.

Dessa forma, o entendimento do TCU foi que o agente deveria ser condenado em débito. Diante da ausência de culpa grave, no entanto, deveria ser dispensado da aplicação de multa. Com isso, a necessidade de se ressarcir o erário por algo em que ele sequer, nas palavras do próprio ministro-relator, teve "tempo suficiente para tomar conhecimento das falhas na fiscalização" continua. Essa interpretação não nos parece correta ou adequada.

De fato, segundo o entendimento da jurisprudência, ressarcimento não é sanção. Essa é uma discussão possível de se fazer, mas não é o caso nesse momento. Fato é que esse é o entendimento aplicado há anos pelos tribunais. No Agravo de instrumento nº 1.313.876-MG, julgado pelo Superior Tribunal de Justiça (STJ), o relator, ministro Herman Benjamin, deixou expresso que "o ressarcimento não constitui sanção propriamente dita, mas sim consectário do dano causado, independentemente da qualificação da conduta como improba".

Da mesma forma, não se discute aqui a possibilidade de o ressarcimento vir ou não acompanhado de sanção. Isso também é possível. Ao julgar ação civil pública por ato de improbidade, AREsp nº 239300, a Segunda Turma do STJ acompanhou por maioria o voto do ministro-relator Og Fernandes e entendeu que é possível aplicar somente pena de ressarcimento de danos em ação de improbidade, sem aplicar cumulativamente as penalidades previstas até então no artigo 12 da Lei de Improbidade Administrativa – LIA (Lei nº 8.429/1992).

Nesse mesmo sentido, defende Waldo Fazzio Júnior[12] que o magistrado não está inibido de aplicar as sanções em bloco. Há casos graves em que terá que fazer isso, à luz do que permite a legislação.

O que se propõe, aqui, em homenagem à proporcionalidade, é que não o faça, como regra, porque a melhor leitura da Lei nº 8.429/92 não é a que se afina com aglutinações de sanções, mas a que individualiza a pena

---

[12] FAZZIO JÚNIOR, Waldo. *Atos de Improbidade Administrativa*: Doutrina, Legislação e Jurisprudência. São Paulo: Atlas, 2007. p. 358.

e, assim, se harmoniza com o art. 5º, XLVI, da Carta Magna. O razoável tem embasamento constitucional. Que a regra seja, pois, iluminar o fato sob a proporção e a justa medida. Sem hesitações, podemos concluir que o excesso desserve tanto à causa da proporcionalidade, como a de literal aglutinação. Contudo, eventuais estragos serão sempre menores na primeira alternativa.[13]

A grande questão aqui é se alguém que não teve dolo ou erro grosseiro – e que, portanto, não "responderá por suas decisões", nos termos do art. 28 – mesmo assim será considerado responsável e precisará ressarcir o ente público do prejuízo sofrido.

O art. 28 da LINDB, reitere-se, deixa claro que o agente público responderá pessoalmente por suas decisões ou opiniões técnicas em caso de dolo ou erro grosseiro. Em outros casos, portanto, ele não responderá. O fato existiu, a decisão ocorreu, o possível prejuízo se deu, mas ele não responderá por esses atos. Apenas se houvesse dolo ou erro grosseiro.

Com a devia vênia, da decisão do TCU depreende-se, pelo menos, dois grandes equívocos: primeiro, ignora-se o fato de o art. 37, §6º, CRFB, ao tratar de dolo ou culpa, não o conceitua ou delimita gradações. Exatamente por isso, o Tribunal entendeu que a Constituição tratou de toda e qualquer culpa. Mas é exatamente o contrário. Abriu-se aí a discricionariedade para que o legislador de lei ordinária apontasse a que tipo de culpa a Constituição se referia. E foi exatamente o que fez a Lei nº 13.655; depois, ao mesmo tempo em que faz referência ao Código Civil que, de fato, não faz distinção entre graus de culpa, ignora completamente a aplicabilidade da própria LINDB – lei de mesma estatura (ordinária), equivalente ao Código Civil, contudo posterior e específica em relação ao tema da responsabilização dos agentes públicos –, em razão de limitar a aplicabilidade do art. 28 em casos de sanção, que nem o legislador nem o texto normativo pretendeu fazer. Cabe o questionamento: por que o TCU entendeu que o 'responderá pessoalmente' refere-se à sanção e não à indenização, se a Lei não fez qualquer diferenciação nesse sentido?

A questão que se coloca – argumento utilizado pela decisão do TCU – é se esse dispositivo não fere o que prevê o art. 37, §6º da Constituição. De fato, a Constituição não definiu o que é 'culpa'. Sequer o Código Civil, apesar de tratar de responsabilidade civil com detalhes,

---

[13] FAZZIO JÚNIOR, Waldo. *Atos de Improbidade Administrativa*: Doutrina, Legislação e Jurisprudência. São Paulo: Atlas, 2007. p. 358-359.

não conceitua o termo 'culpa'. Cabe, portanto, à Lei específica, determinar a que 'culpa' se refere o dispositivo constitucional. E é exatamente o que faz o art. 28 da LINDB, decisão legítima tomada pelo Legislativo, que a votou, e pelo Executivo, que a sancionou e que precisa ser respeitado pelos Tribunais.

Não há nada diferente do que, também por lei ordinária, se definiu para os magistrados (art. 143, I, CPC), para os membros do Ministério Público (art. 181, CPC), da Advocacia Pública (art. 184, CPC) e da Defensoria Pública (art. 187, CPC) que respondem, civil e regressivamente, por perdas e danos, quando agirem com dolo ou fraude no exercício de suas funções.

Por essas e outras circunstância, Niebuhr[14] considera que o raciocínio aplicado pelo Tribunal de Contas da União está equivocado. E oferece três argumentos para refutá-lo. Em primeiro lugar, também ele, como nós, pondera que, a despeito da Constituição referir-se à indenização nos casos de dolo ou culpa, sem qualquer gradação, nada impede que o legislador infraconstitucional discipline o assunto e estabeleça balizas e condicionantes, definindo graus de culpa para efeito da obrigação de indenização por parte de agentes públicos. Em outro aspecto, argumenta ainda que parte da jurisprudência do Supremo Tribunal Federal já propugna a incompetência do Tribunal de Contas da União para realizar controle de constitucionalidade. Por fim, destaca que o §6º do artigo 37 da Constituição Federal dedica-se aos danos causados pelos agentes públicos a terceiros (externos) e não aos danos causados pelos agentes públicos à própria Administração Pública (internos).

Esse último argumento, aliás, como bem apontado por Niebuhr, é destacado por Ferraz.[15] Para ele, o texto constitucional é categórico ao dizer que "as pessoas jurídicas de direito público e as de direito privado prestadoras de serviços públicos responderão pelos danos que seus agentes, nessa qualidade, causarem a terceiros...". Com isso, defende ele, que o legislador democrático pode definir a responsabilidade interna de maneira diversa.

---

[14] NIEBUHR, Joel de Menezes. *O Erro Grosseiro – Análise crítica do Acórdão n° 2.391/2018 do TCU*. 2018. Disponível em: https://zenite.blog.br/o-erro-grosseiro-analise-critica-do-acordao-no-2-3912018-do-tcu/. Acesso em 14 nov. 2018.

[15] FERRAZ, Luciano. Alteração na Lindb e seus reflexos sobre a responsabilidade dos agentes públicos. *Conjur*, 29 nov. 2018. Disponível em: https://www.conjur.com.br/2018-nov-29/interesse-publico-lindb-questao-erro-grosseiro-decisao-tcu. Acesso em 29 nov. 2018.

As alterações promovidas pela Lei nº 13.655/18 na LINDB objetivaram conferir segurança jurídica aos gestores públicos. São elas praticamente uma resposta do legislador democrático à ausência de parâmetros de controle e responsabilização no exercício das funções administrativa, controladora e judicial, pelo que é de se supor que o estabelecimento da regra do artigo 28 da LINDB efetivamente desejou alterar o panorama das responsabilidades públicas no Brasil.[16]

A Lei nº 13.655/2018, afinal, está em vigor e tem que cumprir o seu propósito. Em âmbito federal, inclusive, o Decreto nº 9.830, de 2019, regulamentou o disposto nos art. 20 ao art. 30 da LINDB e definiu erro grosseiro:

> Art. 12. O agente público somente poderá ser responsabilizado por suas decisões ou opiniões técnicas se agir ou se omitir com dolo, direto ou eventual, ou cometer erro grosseiro, no desempenho de suas funções.
>
> §1º Considera-se erro grosseiro aquele manifesto, evidente e inescusável praticado com culpa grave, caracterizado por ação ou omissão com elevado grau de negligência, imprudência ou imperícia.
>
> §2º Não será configurado dolo ou erro grosseiro do agente público se não restar comprovada, nos autos do processo de responsabilização, situação ou circunstância fática capaz de caracterizar o dolo ou o erro grosseiro.
>
> §3º O mero nexo de causalidade entre a conduta e o resultado danoso não implica responsabilização, exceto se comprovado o dolo ou o erro grosseiro do agente público.
>
> §4º A complexidade da matéria e das atribuições exercidas pelo agente público serão consideradas em eventual responsabilização do agente público.
>
> §5º O montante do dano ao erário, ainda que expressivo, não poderá, por si só, ser elemento para caracterizar o erro grosseiro ou o dolo.
>
> §6º A responsabilização pela opinião técnica não se estende de forma automática ao decisor que a adotou como fundamento de decidir e somente se configurará se estiverem presentes elementos suficientes

---

[16] FERRAZ, Luciano. Alteração na Lindb e seus reflexos sobre a responsabilidade dos agentes públicos. *Conjur*, 29 nov. 2018. Disponível em: https://www.conjur.com.br/2018-nov-29/interesse-publico-lindb-questao-erro-grosseiro-decisao-tcu. Acesso em 29 nov. 2018.

para o decisor aferir o dolo ou o erro grosseiro da opinião técnica ou se houver conluio entre os agentes.

§7º No exercício do poder hierárquico, só responderá por culpa *in vigilando* aquele cuja omissão caracterizar erro grosseiro ou dolo.

§8º O disposto neste artigo não exime o agente público de atuar de forma diligente e eficiente no cumprimento dos seus deveres constitucionais e legais.

A respeito desse dispositivo do decreto, Pereira[17] afirma que, ao definir que erro grosseiro é culpa grave, o decreto afastou controvérsias lançadas sobre o art. 28 da LINDB. Ele destaca, ainda, que no mesmo sentido caminhou o parágrafo segundo, ao exigir a comprovação do dolo ou erro grosseiro no devido processo, "advertindo sobre interpretações apressadas que presumem o elemento subjetivo ao invés de demonstrá-lo".

Se isso não bastasse, o próprio Supremo Tribunal Federal também tratou do tema. Ação Direita de Inconstitucionalidade (ADI nº 6428) questionava a limitação da responsabilidade civil e administrativa dos agentes públicos às hipóteses de "erro grosseiro" e de "dolo", alegando violação aos arts. 37, §§4º, 5º e 6º da Constituição, ao princípio republicano e ao princípio da probidade e da eficiência administrativa.

No julgamento da cautelar da referida ADI, entendeu o relator, o ministro Luís Roberto Barroso, acompanhado pela maioria do Supremo, por não se manifestar sobre a possibilidade de se limitar a responsabilidade dos agentes públicos em geral aos casos de erro grosseiro ou de dolo. Muito embora não tenha dirimido a dúvida acerca do tema, ele deixou consignado que a questão envolve compreensão aprofundada sobre as circunstâncias e particularidades do processo decisório dos agentes públicos em situações de incerteza, urgência e assimetria de informações. "Já adianto que há duas coisas muito ruins para a administração pública e o bem comum: de um lado, administradores incorretos, e, de outro, administradores corretos que têm medo de decidir o que precisa ser decidido, por temor de retaliações futuras", destacou o ministro.

---

[17] PEREIRA, Flávio Henrique Unes. Ao bom ou ao mau agente público, a quem interessa a regulamentação da LINDB. *Jota*, 15 jun. 2019. Disponível em: https://www.jota.info/opiniao-e-analise/artigos/ao-bom-ou-ao-mau-agente-publico-a-quem-interessa-a-regulamentacao-da-lindb-15062019. Acesso em 10 mai. 2022.

A decisão do Supremo ainda foi além, e firmou tese na qual deixa claro o que se considera erro grosseiro.

Configura erro grosseiro o ato administrativo que ensejar violação ao direito à vida, à saúde, ao meio ambiente equilibrado ou impactos adversos à economia, por inobservância: (i) de normas e critérios científicos e técnicos; ou (ii) dos princípios constitucionais da precaução e da prevenção. 2. A autoridade a quem compete decidir deve exigir que as opiniões técnicas em que baseará sua decisão tratem expressamente: (i) das normas e critérios científicos e técnicos aplicáveis à matéria, tal como estabelecidos por organizações e entidades internacional e nacionalmente reconhecidas; e (ii) da observância dos princípios constitucionais da precaução e da prevenção, sob pena de se tornarem corresponsáveis por eventuais violações a direitos.

Essa decisão reitera a necessidade da aplicação do art. 28 da LINDB. Do contrário, não precisaria o STF definir o que é erro grosseiro. Para Sundfeld, *et al.*,[18] com esse julgamento, o STF firmou o entendimento de que se deve proteger o gestor de boa fé e de que também a atividade dos controladores deve observar limites jurídicos.

Foi um duro golpe na visão favorável a um controle público curandeiro, inspirado em voluntarismo pessoal. O STF se pronunciou contra o controle que gera o apagão das canetas. Reconheceu ainda que a LINDB é uma lei geral de hermenêutica, com parâmetros para bem interpretar e aplicar outras leis de efeitos concretos (...). O STF foi enfático ao reconhecer que não se responsabiliza o gestor que age de boa-fé, apoiado em parâmetros jurídicos e técnicos adequados. E mais: afirmou que impedir a submissão de gestores à responsabilização objetiva nada tem a ver com dar salvo conduto para o ilícito e a improbidade dolosa.[19]

Com essa decisão, portanto, a LINDB continua em pleno vigor, válida, e precisa ser respeitada pelos Tribunais judiciais e administrativos.

---

[18] SUNDFELD, Carlos Ari *et al*. Surpresa positiva do STF no julgamento da MP 966. *Jota,* 21 mai. 2020. Disponível em: https://www.jota.info/opiniao-e-analise/artigos/supresa-positiva-do-stf-no-julgamento-da-mp-966-21052020. Acesso em 10 mai. 2022.

[19] SUNDFELD, Carlos Ari *et al*. Surpresa positiva do STF no julgamento da MP 966. *Jota,* 21 mai. 2020. Disponível em: https://www.jota.info/opiniao-e-analise/artigos/supresa-positiva-do-stf-no-julgamento-da-mp-966-21052020. Acesso em 10 mai. 2022.

3 Mudanças na Lei de Improbidade – apenas dolo

A interpretação dada pelo TCU não se trata de uma polêmica simples. Em recente decisão no tema 897, que discutiu a prescritibilidade da pretensão de ressarcimento ao erário em face de agentes públicos por ato de improbidade administrativa e que teve como *leading case* o RE nº 852.475 – SP, com repercussão geral, o STF definiu que são imprescritíveis as ações de ressarcimento ao erário fundadas na prática de ato doloso tipificado na Lei de Improbidade Administrativa.

Essa decisão referenda o princípio do interesse público (ou da proteção à coisa pública),[20] determinando que, não importa o momento, o ressarcimento precisará ocorrer. Em seu voto, o ministro redator do acórdão, Edson Fachin, afirmou que o texto constitucional é expresso ao prever a ressalva da imprescritibilidade da ação de ressarcimento ao erário. Segundo ele, ao analisar os parágrafos do art. 37, a Constituição não nomeia, elenca, particulariza e nem restringe a natureza dos ilícitos que geram danos e que, assim, podem ensejar o ressarcimento dos danos ao erário. "Basta haver dano". Se houver dano, destaca, poderá haver ação de ressarcimento, sem que incida sobre essa pretensão qualquer prazo prescricional. Basta, continua o ministro, à luz do comando constitucional, a existência de ilícito que a ele cause prejuízo para que seja possível ação de ressarcimento, sem que sobre a pretensão nela veiculada incida qualquer prazo prescricional.

> Houve, assim, por escolha do poder constituinte originário, não apenas o alçamento da boa governança a patamar constitucional, mas da compreensão da coisa pública – não raras vezes tratada com desdém, vilipendiada por agentes particulares ou estatais – como um compromisso fundamental a ser protegido por todos. O comando estabelece como um verdadeiro ideal republicano que a ninguém, ainda que pelo longo transcurso de lapso temporal, é autorizado ilicitamente causar prejuízo

---

[20] Sobre a discussão da supremacia do interesse público sobre o privado, vale a leitura da obra Regulação, Fiscalização e Sanção (Editora Fórum), de Flávio Henrique Unes Pereira. Ele destaca a recorrência do uso 'quase mítico' do 'interesse público' ou da 'ordem pública', como se isso fosse fórmula acabada para a solução de conflitos. E ressalta que não é: "O déficit de motivação de decisões administrativas e judiciais, ao interpretarem o sentido de tais termos, revela a insuficiência do conceito abstrato de interesse público. O 'público' seria clarividente para prescindir de interlocução efetiva da Administração com os atores interessados, isto é, o 'público' dispensaria o relato fiel das pretensões aduzidas e a consideração de todos os argumentos suscitados pelos envolvidos ou interessados. Seria algo da ordem das pré-compreensões, 'todos já sabem do que estamos falando'. (PEREIRA, Flávio Henrique Unes. *Regulação, fiscalização e sanção*: fundamentos e requisitos da delegação do exercício do poder de polícia administrativa a particulares. 2. ed. Belo Horizonte: Fórum, 2020. p. 42).

ao erário, locupletando-se da coisa pública ao se eximir do dever de ressarci-lo.

Por outro lado, a mesma tese firma que a imprescritibilidade desse ressarcimento ocorrerá apenas nos casos de atos dolosos. Essa discussão ocorreu no mesmo julgamento. O ministro Roberto Barroso, por exemplo, deixou claro que era preciso cingir a imprescritibilidade do ressarcimento às hipóteses de dolo e excluir as hipóteses de culpa, em que, por uma falha humana, não intencional, se tenha eventualmente causado um prejuízo ao erário. Ele chegou a reconsiderar seu ponto de vista para entender imprescritível a ação de ressarcimento de danos nas hipóteses do cometimento pelo agente público de uma improbidade dolosa.

Esse caso é importante porque, a despeito de ressaltar a imprescritibilidade do ressarcimento ao erário, ele só se dará dessa forma nas hipóteses de dolo. Aliadas a esse julgado, ocorrido em agosto de 2018, as modificações promovidas na Lei de Improbidade por meio da Lei nº 14.230, de 25 de outubro de 2021, trataram de estabelecer que os atos de improbidade serão definidos apenas por atos dolosos.

> Art. 1º: (...)
> §1º Consideram-se atos de improbidade administrativa as condutas dolosas tipificadas nos arts. 9º, 10 e 11 desta Lei, ressalvados tipos previstos em leis especiais.
> §2º Considera-se dolo a vontade livre e consciente de alcançar o resultado ilícito tipificado nos arts. 9º, 10 e 11 desta Lei, não bastando a voluntariedade do agente.
> §3º O mero exercício da função ou desempenho de competências públicas, sem comprovação de ato doloso com fim ilícito, afasta a responsabilidade por ato de improbidade administrativa.

Ainda durante a tramitação da matéria, Pereira, Cammarosano e Jardim[21] alertavam para a importância de se introduzir artigo na Lei, de forma a constar a possibilidade de ação de improbidade apenas para os atos ímprobos dolosos, diferenciando-se a prática dolosa da

---

[21] CAMMAROSANO, Márcio; PEREIRA, Flávio Henrique Unes; JARDIM, Flávio. 26 anos da Lei de Improbidade Administrativa. *Jota*, 08 dez. 2018. Disponível em: https://www.jota.info/especiais/26-anos-da-lei-de-improbidade-administrativa-08122018. Acesso em 10 mai. 2022.

mera voluntariedade. Para Justen Filho,[22] as modificações eliminaram a banalização da ação de improbidade e a sua utilização em casos destituídos de grande reprovabilidade. Segundo ele, é necessário reservar a punição por improbidade para situações diferenciadas, sem eliminar o combate intransigente à corrupção e à lesão ao erário. "A multiplicação de ações de improbidade, que se eternizam sem julgamento, e a punição por conduta culposa não auxiliam no combate à corrupção. Aliás, até prejudicam", destaca.

As mudanças promovidas eram, de fato, necessárias. Pesquisa 'STJ em Números: Improbidade Administrativa',[23] realizada pelo Grupo de Pesquisa do Instituto Brasileiro de Ensino, Desenvolvimento e Pesquisa (IDP), e coordenada pelo professor Rafael Carneiro, a partir de mais de 700 decisões colegiadas do Superior Tribunal de Justiça entre os anos de 2005 e 2018, identificou que 52,93% das ações de improbidade apresentam a acusação de ofensa aos princípios da administração, enquanto 37,56% alegam prejuízo ao erário e 9,51% sustentam enriquecimento ilícito do agente público. As modificações trazidas com a nova lei certamente modificarão esses números.

O que interessa aqui, no entanto, são os possíveis e necessários efeitos dessa mudança legislativa na seara administrativa. Elas determinam, como já havia feito a Lei nº 13.655/2018, que não haverá responsabilização sempre que houver dano ao erário. Essa responsabilização ocorrerá apenas em casos graves.

Perceba-se: pela Lei de Improbidade, não há mais responsabilização sem ato doloso. Não há de se falar em ressarcimento, portanto, se não houve dolo. Se em casos graves, como nos de improbidade administrativa, não haverá ressarcimento – foi isso também o que decidiu o Supremo, como visto anteriormente –, por que em atos administrativos com suposta culpa simples o agente terá que ressarcir o Estado, como interpreta hoje o TCU?

Tudo isso demonstra como a interpretação atual do TCU não pode prosperar. Imagine-se, aliás, se essa interpretação for a aplicada a todos os casos a que estão submetidos os mais variados agentes e servidores. Em um exemplo hipotético, um servidor da segurança pública, em

---

[22] JUSTEN FILHO, Marçal. Inovações relevantes da nova Lei de Improbidade: punir por improbidade pressupõe dolo comprovado. *Jota*, 02 nov. 2021. Disponível em: https://www.jota.info/opiniao-e-analise/colunas/publicistas/inovacoes-nova-lei-improbidade-02112021. Acesso em 10 mai. 2022.

[23] CARNEIRO, Rafael Araripe. Ações de improbidade no STJ: o que se condena? *Jota*, 04 jan. 2022. Disponível em: https://www.jota.info/opiniao-e-analise/artigos/stj-em-numeros-acoes-de-improbidade-o-que-se-condena-04012022#_ftn1. Acesso em 10 mai. 2022.

exercício e em serviço, em perseguição policial, pela necessidade de sua atividade, ultrapassa o sinal vermelho, dirige em alta velocidade e, ao final, bate a viatura no carro do bandido para pará-lo, fazer cumprir a lei e prendê-lo. Ele não será multado por dirigir em alta velocidade, nem por avançar o sinal vermelho. Mas, cumprindo suas funções, terá que ressarcir o Estado, porque com a batida da viatura, efetivamente, houve prejuízo à Administração – a viatura, afinal, terá que ser consertada. Esse policial diligente terá o mesmo dever de ressarcir o Estado que aquele que, embriagado, pega a sua viatura e, sem motivo algum, bate contra um poste pelo estado em que se encontra. O exemplo chega a ser pitoresco, mas é de fácil visualização para as diversas situações que se continua a criar. Aquele que deveria ser um herói – o policial que persegue o bandido e faz cessar o crime – é tratado, ao contrário, com alguém que causou um prejuízo ao Estado.

Conclusão

Observa-se, com base nas mudanças legislativas impostas pela Lei nº 13.655/2018 e pela Lei nº 14.230/2021, que se pretendeu especificar requisitos para aqueles que devem ser responsabilizados no serviço público em determinadas situações. Enquanto a Lei nº 14.230/2021 deixa claro que apenas o agente que age com dolo deve ser chamado a responder por atos de improbidade administrativa, a Lei nº 13.655/2021 exige para os demais casos o dolo ou o erro grosseiro, não bastando a existência de culpa simples. As leis que estão em vigor e que devem ser observadas nas esferas administrativa, controladora ou judicial.

Não há como, afinal, o Poder Público exigir perfeição de seus agentes, enquanto essa perfeição for uma quimera. É claro que isso não deve levar a qualquer ato praticado com desleixo ou desdém. O que se deve tutelar, em última instância, é o interesse público, que muitas vezes fica ameaçado, quando decisões acabam por punir ou exigir ressarcimento de um agente que agiu buscando entregar o melhor resultado.

No afã de fazer com que o erário 'não perca nada', corre-se o risco de perder o mais importante, agentes probos, corretos, vocacionados para o serviço público, mas que fugirão das funções de chefia e direção com medo de responderem por ações que tomaram com o objetivo de melhorar o serviço público. Esses darão lugar àqueles que não têm medo de nada, aos que não temem por seus nomes ou reputações. E aquilo que seria feito para tornar o serviço público perfeito, levará justamente a mais problemas. A solução para que isso não ocorra é o cumprimento efetivo da lei, garantir a responsabilização dos que agem com dolo ou erro grosseiro e dar paz e segurança jurídica àqueles que, com culpa simples, erram buscando acertar.

Referências

BINENBOMJM, Gustavo; CYRINO, André. O Art. 28 da LINDB – A cláusula geral do erro administrativo. *Revista de Direito Administrativo*, p. 203-224, 2018. Disponível em: https://doi.org/10.12660/rda.v0.2018.77655. Acesso em 10 mai. 2022.

BRASIL. Tribunal de Contas da União. *Diálogo Público – Discussão do Projeto de Lei nº 7448/2017*. 23 abr. 2018. Disponível em: https://portal.tcu.gov.br/eventos/dialogo-publico/eventos/dialogo-publico-discussao-do-projeto-de-lei-n-7448-2017.htm. Acesso em 20 abr. 2022.

BRASIL. Tribunal de Contas da União. *Processo TCU/CONJUR*: TC-012.028/2018-5. Disponível em: https://cdn.oantagonista.net/uploads/2018/04/PL-7448-2017-Inteiro-teor-Altera-LINDB-Parecer-Conjur-2018-04-20.pdf. Acesso em 20 abr. 2022.

CAMMAROSANO, Márcio; PEREIRA, Flávio Henrique Unes; JARDIM, Flávio. 26 anos da Lei de Improbidade Administrativa. *Jota*, 08 dez. 2018. Disponível em: https://www.jota.info/especiais/26-anos-da-lei-de-improbidade-administrativa-08122018. Acesso em 10 mai. 2022.

CARNEIRO, Rafael Araripe. Ações de improbidade no STJ: o que se condena? *Jota*, 04 jan. 2022. Disponível em: https://www.jota.info/opiniao-e-analise/artigos/stj-em-numeros-acoes-de-improbidade-o-que-se-condena-04012022#_ftn1. Acesso em 10 mai. 2022.

FAZZIO JUNIOR, Waldo. *Atos de Improbidade Administrativa*: Doutrina, Legislação e Jurisprudência. São Paulo: Atlas, 2007.

FERRAZ, Luciano. Alteração na LINDB e seus reflexos sobre a responsabilidade dos agentes públicos. *Conjur*, 29 nov. 2018. Disponível em: https://www.conjur.com.br/2018-nov-29/interesse-publico-LINDB-questao-erro-grosseiro-decisao-tcu. Acesso em 29 nov. 2018.

JUSTEN FILHO, Marçal. Inovações relevantes da nova Lei de Improbidade: punir por improbidade pressupõe dolo comprovado. *Jota*, 02 nov. 2021. Disponível em: https://www.jota.info/opiniao-e-analise/colunas/publicistas/inovacoes-nova-lei-improbidade-02112021. Acesso em 10 mai. 2022.

PEREIRA, Flávio Henrique Unes. *Regulação, fiscalização e sanção*: fundamentos e requisitos da delegação do exercício do poder de polícia administrativa a particulares. 2. ed. Belo Horizonte: Fórum, 2020.

PEREIRA, Flávio Henrique Unes. Ao bom ou ao mau agente público, a quem interessa a regulamentação da LINDB. *Jota*, 15 jun. 2019. Disponível em: https://www.jota.info/opiniao-e-analise/artigos/ao-bom-ou-ao-mau-agente-publico-a-quem-interessa-a-regulamentacao-da-LINDB-15062019. Acesso em 10 mai. 2022.

PEREIRA, Flávio Henrique Unes (Org.). *Segurança Jurídica e qualidade das decisões Judiciais, desafios de uma Sociedade Democrática*. Brasília: Senado Federal, 2015.

MARQUES NETO, Floriano de Azevedo; FREITAS, Rafael Véras de. A LINDB e o regime jurídico para o administrador honesto. *Revista Consultor Jurídico*, São Paulo, mai. 2018. Disponível em: https://www.conjur.com.br/2018-mai-25/opiniao-LINDB-regime-juridico-administrador-honesto. Acesso em 10 mai. 2022.

NIEBUHR, Joel de Menezes. *O Erro Grosseiro – Análise crítica do Acórdão nº 2.391/2018 do TCU*. 2018. Disponível em: https://zenite.blog.br/o-erro-grosseiro-analise-critica-do-acordao-no-2-3912018-do-tcu/. Acesso em 14 nov. 2018.

SANTOS, Rodrigo Valgas dos. *Direito administrativo do medo [livro eletrônico]*: risco e fuga da responsabilização dos agentes públicos. 1. ed. São Paulo: Thomson Reuters Brasil, 2020.

STF. Ação Direta Inconstitucionalidade, ADI nº 6.421, Min. Rel. Roberto Barroso, Jul. 21.05.2020; Pub. *DJe* 12.11.2020.

STF. Recurso Extraordinário, RE nº 852.475 – SP. Redator do acórdão Ministro Edson Fachin, *DJe* 25.03.2019.

STJ. Mandado de Segurança nº 20.940/DF, Relator Ministro Napoleão Nunes Maia Filho, *DJe* 13.10.2020.

STJ. Mandado de Segurança nº 12.634/DF, Relator Ministro Rogerio Schietti Cruz, *DJe* 16.12.2015.

STJ. Agravo Regimental no Agravo em Recurso Especial nº 239.300 – BA, Relator Ministro Og Fernandes, *DJe* 01.07.2015.

STJ. Mandado de Segurança nº 8.517/DF, Relator Ministro Ericson Maranho, *DJe* 03.08.2015.

STJ. Agravo de Instrumento nº 1.313.876 – MG, Relator Ministro Herman Benjamin, *DJ* 10.11.2010.

STJ. Mandado de Segurança nº 12.317/DF, Relator Ministro Arnaldo Esteves Lima, *DJe* 16.06.2008.

SUNDFELD, Carlos Ari *et al*. Surpresa positiva do STF no julgamento da MP 966. *Jota*, 21 mai. 2020. Disponível em: https://www.jota.info/opiniao-e-analise/artigos/supresa-positiva-do-stf-no-julgamento-da-mp-966-21052020. Acesso em 10 mai. 2022.

Informação bibliográfica deste texto, conforme a NBR 6023:2018 da Associação Brasileira de Normas Técnicas (ABNT):

PEREIRA, Flávio Henrique Unes; NANGINO, Matheus Jasper Soares. Erro grosseiro no ressarcimento ao erário: Análise crítica da decisão do TCU à luz da LINDB e das mudanças promovidas na Lei de Improbidade. *In*: MOTTA, Fabrício; VIANA, Ismar (coord.). *Improbidade administrativa e Tribunais de Contas*: as inovações da Lei nº 14.230/2021. Belo Horizonte: Fórum, 2022. p. 89-107. ISBN 978-65-5518-445-7.

A INDIVIDUALIZAÇÃO DE CONDUTAS E A DEFINIÇÃO DE RESPONSABILIDADES NOS PROCESSOS DE CONTROLE EXTERNO DE NATUREZA SANCIONADORA COMO MEIOS DE INSTRUMENTALIZAÇÃO DOS INQUÉRITOS CIVIS INSTAURADOS PELO MINISTÉRIO PÚBLICO

HENRIQUE PANDIM BARBOSA MACHADO

Notas introdutórias

Nos propomos a analisar, nesta oportunidade, a relação entre o processo de controle externo[1] – o qual merecerá atenta definição – e os procedimentos investigativos levados a efeito pelo Ministério Público, notadamente o inquérito civil.

Em termos mais concretos, interessa-nos aqui avaliar se, como, e em qual medida, a atuação do Tribunal de Contas em processos de natureza sancionadora pode servir para instrumentalizar as

---

[1] Referimo-nos, aqui, ao controle externo em sentido mais estrito, ou seja, aquele exercido pelos Tribunais de Contas, assentado constitucionalmente no artigo 71 da Constituição da República.

investigações[2] – conduzidas pelo *Parquet* – destinadas a apurar a prática de atos de improbidade administrativa.

A temática é relevante e não pode mais ser posta à margem nas discussões jurídicas nacionais, sobretudo em razão das modificações legislativas levadas a efeito pela Lei nº 14.230/2021.

Afinal, por um lado, as alterações na Lei de Improbidade (Lei nº 8.429/1992) trouxeram requisitos procedimentais e temporais mais rígidos às investigações desenvolvidas pelo Ministério Público, bem como enrijeceram os próprios requisitos processuais da ação de improbidade.

Para ficarmos apenas em alguns exemplos, que mais interessam-nos no que pertine ao tema a ser aqui desenvolvido, o inquérito civil – ou procedimento assemelhado – passou a contar com a exigência de um certo contraditório ("oportunidade de manifestação por escrito e de juntada de documentos")[3] e, também, com um prazo certo de duração (365 dias corridos, prorrogável por uma única vez mediante ato fundamentado e sujeito à revisão).[4] Além disso, a petição inicial da ação de improbidade deverá individualizar as condutas imputadas ao réu (ou aos réus); apontar os elementos probatórios mínimos que indicam a existência do ato de improbidade, bem como ser instruída com documentos que representem indícios suficientes da veracidade dos fatos e do dolo imputado ao acusado, de modo que, desrespeitados tais requisitos, a ação sequer terá prosseguimento, já que o juiz deverá rejeitar a peça inicial.[5]

Uma investigação procedimentalmente mais árdua e que deve ser capaz de produzir uma petição inicial, digamos, mais concludente. Eis o cenário – bom ou mal – da nova legislação.

Por outro lado, o mesmo legislador abriu portas normativas no que tange à relação entre o controle externo e o combate à improbidade, relação essa que, vale frisar, já existe há tempos, embora por vezes mal explorada na prática forense e também na doutrina.

É o que vemos na própria redação da Lei nº 14.230/2021, na necessidade de oitiva do Tribunal de Contas quando da celebração,

---

[2] Seja o inquérito civil, que é o meio mais comumente utilizado pelo Ministério Público para apurar a prática de atos de improbidade administrativa, seja qualquer outro procedimento assemelhado, conforme o artigo 22 da Lei nº 8.429/1992.

[3] Nos termos do parágrafo único do artigo 22, da Lei nº 8.429/1992.

[4] Conforme dispõe o artigo 23, §2º, da Lei nº 8.429/1992.

[5] É o que depreendemos do artigo 17, §§6º e 6º-B, da Lei nº 8.429/1992.

pelo Parquet, do acordo de não persecução civil;[6] na necessidade de se dar conhecimento ao Tribunal de Contas acerca da existência de procedimento administrativo destinado a apurar a prática de atos ímprobos, podendo a Corte, inclusive, designar representante para acompanhar a apuração;[7] e na necessidade de que o juiz, ao sentenciar, leve em consideração tanto a instrução probatória quanto as decisões proferidas pelos órgãos de controle, dentre os quais os Tribunais de Contas.[8]

Há aqui um ponto fundamental. Se a instrução probatória realizada no bojo do processo de controle externo e o respectivo julgamento pelo Tribunal de Contas devem ser considerados até mesmo pelo magistrado ao sentenciar a ação de improbidade, poderiam eles servirem, também na fase pré-processual, como forma de instrumentalizar as investigações ministeriais, amenizando as dificuldades procedimentais e temporais impostas pelo legislador? Pode o membro do Ministério Público aproveitar a instrução probatória realizada no âmbito do Tribunal de Contas para instruir o inquérito civil?

É o que discutiremos adiante, embora, aqui, já adiantamos a resposta: em nosso entender, os processos sancionadores que tramitam nos Tribunais de Contas podem e devem ser utilizados para subsidiar os inquéritos civis ou procedimentos assemelhados conduzidos pelo Ministério Público, mas só terão a serventia necessária se respeitarem regras básicas do devido processo legal, o que inclui a necessária observância ao contraditório, à ampla defesa e à individualização de condutas e de responsabilidades.

Para facilitar a compreensão do leitor, importante expormos o percurso a ser traçado. Primeiro, teceremos algumas notas sobre os Tribunais de Contas e a sua jurisdição, já que só é possível compreendermos como essas Cortes podem auxiliar a atividade do Parquet se, antes, soubermos o que elas são e o que elas fazem. Após, trataremos especificamente dos processos que tramitam perante o Tribunal de Contas, das regras e dos princípios que os norteiam (ou que deveriam norteá-los), a fim de demonstrar que, se bem desenvolvido, o processo de controle externo é uma alternativa de suma importância a ser considerada pelo Ministério Público na condução dos procedimentos investigativos de improbidade administrativa.

---

[6]   De acordo com o que consta no atual artigo 17-B, §3º, da Lei nº 8.429/1992, competindo ao Tribunal de Contas se manifestar sobre o valor do dano ao erário a ser ressarcido.

[7]   Nos termos do caput e do parágrafo único do artigo 15, da Lei nº 8.429/1992.

[8]   O que se extrai do artigo 21, §2º, da Lei nº 8.429/1992.

1 O Tribunal de Contas e a sua jurisdição

> *— Que diabo se faz no tribunal de contas?*
> *Joga-se? Cavaquea-se?.*
> *— Faz-se um bocado de tudo, para matar*
> *tempo... Até contas![9]*

O diálogo entre Taveira e Carlos, narrado na conhecida obra *Os Maias*, de Eça de Queiroz, é de certo modo reafirmado por Jair Lins Neto, quando este diz serem os Tribunais de Contas os "grandes desconhecidos da República".[10]

É exatamente em razão desse desconhecimento, fruto de uma certa obscuridade dogmática, que não nos é possível adentrar diretamente no processo de controle externo, sem antes posicionarmos o Tribunal de Contas no seu devido lugar, o que faremos, ainda que brevemente.[11]

Certo.

Os Tribunais de Contas são espécies de um conceito mais abrangente: as *Supreme Audit Institutions* – SAI (em português: Entidades de Fiscalização Superior).

Nos termos da Declaração de Lima[12] – documento considerado, em nível internacional, como a mais relevante referência das instituições

---

[9] QUEIROZ, Eça de. *Os maias*. Rio de Janeiro: Ediouro, 2000. p. 133.

[10] NETO, Jair Lins. Tribunal de Contas: um desconhecido na república. *Revista de Direito Administrativo*, Rio de Janeiro, Fundação Getúlio Vargas, n. 219, p. 205-218, jan./mar. 2000. p. 216.

[11] O problema da definição do que é um Tribunal de Contas não é exclusivo do direito brasileiro. Fato é que, de um modo geral, os ordenamentos jurídicos, inclusive sob a ótica constitucional, não são claros nessa definição, o que acaba por tornar ainda mais difíceis os trabalhos doutrinário e jurisprudencial. Em Portugal, por exemplo, o Tribunal de Contas é constitucionalmente situado junto aos demais Tribunais (artigo 209, da Constituição portuguesa de 1976), embora como uma categoria à parte, o que não resolve o problema, já que, como bem pontua a doutrina, ele é um "Tribunal estranho (...) porque é mais do que um simples Tribunal, estando apto para exercer, e exercendo efetivamente, (i) uma função consultiva, (ii) uma função de fiscalização e (iii) uma função jurisdicional". (DUARTE, Tiago. Tribunal de contas, visto prévio e tutela jurisdicional efetiva? *Yes, We can!*, *Cadernos de Justiça Administrativa*, n. 71, 2008. p. 31). O mesmo ocorre na França – berço dos modernos Tribunais de Contas – onde o escasso tratamento constitucional aliado às alterações funcionais na *Cour des Comptes* também têm levado a doutrina a questionar o real papel da instituição e de seus membros, como se pode ver em: CHABROL, Alain. Juge, magistrat ou auditeur. Quel avenir pour le juge des comptes? *La Revue administrative 59e Année*, n. 349, Janvier 2006. p. 48-51.

[12] A Declaração foi elaborada em 1977, em decorrência do IX Congresso da Organização Internacional de Entidades Fiscalizadoras Superiores (INTOSAI), organização que reúne as *Supreme Audit Institutions* dos diferentes países e que se encontra subdividida em grupos regionais, como: AFROSAI (*African Organisation of Supreme Audit Institutions*); ARABOSAI

de controle externo – uma *Supreme Audit Instituition* possui ao menos três características essenciais: a) previsão constitucional; b) independência em relação às demais instituições estatais (não se confunde, portanto, com os outros órgãos e Poderes);[13] c) competência para realizar o controle externo das despesas públicas.

Apesar de tais características nucleares, as feições institucionais dessas Entidades são as mais heterogêneas possíveis, variando sobremaneira de Estado para Estado, o que dá ensejo a diferentes modelos de controle externo.[14] Algumas delas possuem composição singular, enquanto em outras há um corpo deliberativo colegiado.

Em determinados países, os pronunciamentos da SAI são apenas opinativos, enquanto em outros são vinculantes (proferem verdadeiras decisões). Em alguns casos, a SAI é vinculada ao Parlamento, em outros, está ligada ao Executivo, havendo ainda aquelas que se apresentam como instituições constitucionais autônomas.[15] De acordo com essas variações, a doutrina tende a classificá-las em quatro grupos distintos: a) tribunais de contas; b) órgãos colegiados; c) departamentos governamentais; d) auditorias gerais.[16]

(*Arab Organisation of Supreme Audit Institutions*); ASOSAI (*Asian Organisation of Supreme Audit Institutions*); CAROSAI (*Caribbean Organisation of Supreme Audit Institutions*); EUROSAI (*European Organisation of Supreme Audit Institutions*); OLACEFS (*Organização Latinoamericana y del Caribe de Entidades Fiscalizadoras Superiores*); e PASAI (*Pacific Organisation of Supreme Audit Institutions*). Disponível em : https://www.intosai.org. Acesso em 10 fev. 2022.

[13] A independência de atuação é tão cara à SAI que, trinta anos após a Declaração de Lima, a INTOSAI emitiu a Declaração do México (de 2007, com referência ao XIX Congresso dessa Organização) tratando especificamente sobre o assunto. Como aponta a doutrina, a falta de independência continua sendo um dos grandes problemas das Entidades de Fiscalização Superior, em especial nos países subdesenvolvidos ou em transição democrática. (POSNER, Paul. L.; SHANAN, Asif. Audit institutions. *In*: BOVENS, Mark.; GOODIN, Robert E.; SCHILLEMANS, Thomas. (Ed.). *The Oxford handbook of public accountability*. Oxford: Oxford University Press, 2016. p. 496-498). Aliás, a falta de independência pode levar à escolha de "raposas para vigiar galinheiros", como aponta Markus Seyfried em estudo sobre as eleições para presidentes de SAIs (com ênfase na *Federal Court of Audit* da Alemanha). (SEYFRIED, Markus. Setting a fox to guard the henhouse? Determinants in elections for presidents of supreme audit institutions: evidences from the German federal states (1991-2011). *Managerial auditing journal*, v. 31, n. 4/5, 2016. p. 492-511).

[14] Em que pese a diversidade, todas partilham da essência da atividade de fiscalização externa, que, conforme Jorge Ulisses Jacoby Fernandes, envolve "o conjunto de ações de controle desenvolvidas por uma estrutura organizacional, com procedimentos, atividades e recursos próprios, não integrados na estrutura controlada, visando à fiscalização, verificação e correção dos atos". (FERNANDES, Jorge Ulisses Jacoby. *Tribunais de Contas do Brasil – Jurisdição e Competência*. 2. ed. rev., atual. e ampl. Belo Horizonte: Fórum, 2005. p. 30).

[15] NIKODEM, Andras. Constitutional regulation of supreme audit institutions in central Europe in a comparative perspective. *Managerial law*, v. 46, n. 6, p. 32-52, 2004. p. 35.

[16] Nesse sentido: POLLITT, Christopher; SUMMA, Hilkka. Reflexive watchdogs? How supreme audit institutions account for themselves. *Public administration*, v. 75, p. 313-336, 1997. p. 316; POSNER, Paul. L.; SHANAN, Asif. Audit institutions. *In*: BOVENS, Mark.; GOODIN,

Pelo exposto, podemos definir os Tribunais de Contas como *Supreme Audit Institutions* colegiadas, inspiradas, mais modernamente, pelo modelo francês napoleônico (nos moldes da *Cour des Comptes* recriada por Napoleão I em 1807) e que se caracterizam, essencialmente, por possuírem poder jurisdicional e um elevado grau de independência e autonomia em relação aos demais poderes estatais.[17]

São, portanto, Tribunais que controlam e que julgam, exercendo, por isso mesmo, uma parcela de jurisdição estatal,[18] o que pode soar estranho aos ouvidos daqueles acostumados com o arcaico preceito da unidade jurisdicional (da jurisdição como privilégio do Poder Judiciário), como bem pontuou, com grande conhecimento de causa, o saudoso jurista José de Castro Nunes.[19]

Robert E.; SCHILLEMANS, Thomas. (Ed.). *The Oxford handbook of public accountability.* Oxford: Oxford University Press, 2016. p. 493-496; MORIN, Danielle; HAZGUI, Mouna. We are much more than watchdogs: the dual identity of auditors at the UK National Audit Office. *Journal of accounting and organizational change,* v. 12, n. 4, p. 568-589, 2016. p. 571. Vale destacar que alguns autores adotam uma divisão tripartite, excluindo os Departamentos Governamentais, pois estes, por estarem sujeitos diretamente ao Poder Executivo, não teriam independência suficiente para serem considerados verdadeiras Entidades de Fiscalização Superior. A exemplo da divisão tripartite: DYE, Kenneth M.; STAPENHURST, Rick. *Pillars of integrity:* the importance of supreme audit institutions in curbing corruption. Washington: The Economic Development Institute of the World Bank, 1998. p. 5; e WILLEMAN, Marianna Montebello. *Accountability democrática e o desenho institucional dos tribunais de contas no Brasil.* 2. ed. Belo Horizonte: Fórum, 2020. p. 108.

[17] Analisar a efetiva presença de tais características é relevante, já que determinados países adotam a nomenclatura "Tribunal" ou "Corte" sem que haja realmente poder jurisdicional, como ocorre na Alemanha e na própria União Europeia (o Tribunal de Contas europeu). (SOUSA, Alfredo Jose de. Controlo externo das finanças públicas: o tribunal de contas. *Boletim de ciências econômicas,* n. 41, p. 39-64, 1998. p. 41).

[18] Seabra Fagundes bem pontuava que: "Duas exceções restritas admite a Constituição ao monopólio jurisdicional do Poder Judiciário, no que concerne à matéria contenciosa administrativa. A primeira diz respeito aos crimes de responsabilidade do presidente da República, dos ministros de Estado, quando conexos com os desse, e dos ministros do Supremo Tribunal Federal. O seu julgamento competirá ao Congresso. A segunda se refere ao julgamento da regularidade das contas dos administradores e dos demais responsáveis pela guarda ou aplicação de bens ou fundos públicos atribuídos ao Tribunal de Contas". (FAGUNDES, Miguel Seabra. *O controle dos atos administrativos pelo poder judiciário.* 4. ed. Rio de Janeiro: Forense, 1967. p. 139).

[19] Ocupou, dentre outros, os cargos de Ministro do Tribunal de Contas da União e de Ministro do Supremo Tribunal Federal. No Capítulo III de sua obra "Teoria e Prática do Poder Judiciário", intitulado "O Tribunal de Contas como Jurisdição Financeira Contenciosa na Tomada de Contas dos responsáveis para com a Fazenda Pública", Castro Nunes expõe as funções do Tribunal de Contas e as relações dessa jurisdição especial com aquela exercida pelo Poder Judiciário. Em determinado trecho, ao conceituar a jurisdição de contas, diz que essa "é o juízo constitucional das contas. A função é privativa do Tribunal instituído pela Constituição para julgar das contas dos responsáveis por dinheiros ou bens públicos. O Judiciário não tem função no exame de tais contas, não tem autoridade para as rever, para apurar o alcance dos responsáveis, para os liberar. Essa função é "própria e privativa" do

Ademais, o exercício de jurisdição como uma das funções nucleares das Cortes de Contas está na própria tradição legislativa brasileira, como se vê desde o Decreto nº 392, de 8 de outubro de 1896,[20] sendo que, daí em diante, não houve sequer uma Constituição brasileira que, ao tratar das competências das Cortes de Contas, deixasse de utilizar o termo "julgar".[21] Quando somamos tal constatação ao postulado constitucional da maior efetividade possível – que tem, como um de seus resultados, a máxima de que "a lei não emprega palavras inúteis"[22] – temos claramente que os Tribunais de Contas, além de fiscalizarem (controlarem), também exercem jurisdição.

Fixada tal premissa acerca da função jurisdicional das Cortes de Contas, resta-nos ainda saber que posição elas ocupam no contexto institucional brasileiro.

Topograficamente, os artigos constitucionais que trazem a previsão e o regramento da instituição Tribunal de Contas se encontram situados no Título IV da Constituição de 1988, que cuida "da organização dos poderes", especificamente em seu Capítulo I, que regula o Poder Legislativo e, por fim, na Seção IX, que trata "da fiscalização contábil, financeira e orçamentária".

Essa situação, aliada à literalidade dos dispositivos constitucionais segundo os quais a fiscalização externa se dá pelo Congresso Nacional (artigo 70) com o auxílio da Corte de Contas (artigo 71), levou (e leva) a intensos debates doutrinários sobre a natureza jurídica do Tribunal

---

Tribunal de Contas (...)". (NUNES, José de Castro. *Teoria e prática do poder judiciário*. Rio de Janeiro: Revista Forense, 1943. p. 30).

[20] Vale a transcrição do seu artigo 2º:
"Art. 2º O Tribunal de Contas tem jurisdicção propria e privativa sobre as pessoas e as materias sujeitas á sua competencia; abrange todos os responsaveis por dinheiros, valores e material pertencentes á Republica, ainda mesmo que residam fóra do paiz. Agindo, como Tribunal da Justiça, as suas decisões definitivas teem força de sentença judicial. §1º Funcciona o Tribunal de Contas:1) Como fiscal da administração financeira; 2) Como Tribunal de Justiça com jurisdicção contenciosa e graciosa". (BRASIL. Câmara dos Deputados. Decreto nº 392, de 8 de outubro de 1896. *Coleção de Leis do Brasil*, 1896. Disponível em: https://www2.camara. leg.br/legin/fed/decret/1824-1899/decreto-392-8-outubro-1896-540205-publicacaooriginal-40163-pl.html. Acesso em 20 abr. 2022).

[21] Como comprovam o artigo 99, da Constituição de 1934; o artigo 114, da Constituição de 1937; o artigo 77, da Constituição de 1946; o artigo 71, da Constituição de 1967; o artigo 70, §1º, da Emenda Constitucional Nº 1, de 17 de outubro de 1969 (para aqueles que a consideram como uma Constituição); e o artigo 71, inciso II, da Constituição de 1988.

[22] Segundo Celso Ribeiro Bastos, o postulado "é válido na medida em que por meio dele se entenda que não se pode empobrecer a Constituição. (...) O que efetivamente significa este axioma é o banimento da ideia de que um artigo ou parte dele possa ser considerado sem efeito algum, o que equivaleria a desconsiderá-lo mesmo". (BASTOS, Celso Ribeiro. *Hermenêutica e interpretação constitucional*. 3. ed. São Paulo: Celso Bastos Editora, 2002. p. 175-176).

de Contas no sistema brasileiro, que resumiremos, aqui, em duas correntes: uma situa o Tribunal de Contas na estrutura do Poder Legislativo, como um mero órgão auxiliar; outra, através de uma leitura sistemática da Constituição, defende que o Tribunal de Contas é um órgão constitucional autônomo que, apesar de possuir competências de auxílio ao Parlamento, também é investido de poder jurisdicional para exercer as diversas competências que lhe são atribuídas pelo artigo 71 da Constituição.

Adotamos a segunda posição, defendida, por exemplo, por Carlos Ayres Britto, segundo o qual, "além de não ser órgão do Poder Legislativo, o Tribunal de Contas da União não é órgão auxiliar do Parlamento Nacional, naquele sentido de inferioridade hierárquica ou subalternidade funcional".[23]

Pelo que exposto até aqui, temos que o Tribunal de Contas se configura como uma entidade de fiscalização superior (SAI), dotada, além das competências de controle, de poderes jurisdicionais, e que se posiciona, na ordem constitucional, como um órgão autônomo, não subordinado a qualquer um dos "poderes" da República.

Contudo, tais constatações não bastam para sabermos se os processos que tramitam nos Tribunais de Contas servem para instrumentalizar as investigações do *Parquet*. Para tanto, precisamos compreender, sob uma perspectiva procedimental, como se dá a jurisdição do Tribunal de Contas, ou seja, precisamos tratar do "processo de contas".

2 O Processo de Contas

2.1 Noções gerais

Carlos Ayres Britto nos ensina que "os processos instaurados pelos Tribunais de Contas têm sua própria ontologia. São processos de contas, e não processos parlamentares, nem judiciais, nem administrativos".[24]

Logo, denominamos aqui por "processos de contas" todos aqueles que se desenvolvem perante o Tribunal de Contas, embora tal

---

[23] BRITTO, Carlos Ayres. *O regime constitucional dos tribunais de contas*. Fortaleza: Revista Diálogo Jurídico, 2001.

[24] BRITTO, Carlos Ayres. *O regime constitucional dos tribunais de contas*. Fortaleza: Revista Diálogo Jurídico, 2001.

nomenclatura não seja uníssona, havendo quem opte, por exemplo, por chamá-los de "processos de controle externo".[25]

A diversidade na nomenclatura é apenas um dos sintomas causados pela falta de uma lei nacional de uniformização dos processos que tramitam perante os Tribunais de Contas. Fato é que, hoje, cada Tribunal de Contas regula, através da sua lei orgânica e do seu regimento interno, os processos que tramitam perante ele, o que gera diferenças substanciais nos procedimentos e nas próprias espécies processuais.[26]

Desse modo, pela carência de uma legislação paradigma, seria inócuo nos atentarmos, para os fins do presente trabalho, aos aspectos procedimentais próprios de um ou de outro Tribunal de Contas, sendo também de pouca utilidade focarmos em determinadas espécies processuais.

Mas, então, onde encontrar tais parâmetros? Propomos buscá-los em três locais principais: na Constituição; na legislação infraconstitucional;[27] e em documentos internacionais produzidos no âmbito da INTOSAI.[28]

---

[25] Ismar Viana, por exemplo, adota esta opção, baseando-se na nomenclatura que consta em determinadas Propostas de Emenda à Constituição em trâmite no Congresso Nacional. (VIANA, Ismar. *Fundamentos do processo de controle externo*: uma interpretação sistematizada do texto constitucional aplicada à processualização das competências dos tribunais de contas. Rio de Janeiro: Lumen Juris, 2019. p. 102).

[26] Diferenças que ocorrem, inclusive, entre Tribunais de Contas do mesmo ente federativo, o que se vê em Goiás, onde há o Tribunal de Contas do Estado (TCE-GO), que tem por Lei Orgânica a Lei Estadual nº 16.168/07, e o Tribunal de Contas dos Municípios do Estado de Goiás (TCM-GO), que tem por Lei Orgânica a Lei Estadual nº 15.958/2007. Apesar de editadas no mesmo ano, e de regularem Tribunais de Contas do mesmo Estado, as leis em questão são completamente distintas em termos processuais. Para se ter uma ideia, as espécies processuais são diferentes; as espécies recursais são distintas; e há até mesmo diferenças conceituais para a mesma nomenclatura de processo (a tomada de contas especial regulada pelo artigo 62 da Lei nº 16.168/2007 é conceitualmente distinta da tomada de contas especial regulada pelo artigo 17 da Lei nº 15.958/2007).

[27] Além das legislações que expressamente trazem disposições relacionadas à atividade jurisdicional do Tribunal de Contas, como a nova lei de contratações públicas (Lei nº 14.133/2021) e a Lei de Introdução às Normas do Direito Brasileiro – LINDB, o Código de Processo Civil tem sido utilizado como um parâmetro para os processos de contas, conforme previsões expressas em Leis Orgânicas de determinados Tribunais de Contas, bem como na Súmula 103 do TCU. Outrossim, independentemente de previsão legal específica dispondo sobre a aplicação do CPC, pensamos que ela se dá a partir do próprio artigo 15 do Código (lembrando que, para muitos, os processos de contas, por não tramitarem no Judiciário, são espécies de processos administrativos).

[28] Um exemplo muito relevante é o pronunciamento P-50, emitido pela INTOSAI em 2019, voltado especificamente às Entidades de Fiscalização Superior com atribuição jurisdicional (em outros termos, aos Tribunais de Contas), contendo 12 princípios que devem nortear a atividade jurisdicional dessas Entidades. São eles: a legalidade; a independência; o acesso à informação; a prescrição; o duplo grau (possibilidade de contestar as decisões, ainda que internamente); julgamento justo; imparcialidade; efetividade; proibição de *bis in idem*;

Para os fins do presente trabalho, trataremos dos parâmetros constitucionais, de sorte que, sem pretensão de esgotar o assunto, elencaremos aqui apenas aqueles parâmetros gerais que, em nosso sentir, devem nortear os processos de contas – de qualquer espécie – para que a instrução probatória e a decisão proferida pelo Tribunal de Contas estejam aptas a instrumentalizar um inquérito civil. Por isso, o nosso foco será a Constituição, já que lá estão definidos os contornos essenciais do devido processo legal, com os seus princípios e regras que, como veremos, se aplicam aos processos de contas.

2.2 Parâmetros constitucionais

Ao tratar do Tribunal de Contas da União, o constituinte republicano traçou uma determinada moldura normativa que, pelo princípio da simetria – nesse caso expressamente consignado no artigo 75 da Constituição Federal – se aplica ao sistema de controle externo em geral, ou seja, às Cortes de Contas estaduais e municipais.[29]

Em nossa busca pelos parâmetros constitucionais aplicáveis ao processo de contas, devemos, de início, atentar-nos ao que diz o artigo 73, caput,[30] da Constituição Federal, que atribui ao Tribunal de Contas da União o exercício – obviamente, naquilo que couber – das atribuições dispostas no artigo 96 da Carta constitucional.

O artigo 96, por sua vez, ao tratar do Poder Judiciário, menciona, em seu inciso I, alínea "a", que compete aos tribunais "eleger seus órgãos diretivos e elaborar seus regimentos internos, com observância das normas de processo e das garantias processuais das partes, dispondo sobre a competência e o funcionamento dos respectivos órgãos jurisdicionais e administrativos".

---

controle da qualidade da atividade jurisdicional; duração razoável do processo; publicidade das decisões. (Cf.: Principles of jurisdictional activities of SAIs. *INTOSAI-P 50*, 2019. Disponível em: https://www.intosai.org/fileadmin/downloads/documents/open_access/INT_P_11_to_P_99/INTOSAI_P_50/INTOSAI_P_50_en.pdf. Acesso em 10 mai. 2022).

[29] Importa apenas ressaltar que, no Brasil, existem atualmente 33 Tribunais de Contas: 01 Tribunal de Contas da União; 26 Tribunais de Contas dos Estados-membros; 01 Tribunal de Contas do Distrito Federal; 03 Tribunais de Contas estaduais responsáveis pela fiscalização dos Municípios do respectivo Estado-membro (os chamados "Tribunais de Contas dos Municípios"), situados nos Estados de Goiás, Bahia e Pará; e 02 Tribunais de Contas municipais, presentes nos Municípios do Rio de Janeiro e de São Paulo.

[30] Art. 73. O Tribunal de Contas da União, integrado por nove Ministros, tem sede no Distrito Federal, quadro próprio de pessoal e jurisdição em todo o território nacional, exercendo, no que couber, as atribuições previstas no art. 96.

Veja: as normas processuais elaboradas pelos Tribunais em seus regimentos internos devem observar as normas de processo e as garantias processuais das partes. Há, aqui, um condicionamento expresso e relevante a incidir sobre a discricionariedade normativa dos Tribunais.

No âmbito do Poder Judiciário, como os processos judiciais já possuem leis nacionais de regência, a exemplo do Código de Processo Penal e do Código de Processo Civil, a normativa processual/procedimental já está lá definida, restando pouco a ser tratado, nessa matéria, pelos regimentos internos.

Já em relação ao Tribunal de Contas, o dispositivo constitucional ganha um colorido mais expressivo, exatamente por não existir uma lei nacional que regule o processo de contas, o que faz com que as normas processuais sejam definidas nas leis orgânicas e nos próprios regimentos internos das Cortes de Contas.

Surge, aqui, um problema: ante a inexistência de um "Código de Processo de Contas", quais normas de processo e quais garantias processuais das partes devem ser observadas pelas Cortes de Contas, quando da elaboração dos seus regimentos internos?

Uma primeira resposta, mais óbvia, poderia ser a de que as normas de processo e as garantias processuais a serem observadas são aquelas definidas na Lei Orgânica do respectivo Tribunal, já que essa é a legislação de regência mais próxima. Tal resposta, porém, não nos traz luz. Não há dúvidas de que o regimento interno do Tribunal de Contas deve obediência ao que disposto na respectiva Lei Orgânica. Contudo, isso é insuficiente, já que não confere parâmetros gerais aos Tribunais de Contas. Ademais, a própria Lei Orgânica do Tribunal de Contas não é absolutamente livre para tratar as normas processuais e, sobretudo, as garantias processuais das partes, da maneira como bem entender, já que deve obediência, em primeiro lugar, à própria Constituição Federal.

Por isso cremos que uma interpretação adequada do artigo 96, inciso I, alínea "a", cumulado com o artigo 73, da Constituição Federal, nos leva à conclusão de que, no âmbito dos Tribunais de Contas, as normas de processo e as garantias processuais das partes devem levar em consideração, inicialmente, as normas constitucionais relacionadas ao devido processo legal.

Afinal, o inciso LIV, do artigo 5º, da Constituição Federal,[31] impõe que qualquer restrição de bens ou de liberdade deve respeitar o devido processo legal e, não nos esqueçamos, o Tribunal de Contas, através de seu poder sancionatório, atinge diretamente a esfera patrimonial daqueles que lhe são jurisdicionados.[32]

Desse modo, e dentro do amplo espectro de preceitos e garantias derivados do postulado do devido processo legal, precisamos aqui tratar daquelas que mais diretamente se relacionam às garantias processuais das partes, em especial, o contraditório, a ampla defesa, a individualização da conduta e a motivação.[33]

O artigo 5º, inciso LV, da Constituição Federal, dispõe que "aos litigantes, em processo judicial ou administrativo, e aos acusados em geral, são assegurados o contraditório e ampla a defesa, com os meios e recursos a ela inerentes".

Obviamente, o dispositivo em referência se aplica aos processos de contas.

Aliás, não tão obviamente assim.

Há, aqui, ao menos duas objeções que precisam do devido enfrentamento. É que, primeiro, o processo de contas, como aqui defendido, não se confunde com os já consagrados processos judiciais e administrativos. E, segundo, porque há quem entenda que, no âmbito do Tribunal de Contas, não existem "acusados", vez que a Corte de Contas julga "contas", e não pessoas.

Ainda assim, pensamos que a melhor interpretação a ser dada ao inciso LV, do artigo 5º, da Constituição Federal, é no sentido de que as garantias ali previstas se aplicam aos processos de contas, ao menos por quatro motivos básicos.

---

[31] Art. 5º, inciso LIV – ninguém será privado da liberdade ou de seus bens sem o devido processo legal;

[32] O poder sancionatório do Tribunal de Contas é amplo e, muitas vezes, mais gravoso do que aquele do Poder Judiciário. Além de contar com um poder geral de cautela – o que permite a expedição de medidas cautelares variadas – o Tribunal tem competência para imputar débito, aplicar multa, declarar a inidoneidade para fins de participação em contratações públicas e inabilitar indivíduos para o exercício de cargos públicos, nos termos previstos nas diversas Leis Orgânicas dessas Cortes. Interessante rememorar que, quando de sua criação em solo pátrio, o Tribunal de Contas podia, até mesmo, ordenar prisões, nos termos do artigo 3º, 3, do Decreto nº 392, de 8 de outubro de 1896.

[33] Vários outros preceitos se encontram albergados pela cláusula do devido processo legal, a exemplo do juiz e do promotor naturais (artigo 5º, LIII, CF/88); da publicidade dos atos processuais (art. 5º, LX, CF/88); da duração razoável do processo (art. 5º, LXXVIII, CF/88); da proporcionalidade (art. 5º, LIV, CF/88); dentre outros.

O primeiro, o mais simples e direto de todos, porque o próprio Supremo Tribunal Federal já disse, em caráter vinculante, que se aplicam. Basta ler o teor da Súmula Vinculante número 03.[34]

O segundo, porque os direitos fundamentais – sobretudo os direitos e as garantias relacionados ao devido processo legal – devem, sempre, merecer uma aplicação estendida. Aliás, no que toca ao contraditório e à ampla defesa, a sua aplicabilidade, graças à teoria da eficácia horizontal, se dá até mesmo em relações privadas, conforme já reconhecido pelo Supremo Tribunal Federal.[35]

O terceiro, porque a menção textual apenas a processos judiciais e administrativos se justifica pelo fato de que, no âmbito do Tribunal de Contas – como, aliás, já vimos – não há um *nomen iuris* próprio para os processos que lá tramitam (muitos o tratam, ademais, ainda que de forma equivocada, dentro do gênero "processo administrativo", por não tramitarem perante Tribunais judiciais).

O quarto, porque no Tribunal de Contas há, sim, "acusados". Dizer que o Tribunal de Contas julga "contas", e não pessoas, como forma de justificar uma suposta ausência de "partes processuais" e, com isso, negar a aplicação de garantias como o contraditório e a ampla defesa, é desconhecer a natureza e a função desses Tribunais.[36] O próprio

---

[34] Sobre o enunciado, sua interpretação e suas condicionantes, já tivemos a oportunidade de melhor discorrer em: MACHADO, Henrique Pandim Barbosa. O processo de contas e a mitigação da súmula vinculante nº 3: algumas dificuldades práticas na aplicação do contraditório e da ampla defesa. *Fórum Administrativo – FA*, Belo Horizonte, a. 17, n. 200, p. 54-60, out. 2017; e também em: MACHADO, Henrique Pandim Barbosa; MORAIS, Andressa Silvestre. A necessidade de individualização da conduta para fins de responsabilização no âmbito do processo de contas: o caso das fiscalizações de licitações. *Fórum Administrativo – FA*, Belo Horizonte, a. 19, n. 216, p. 37-44, fev. 2019.

[35] Conforme o conhecido RE nº 201819/RJ, que tratou do contraditório e da ampla defesa, julgado em 11.10.2005.

[36] Ao que nos parece, a ideia de que o Tribunal de Contas não julga pessoas, mas sim emite um julgamento técnico acerca das contas, precisa ser devidamente (e historicamente) compreendida. Pensamos que tal ideia possui raízes em antigas resistências à concessão de competência criminal às Cortes de Contas. É que, historicamente, foi muito discutido se o Tribunal de Contas, ao constatar uma ilegalidade financeira, teria competência para julgar criminalmente os responsáveis. Aqueles que eram contrários a tal tese, acabavam por argumentar, exatamente, que os Tribunais não julgam as pessoas, mas sim as contas, de modo que deveria competir a outro órgão jurisdicional a aplicação das sanções criminais (o julgamento das pessoas) decorrentes da ilegalidade constatada pelo Tribunal de Contas. Exemplo clássico dessa discussão se deu no medievo francês. Após a fixação da *Chambre des Comptes*, em Paris, pelo rei santo Luís IX, em 1256, começou-se a discutir os limites da competência criminal da *Chambre*. Durante séculos, o antigo regime francês resistiu em atribuir tal competência à *Chambre des Comptes*, tendo optado pela criação de um Tribunal especial misto, composto por membros da *Chambre des Comptes* e do *Parlement*. Esse órgão, denominado, em 1566, de *Chambre du Conseil*, apesar de não poder rever as decisões da *Chambre des Comptes* (vale lembrar que elas eram passíveis de revisão apenas pelo próprio

Supremo Tribunal Federal, por vezes, repete tal mantra, como fez, recentemente, quando da fixação da tese do Tema 899, de Repercussão Geral, segundo a qual restou fixado que "é prescritível a pretensão de ressarcimento ao erário fundada em decisão de Tribunal de Contas".

Quando olhamos as premissas teóricas do julgado que originou a tese (RE nº 636886), vemos que, dentre elas, está exatamente a alegação de que

> no processo de tomada de contas, o TCU não julga pessoas, não perquirindo a existência de dolo decorrente de ato de improbidade administrativa, mas, especificamente, realiza o julgamento técnico das contas, a partir da reunião dos elementos objeto da fiscalização e apurada a ocorrência de irregularidade de que resulte dano ao erário, proferindo o acórdão em que se imputa o débito ao responsável, para fins de se obter o respectivo ressarcimento.[37]

O Tribunal de Contas, assim como qualquer Tribunal, não julga pessoas, mas sim condutas por elas cometidas. É assim no âmbito criminal, no âmbito cível, no âmbito administrativo e, também, no âmbito do processo de contas. Um juiz criminal, por exemplo, não julgará um réu como "bom" ou "mal", ou seja, não julgará a pessoa, mas sim julgará se os atos por ele cometidos se amoldam ou não a determinado tipo penal (julga a conduta, portanto).

No âmbito do Tribunal de Contas, julgar as "contas" pressupõe a análise das condutas comissivas e/ou omissivas praticadas por agentes públicos e privados no que toca ao manejo do erário. Trata-se, pois,

---

rei), era competente por imputar as sanções criminais delas decorrentes. Assim, apenas em casos excepcionais, como, por exemplo, quando a fraude estivesse relacionada diretamente à própria prestação de contas, a *Chambre des Comptes* poderia promover a responsabilização criminal e, mesmo assim, com possibilidade de recurso para a Corte mista. Apenas no século XVIII, no ano de 1727, em um cenário de crise financeira que colocou a importância da *Chambre* novamente em destaque, ela passaria a ter plena jurisdição criminal sobre os *comptables*, independente da espécie de fraude constatada. (MIRIMONDE, A. P. de. *La Cour des Comptes*. Paris: Librairie du Recueil Sirey, 1947. p. 23-29. Quando olhamos a doutrina brasileira, parece-nos também que essa discussão sobre julgar contas ou julgar pessoas está ligada à questão da competência criminal. José de Castro Nunes, embora enalteça a jurisdição de contas, também afirma que ela é exercida sobre a conta, e não sobre a pessoa, e então conclui que, por isso, "o Tribunal de Contas estatui somente sobre a existência material do delito, fornecendo à justiça, que vai julgar o responsável, a base da acusação. Não julga a este, não o condena nem o absolve, função da justiça penal". (NUNES, José de Castro. *Teoria e prática do poder judiciário*. Rio de Janeiro: Revista Forense, 1943. p. 30).

[37] RE nº 636886, Relator(a): ALEXANDRE DE MORAES, Tribunal Pleno, julgado em 20.04.2020, PROCESSO ELETRÔNICO REPERCUSSÃO GERAL – MÉRITO *DJe*-157 DIVULG 23.06.2020 PUBLIC 24.06.2020.

de analisar se as condutas da gestão financeira do erário foram legais, legítimas e econômicas, de modo que, caso não tenham sido, caberá ao Tribunal de Contas a aplicação da sanção correspondente, em decisão que se tornará título executivo.

Se o Tribunal de Contas aplica sanções a pessoas físicas e jurídicas, é evidente que tais pessoas estão sendo "acusadas" do cometimento de atos ilegais, ilegítimos e antieconômicos e, por isso, devem contar com as garantias do contraditório e da ampla defesa. É preciso tomar cuidado, pois, para não desrespeitar o devido processo legal.[38]

De mais a mais, se assim não fosse, sequer haveria sentido o que se discute no presente trabalho. Se o Tribunal de Contas julgasse apenas "contas", julgasse "papéis e peças contábeis", não precisaríamos discutir individualização de condutas e definição de responsabilidades no âmbito do processo de contas.

Conforme leciona Nelson Nery Júnior, o contraditório se desdobra em duas facetas, em dois mandamentos: "De um lado, a necessidade de dar conhecimento da existência da ação e de todos os atos do processo às partes; e, de outro, a possibilidade de as partes reagirem aos atos que lhes sejam desfavoráveis".[39] Sobre a ampla defesa, o autor diz

---

[38] Vale aqui uma ponderação. Não desconhecemos que, em muitos casos, a relação jurídica estabelecida entre o Tribunal de Contas e o seu jurisdicionado é compulsória, e decorre do dever constitucional de prestar contas, de modo que a existência de tal relação, materializada em um processo, por exemplo, de prestação de contas, não pressupõe a existência de uma acusação. O gestor tem as suas contas julgadas pelo Tribunal não porque está sendo acusado de práticas danosas ao erário, mas sim porque tem o dever constitucional de prestá-las. O julgamento compulsório das contas, independentemente de acusação prévia, é a marca característica do Tribunal de Contas, desde a sua gestão pelos normandos na Idade Média, conforme ressalta Jacques Magnet. (MAGNET, Jacques. La juridiction des comptes dans la perspective historique. *In*: CONTAMINE, Philippe; MATTÉONI, Olivier (Org.). *La France des principautés*: Les Chambres des Comptes XIVe et XVe siècles. Paris: Comité Pour L'Histoire Économique et Financière de la France, 1996. p. XVIII). Todavia, em nossa opinião, isso não exclui a posição do gestor como um "acusado", ainda que um "acusado em potencial". Isso porque, no julgamento das contas, se constatada alguma irregularidade, caberá ao Tribunal sanciona-la. Além disso, é preciso lembrar que há distintas espécies processuais no Tribunal de Contas, a exemplo das representações e denúncias, nas quais claramente há, em nosso sentir, partes processuais bem definidas. Basta imaginar uma representação proposta pelo Ministério Público de Contas em face de um gestor, na qual se alega, por exemplo, uma fraude em processo licitatório. Por isso respeitamos, porém discordamos daqueles que sustentam a ausência de lide no âmbito dos Tribunais de Contas. Para uma leitura dos que pensam em sentido contrário ao nosso, ver: LIMA, Luiz Henrique. Anotações sobre a singularidade do processo de controle externo nos tribunais de contas: similaridades e distinções com o processo civil e penal. *In*: LIMA, Luiz Henrique; SARQUIS, Alexandre Manir Figueiredo (Coords.). *Processos de controle externo*: estudos de ministros e conselheiros substitutos dos tribunais de contas. Belo Horizonte: Fórum, 2019. p. 17-43.

[39] JÚNIOR, Nelson Nery. *Princípios do processo na constituição federal*. 10. ed. São Paulo: Editora Revista dos Tribunais, 2010. p. 210.

que tal garantia "significa permitir às partes a dedução adequada de alegações que sustentem sua pretensão (autor) ou defesa (réu) (...)", o que engloba o direito de recorrer.[40]

Sob a perspectiva do acusado, que é a que aqui nos interessa, o réu tem o direito de conhecer o teor do processo, para saber do que está sendo acusado. Uma vez conhecendo, tem o direito de se manifestar sobre tudo aquilo que esteja lhe sendo imputado e reagir a todos os atos que possam lhe prejudicar, podendo produzir provas e, inclusive, recorrer.[41]

Logo, do contraditório e da ampla defesa decorrem, necessariamente, as exigências de individualizar as condutas (individualizar as imputações) e de motivar as decisões tomadas no curso do processo.[42]

No campo do Tribunal de Contas, como bem explica Ismar Viana, existem três funções processuais elementares: a auditorial, representada pelo corpo técnico constituído pelos auditores de controle externo, responsáveis pela instrução dos processos; a ministerial, exercida pelo Ministério Público, que atua junto ao Tribunal, atuação essa que pode se dar tanto como parte iniciadora do processo quanto como fiscal da lei e

---

[40] JÚNIOR, Nelson Nery. *Princípios do processo na constituição federal.* 10. ed. São Paulo: Editora Revista dos Tribunais, 2010. p. 2148-249.

[41] No âmbito dos Tribunais de Contas, as provas a serem produzidas são documentais, não cabendo, a princípio, provas testemunhais (ao menos conforme os regramentos prevalecentes nas leis orgânicas atuais). Em relação ao direito de recorrer, no Tribunal de Contas não há um "duplo grau" de jurisdição, ao menos não conforme o entendemos no âmbito judicial. Isso porque o Tribunal de Contas decide em última instância sobre os processos que lhe são submetidos, sendo que, embora existam recursos, eles são internos, manejados e decididos no seio do próprio Tribunal, ainda que por órgãos jurisdicionais distintos (Câmaras e Plenário, por exemplo). LIMA, Luiz Henrique. Anotações sobre a singularidade do processo de controle externo nos tribunais de contas: similaridades e distinções com o processo civil e penal. *In:* LIMA, Luiz Henrique; SARQUIS, Alexandre Manir Figueiredo (Coords.). *Processos de controle externo:* estudos de ministros e conselheiros substitutos dos tribunais de contas. Belo Horizonte: Fórum, 2019. p. 17-43, mais especificamente, as páginas 31-32.

[42] Tais exigência constam de uma série de documentos legais nacionais e internacionais. No Código de Processo Civil, por exemplo, o apontamento da causa de pedir (próxima e remota) e a narração lógica dos fatos e das conclusões são requisitos para a admissão da petição inicial (artigos 319 e 330). No Código de Processo Penal, a exposição do fato criminoso com todas as suas circunstâncias é também requisito da peça acusatória (artigo 41). O Pacto Internacional de Direitos Civis e Políticos da ONU, incorporado no Brasil pelo Decreto nº 592/92, também prevê o direito de todo acusado de ser "informado, sem demora, numa língua que compreenda e de forma minuciosa, da natureza e dos motivos da acusação contra ela formulada" (artigo 14, 3, "a"). A nova lei de contratações públicas – Lei nº 14.133/2021 – também passou a exigir dos órgãos de controle a correta individualização de condutas perante as irregularidades encontradas na atividade fiscalizatória (artigo 169, §3º, inciso II). E a Lei nº 8.429/1992, com as mudanças promovidas pela Lei nº 14.230/2021, também passou a exigir que a petição inicial da ação de improbidade administrativa, além dos requisitos do artigo 330, individualize as condutas dos réus, sob pena de rejeição (artigo 17, §§6º e 6º-B).

da Constituição; e a judicante, exercida pelos magistrados (Ministros e Conselheiros), responsáveis pelo julgamento dos processos.[43]

É crucial, de tal sorte, que na instrução dos processos, os auditores de controle externo apontem não apenas as irregularidades constatadas, mas, também, que individualizem as condutas e as responsabilidades de cada agente público e privado envolvido, não sendo possível sustentar, por exemplo, um nexo de causalidade genérico e abstrato.[44] Tal ponto – a correta e necessária individualização de condutas e definição de responsabilidades – deve ser bem analisado pelo *Parquet* de contas quando da emissão de seu parecer na qualidade de fiscal da ordem jurídica, vez que a ausência de individualização é, para nós, causa de nulidade processual e, por isso, impede a aplicação de eventual sanção. E, por fim, caberá ao julgador – Ministro ou Conselheiro – decidir, em decisão fundamentada, se aqueles indivíduos acusados possuem mesmo responsabilidade pelos atos imputados.[45]

3 Conclusões parciais

Antes de passarmos ao último ponto deste trabalho, cremos ser útil elencar algumas conclusões do que já expusemos até aqui.

1 O Tribunal de Contas é uma Entidade de Fiscalização Superior que, além das atribuições de controle, também exerce função jurisdicional (é um órgão que controla e que julga);

2 Como tal, o Tribunal de Contas não guarda relação de hierarquia com os demais órgãos e poderes da República. Trata-se de um órgão constitucional autônomo – a exemplo do que ocorre com o Ministério Público – que auxilia o Parlamento, mas que também exerce uma série de competências

---

[43] VIANA, Ismar. *Fundamentos do processo de controle externo*: uma interpretação sistematizada do texto constitucional aplicada à processualização das competências dos tribunais de contas. Rio de Janeiro: Lumen Juris, 2019. p. 63 e seguintes.

[44] Como quando se utiliza, como argumento abstrato, a questão da "culpa in vigilando" ou da "culpa in eligendo", ou ainda quando se diz, de maneira vaga e sem argumentos individualizados, que o gestor deveria saber da irregularidade e que tinha condições para evitá-la.

[45] A legislação nacional voltada aos órgãos de controle traz uma série de dispositivos que impedem a sustentação de penalizações por condutas genéricas e com motivações abstratas. Já citamos algumas ao tratarmos dos dispositivos que exigem a individualização de condutas. Para mais, nota-se que a Lei nº 8.429/1992 passou a afastar a responsabilidade por improbidade administrativa pelo mero exercício da função pública (artigo 1º, §3º), e a Lei de Introdução às Normas do Direito Brasileiro – LINDB proíbe que decisões sejam tomadas com base em valores jurídicos abstratos (artigo 20).

autônomas, entre elas a de julgar as contas dos gestores públicos (inclusive as contas dos gestores do próprio Poder Legislativo);

3 Dada a posição *sui generis* que o Tribunal de Contas ocupa na ordem institucional, os processos que tramitam perante ele não se confundem com os processos judiciais ou administrativos, mas possuem natureza própria e, por isso, optamos aqui por chamá-los de processos de contas (embora haja quem utilize outras denominações, como processos de controle externo);

4 Diversamente do que ocorre com os processos judiciais e administrativos, não há, no Brasil, uma uniformização processual dos processos de contas, já que a legislação pátria carece de uma norma nacional sobre o assunto. Diante de tal ausência, os processos de contas são, hoje, inteiramente regulados por cada Tribunal de Contas, seja na Lei Orgânica, seja no Regimento Interno, seja em outros atos normativos expedidos internamente;

5 A ausência de padronização provoca diferenças processuais significativas entre as Cortes de Contas, mesmo no âmbito do mesmo Estado (como no caso dos exemplos citados entre o Tribunal de Contas do Estado de Goiás e o Tribunal de Contas dos Municípios do Estado de Goiás);

6 Todavia, há uma característica comum aos processos de contas que, segundo pensamos, nos permite – e até mesmo nos impõe – o traçado de determinados parâmetros gerais a serem observados, e essa característica é, exatamente, o poder sancionatório passível de ser exercido pelos Tribunais de Contas;

7 Através dos processos de contas – que se apresentam sob variadas espécies – o Tribunal de Contas pode aplicar uma série de sanções, pecuniárias ou não, àqueles que se virem acusados da prática de atos de gestão financeira ilegais, ilegítimos e antieconômicos. Mesmo quando o processo nasce sem um caráter sancionatório – como no caso das prestações de contas – é possível que, no seu desenrolar, seja detectada uma irregularidade e, consequentemente, seja aplicada uma penalidade. Por isso, entendemos que o jurisdicionado que trava uma relação jurídica – ainda que compulsória – com o Tribunal de Contas deve ser considerado como parte processual e, mais, como um "acusado em potencial";

8 Considerar o jurisdicionado como um "acusado em potencial" não significa, ao contrário do que possa parecer inicialmente, impor a ele um prejuízo, uma "presunção de culpa", mas sim reconhecer que existe a possibilidade de que, no curso do processo, seja encontrada uma ilicitude capaz de gerar responsabilização. E é em razão disso que entendemos ser necessário traçar determinados parâmetros gerais a serem observados pelos processos de contas, notadamente parâmetros relacionados ao devido processo legal e às suas garantias, conforme traçado pela Constituição Federal;

9 Dentre tais preceitos constitucionais, elencamos, com especial atenção, as garantias do contraditório, da ampla defesa, da individualização das condutas e responsabilidades e da motivação. Elas devem ser observadas pelas Cortes de Contas, independentemente das idiossincrasias processuais de cada uma delas;

10 Portanto, um processo de contas constitucionalmente hígido é um processo no qual há contraditório, há ampla defesa, há a definição individualizada das condutas e das responsabilidades que são imputadas a cada agente público e/ou privado através de uma decisão devidamente fundamentada.

E, com a décima conclusão parcial, podemos avançar para o tópico derradeiro.

4 Da possibilidade de se utilizar o processo de contas para instrumentalizar um inquérito civil

Como vimos nas notas introdutórias, a Lei nº 14.230/2021, ao alterar a Lei nº 8.429/1992, trouxe dificuldades aos procedimentos investigativos instaurados e conduzidos pelo Ministério Público, com o objetivo de apurar a prática de atos de improbidade administrativa. Podemos até debater se as novas disposições são boas ou ruins, se servem para barrar arbitrariedades ou se contribuem para a perpetuação da impunidade, mas fato é que elas tornaram, sim, as investigações ministeriais mais difíceis.

Extrai-se dos artigos 22, 23 e 17, da Lei nº 8.429/1992, os seguintes obstáculos agora impostos ao *Parquet*: *a)* A investigação tem, agora, prazo certo, ou melhor, prazo máximo, que é de 365 dias, com a possibilidade excepcional de uma única prorrogação por igual período (excepcional, diga-se, porque o órgão ministerial que conduz a investigação deverá fundamentar a prorrogação e tal fundamentação estará submetida à revisão de instâncias superiores dentro do próprio Ministério Público); *b)* durante a investigação, deverá ser oportunizada a manifestação escrita do investigado, bem como a juntada de documentos, ou seja, deverá ser garantido uma espécie de contraditório e de defesa, o que é importante para fins de elucidação dos fatos e para evitar ações judiciais temerárias, mas que, também, torna o procedimento mais longo; *c)* Passado o prazo mencionado anteriormente – de 365 dias com uma única prorrogação – o órgão ministerial deverá propor a ação de improbidade no prazo de 30 dias; *d)* a petição inicial da ação de improbidade deverá, como regra geral, preencher uma série de requisitos, dentre eles, deverá individualizar as condutas e as responsabilidades de cada acusado (com os respectivos elementos probatórios) e deverá conter documentos que contenham indícios suficientes da veracidade dos fatos.

Na prática, a apuração de fatos complexos capazes de caracterizar ato de improbidade administrativa pode se tornar uma tarefa árdua. Uma investigação célere, porém deficiente, pode culminar em uma petição inicial inepta, por não preencher os novos requisitos de admissibilidade trazidos pela lei. Uma investigação alongada, porém robusta em provas e documentos, corre o risco de ultrapassar o prazo legalmente imposto para o seu término.

É nessa conjuntura que o processo de contas – corretamente conduzido – pode ter um valor inestimável para o Ministério Público.

Não é demais lembrar que muitas das irregularidades constatadas no âmbito dos processos de contas podem configurar, também, atos de improbidade administrativa (além, é claro, de atos criminalmente tipificados).

No processo de contas, como vimos, já é (ou, quando não é, deveria ser) garantido à parte o contraditório e a ampla defesa, através da apresentação de defesa escrita, da juntada de documentos, de possibilidade de sustentação oral e da faculdade de recorrer das decisões. Também já é feita, na instrução probatória e no julgamento, a correta imputação individualizada das condutas praticadas pelos acusados, com a constatação dos nexos de causalidade e das responsabilidades de cada um.

Em suma: aquilo que deve ser feito pelo órgão ministerial no inquérito civil já é feito pelo Tribunal de Contas nos processos de contas.

Desse modo, e respeitadas as condições debatidas neste trabalho, cremos ser perfeitamente possível que um membro do Ministério Público utilize o processo de contas para instrumentalizar um inquérito civil e, assim, superar (ou ao menos atenuar) as dificuldades impostas pela Lei nº 8.429/1992.

É certo que, nessa instrumentalização, outras dúvidas surgirão. Como deve ser feito esse aproveitamento do processo de contas nos inquéritos civis? Poderão ser aproveitadas peças isoladas, como os certificados de auditoria e os pareceres do Ministério Público junto ao Tribunal de Contas? Será preciso esperar o término da jurisdição do Tribunal de Contas (a coisa julgada)? Deverá o membro do Ministério Público analisar, em ato fundamentado, se o processo de contas respeitou o devido processo legal, como condição prévia para utilizá-lo na instrumentalização do inquérito civil? Esses são exemplos de pontos a serem melhor debatidos em discussões futuras.

Contudo, para o que nos interessava nessa empreitada, o que nos cabia era definir que a individualização de condutas e a definição de responsabilidades realizada no processo de contas podem instrumentalizar inquéritos civis e procedimentos investigativos assemelhados, sendo a parceria entre o Tribunal de Contas e o Ministério Público um instrumento importante para a efetividade do combate à improbidade administrativa.[46]

Referências

BASTOS, Celso Ribeiro. *Hermenêutica e interpretação constitucional*. 3. ed. São Paulo: Celso Bastos Editora, 2002.

BERRAOU, Mohammed. *La responsabilité des acteurs de la gestion publique devant la Cour des comptes*: le modele marocain. Paris: L'Harmattan, 2017.

BRASIL. Câmara dos Deputados. Decreto nº 392, de 8 de outubro de 1896. *Coleção de Leis do Brasil*, 1896. Disponível em: https://www2.camara.leg.br/legin/fed/decret/1824-1899/decreto-392-8-outubro-1896-540205-publicacaooriginal-40163-pl.html. Acesso em 20 abr. 2022.

BRITTO, Carlos Ayres. *O regime constitucional dos tribunais de contas*. Fortaleza: Revista Diálogo Jurídico, 2001.

---

[46] Essa relação entre os órgãos de controle, sobretudo entre o Tribunal de Contas e o Ministério Público, não é desconhecida em outros locais. A título de exemplo, no Marrocos, uma vez constatada, pelo Tribunal de Contas, a ocorrência de atos que confiram infrações penais e disciplinares/administrativas, cabe ao Ministério Público junto à Corte de Contas "parquet general près la Cour des comptes" repassar tais informações ao Ministério Público que atua no Judiciário ("parquet general près l'ordre judiciaire"). (BERRAOU, Mohammed. *La responsabilité des acteurs de la gestion publique devant la Cour des comptes*: le modele marocain. Paris: L'Harmattan, 2017. p. 26-27).

CHABROL, Alain. Juge, magistrat ou auditeur. Quel avenir pour le juge des comptes? *La Revue administrative 59e Année*, n. 349, Janvier 2006.

DUARTE, Tiago. Tribunal de contas, visto prévio e tutela jurisdicional efetiva? *Yes, We can!, Cadernos de Justiça Administrativa*, n. 71, 2008.

DYE, Kenneth M.; STAPENHURST, Rick. *Pillars of integrity*: the importance of supreme audit institutions in curbing corruption. Washington: The Economic Development Institute of the World Bank, 1998.

FAGUNDES, Miguel Seabra. *O controle dos atos administrativos pelo poder judiciário*. 4. ed. Rio de Janeiro: Forense, 1967.

FERNANDES, Jorge Ulisses Jacoby. *Tribunais de Contas do Brasil – Jurisdição e Competência*. 2. ed. rev., atual. e ampl. Belo Horizonte: Fórum, 2005.

JÚNIOR, Nelson Nery. *Princípios do processo na constituição federal*. 10. ed. São Paulo: Editora Revista dos Tribunais, 2010.

INTOSAI-P 50. *Principles of jurisdictional activities of SAIs*. 2019. Disponível em: https://www.intosai.org/fileadmin/downloads/documents/open_access/INT_P_11_to_P_99/INTOSAI_P_50/INTOSAI_P_50_en.pdf. Acesso em 10 mai. 2022.

LIMA, Luiz Henrique. Anotações sobre a singularidade do processo de controle externo nos tribunais de contas: similaridades e distinções com o processo civil e penal. *In*: LIMA, Luiz Henrique; SARQUIS, Alexandre Manir Figueiredo (Coords.). *Processos de controle externo*: estudos de ministros e conselheiros substitutos dos tribunais de contas. Belo Horizonte: Fórum, 2019.

MACHADO, Henrique Pandim Barbosa; MORAIS, Andressa Silvestre. A necessidade de individualização da conduta para fins de responsabilização no âmbito do processo de contas: o caso das fiscalizações de licitações. *Fórum Administrativo – FA*, Belo Horizonte, a. 19, n. 216, p. 37-44, fev. 2019.

MACHADO, Henrique Pandim Barbosa. O processo de contas e a mitigação da súmula vinculante nº 3: algumas dificuldades práticas na aplicação do contraditório e da ampla defesa. *Fórum Administrativo – FA*, Belo Horizonte, a. 17, n. 200, p. 54-60, out. 2017.

MAGNET, Jacques. La juridiction des comptes dans la perspective historique. *In*: CONTAMINE, Philippe; MATTÉONI, Olivier (Org.). *La France des principautés*: Les Chambres des Comptes XIVe et XVe siècles. Paris: Comité Pour L'Histoire Économique et Financière de la France, 1996.

MIRIMONDE, A. P. de. *La Cour des Comptes*. Paris: Librairie du Recueil Sirey, 1947.

MORIN, Danielle; HAZGUI, Mouna. We are much more than watchdogs: the dual identity of auditors at the UK National Audit Office. *Journal of accounting and organizational change*, v. 12, n. 4, p. 568-589, 2016.

NETO, Jair Lins. Tribunal de Contas: um desconhecido na república. *Revista de Direito Administrativo*, Rio de Janeiro, Fundação Getúlio Vargas, n. 219, p. 205-218, jan./mar. 2000.

NIKODEM, Andras. Constitutional regulation of supreme audit institutions in central Europe in a comparative perspective. *Managerial law*, v. 46, n. 6, p. 32-52, 2004.

NUNES, José de Castro. *Teoria e prática do poder judiciário*. Rio de Janeiro: Revista Forense, 1943.

POLLITT, Christopher; SUMMA, Hilkka. Reflexive watchdogs? How supreme audit institutions account for themselves. *Public administration*, v. 75, p. 313-336, 1997.

POSNER, Paul. L.; SHANAN, Asif. Audit institutions. *In*: BOVENS, Mark.; GOODIN, Robert E.; SCHILLEMANS, Thomas. (Ed.). *The Oxford handbook of public accountability*. Oxford: Oxford University Press, 2016.

QUEIROZ, Eça de. *Os maias*. Rio de Janeiro: Ediouro, 2000.

SEYFRIED, Markus. Setting a fox to guard the henhouse? Determinants in elections for presidents of supreme audit institutions: evidences from the German federal states (1991-2011). *Managerial auditing journal*, v. 31, n. 4/5, 2016.

SOUSA, Alfredo Jose de. Controlo externo das finanças públicas: o tribunal de contas. *Boletim de ciências econômicas*, n. 41, p. 39-64, 1998.

VIANA, Ismar. *Fundamentos do processo de controle externo*: uma interpretação sistematizada do texto constitucional aplicada à processualização das competências dos tribunais de contas. Rio de Janeiro: Lumen Juris, 2019.

WILLEMAN, Marianna Montebello. *Accountability democrática e o desenho institucional dos tribunais de contas no Brasil*. 2. ed. Belo Horizonte: Fórum, 2020.

Informação bibliográfica deste texto, conforme a NBR 6023:2018 da Associação Brasileira de Normas Técnicas (ABNT):

MACHADO, Henrique Pandim Barbosa. A individualização de condutas e a definição de responsabilidades nos processos de controle externo de natureza sancionadora como meios de instrumentalização dos inquéritos civis instaurados pelo Ministério Público. *In*: MOTTA, Fabrício; VIANA, Ismar (coord.). *Improbidade administrativa e Tribunais de Contas*: as inovações da Lei nº 14.230/2021. Belo Horizonte: Fórum, 2022. p. 109-131. ISBN 978-65-5518-445-7.

EQUILÍBRIO E SEGURANÇA NA RESPONSABILIZAÇÃO DAS DIVERSAS INSTÂNCIAS: IMPROBIDADE REFORMADA E DESAFIOS DO PODER SANCIONADOR PONDERADO

IRENE PATRÍCIA NOHARA
ÉRIKA CAPELLA FERNANDES

Introdução

Primeiramente, queremos agradecer ao convite que nos foi feito pelos brilhantes Fabrício Motta e Ismar Vianna, para contribuir com esta importante coletânea sobre *o papel dos Tribunais de Contas na Lei de Improbidade Reformada*, que reúne o time mais renomado de administrativistas do País, para refletir sobre um tema premente. É uma honra participar desta bem-sucedida empreitada de uma obra que se tornará um marco reflexivo sobre o tema.

A presente abordagem foca-se no diálogo entre a independência entre instâncias e regimes de responsabilização, *non bis in idem* e segurança jurídica no exercício do poder estatal sancionador. Na busca pela proteção de bens jurídicos sensíveis, como a moralidade administrativa, ao longo do tempo, houve a criação de múltiplos esquemas de responsabilização dos agentes públicos, o que, por diversas vezes, provoca uma sobreposição de sanções que têm por base os mesmos fatos.

Porém, pouco a pouco, em especial nos últimos anos, tem se reconhecido que os excessos punitivos provocam uma paralisia da Administração, o que compromete atividades indispensáveis ao interesse público. Assim, pela disfunção do controle, quando é excessivo e, portanto, desarrazoado, ocorrem ineficiências na gestão pública nacional. Com efeito, a multiplicidade de esferas de responsabilização em diversas instâncias, que muitas vezes não dialogam entre si, é uma situação que acaba desestimulando os gestores na tomada de decisões, fazendo com que resistam a inovações e atuações que transcendam o protocolar, ou, ainda, que fiquem no aguardo do aval do órgão controlador (Tribunal de Contas) antes de decidir.

Com base nesta percepção, houve significativas alterações legislativas no direito público brasileiro, indispensáveis para o combate do fenômeno do "apagão das canetas" e da Administração Pública do medo. Dentre elas, dá-se destaque à Lei nº 13.655/2018, que incluiu dispositivos na Lei de Introdução às Normas do Direito Brasileiro, para interpretação do direito público, e a Lei nº 14.230/2021, que implementou a Improbidade Reformada, que se encontra, no presente momento, no crivo do questionamento em Tribunais Superiores.

Por conseguinte, intenta-se analisar as alterações legislativas promovidas na LINDB e pela Lei de Improbidade, no tocante aos mecanismos que possam veicular limites ao dogma da *incomunicabilidade das instâncias*, de modo a evitar a sobreposição de sanções, principalmente aquelas que têm por base os mesmos fatos. Na sequência, discute-se a falta de diálogo entre as diversas instituições de controle, sendo que desses arranjos interinstitucionais seria possível evitar sobreposições e excessos de punições pelo mesmo fato.

Finalmente, será abordada a necessidade de um calibramento entre o *dogma da autonomia das instâncias* e a proporcionalidade, de modo a garantir um efetivo exercício do "poder sancionador ponderado", para que seja um instrumento para o Estado alcançar os seus objetivos no tocante ao combate à má gestão, mas, ao mesmo tempo, permitir o respeito a um corpo de garantias a direitos fundamentais. Afinal, o exercício desse poder sancionador ponderado é essencial para arrefecer eventuais disfunções do controle que provocam o fenômeno do "direito administrativo do medo"[1] e abrir espaço para a efetiva melhoria da gestão pública.

---

[1] Como defende Rodrigo Valgas, cf.: SANTOS, Rodrigo Valgas dos. *Direito administrativo do medo*: risco e fuga da responsabilização dos agentes públicos. São Paulo: Thomson Reuters Brasil, 2020. p. 35.

1 O problema do *bis in idem* e da multiplicação das oportunidades de responsabilização do agente público: equilíbrio do poder sancionador pela LINDB

O advento da Lei nº 13.655, de 25 de abril de 2018, e das correspondentes alterações promovidas na Lei de Introdução às Normas do Direito Brasileiro (LINDB), trouxe importantes e substanciais impactos no direito público brasileiro. O projeto que deu ensejo à nova legislação veiculou dispositivos interpretativos direcionados aos intérpretes autênticos do direito público, direcionando-se, portanto, tanto para a Administração Pública, quanto para os órgãos de controle (dada a previsão das esferas "administrativa, controladora e judicial").

Um dos propósitos da lei consistiu em atenuar os efeitos do chamado "direito administrativo do medo", ou seja, o receio permanente de autoridades administrativas no manejo de suas funções, "dada a pluralidade de hipóteses de responsabilizações que recaem sobre o mesmo fato, bem como pela multiplicidade de órgãos de controle, os quais nem sempre atuam de forma harmônica e previsível".[2]

O "direito administrativo do medo" relaciona-se com o desestímulo na tomada de decisões do gestor público, diante da sua exposição a inúmeros riscos de responsabilização e da possibilidade de sofrer sobrepostas condenações, tendo em vista a imprevisibilidade das decisões dos órgãos de controle, atrelada às constantes mudanças de orientação, que podem ser conflitantes entre cada órgão ou mesmo entre instituições.

Na medida em que existe uma superposição de atividades e iniciativas controladoras e sancionatórias, tem-se que uma única decisão do agente público adotada no exercício da função administrativa lhe sujeita a sofrer responsabilização simultânea em diversas instâncias: ações de improbidade com possibilidade de indisponibilidade de bens, multas, ressarcimento ao Erário; condenações no âmbito dos Tribunais de Contas; responsabilização por processo administrativo disciplinar; restrição a direitos políticos fundamentais na Justiça Eleitoral; processos penais e condenações criminais etc.

Há a identificação de um impressionante número de nove distintos sistemas de responsabilização que constituiriam o sistema constitucional de responsabilidade dos agentes públicos. Primeiramente, há cinco

---

[2] NOHARA, Irene Patrícia; MOTTA, Fabrício. *LINDB no direito público*: Lei nº 13.655/2018. São Paulo: Thomson Reuters Brasil, 2019. p. 19.

sistemas de responsabilização que seriam aplicáveis a quaisquer agentes públicos: a responsabilidade por ilícito civil de cunho reparatório; a responsabilidade por ilícito penal comum; a responsabilidade por ilícito eleitoral; a responsabilidade por irregularidade de contas; e a responsabilidade por ato de improbidade administrativa. Há, ainda, ao menos três esferas especiais restringidas a determinadas categorias de agentes públicos: a responsabilidade político-constitucional (previsão de crimes de responsabilidade); a responsabilidade político-legislativa (que enseja a decretação da perda do mandato parlamentar); e a responsabilidade administrativa (incidente sobre os titulares de cargo, função e emprego público). Outrossim, acrescenta-se, ainda, a responsabilidade pela prática de discriminação atentatória dos direitos e liberdades fundamentais.[3]

Diante da multiplicidade de esferas de responsabilização dos agentes públicos e diante dos graves reflexos nos direitos fundamentais, opera-se um estímulo à inércia do gestor público e, consequentemente, um desincentivo à gestão proativa. Segundo Eduardo Jordão, há diversas decorrências preocupantes deste cenário, tal como a resistência dos gestores a inovações e atuações que fujam do protocolar, a resistência de mão de obra mais qualificada em atuar no setor público, a atração para o setor público de indivíduos mais propensos a riscos, dentre outras.[4]

Portanto, chega-se a um estado de coisas em que "a gana por se responsabilizar ou punir os maus e desonestos gestores culmina por propiciar a inibição de que pessoas qualificadas como bons e honestos administradores almejem o desempenho de relevantes funções públicas".[5] A esse respeito:

> Por conta desta realidade, ocorre o indesejável "apagão das canetas". Com esta expressão se designa a paralisação de decisões, diante do temor de responsabilização, perante a Administração Pública do medo, pois, tendo em vista a imprevisibilidade do conteúdo de decisões oriundas dos mais variados órgãos de controle, os bons gestores acabam ficando com receio de decidir e futuramente serem responsabilizados por uma decisão

---

[3] OLIVEIRA, José Roberto Pimenta. *Improbidade administrativa e sua autonomia constitucional.* Belo Horizonte: Fórum, 2009. p.85-86.

[4] JORDÃO, Eduardo. Art. 22 da LINDB – Acabou o romance: reforço do pragmatismo no direito público brasileiro. *Revista de direito administrativo*, Rio de Janeiro, Edição Especial: Direito Público na Lei de Introdução às Normas do Direito Brasileiro – LINDB (Lei nº 13655/2018), p. 63-92, nov. 2018. p. 69.

[5] MAFFINI, Rafael; RAMOS, Rafael. *Nova LINDB*: proteção da confiança, consensualidade, participação democrática e precedentes administrativos. Rio de Janeiro: Lumen Juris, 2021. p. 115.

justa, mas que iria de encontro às orientações cambiantes de diversos órgãos de controle, os quais nem sempre atuam de forma harmônica.[6]

Com base nesta percepção, pretendeu a Lei nº 13.655/2018 aprimorar o controle, de modo que não seja excessivo nem inibitório da eficiente gestão pública. O novo diploma legal pretendeu sensibilizar o controlador a ter um olhar mais realista sobre as complexidades com que os gestores se deparam no cotidiano da Administração Pública e sobre as dificuldades que afetam a tomada de decisões.

Uma das principais inovações da LINDB está em seu artigo 22, o qual ficou conhecido como "primado da realidade":

> Art. 22. Na interpretação de normas sobre gestão pública, serão considerados os obstáculos e as dificuldades reais do gestor e as exigências das políticas públicas a seu cargo, sem prejuízo dos direitos dos administrados.
>
> §1º Em decisão sobre regularidade de conduta ou validade de ato, contrato, ajuste, processo ou norma administrativa, serão consideradas as circunstâncias práticas que houverem imposto, limitado ou condicionado a ação do agente.
>
> §2º Na aplicação de sanções, serão consideradas a natureza e a gravidade da infração cometida, os danos que dela provierem para a administração pública, as circunstâncias agravantes ou atenuantes e os antecedentes do agente.
>
> §3º As sanções aplicadas ao agente serão levadas em conta na dosimetria das demais sanções de mesma natureza e relativas ao mesmo fato.

O artigo 22 da LINDB guarda relação com a hermenêutica jurídica contemporânea, no sentido de que os textos normativos não encerram uma teia fechada e que devem ser lidos em conjunto com a realidade. Assim, o dispositivo convida os órgãos de controle a exercerem o seu múnus fiscalizatório, porém, com a atenção e o cuidado de não substituírem opções legítimas adotadas pela Administração Pública.

O dispositivo exorta a uma postura diferente dos entes de controle, para que encarem os fatos na perspectiva do gestor, avaliando os obstáculos e as dificuldades práticas que o gestor encontrou no momento da tomada de decisão. Assim, o *caput* e o parágrafo primeiro impõem que o controlador considere a situação e as vicissitudes enfrentadas pelo gestor, promovendo uma interpretação mais realista e contextualizada.

---

[6] NOHARA, Irene Patrícia; MOTTA, Fabrício. *LINDB no direito público*: Lei nº 13.655/2018. São Paulo: Thomson Reuters Brasil, 2019. p. 833.

No projeto original idealizado por Carlos Ari Sundfeld e Floriano de Azevedo Marques Neto e apresentado ao Congresso pelo Senador Antônio Anastasia, o artigo 22 tinha apenas o *caput* e o primeiro parágrafo. Os parágrafos segundo e terceiro foram inseridos a partir de uma emenda proposta pela Senadora Simone Tebet, na Comissão de Constituição, Justiça e Cidadania. Enquanto o *caput* e o parágrafo primeiro do artigo 22 exigem do controlador uma interpretação das normas do direito público de maneira mais contextualizada, os parágrafos segundo e terceiro exigem uma contextualização nas sanções a serem aplicadas.[7]

Deste modo, os parágrafos 2º e 3º voltam a sua atenção para o *direito administrativo sancionador*. Com a inclusão desses parágrafos, pretendeu-se explicitar os critérios para a dosimetria das sanções administrativas, bem como evitar a situação do *bis in idem*.[8]

Com efeito, uma das maiores polêmicas existentes em matéria do direito administrativo sancionador diz respeito à possibilidade de *bis in idem*, ou seja, a cumulação de sanções ao mesmo sujeito pelo mesmo fato.

Embora não seja prevista expressamente na legislação brasileira, há o entendimento no sentido de que a vedação à aplicação de penas de mesma natureza em razão de um mesmo fato está inserida em nosso ordenamento jurídico:

> Embora sua previsão em nosso ordenamento seja reconhecida pela doutrina e jurisprudência, não há no direito interno brasileiro uma base normativa expressa vedando o *bis in idem*. A proibição de *bis in idem* no direito brasileiro decorre da Convenção Americana sobre Direitos Humanos (Pacto de São José da Costa Rica) e do Pacto Internacional sobre Direitos Civis e Políticos.[9]

Porém, ao mesmo tempo, está presente no ordenamento jurídico brasileiro o dogma da *autonomia das instâncias*, o qual prevê

---

[7] JORDÃO, Eduardo. Art. 22 da LINDB – Acabou o romance: reforço do pragmatismo no direito público brasileiro. *Revista de direito administrativo*, Rio de Janeiro, Edição Especial: Direito Público na Lei de Introdução às Normas do Direito Brasileiro – LINDB (Lei nº 13655/2018), p. 63-92, nov. 2018. p. 84.

[8] JORDÃO, Eduardo. Art. 22 da LINDB – Acabou o romance: reforço do pragmatismo no direito público brasileiro. *Revista de direito administrativo*, Rio de Janeiro, Edição Especial: Direito Público na Lei de Introdução às Normas do Direito Brasileiro – LINDB (Lei nº 13655/2018), p. 63-92, nov. 2018. p. 83.

[9] MASCARENHAS, Rodrigo Tostes de Alencar. A vedação do *bis in idem* no direito brasileiro: algumas reflexões e uma proposta de interpretação. *Revista Publicum*, Rio de Janeiro, v. 6, n. 1, p. 13-41, 2020. p. 16.

a independência das diferentes esferas de responsabilidade. Assim, permite-se que um único fato possa atrair a aplicação de diversos regramentos, de modo que um mesmo agente venha a ser responsabilizado funcional, administrativa, cível e criminalmente.

Além disso, com o aumento das atribuições do Estado, cresceu também a atividade sancionatória por parte da Administração Pública. Surgiram novos esquemas punitivos, como a Lei de Improbidade Administrativa e sua inicial amplitude e a Lei Anticorrupção. Com isto, surge o problema de compreender como se dá a comunicação entre todos estes distintos sistemas punitivos ditos "não penais".

Em matéria de proibição do *bis in idem*, existe um entendimento doutrinário no sentido de distinguir consequências penais e consequências não penais, de natureza reparatória.[10] Portanto, nesta abordagem, a proibição do *bis in idem* não impediria a possibilidade de cumulação de uma obrigação de reparar um dano e de uma punição penal. Geralmente, tal hipótese fundamenta-se na situação em que a lei se utiliza da expressão "sem prejuízo da ação penal cabível".

No caso da improbidade, há, ainda, o art. 12 da Lei, que determina que, independentemente do ressarcimento integral do dano patrimonial, se efetivo, e das sanções penais comuns e de responsabilidade, civis e administrativas previstas na legislação específica, está o responsável pelo ato de improbidade sujeito às cominações listadas, que podem ser aplicadas isolada ou cumulativamente.

Todavia, deveria ser incompatível com a vedação ao *bis in idem* a possibilidade de uma sanção penal combinada com mais duas ou três sanções punitivas de outra natureza. Assim, o princípio busca impedir que a mesma pessoa seja punida na esfera criminal e, ao mesmo tempo, com base em diversos outros sistemas punitivos não penais, numa escalada sem freios de sanções aplicadas sobre o mesmo fato e por distintos órgãos administrativos e de controle. Por isso, deve ser festejada essa alteração legislativa na LINDB, que, no fundo, tem aptidão de resgatar parâmetro apto a barrar os efeitos perniciosos e excessivos do afastamento da proibição do *bis in idem* gerado pelo dogma da independência das instâncias.

Na medida em que o art. 22, §3º, da LINDB afirmou a possibilidade de existir uma pluralidade de sanções diante do mesmo fato, surgiram,

---

[10] MASCARENHAS, Rodrigo Tostes de Alencar. A vedação do *bis in idem* no direito brasileiro: algumas reflexões e uma proposta de interpretação. *Revista Publicum*, Rio de Janeiro, v. 6, n. 1, p. 13-41, 2020. p. 19.

então, algumas leituras no sentido de que o dispositivo teria legitimado o *bis in idem* no direito brasileiro.[11]

Porém, a interpretação adequada do artigo 22, §3º, deve levar em conta o espírito da alteração legislativa proposta pela LINDB, como um todo.[12] De fato, entender que a nova legislação teria consagrado o *bis in idem* no ordenamento jurídico pátrio consiste, segundo os próprios idealizadores da lei, em uma leitura "apressada e, como tal, equivocada. Até mesmo porque tal entendimento subverteria o próprio racional de toda novel legislação, que tem por desiderato, justamente, fomentar a segurança jurídica das relações público-privadas".[13]

O que o artigo 22, §3º, da LINDB pretendeu garantir foi a proporcionalidade na aplicação de sanções, ao preceituar que a sanção anterior não impede uma sanção posterior, mas deve necessariamente levar em conta a primeira. Assim, embora não tenha sido eliminada integralmente a possibilidade de *cumulação de sanções* em virtude do mesmo fato, o dispositivo impõe que o controlador deverá agir com proporcionalidade, ao aplicar uma nova medida sancionatória.

Neste sentido, Eduardo Jordão traz o seguinte exemplo ilustrativo:

> Uma hipótese seria a de um cartel em licitação que venha a ser punido pela CGU com base na legislação anticorrupção, e que venha a ser posteriormente punido pelo CADE com base na legislação de proteção à concorrência. O CADE teria, por força da nova lei, que considerar a sanção anterior no momento de estabelecer o *quantum* da sanção que aplicaria.[14]

---

[11] BERARDO, José Carlos. Brasil oficializou o *bis in idem* – e todo mundo está quieto. *Conjur*, 20 jun. 2018. Disponível em: https://www.conjur.com.br/2018-jun-20/zeca-berardo-brasil-oficializou-bis-in-idem-todo-mundo-quieto. Acesso em 9 mar. 2022.

[12] PENNA, Saulo Versiani; ALMEIDA, Fabíola Fonseca Fragas de; SALLES, Guilherme Mattos. O artigo 22, §3º, da Lei de Introdução às Normas do Direito Brasileiro frente ao princípio do *ne bis in idem*. *Duc In Altum – Cadernos De Direito*, v. 13, n. 29, p. 57-76, jan./mar. 2021.

[13] MARQUES NETO, Floriano de Azevedo; FREITAS, Rafael Véras. O artigo 22 da LINDB e os novos contornos do direito administrativo sancionador. *Conjur*, 25 jul. 2018. Disponível em: https://www.conjur.com.br/2018-jul-25/opiniao-artigo-22-lindb-direito-administrativo-sancionador. Acesso em 01 mar. 2022.

[14] JORDÃO, Eduardo. Art. 22 da LINDB – Acabou o romance: reforço do pragmatismo no direito público brasileiro. *Revista de direito administrativo*, Rio de Janeiro, Edição Especial: Direito Público na Lei de Introdução às Normas do Direito Brasileiro – LINDB (Lei nº 13655/2018), p. 63-92, nov. 2018. p. 87.

Por sua vez, Marques Neto e Freitas enfatizam:

> A nova LINDB vai de encontro aos efeitos provocados pelo *bis in idem*. Um exemplo ilustra o exposto. Cogite-se da hipótese em que um agente público seja sancionado, em âmbito disciplinar, por ter atuado, com desídia, num processo administrativo licitatório que veio a ter a sua nulidade decretada. Nesse exemplo, caso este mesmo agente ocupe o polo passivo de uma ação de improbidade administrativa, ajuizada com base no mesmo fato (causa pedir), de acordo com o novel diploma, o magistrado terá de levar em consideração, por ocasião de eventual sentença condenatória, a punição administrativa pretérita. Reiteramos que o *bis in idem* já foi consagrado pelo ordenamento jurídico brasileiro. É uma realidade. O que o parágrafo comentado pretende é atenuar, com base no racional pragmático de toda a Lei nº 13.655/2018, os seus deletérios efeitos para os administrados.[15]

Conforme explica Eduardo Jordão, é possível que os autores do projeto de lei tenham previsto a dificuldade de aprovar um dispositivo que proibisse integralmente o *bis in idem*, pois seria um dispositivo muito polêmico.[16]

Em síntese, embora a redação dada ao §3º do artigo 22 da LINDB não tenha proibido integralmente a possibilidade de *bis in idem* no direito brasileiro, ele pretendeu assegurar a proporcionalidade nas diversas sanções eventualmente aplicadas.

Todavia, a maior dificuldade na interpretação deste dispositivo reside no fato de que não há acordo na doutrina e jurisprudência sobre a abrangência da expressão "sanções de mesma natureza".

Trata-se, pois, de questão tormentosa, que ainda não se pacificou, consistente em saber se "sanções de mesma natureza" são consideradas com base em cada sistema de responsabilidade punitiva (proibindo, por exemplo, duas punições criminais pelo mesmo fato, mas admitindo uma punição penal e uma não penal) ou se são cabíveis duas sanções dentro do mesmo sistema de apuração de responsabilidades (por exemplo, permitindo aplicar duas sanções de natureza administrativa, desde que sejam sanções diferentes).

---

[15] MARQUES NETO, Floriano de Azevedo; FREITAS, Rafael Véras. O artigo 22 da LINDB e os novos contornos do direito administrativo sancionador. *Conjur*, 25 jul. 2018. Disponível em: https://www.conjur.com.br/2018-jul-25/opiniao-artigo-22-lindb-direito-administrativo-sancionador. Acesso em 01 mar. 2022.

[16] JORDÃO, Eduardo. Art. 22 da LINDB – Acabou o romance: reforço do pragmatismo no direito público brasileiro. *Revista de direito administrativo*, Rio de Janeiro, Edição Especial: Direito Público na Lei de Introdução às Normas do Direito Brasileiro – LINDB (Lei nº 13655/2018), p. 63-92, nov. 2018. p. 88.

Embora exista o entendimento de que não se deve admitir nada além de uma primeira e única punição, bem como o entendimento de que se permitem ilimitadas punições pelos mesmos fatos, há também defensores de uma solução intermediária, mais equilibrada, no sentido de que a Constituição Federal veda a dupla punição pelo mesmo fato, porém, esta regra é excepcionada para a proteção de bens jurídicos especialmente sensíveis, ocasião em que poderia haver um processo de responsabilização criminal cumulado com outro processo de responsabilização punitiva não criminal.[17]

A discussão acerca da interpretação a ser dada ao artigo 22, §3º, da LINDB, especialmente quanto à definição de "sanções de mesma natureza", ainda está longe de ser pacífica, pois de mesma natureza ainda requer uma interpretação mais segura, sobretudo para se evitar, por exemplo, a desconsideração de uma sanção pecuniária, de natureza cível, anteriormente aplicada a um mesmo fato em processos de esferas de órgãos de controle distintos, mas igualmente de natureza "não penal", as quais se cumulam *ad infinitum* em face do mesmo ocorrido, sob pena de haver desproporção ou desequilíbrio na punição.

Note-se que a inovação trazida pela LINDB foi, ainda, complementada com as alterações legislativas promovidas na Lei de Improbidade Administrativa, na Improbidade Reformada, que também procura tratar do problema da comunicabilidade de instâncias e estabelece novos limites ao *bis in idem*.

2 Multiplicação das instâncias de responsabilização e novas orientações na revisão da improbidade

Existe uma multiplicação de responsabilizações que recaem sobre o agente público, que intensificam o fenômeno da Administração Pública do medo.[18] Assim, os servidores estão sujeitos a responderem, administrativa, civil e penalmente, e por improbidade administrativa, por atos praticados no exercício do cargo, emprego ou função.

---

[17] MASCARENHAS, Rodrigo Tostes de Alencar. A vedação do *bis in idem* no direito brasileiro: algumas reflexões e uma proposta de interpretação. *Revista Publicum*, Rio de Janeiro, v. 6, n. 1, p. 13-41, 2020.

[18] SANTOS, Rodrigo Valgas dos. *Direito administrativo do medo*: risco e fuga da responsabilização dos agentes públicos. São Paulo: Thomson Reuters Brasil, 2020. Passim.

A responsabilidade administrativa[19] configura-se com a prática de ilícito administrativo, definido em legislação estatutária própria. A apuração da infração é feita pela Administração Pública por meios sumários, como a sindicância, ou pelo processo administrativo disciplinar – garantindo-se ao servidor público o contraditório e a ampla defesa, com os meios e recursos a ela inerentes (cf. art. 5º, LV, CF). Na esfera federal, a instauração de processo administrativo disciplinar é obrigatória para punições maiores que 30 dias de suspensão.

Comprovada a infração administrativa, ele fica sujeito às penas disciplinares, como advertência, multa, suspensão ou demissão. Contudo, o ilícito administrativo não comporta a mesma tipicidade do ilícito penal; portanto, há maior margem de discricionariedade no enquadramento da falta cometida, uma vez que a lei se refere, por exemplo, à "falta do cumprimento dos deveres", à "insubordinação grave", sem que haja elementos precisos de sua caracterização, o que, no direito penal, redundaria em violação da tipicidade decorrente da reserva legal.[20]

Note-se, todavia, que discricionariedade não se confunde com arbítrio. Para combater as punições arbitrárias, exige-se respeito ao contraditório e à ampla defesa, bem como ao princípio da motivação da penalidade imposta, condição necessária para verificar que não houve desvio de finalidade ou mesmo excesso, sendo este caracterizado pelo desrespeito ao juízo de proporcionalidade[21] entre a falta cometida e a punição aplicada pelo Poder Público.

A responsabilidade civil do servidor, por sua vez, é aquela que se configura quando ele causa dano. A fundamentação desse tipo de responsabilidade é encontrada no art. 927 do Código Civil, que consagra a regra segundo a qual todo aquele que causa dano a outrem é obrigado a

---

[19] NOHARA, Irene Patrícia; MOTTA, Fabrício. *LINDB no direito público*: Lei nº 13.655/2018. São Paulo: Thomson Reuters Brasil, 2019. p. 647.

[20] NOHARA, Irene Patrícia. *Direito Administrativo*. 11. ed. São Paulo: Atlas, 2022. p. 647.

[21] Há um debate mais acadêmico, no âmbito da hermenêutica jurídica e da teoria da argumentação, acerca da natureza jurídica da proporcionalidade, pois, não obstante ter sido prevista como princípio, desde a Lei nº 9.784/1999 (art. 2º), há entendimentos no sentido de que ela é, em realidade, mais um *critério* de sopesamento (relacional, quando se fala em necessidade e adequação) no conflito entre princípios e direitos fundamentais, do que propriamente um *princípio* com conteúdo próprio. Apesar de o decreto que regulamenta a LINDB por ora chamar de princípio, em outros momentos, como no art. 3º, §3º (do Decreto nº 9.830/2019), dispõe que a motivação demonstrará a necessidade e adequação da medida imposta, inclusive consideradas as possíveis alternativas e "observados *os critérios* de adequação, proporcionalidade e de razoabilidade". Aqui utiliza-se da palavra juízo, amparada na razão prática da teoria da argumentação. Cf.: NOHARA, Irene Patrícia. *Limites à razoabilidade nos atos administrativos*. São Paulo: Atlas, 2006.

repará-lo. Há duas hipóteses de danos causados pelo servidor público: (1) o que atinge terceiros, que dá ensejo à responsabilização extracontratual do Estado; e (2) o que prejudica o próprio Estado.

Quando o dano atinge terceiros, quem responde é o Estado, que tem o direito de regresso contra o servidor, conforme art. 37, §6º, da Constituição. Portanto, há a responsabilidade objetiva do Estado e a subjetiva do servidor, que agiu com dolo ou culpa, sendo esta culpa, de acordo com o art. 28 da LINDB, uma culpa grave provocada por um erro grosseiro.[22]

Tal ressarcimento ou indenização pode ser demandado em juízo ou em âmbito administrativo. Neste último caso, registre-se que algumas legislações de certos entes federativos preveem requerimento administrativo para pleitear do Estado a indenização, como, por exemplo, o art. 65 da Lei de Processo Administrativo do Estado de São Paulo (Lei nº 10.177/1998), que dispõe que "aquele que pretender, da Fazenda Pública, ressarcimento por danos causados por agente público, agindo nessa qualidade, poderá requerê-lo administrativamente".

Quando o dano atinge o Estado, a responsabilidade do servidor é apurada pela própria Administração, mediante processo administrativo revestido de todas as garantias de defesa. Comprovado o dano, ocorre a autoexecutoriedade do desconto nos vencimentos do servidor, desde que prevista em lei, e obedecendo ao limite mensal, em regra, nela fixado. Se o servidor é contratado pela legislação trabalhista, só se permite o desconto com a concordância do empregado e em caso de dolo, conforme dispõe o art. 462, §1º, da CLT.

Com a inclusão do art. 28 da LINDB, feita pela Lei nº 13.655/2018, há o dispositivo no sentido de que: "O agente público responderá pessoalmente por suas decisões e opiniões técnicas em caso de dolo ou erro grosseiro ". Nesse sentido, o art. 14 do Decreto nº 9.830/2018 determina que: "No âmbito do Poder Executivo Federal, o direito de

---

[22] Assunto ainda não totalmente digerido no seio dos Tribunais Superiores, conforme se observou do debate da ADI nº 6421, que suscitou divergências interpretativas entre os Ministros, no questionamento da constitucionalidade da MP nº 966, que restringia a responsabilidade civil e administrativa dos agentes públicos às hipóteses de "erro grosseiro" e de "dolo". Possivelmente, ainda haverá mais discussões no seio do STF sobre a abrangência do art. 28, ao restringir a culpa a erro grosseiro, sendo de se ressaltar que o art. 17 do Decreto nº 9.830/2019, que regulamenta a LINDB, ressalva a aplicação de ação ou omissão provocada por culpa leve nas sanções disciplinares. A nosso ver, o art. 28 se aplica, no entanto, à responsabilidade civil. Quanto à responsabilidade por improbidade, após a Reforma da Improbidade intentada pela Lei nº 14.230/2021, houve a necessidade ainda mais rigorosa da presença de um dolo específico, tendo sido afastada a hipótese da improbidade culposa (algo que também pode vir a ser discutido pelo STF).

regresso previsto no §6º do art. 37 da Constituição, somente será exercido na hipótese de o agente público ter agido com dolo ou erro grosseiro em suas decisões ou opiniões técnicas".[23]

A responsabilidade penal decorre da prática de crime ou contravenção por parte do servidor público. Compreende dolo ou culpa, não havendo possibilidade de responsabilização objetiva. A responsabilidade criminal é investigada e posteriormente promovida por quem tem atribuição legal para tanto, que é, via de regra, o Ministério Público, por meio da denúncia no Poder Judiciário de crime contra a Administração Pública. Quem impõe a sanção de ordem criminal é sempre o Poder Judiciário.

O conceito de funcionário público para efeitos penais, presente no art. 327 e parágrafos do Código Penal, elaborado na década de 40 e alterado por legislação subsequente, foi influenciado pela noção que se tinha à época e é bastante abrangente, principalmente no tocante ao funcionário público por equiparação para fins criminais:

> Considera-se funcionário público, para efeitos penais, quem, embora transitoriamente ou sem remuneração, exerce cargo, emprego ou função pública.
>
> §1º. Equipara-se a funcionário público quem exerce cargo, emprego ou função em entidade paraestatal, e quem trabalha para empresa prestadora de serviço contratada ou conveniada para a execução de atividade típica da Administração Pública.

Paraestatal, nos dizeres do Código Penal, significa ente da Administração Indireta, pois essa era a terminologia utilizada antes do Decreto-Lei nº 200/67. Atualmente, paraestatal, conforme visto, não faz parte da Administração Pública. Basta que alguém faça parte de entidade meramente conveniada da Administração Pública, que execute atividade típica do Estado, que será passível de incriminação pelas condutas próprias contra a Administração Pública.

A regra geral sempre foi pela independência ou autonomia entre as responsabilidades administrativa, civil e criminal, tendo sido até

---

[23] Percebe-se, pois, que tal restrição da regressiva à culpa mais grave, que envolve erro grosseiro, aplica-se atualmente à regressiva da responsabilidade civil e à responsabilidade por improbidade administrativa, mas o decreto que regulamenta a LINDB é claro no sentido de que o servidor responde na esfera disciplinar inclusive nos casos de ação ou de omissão culposas de natureza leve (art. 17 do Decreto nº 9.830/2019). Cf.: NOHARA, Irene Patrícia; MOTTA, Fabrício. *LINDB no direito público*: Lei nº 13.655/2018. São Paulo: Thomson Reuters Brasil, 2019. p. 97.

recentemente reputada como um dogma, que diante das mencionadas alterações legais mais recentes, sofre seus questionamentos.

Assim, se um agente público pratica peculato,[24] desviando em proveito próprio ou alheio valor que tem a posse em razão do cargo, sobre esse mesmo fato serão apuradas, sem que ocorra *bis in idem*, a responsabilidade penal, no âmbito do Poder Judiciário, após denúncia do Ministério Público, a responsabilidade administrativa, no âmbito da repartição em que desenvolve suas atividades, por meio de processo administrativo, e a responsabilidade civil, que tanto é apurável no Judiciário quanto na Administração Pública. Na explicação de José dos Santos Carvalho Filho: "Se o mesmo fato provoca responsabilidade de mais de uma natureza, são aplicáveis, cumulativamente, as respectivas sanções".[25]

Todavia, no exemplo fornecido, há a repercussão civil e administrativa em caso de condenação criminal do servidor. Nos estatutos, o ilícito administrativo também contém figuras criminais próprias contra a Administração Pública. Porém, o contrário não é verdadeiro, isto é, pode haver ilícito administrativo caracterizado mesmo diante da hipótese de absolvição no âmbito criminal.

Pode ser que o agente absolvido da denúncia de peculato, por falta de provas ou por ausência de culpabilidade, seja apenado com a demissão, por ocorrência de falta grave, no processo administrativo disciplinar. Por esse motivo, há o conteúdo da Súmula nº 18 do STF: "Pela falta residual, não compreendida na absolvição pelo juízo criminal, é admissível a punição administrativa do servidor público".

Tal hipótese só era excepcionada, até recentemente, por duas circunstâncias,[26] que são: (1) a absolvição no crime, por negativa do fato; e (2) a absolvição no crime, por negativa da autoria. Se ficar, portanto, comprovado, na esfera da justiça, que o agente não foi o autor do fato ou que o fato não ocorreu, então, necessariamente, haverá absolvição nos âmbitos civil e administrativo. Ademais, apesar da autonomia entre ilícitos penal e administrativo, o art. 92 do Código Penal, com as alterações da Lei nº 9.268/1996, prevê a perda do cargo, função pública ou mandato eletivo, como efeito da condenação, desde que

---

[24] Em exemplo fornecido por José dos Santos Carvalho Filho. (CARVALHO FILHO, José dos Santos. *Manual de direito administrativo*. 20. ed. Rio de Janeiro: Lumen Juris, 2008. p. 514).

[25] CARVALHO FILHO, José dos Santos. *Manual de direito administrativo*. 20. ed. Rio de Janeiro: Lumen Juris, 2008. p. 525.

[26] Conforme hipóteses extraídas entre as contidas nos incisos do art. 386 do Código de Processo Penal.

haja declaração na sentença: (a) em pena privativa de liberdade por tempo igual ou superior a um ano nos crimes praticados com abuso de poder ou violação de dever para com a Administração Pública; e (b) em pena privativa de liberdade por tempo superior a quatro anos, nos demais casos.

De acordo com o art. 126-A, inserido à Lei nº 8.112/1990 pela Lei nº 12.527/2011, nenhum servidor poderá ser responsabilizado civil, penal ou administrativamente, por dar ciência à autoridade superior ou, quando houver suspeita de envolvimento desta, a outra autoridade competente para apuração de informação concernente à prática de crimes ou improbidade de que tenha conhecimento, ainda que em decorrência do exercício de cargo, emprego ou função pública.

A grande novidade em termos de comunicabilidade de instâncias na responsabilidade administrativa foi que a reforma da improbidade, engendrada pela Lei nº 14.230/2021, criou outras hipóteses de limitações em relação à comunicabilidade de instâncias relacionadas com a improbidade administrativa.

A improbidade administrativa, segundo corrente majoritária, não tem natureza penal, mas tem potencial de recair sobre o mesmo fato, gerando a multiplicação de sanções. Assim, é tema polêmico na doutrina, qual a natureza da sanção por improbidade administrativa, colacionando Marcelo Harger[27] as seguintes orientações ilustrativas desta controvérsia: Fábio Medina Osório,[28] que defende um caráter tipicamente administrativo; Marcelo Figueiredo,[29] por sua vez, que entende se tratar de punição tipicamente cível, pela inexistência da privação da liberdade; já Marçal Justen Filho[30], o qual confere à lei um caráter complexo, ainda com forte conotação penal, havendo, ainda, os que situam esse ilícito no meio caminho entre um ilícito penal e um ilícito administrativo.

Com a reforma da improbidade, conforme alterações promovidas ao art. 21, §3º, da Lei nº 8.429/1992, pela Lei nº 14.133/2021, "as sentenças civis e penais produzirão efeitos em relação à ação de improbidade

---

[27] HARGER, Marcelo. *Improbidade administrativa*. São Paulo: Thomson Reuters Brasil, 2019. p. 83.

[28] OSÓRIO, Fábio Medina. *Direito administrativo sancionador*. São Paulo: Revista dos Tribunais, 2000. p. 139.

[29] FIGUEIREDO, Marcelo. Ação de improbidade administrativa, suas peculiaridades e inovações. *In*: BUENO, Cassio Scarpinella; PORTO FILHO, Pedro Paulo Rezende (Coord.). *Improbidade administrativa*: questões polêmicas e atuais. São Paulo: Malheiros, 2001. p. 293.

[30] JUSTEN FILHO, Marçal. *Curso de direito administrativo*. 6. ed. Belo Horizonte: Fórum, 2010. p. 293.

quando concluírem pela inexistência da conduta e pela negativa de autoria"; ainda, conforme o §4º: "a absolvição criminal em ação que discuta os mesmos fatos, confirmada por decisão colegiada, impede o trâmite da ação da qual trata esta lei, havendo comunicação com todos os fundamentos de absolvição previstos no art. 386 do Código de Processo Penal".

Assim, não é mais apenas em face da inexistência de conduta ou da negativa de autoria que há a comunicabilidade. Ademais, conforme visto, sanções eventualmente aplicadas em outras esferas poderão ser *compensadas* com as sanções aplicadas com base na Lei de Improbidade. Portanto, tanto a LINDB quanto a Reforma da Lei de Improbidade Administrativa intentam evitar esta multiplicação de responsabilizações e sanções, tendo em vista que as sanções aplicadas podem causar graves reflexos nos direitos subjetivos de terceiros, com a imposição de medidas gravosas e excessivas.

Contudo, mais do que a simples alteração legislativa, o maior problema está na aplicação dificultosa por parte dos órgãos de controle, sobretudo ao considerarmos a superposição de atividades e iniciativas controladoras que atuam de forma fragmentada e não dialogada.

3 Excessos e intersecções do controle sobre o mesmo fato: ausência de concertação e possibilidade de quádruplo sancionamento

As alterações legislativas foram comemoradas por muitos administrativistas, pois pretenderam arrefecer a sensação de medo que oprime os quadros da Administração Pública, impondo balizas aos órgãos de controle ao refrear eventuais excessos. Contudo, é preciso que as alterações legislativas sejam acompanhadas de mudanças na mentalidade e na atuação dos órgãos de controle, em especial para que haja uma atuação holisticamente mais harmônica.

As alterações promovidas na LINDB e na LIA foram festejadas como se bastassem para trazer equilíbrio aos órgãos de controle e segurança jurídica aos agentes administrativos. Assim, aparentemente, não temos mais um problema de ordem legislativa. Porém, o problema é que a lei sozinha resolve muito pouco.[31] Em que pesem as alterações

---

[31] Cf.: NIEBUHR, Joel de Menezes. A LINDB esvaziada. *Blog Zênite*, 2021. Disponível em: https://zenite.blog.br/a-lindb-esvaziada/. Acesso em 10 mar. 2022.

legislativas, o problema da superposição de iniciativas controladoras e sancionatórias persiste.

A esse respeito, merece destaque a noção da chamada "*accountability* horizontal". O termo é utilizado para designar "a função de um agente ou órgão estatal de supervisionar, controlar e impor sanções a outros agentes ou órgãos estatais, nas hipóteses em que tenham cometido ações ou atos considerados ilícitos" [32]. Portanto, na *accountability horizontal*, o que existe são agentes públicos que se controlam mutuamente.

Contudo, um dos maiores desafios que se identifica no sistema brasileiro de *accountability horizontal* consiste na falta de cooperação e coordenação entre as diversas instituições, pois há inúmeros casos de instituições que competem entre si ou mesmo que ignoram o trabalho das demais.[33] Segundo Ana Luiza Melo Aranha, apesar de fortalecidas, as instituições de *accountability* têm dificuldades enormes de se articularem para controlar e responsabilizar a corrupção.[34]

De fato, uma das características do sistema de controle da Administração Pública consiste na sobreposição de órgãos e instituições voltadas ao controle. Há diversos aspectos da gestão pública que são controlados de maneira concomitante por dois controladores ou mais. Por exemplo, o controle de contratações públicas pode ser feito ao mesmo tempo pelo Ministério Público, pelo Tribunal de Contas da União, pela Controladoria Geral da União e pelo Poder Judiciário.[35]

É comum, então, que as diferentes instâncias de controle, como Ministério Público e Tribunais de Contas, investiguem, isoladamente e ao mesmo tempo, os mesmos fatos. Neste contexto, os administradores públicos acabam sendo submetidos a inúmeras fiscalizações simultâneas dos diversos órgãos, sendo pouco frequente a articulação entre eles, que se amparam no comodismo de uma suposta autonomia de instâncias.

Nesta perspectiva, aponta Rodrigo Valgas que um importante problema jurídico consiste na sobreposição de diversas instâncias

---

[32] MARTINS, Fernando Medici Guerra. *Sistema brasileiro de accountability horizontal*: análise e perspectivas. Dissertação (Mestrado). Universidade Presbiteriana Mackenzie, 2021.

[33] MARTINS, Fernando Medici Guerra. *Sistema brasileiro de accountability horizontal*: análise e perspectivas. Dissertação (Mestrado). Universidade Presbiteriana Mackenzie, 2021.

[34] ARANHA, Ana Luiza; FILGUEIRAS, Fernando. Instituições de accountability no Brasil: mudança institucional, incrementalismo e ecologia processual. *Cadernos ENAP*, v. 44, p. 1-53, 2016.

[35] MARQUES NETO, Floriano de Azevedo; PALMA, Juliana Bonacorsi de. Os sete impasses do controle da Administração Pública no Brasil. *In*: PEREZ, Marcos Augusto; SOUZA, Rodrigo Pagani. *Controle da Administração Pública*. Belo Horizonte: Fórum, 2017. p. 33.

de controle sobre um mesmo ato administrativo, o que faz com que a Administração dedique um tempo considerável para responder a questionamentos destes órgãos e, mesmo atendendo a determinação de alguns órgãos de controle, não tenha qualquer segurança jurídica em relação aos demais, podendo ocorrer entendimentos contraditórios entre eles.[36]

Portanto, embora a existência de múltiplos atores no exercício do controle seja importante na detecção de esquemas de corrupção em um país continental como o Brasil, há graves problemas "na forma desordenada e pouco sistemática com que, em determinados contextos, esse controle vem se expandindo".[37] Neste sentido:

> Ao controlar, os órgãos competentes (i) não dialogam com o gestor, o que explica o pânico da responsabilização e o engessamento; (ii) tampouco dialogam entre si; do contrário, haveria uniformidade de entendimentos. Tem-se aí um problema de ineficiência sistêmica que faz o controle custar caro, pelo prejuízo que representa às relações negociais e à independência das instituições de controle.[38]

Neste cenário, caracterizado por competências concorrentes entre os diversos controladores, sobressalta a dificuldade de articulação e coordenação entre as instâncias. Os níveis de colaboração e coordenação entre as instituições ainda são insuficientes, principalmente no caso em que suas prerrogativas e competências se sobrepõem. Assim entendem Floriano de Azevedo e Juliana Bonacorsi:

> Poucas são as iniciativas de cooperação entre os entes de controle. Os acordos de cooperação técnica existentes se voltam, de modo geral, à troca de informações e realização de trabalhos de auditoria e instrução processual conjuntas. Em outros termos, a cooperação existente entre as instituições de controle concentra-se na investigação, preservando-se a

---

[36] SANTOS, Rodrigo Valgas dos. *Direito administrativo do medo*: risco e fuga da responsabilização dos agentes públicos. São Paulo: Thomson Reuters Brasil, 2020. p. 88.

[37] CAMPANA, Priscilla de Souza Pestana. *O controle pelo medo*: fragilidades e desafios do sistema de controle da Administração Pública. Dissertação (Mestrado) Universidade do Estado do Rio de Janeiro, Faculdade de Direito, 2018. p. 46.

[38] MORGAN, Fernanda. Repensando o Controle Público no Contrafluxo. *Jota*, 23 abril 2018. Disponível em https://www.jota.info/opiniao-e-analise/artigos/repensando-o-controle-publico-no-contrafluxo-23042018. Acesso em 13 mai. 2020.

autonomia de cada ente para conduzir o processo de responsabilização em seus correspondentes âmbitos.[39]

Existe, ainda, uma disputa institucional entre os órgãos de controle pela proeminência no cenário de combate à corrupção: "Num ambiente em que há vários órgãos públicos, autônomos e independentes, atuando no mesmo sentido, é inevitável que haja uma competição entre eles pela projeção no plano institucional".[40]

Em suma, a atuação fragmentada das diversas instituições de controle ainda é um óbice que impede que haja segurança jurídica, podendo gerar um quadro esquizofrênico de combate à corrupção. Neste sentido, é fundamental que os órgãos de controle dialoguem entre si, que atuem de forma harmônica, ou seja, que exista uma concertação entre eles.[41]

A superação deste cenário depende não somente das alterações legislativas, pois demanda tecer arranjos institucionais de modo a possibilitar colaboração e coordenação entre as diversas instituições, com vistas a evitar sobreposições de sanções e excessos na punição com base no mesmo fato.

4 Imprescindível ponderação do "dogma da autonomia das instâncias" no calibramento com a proporcionalidade

No ordenamento jurídico pátrio, está presente o dogma da independência das instâncias competentes para punir. Todavia, conforme abordado, com o advento da LINDB e com as alterações recentemente promovidas na LIA, o legislador pretendeu uma mitigação na noção da independência de instâncias.

Neste contexto, é importante considerar a unidade do *jus puniendi* estatal. O Estado possui o direito de punir o autor de uma determinada conduta socialmente reprovável, de modo a desestimular tal conduta, ao

---

[39] MARQUES NETO, Floriano de Azevedo; PALMA, Juliana Bonacorsi de. Os sete impasses do controle da Administração Pública no Brasil. *In*: PEREZ, Marcos Augusto; SOUZA, Rodrigo Pagani. *Controle da Administração Pública*. Belo Horizonte: Fórum, 2017. p. 33.

[40] CAMPANA, Priscilla de Souza Pestana. *O controle pelo medo*: fragilidades e desafios do sistema de controle da Administração Pública. Dissertação (Mestrado) Universidade do Estado do Rio de Janeiro, Faculdade de Direito, 2018. p. 57.

[41] Cf.: BITENCOURT NETO, Eurico. *Concertação Administrativa Interorgânica*. São Paulo: Almedina, 2017. *Passim*.

mesmo tempo em que deve estimular a adoção de condutas socialmente desejáveis. Porém, deveria haver, em atendimento à proporcionalidade e à individualização da sanção, um único direito de punir do Estado, sendo irrelevante sob qual rótulo o legislador tenha optado por fazê-lo incidir a uma determinada situação jurídica.[42]

O exercício deste *jus puniendi* estatal deve ser acompanhado do respeito a garantias fundamentais consolidadas no ordenamento jurídico e essenciais a qualquer Estado Democrático de Direito. Inclusive, uma dessas garantias consiste na vedação ao *bis in idem*, expressa na Convenção Americana sobre Direitos Humanos, da qual o Brasil é signatário e que foi recebida no ordenamento jurídico com *status* normativo supralegal.

A compreensão acerca da unidade do *jus puniendi* e da necessidade de evitar o *bis in idem* inspirou as recentes alterações legislativas em matéria de direito público, conforme visto.

O legislador, atento ao fato de que a gravidade das sanções administrativas pode se equiparar ou até mesmo superar as medidas impostas pelo direito penal, fez uma opção legislativa de *relativizar* o dogma da autonomia e incomunicabilidade das instâncias, exigindo que se faça uso da proporcionalidade no momento de aplicação de medidas sancionatórias, o que é uma condição de individualização da pena.

Essa opção legislativa pode ser vista claramente no artigo 22, §3º, da LINDB, ao recomendar que as sanções aplicadas ao agente sejam levadas em conta na dosimetria de demais sanções de mesma natureza e relativas ao mesmo fato, assim como no artigo 21, §5º, da Lei de Improbidade Administrativa, o qual dispõe que as "sanções eventualmente aplicadas em outras esferas deverão ser compensadas com as sanções aplicadas nos termos desta Lei".

Ainda, por força do artigo 1º, §4º, da Lei de Improbidade, alterada pela Lei nº 14.230 de 2021, o legislador fez uma opção de que os princípios constitucionais do direito penal e processual penal se apliquem ao direito administrativo sancionador e à improbidade administrativa, e um desses princípios consiste justamente na vedação de dupla punição pelo mesmo fato (*ne bis in idem*).

A sujeição ao controle é um pressuposto da democracia. O que a LINDB e a LIA pretenderam, ao exigir que seja levada em conta a multiplicidade de sanções de mesma natureza, não foi inviabilizar o exercício efetivo do controle, mas sim estimular o exercício de um "poder

---

[42] NEISSER, Fernando Gaspar. *Dolo e culpa na corrupção política, improbidade e imputação subjetiva.* Belo Horizonte: Editora Fórum, 2019. p. 72-73.

sancionador ponderado", que seja focado não apenas sob o viés de um punitivismo da repressão estatal, mas que também assegure garantias aos destinatários das aplicações normativas.

A compreensão de um "poder sancionador ponderado" exige, portanto, que se avance além da orientação focada exclusivamente num punitivismo cego e fragmentado. O poder sancionador ponderado deve ser um instrumento para que o Estado alcance os seus relevantes objetivos (como a preservação da moralidade administrativa, o combate à má gestão e à corrupção) mas também, ao mesmo tempo, que seja capaz de assegurar um corpo de garantias processuais e materiais aos destinatários das normas jurídicas.

Afinal, toda atividade do Estado que tenha como consequência a aplicação de punições de certa gravidade deve ser exercida com o devido respeito aos direitos e garantias fundamentais, dentro de um viés de ponderação. Portanto, o exercício do poder sancionatório estatal não pode desprezar as garantias materiais e processuais consolidadas no ordenamento jurídico, sobretudo a de individualização da sanção, sob pena de abater-se "pardais com canhões" (na consagrada frase de Walter Jellinek) ou pretender-se matar formigas com lança-chamas, aumentando destemperadamente o calibre das medidas aplicadas.

Razoabilidade e proporcionalidade apontam para a necessidade de ponderação, em uma aplicação de medidas que não redundem nem em excesso, nem em falta,[43] mas que guardem a justa correlação entre o ocorrido e a consequência imputada. Nesta linha de raciocínio, o dogma da autonomia das instâncias não deve mais ser visto de forma absoluta, mas sim doravante calibrado com o juízo de proporcionalidade.

As sanções devem ser aplicadas com ponderação de necessidade, de adequação, de proporcionalidade em sentido estrito, conforme pretenderam enfatizar as recentes alterações promovidas no plano legislativo.

Imprescindível evitar-se o climão de "caça às bruxas" em que, a pretexto de combate à corrupção e de moralização da administração, que são fins louváveis, o controle fique surdo e insensível, apenas focado na eficácia de suas armas de punição na perseguição cega estimulada por um Direito Administrativo medieval, e migrarmos, no diálogo com os fundamentos do direito sancionatório, para um contexto de Estado de Direito em que o "réu" agente público tenha oportunizada

---

[43] A equidade na ponderação, segundo Aristóteles, indica um julgamento compreensivo perante os fatos, discernindo aquilo que não redunda nem em excesso, nem em falta. Cf.: NOHARA, Irene Patrícia. *Limites à razoabilidade nos atos administrativos*. São Paulo: Atlas, 2006. p. 38.

sua defesa, no pressuposto de que haverá individualização de sua pena, que não será multiplicada desproporcionalmente por um dogma insensível e esquizofrênico de ilimitada independência de instâncias e, consequentemente, de multiplicação *ad infinitum* das chances de responsabilizações decorrentes de um mesmo fato exaradas por órgãos que não dialogam e que, ainda, aplicam suas penas num crescente que desconsidera anterior punição.

No sentido de alertar para a necessidade de calibramento dos meios sancionatórios empregados, deve-se refletir acerca do alerta de Recaséns Siches, no sentido de que: "O emprego de meios perversos a serviço de fins justos priva os fins de sua bondade originária e os prostitui".[44] O combate aos excessos do direito sancionatório e o exercício deste "poder sancionador ponderado" revelam-se, assim, ferramentas essenciais e indispensáveis para evitar o "direito administrativo do medo" e permitir uma efetiva melhoria da gestão pública.

Conclusões

Durante muito tempo vigorou com força o dogma da autonomia das instâncias, o qual prevê a independência das diferentes esferas de responsabilidade, como a administrativa, a criminal e a civil. Todavia, a partir da percepção de que a multiplicidade de esferas de responsabilização ocasiona o chamado "apagão das canetas" e as consequentes ineficiências na gestão pública, o art. 22, §3º, da LINDB, mitiga a ideia de afastamento do *non bis in idem*, impondo um juízo de proporcionalidade nas diversas sanções aplicadas. Tal inovação, trazida pela LINDB, foi complementada, ainda, pelas alterações legislativas promovidas na Lei de Improbidade Administrativa, por meio da Lei nº 14.230/2021.

Portanto, conclui-se que o dogma da autonomia das instâncias deverá ser calibrado com a proporcionalidade, uma vez que a aplicação de punições deve ser exercida com o respeito aos direitos e garantias fundamentais, numa aplicação necessária e adequada, afastando-se os excessos.

O exercício de um "poder sancionador ponderado", focado não apenas no punitivismo, mas também na preservação de garantias dos destinatários das normas jurídicas, revela-se como um mecanismo essencial para arrefecer a sensação de medo do administrador público

---

[44] SICHES, Luis Recaséns. *Introducción al estudio del derecho*. 2. ed. México: Porrúa, 1972. p. 257.

e permitir a melhoria da gestão pública, afastando-se dela o "climão" de caçada às bruxas provocado por eventuais disfunções no controle. Todavia, não obstante as relevantes alterações legislativas ressaltadas, é preciso que o objetivo almejado pelo legislador seja de fato reconhecido e aplicado pelos órgãos de controle, de modo a superar as ineficiências na gestão do direito público brasileiro, que tanto a LINDB quanto a LIA reformada procuraram combater. Para tanto, é fundamental tecer arranjos institucionais dialógicos, para que os diversos órgãos de controle atuem de forma mais harmônica e concertada, evitando-se, portanto, os excessos fragmentados e esquizofrênicos provocados pela falta de articulação interorgânica e interinstitucional numa escalada de sobreposições dos controles.

Referências

ARANHA, Ana Luiza; FILGUEIRAS, Fernando. Instituições de accountability no Brasil: mudança institucional, incrementalismo e ecologia processual. *Cadernos ENAP*, v. 44, p. 1-53, 2016.

BERARDO, José Carlos. Brasil oficializou o *bis in idem* – e todo mundo está quieto. *Conjur*, 20 jun. 2018. Disponível em: https://www.conjur.com.br/2018-jun-20/zeca-berardo-brasil-oficializou-bis-in-idem-todo-mundo-quieto. Acesso em 9 mar. 2022.

BITENCOURT NETO, Eurico. *Concertação Administrativa Interorgânica*. São Paulo: Almedina, 2017.

CAMPANA, Priscilla de Souza Pestana. *O controle pelo medo*: fragilidades e desafios do sistema de controle da Administração Pública. Dissertação (Mestrado) Universidade do Estado do Rio de Janeiro, Faculdade de Direito, 2018.

CARVALHO FILHO, José dos Santos. *Manual de direito administrativo*. 20. ed. Rio de Janeiro: Lumen Juris, 2008.

FIGUEIREDO, Marcelo. Ação de improbidade administrativa, suas peculiaridades e inovações. *In*: BUENO, Cassio Scarpinella; PORTO FILHO, Pedro Paulo Rezende (Coord.). *Improbidade administrativa*: questões polêmicas e atuais. São Paulo: Malheiros, 2001.

HARGER, Marcelo. *Improbidade administrativa*. São Paulo: Thomson Reuters Brasil, 2019.

JORDÃO, Eduardo. Art. 22 da LINDB – Acabou o romance: reforço do pragmatismo no direito público brasileiro. *Revista de direito administrativo*, Rio de Janeiro, Edição Especial: Direito Público na Lei de Introdução às Normas do Direito Brasileiro – LINDB (Lei nº 13655/2018), p. 63-92, nov. 2018.

JUSTEN FILHO, Marçal. *Curso de direito administrativo*. 6. ed. Belo Horizonte: Fórum, 2010.

MAFFINI, Rafael; RAMOS, Rafael. *Nova LINDB*: proteção da confiança, consensualidade, participação democrática e precedentes administrativos. Rio de Janeiro: Lumen Juris, 2021.

MARQUES NETO, Floriano de Azevedo; FREITAS, Rafael Véras. O artigo 22 da LINDB e os novos contornos do direito administrativo sancionador. *Conjur*, 25 jul. 2018. Disponível em: https://www.conjur.com.br/2018-jul-25/opiniao-artigo-22-lindb-direito-administrativo-sancionador. Acesso em 01 mar. 2022.

MARQUES NETO, Floriano de Azevedo; PALMA, Juliana Bonacorsi de. Os sete impasses do controle da Administração Pública no Brasil. *In*: PEREZ, Marcos Augusto; SOUZA, Rodrigo Pagani. *Controle da Administração Pública*. Belo Horizonte: Fórum, 2017.

MARTINS, Fernando Medici Guerra. *Sistema brasileiro de accountability horizontal*: análise e perspectivas. Dissertação (Mestrado). Universidade Presbiteriana Mackenzie, 2021.

MASCARENHAS, Rodrigo Tostes de Alencar. A vedação do *bis in idem* no direito brasileiro: algumas reflexões e uma proposta de interpretação. *Revista Publicum*, Rio de Janeiro, v. 6, n. 1, p. 13-41, 2020.

MORGAN, Fernanda. Repensando o Controle Público no Contrafluxo. *Jota*, 23 abril 2018. Disponível em https://www.jota.info/opiniao-e-analise/artigos/repensando-o-controle-publico-no-contrafluxo-23042018. Acesso em 13 mai. 2020.

NEISSER, Fernando Gaspar. *Dolo e culpa na corrupção política, improbidade e imputação subjetiva*. Belo Horizonte: Editora Fórum, 2019.

NIEBUHR, Joel de Menezes. A LINDB esvaziada. *Blog Zênite*, 2021. Disponível em: https://zenite.blog.br/a-lindb-esvaziada/. Acesso em 10 mar. 2022.

NOHARA, Irene. *Direito administrativo*. 11. ed. São Paulo: Atlas, 2022.

NOHARA, Irene Patrícia. *Limites à razoabilidade nos atos administrativos*. São Paulo: Atlas, 2006.

NOHARA, Irene Patrícia; MOTTA, Fabrício. *LINDB no direito público*: Lei nº 13.655/2018. São Paulo: Thomson Reuters Brasil, 2019.

OLIVEIRA, José Roberto Pimenta. *Improbidade administrativa e sua autonomia constitucional*. Belo Horizonte: Fórum, 2009.

OSÓRIO, Fábio Medina. *Direito administrativo sancionador*. São Paulo: Revista dos Tribunais, 2000.

PENNA, Saulo Versiani; ALMEIDA, Fabíola Fonseca Fragas de; SALLES, Guilherme Mattos. O artigo 22 §3º da Lei de Introdução às Normas do Direito Brasileiro frente ao princípio do *ne bis in idem*. *Duc In Altum – Cadernos De Direito*, v. 13, n. 29, p. 57-76, jan./mar. 2021.

SANTOS, Rodrigo Valgas dos. *Direito administrativo do medo*: risco e fuga da responsabilização dos agentes públicos. São Paulo: Thomson Reuters Brasil, 2020.

SICHES, Luis Recaséns. *Introducción al estudio del derecho*. 2. ed. México: Porrúa, 1972.

Informação bibliográfica deste texto, conforme a NBR 6023:2018 da Associação Brasileira de Normas Técnicas (ABNT):

NOHARA, Irene Patrícia; FERNANDES, Érika Capella. Equilíbrio e segurança na responsabilização das diversas instâncias: Improbidade reformada e desafios do poder sancionador ponderado. *In*: MOTTA, Fabrício; VIANA, Ismar (coord.). *Improbidade administrativa e Tribunais de Contas*: as inovações da Lei nº 14.230/2021. Belo Horizonte: Fórum, 2022. p. 133-156. ISBN 978-65-5518-445-7.

A LEI DE IMPROBIDADE ADMINISTRATIVA REFORMADA: INOVAÇÕES, IMPACTOS E PROVAS PRODUZIDAS NOS TRIBUNAIS DE CONTAS COMO MEIO DE INSTRUMENTALIZAÇÃO DE INQUÉRITOS CIVIS E AÇÕES DE IMPROBIDADE

ISMAR VIANA
FABRÍCIO MOTTA

Introdução

A Lei nº 14.230, de 25 de outubro de 2021, produziu significativas mudanças na Lei nº 8.429/1992 – Lei de Improbidade Administrativa (LIA), alterando significativamente os parâmetros normativos de responsabilização pela prática de atos de improbidade administrativa. Trata-se, então, de mais uma legislação a integrar o que se convencionou denominar de *novo formato de controle da Administração Pública*, pautado pela busca da conformidade no exercício do controle e na responsabilização de agentes públicos e privados no manejo de recursos e bens públicos: governança no controle.

Essa governança contempla aspectos de integridade e ética no agir institucional, identificando parâmetros inerentes ao exercício da função de controle, mormente diante da necessidade de regras claras que, ao mesmo tempo, garantam a preservação do princípio da separação dos poderes – legitimando, assim, a esfera controladora – e também a segurança jurídica. Disso resulta possível extrair que o respeito ao devido processo legal é pressuposto elementar da governança controladora, cuja concretização depende da necessária e efetiva independência entre quem investiga e julga, segregação de funções no plano do controle.

Pode-se reconhecer que um novo modelo de exercício das atividades de controle da Administração Pública foi reforçado, no plano legislativo, com a edição da Lei nº 13.655/2018, que alterou significativamente a denominada Lei de Introdução às Normas do Direito Brasileiro, a partir da qual vieram outras leis que com ela guardam direta relação. Nesse contexto, podem ser mencionadas a Lei nº 13.869/2019, que inaugurou parâmetros normativos que produziram impactos na persecução penal, civil e administrativa; a Lei nº 14.133/2021, novo marco normativo das licitações e contratações públicas, especialmente no que tange ao controle das contratações; e, mais recentemente, a Lei nº 14.230/2021, objeto deste estudo.

Em apertada síntese, pode-se dizer que a Lei nº 14.230/2021 incrementou condições de procedibilidade da ação de improbidade administrativa: desprezando a já conhecida dificuldade da construção probatória, passou a exigir dolo específico como elemento essencial à responsabilização pela prática de atos de improbidade, e ainda alargou o ônus argumentativo decisório, na medida em que impôs substanciais limitações ao Ministério Público e aos julgadores (que deverão considerar as provas produzidas perante os órgãos de controle e as correspondentes decisões).

Da literalidade do texto normativo, é possível identificar novos *desafios a serem enfrentados pelo Ministério Público*, da instauração e condução dos procedimentos investigativos prévios à processualização das ações de improbidade administrativa, os membros da instituição deverão encontrar caminhos para superar as exigências impostas pela nova disciplina normativa. Um desses caminhos pode ser a interação interinstitucional, abrangendo diferentes instituições e distintos sistemas de responsabilização. Essa será uma via possível para a superação dos obstáculos criados a partir das alterações jurisprudenciais e legislativas, que tornaram ainda mais difícil a *responsabilização-sanção* e a *responsabilização-reparação*, na esfera controladora – nesse caso específico, perante os Tribunais de Contas – e na esfera judicial, especificamente no campo da improbidade administrativa.

Diante dessa nova realidade normativa e de sua importância, o presente artigo abordará as inovações promovidas pela Lei nº 14.230/2021 na Lei nº 8.429/1992, com foco centrado na repercussão na atuação dos Tribunais de Contas. O objetivo é induzir reflexões sobre a forma como as Cortes de Contas se relacionam com o sistema de responsabilização por atos de improbidade administrativa. A busca de efetividade acarreta a necessidade de analisar os riscos decorrentes de instruções e decisões no âmbito do controle externo que deixem de observar garantias processuais inerentes à responsabilização de agentes públicos e privados no manejo de recursos públicos, notadamente a garantia de segregação de funções e individualização de responsabilidades.

Para tornar a leitura mais fluida, a Lei nº 8.429/1992, acrescida das alterações promovidas pela Lei nº 14.130/21, será denominada LIA ou *LIA reformada*.

1 Inovações na Lei de Improbidade Administrativa promovidas pela Lei nº 14.230/2021

1.1 Principais inovações e as linhas condutoras das alterações no controle da Administração Pública

As inovações no regramento da improbidade administrativa trazidas pela Lei nº 14.230/2021 mantêm aderência, de forma expressa ou implícita, aos vetores da Lei de Introdução às Normas do Direito Brasileiro (LINDB) e também do Direito Administrativo Sancionador. A conjugação desse conjunto normativo impõe novos parâmetros para o exercício do controle da Administração Pública, com impactos na *responsabilização-sanção* e na *responsabilização-reparação*.

A respeito da distinção entre essas modalidades de responsabilização, importa anotar que as medidas de *responsabilização-reparação* – ínsita à existência de um dano ao erário e regulada pelo sistema de responsabilidade civil, e de *responsabilização-sanção*, cuja natureza é de sanção – têm fundamentos e objetivos distintos, embora sejam extraíveis do mesmo dispositivo constitucional (artigo 71, VIII).

Logo no art. 1º, a LIA reformada passou a dispor que somente as condutas *dolosas* tipificadas nos arts. 9º, 10º e 11 poderão ser rotuladas como atos de improbidade administrativa (§1º), definindo o alcance e sentido do dolo de que trata a mesma Lei (§2º). A definição estabelece diferenciação entre *voluntariedade da conduta* e *vontade livre e consciente de alcançar o resultado ilícito*, reafirmando, assim, a necessidade de *comprovação de ato doloso com fim ilícito* como condição para a responsabilização pela prática de ato de improbidade administrativa (§3º).

Percebe-se o alinhamento com o disposto no art. 28 da LINDB, que já havia excluído a culpa como pressuposto para a *responsabilização-sanção*.

Ocorre, porém, que, especificamente no sistema da responsabilização da improbidade administrativa, o *erro grosseiro* – que, na LINDB, ladeia o *dolo* no citado art. 28 – não é apto a ensejar a responsabilização-sanção: a LIA reformada passou a exigir a demonstração do *dolo específico*.

Essa exigência veio reforçada nos §1º e 2º do art. 11 da LIA,[1] ao disporem que somente haverá improbidade administrativa quando for comprovado, na conduta funcional do agente público, o fim de obter proveito ou benefício indevido para si ou para outra pessoa ou entidade, abrangendo, inclusive, atos de improbidade administrativa tipificados em leis especiais e quaisquer outros tipos especiais de improbidade administrativa instituídos por lei – disposição que, aliás, deverá ser objeto de ampla discussão doutrinária e jurisprudencial, em razão desses efeitos expansivos.

A propósito, a parte inicial do §1º do art. 11 faz menção à Convenção das Nações Unidas contra a Corrupção, dando a entender que referida Convenção exigiria o dolo específico para todos os atos, o que tem sido objeto de recorrentes críticas. Isso porque, se o art. 19 da referida Convenção, que trata do "abuso de funções", exige o dolo específico (dispositivo que faz paralelo com o art. 11 da LIA), o mesmo não ocorre com o art. 28 do mesmo diploma, que, ao versar sobre conhecimento, intenção e propósito como elementos de um delito, dispõe que tais elementos poderão inferir-se de circunstâncias fáticas objetivas.

Noutro giro, a disposição expressa de que os princípios constitucionais do Direito Administrativo Sancionador se aplicam ao sistema da improbidade reafirmou, no plano legislativo, o que há muito já se enunciava no plano doutrinário. Essa presença marcante do Direito Administrativo Sancionador veio refletida ao longo do texto, ao tratar da individualização de condutas, da necessária distinção entre provas produzidas perante os órgãos de controle, Tribunais de Contas, e correspondentes decisões, em respeito ao sistema acusatório, o que

---

[1]   Art. 1º O sistema de responsabilização por atos de improbidade administrativa tutelará a probidade na organização do Estado e no exercício de suas funções, como forma de assegurar a integridade do patrimônio público e social, nos termos desta Lei. (Redação dada pela Lei nº 14.230, de 2021).

[...]

§1º Consideram-se atos de improbidade administrativa as condutas dolosas tipificadas nos arts. 9º, 10 e 11 desta Lei, ressalvados tipos previstos em leis especiais. (Incluído pela Lei nº 14.230, de 2021).

§2º Considera-se dolo a vontade livre e consciente de alcançar o resultado ilícito tipificado nos arts. 9º, 10 e 11 desta Lei, não bastando a voluntariedade do agente. (Incluído pela Lei nº 14.230, de 2021).

denota a preocupação com o alcance da imparcialidade na investigação, instrução e julgamento, dentre tantas outras passagens.

A processualidade das relações punitivas é ínsita ao Estado Democrático de Direito, independentemente de qual seja a esfera de responsabilização – administrativa ou penal, conforme defende Fábio Medina Osório, para quem:

> Do devido processo legal decorrem direitos e garantias fundamentais, especialmente aos acusados e investigados em geral, não importa se direta ou indiretamente, nem se tais direitos derivam das combinações de dispositivos, de novas leituras, significados e conteúdos, ou de outras funções normativas da cláusula em exame, propiciadas por suas distintas espécies eficaciais.[2]

A reforma na LIA fez ressurgir a redação vetada do §1º do art. 28 da LINDB (PL nº 7.448/2017) no sentido de que "não configura improbidade a ação ou omissão decorrente de divergência interpretativa da lei, baseada em jurisprudência, ainda que não pacificada, mesmo que não venha a ser posteriormente prevalecente nas decisões dos órgãos de controle ou dos tribunais do Poder Judiciário" (texto contemplado no §8º do art. 1º da LIA). A retomada do dispositivo reforça a identificação de um bloco jurídico-normativo, alicerçado pelos mesmos vetores, que vem impondo mudanças no controle da Administração Pública.

No art. 17, §6º da LIA,[3] percebe-se um *incremento das condições de procedibilidade da ação de improbidade administrativa*, cabendo ao órgão ministerial, na petição inicial, *individualizar a conduta* do réu (salvo impossibilidade devidamente fundamentada), sendo possível concluir que o procedimento investigativo prévio parece ter se tornado meio

---

[2] OSÓRIO, Fábio Medina. *Direito Administrativo Sancionador*. 7. ed. rev. e atual. São Paulo: Thomson Reuters, 2020. p. 420.

[3] Art. 17. A ação para a aplicação das sanções de que trata esta Lei será proposta pelo Ministério Público e seguirá o procedimento comum previsto na Lei nº 13.105, de 16 de março de 2015 (Código de Processo Civil), salvo o disposto nesta Lei. (Redação dada pela Lei nº 14.230, de 2021) (Vide ADIN nº 7043).
[...]
§6º A petição inicial observará o seguinte: (Redação dada pela Lei nº 14.230, de 2021).
I – deverá individualizar a conduta do réu e apontar os elementos probatórios mínimos que demonstrem a ocorrência das hipóteses dos arts. 9º, 10 e 11 desta Lei e de sua autoria, salvo impossibilidade devidamente fundamentada; (Incluído pela Lei nº 14.230, de 2021).
II – será instruída com documentos ou justificação que contenham indícios suficientes da veracidade dos fatos e do dolo imputado ou com razões fundamentadas da impossibilidade de apresentação de qualquer dessas provas, observada a legislação vigente, inclusive as disposições constantes dos arts. 77 e 80 da Lei nº 13.105, de 16 de março de 2015 (Código de Processo Civil). (Incluído pela Lei nº 14.230, de 2021).

essencial à demonstração do preenchimento dessas condições, que se prestam a evidenciar a existência do ilícito e a sua autoria, ainda que de forma indiciária.

Acerca do direito de ação e da pretensão fundada em improbidade, Marçal Justen Filho leciona ser inadmissível a instauração de ação de improbidade sem a necessária exposição que se subsuma às hipóteses normativas ou sem a existência de um mínimo de provas suficientemente consistentes para evidenciar a materialidade do ilícito e para vincular um sujeito à sua prática".[4]

A preocupação com a *individualização da conduta* também veio expressa no §1º do art. 3º, cujo texto dispõe que os sócios, os cotistas, os diretores e os colaboradores de pessoa jurídica de direito privado responderão por atos de improbidade administrativa nos limites da sua participação.

Acerca do indisponível *dever de cientificação de prática de atos de improbidade*, o art. 7º da LIA passou a dispor que, ao identificar indícios de ato de improbidade, a autoridade que conhecer dos fatos representará ao Ministério Público competente, para as providências necessárias.[5]

Retomando, de forma específica, a distinção entre *responsabilização-sanção* e *responsabilização-reparação*, convém perceber que, na LIA, a diferença vem refletida, por exemplo, no art. 8º, no parágrafo único do art. 8º-A e no §1º do art. 10. A redação do art. 8º é clara no sentido de que o sucessor ou o herdeiro daquele que vier a ser condenado por atos de improbidade tipificados nos arts. 9º ou 10 estará sujeito apenas à responsabilização-reparação, que é limitada ao valor da herança ou do patrimônio transferido. Em sentido análogo, o parágrafo único do art. 8º-A, que trata da responsabilidade sucessória empresarial, prescreve

---

[4] JUSTEN FILHO, Marçal. *Reforma da lei de improbidade administrativa comentada e comparada*: Lei nº 14.230, de 25 de outubro de 2021. 1. ed., 2. reimp. Rio de Janeiro: Forense, 2022. p. 190.

[5] Sobre esse ponto, aliás, em matéria publicada no Estadão, antes mesmo da Lei nº 14.230, de 2021, foram veiculadas críticas sobre casuísmos de agentes ministeriais no ajuizamento de ações de improbidade administrativa, alimentando o discurso da necessidade de mudança da lei de improbidade. Em formato de crítica, o texto indicava a existência de ações de improbidade alicerçadas em matérias jornalísticas produzidas, não raro, com a participação de procuradores. (Cf.: O conceito de improbidade. *Estadão*, 11 set. 2020. Disponível em: https://opiniao.estadao.com.br/noticias/notas-e-informacoes,o-conceito-deimprobidade,70003432985. Acesso em 10 mai. 2022). Assim, se ações de improbidade vinham sendo instrumentalizadas a partir de matérias jornalísticas, o que será dito, doravante, se forem instrumentalizadas por decisões de controle externo que são encaminhadas ao Ministério Público sob o rótulo de que as irregularidades ali noticiadas configuram, em tese, ato de improbidade administrativa ou ilícito penal, sem que antes, contudo, tais irregularidades tenham sido efetivamente apuradas e julgadas pelos Tribunais de Contas?

que, nas hipóteses de fusão e de incorporação, a responsabilidade da sucessora será restrita à obrigação de reparação integral do dano causado, até o limite do patrimônio transferido.

Atentando-se para a vedação ao enriquecimento sem causa da Administração Pública, o art. 10 da LIA, ao elencar rol exemplificativo dos atos de improbidade que causam prejuízo ao erário, preconiza que não ocorrerá imposição de ressarcimento nos casos em que a inobservância de formalidades legais ou regulamentares não implicar perda patrimonial efetiva (§1º), em mais uma nítida distinção entre *responsabilização-sanção* e *responsabilização-reparação*.

Como afirmado, a relação dos dispositivos da LIA com princípios do direito administrativo sancionador e, portanto, com reflexos na responsabilização-sanção ou responsabilização-reparação, segue traduzida em diversas passagens que remetem à comunicabilidade entre as esferas, com vistas a evitar o *bis in idem*, num formato que intenciona o alcance de um controle concertado, alinhado ao princípio da segurança jurídica: vide arts. 3º, §2º, 12, §6º, e 21, §5º.[6]

Ao tratar da comunicabilidade na responsabilização-sanção, o §5º do art. 21 dispõe que as sanções aplicadas em outras esferas deverão ser compensadas com as sanções aplicadas nos termos da LIA. A LINDB parece ofertar parâmetros de interpretação para esse §5º, ao referenciar as esferas como sendo administrativa, controladora e judicial (arts. 20, 21, 24 e 27 da LINDB). Esse panorama inaugura discussões sobre a possibilidade de, por exemplo, uma multa-sanção aplicada pelos Tribunais de Contas (esfera controladora) vir a ser compensada

---

[6] Art. 3º As disposições desta Lei são aplicáveis, no que couber, àquele que, mesmo não sendo agente público, induza ou concorra dolosamente para a prática do ato de improbidade. (Redação dada pela Lei nº 14.230, de 2021).
[...]
§2º As sanções desta Lei não se aplicarão à pessoa jurídica, caso o ato de improbidade administrativa seja também sancionado como ato lesivo à administração pública de que trata a Lei nº 12.846, de 1º de agosto de 2013.
Art. 12. Independentemente do ressarcimento integral do dano patrimonial, se efetivo, e das sanções penais comuns e de responsabilidade, civis e administrativas previstas na legislação específica, está o responsável pelo ato de improbidade sujeito às seguintes cominações, que podem ser aplicadas isolada ou cumulativamente, de acordo com a gravidade do fato: (Redação dada pela Lei nº 14.230, de 2021).
[...]
§6º Se ocorrer lesão ao patrimônio público, a reparação do dano a que se refere esta Lei deverá deduzir o ressarcimento ocorrido nas instâncias criminal, civil e administrativa que tiver por objeto os mesmos fatos. (Incluído pela Lei nº 14.230, de 2021).
Art. 21. A aplicação das sanções previstas nesta lei independe:
[...]
§5º Sanções eventualmente aplicadas em outras esferas deverão ser compensadas com as sanções aplicadas nos termos desta Lei. (Incluído pela Lei nº 14.230, de 2021).

com eventual multa-sanção aplicada em razão da prática de ato de improbidade, quando originada do mesmo fato.

Ressalte-se que, a despeito de ter sido expressa quanto a esferas, a LIA reformada foi silente, contudo, quanto à natureza das sanções e aos fatos que deram ensejo à responsabilização, o que poderá levar o intérprete a recorrer à dicção do §3º do art. 22 da LINDB, e, por via de consequência, à conclusão de que para fins de compensação deverá ser levada em conta a identidade de natureza e de fatos objetos de apuração e responsabilização.

No campo da *responsabilização-reparação*, a comunicabilidade veio oportunamente materializada no §6º do art. 12, que trouxe para o plano legislativo o que já vinha sendo trilhado no plano da jurisprudência, no que tange à dedução do dano com o ressarcimento já ocorrido nas instâncias criminal, civil e administrativa que tiver por objeto os mesmos fatos.

Finalmente, é possível perceber que na *responsabilização-reparação*, diferentemente da comunicabilidade no campo da *responsabilização-sanção*, o legislador foi expresso quanto à identidade de fatos, optando por instâncias – e não esferas, o que torna possível concluir que as imputações de débito apuradas e julgadas pelos Tribunais de Contas, responsabilização-reparação na esfera controladora, também deverão ser levadas em conta para fins de dedução, sob pena de interpretação diversa não superar o filtro da proporcionalidade.

2 O novo regramento da atuação dos Tribunais de Contas na tutela da probidade administrativa

Além das alterações gerais que vão sinalizando no sentido de um novo perfil do controle da Administração Pública, a LIA passa a dispor especificamente sobre a atuação dos Tribunais de Contas na tutela da probidade administrativa. Inicialmente, é importante esclarecer que o reconhecimento de que determinada irregularidade investigada no âmbito dos Tribunais de Contas também se encontra tipificada como ato de improbidade administrativa não significa dizer que a essas instituições cabe o poder-dever de responsabilizar agentes pela prática de improbidade administrativa, competência indiscutivelmente albergada pela reserva de jurisdição, não havendo razão lógica-jurídica para se negar a harmônica coexistência dos distintos sistemas de responsabilização.

Desse modo, a utilização pelos Tribunais de Contas de uma mesma matriz de responsabilização utilizada na *responsabilização-sanção*, no âmbito de suas competências de controle externo, não significa responsabilização de agentes públicos ou privados pela prática de ato doloso de improbidade administrativa. Com efeito, a análise dos Tribunais de Contas de determinada conduta e sua eventual caracterização como ato de improbidade é feita, em tese, sem caráter vinculativo, e no exercício do dever de cientificação (art. 71, XI da CF c/c art. 7º da LIA reformada).

Para além disso, relevante registrar que a análise do elemento volitivo, para fins de responsabilização na esfera de controle externo, está adstrita à demonstração do dolo ou erro grosseiro (art. 28 da LINDB), e não o dolo específico com vistas a alcançar um resultado ilícito.

A partir da competência expressa para cientificar outras esferas de responsabilização, com o ato inquinado e as condutas individualizadas (art. 71, XI da CF e, no âmbito do TCU, art. 1º, VIII da Lei nº 8.443/1992), é possível concluir que o dever imposto pelo art. 7º da LIA,[7] em se tratando de Tribunais de Contas, instituições de natureza colegiada, incide a partir do julgamento, o qual é sempre precedido do devido processo de apuração.

Essa afirmação, contudo, não constitui fator impeditivo à formalização de termos de cooperação entre Ministério Público e Tribunal de Contas, de modo a permitir acesso às conclusões instrutórias após o encerramento da fase de *instrução processual* no âmbito dos Tribunais de Contas (momento em que são individualizadas as condutas) e mesmo antes da manifestação do Ministério Público de Contas e do julgamento colegiado. A possibilidade de antecipar o acesso às informações pode ser relevante para servir à formação de convencimento do órgão do Ministério Público comum para o ajuizamento das ações de improbidade administrativa.

---

[7] Art. 7º Se houver indícios de ato de improbidade, a autoridade que conhecer dos fatos representará ao Ministério Público competente, para as providências necessárias. (Redação dada pela Lei nº 14.230, de 2021).

2.1 A apuração de dano em acordos de não persecução: o que é possível extrair do §3º do art. 17-B da Lei de Improbidade Administrativa?

A apuração do dano ao erário nos *acordos de não persecução cível* tem sido considerada um dos pontos mais polêmicos da LIA. Inicialmente, convém perceber que a celebração de acordo de não persecução civil está condicionada ao alcance de, ao menos, *dois resultados* (art.17-B): a reversão à pessoa jurídica lesada da vantagem indevida obtida, ainda que oriunda de agentes privados; e o integral ressarcimento do dano, cuja apuração dependerá da necessária oitiva do Tribunal de Contas competente, que se manifestará, com indicação dos parâmetros utilizados, no prazo de 90 (noventa) dias (art.17-B, §3º).

Afora as discussões que gravitam em torno da (in)constitucionalidade do dispositivo, que não é objeto deste trabalho, o dispositivo suscita diversas questões em sua passagem do mundo da norma para o mundo da prática.

Inicialmente, no que se refere à *competência*, o Tribunal de Contas competente será aquele com jurisdição para exercer o controle externo sobre o ente federativo *lesado*, o que se extrai do inciso I do §1º do art. 17-B. O critério para definir o alcance e sentido de *lesão*, nesse caso, passa pela análise do prejuízo financeiramente quantificado, de modo que a indicação do Tribunal de Contas competente depende da definição do Tribunal perante o qual o agente investigado/demandado deveria prestar contas da gestão dos recursos que deram ensejo ao surgimento do acordo.

Se os recursos, contudo, já foram incorporados ao patrimônio de ente diverso daquele que repassou os recursos, o Tribunal competente não será necessariamente aquele perante o qual o agente deveria prestar contas da gestão dos recursos, mas o Tribunal que jurisdiciona o ente que incorporou os recursos repassados.

Esclareça-se, por oportuno, que essa definição do Tribunal de Contas competente não se confunde com a definição da competência judicial cível – se federal ou estadual – conforme recente entendimento consolidado em julgamento da 1ª Seção do Superior Tribunal de Justiça, que é definida em razão da presença das pessoas jurídicas de direito público previstas no art. 109, I, da Constituição Federal na relação processual.[8]

---

[8] BRASIL. STJ: AgInt no CONFLITO DE COMPETÊNCIA Nº 174.764 – MA (2020/0234871-0).

Seguindo na análise do dispositivo, se *integral ressarcimento do dano* for lido como prejuízo financeiramente quantificável ao erário (§1º do art. 10),[9] é pertinente questionar as possibilidades de celebração do acordo de não persecução civil às situações constantes do rol exemplificativo do art. 10. Retomando o texto constante do art.17-B, trata-se de interpretação possível se os distintos resultados previstos nos incisos I e II forem considerados como resultados de alcance obrigatório (em razão da utilização da expressão "ao menos").

Entretanto, essa interpretação pode não superar o filtro da razoabilidade, demandando, pois, análise sistêmica – não literal. Diferentemente, se um *dano* à *imagem reputacional* da pessoa jurídica, a título de exemplo, puder ser compreendido como lesão, hipótese em que a celebração do acordo passa a ser cabível nas hipóteses dos artigos 9º, 10 e 11, o que encontra alicerce na tutela da confiança legítima que os cidadãos precisam depositar nas instituições.

É possível propor interpretação favorável a que o *integral ressarcimento do dano ao ente federativo lesado* (Art.17-B, I, combinado com art. 17-B, §1º, I) só seja considerado resultado obrigatório nas hipóteses de atos de improbidade administrativa elencados no art. 10 da LIA, não compreendendo, então, a obrigatoriedade de resultados cumulativos (Art.17-B I e II). Nessa interpretação, os resultados seriam considerados *alternativos*, dado que o legislador não tratou expressamente da cumulatividade, omissão legislativa que pode ser lida com o sentido de "quando houver", o que permitiria a possibilidade de firmamento de acordos nas três espécies de atos de improbidade administrativa (versados pelos arts. 9º, 10 e 11).

Para além disso, a literalidade do §4º do art. 11 – ao dispor que os atos de improbidade administrativa independem do reconhecimento da produção de dano ao erário e de enriquecimento ilícito dos agentes públicos – abre margem interpretativa para justificar a razão pela qual os acordos de não persecução civil que decorram da prática dos atos tipificados no art. 11 não se encontram sempre sujeitos aos resultados mínimos a serem alcançados (art. 17-B, "*caput*").

---

[9] Art. 10. Constitui ato de improbidade administrativa que causa lesão ao erário qualquer ação ou omissão dolosa, que enseje, efetiva e comprovadamente, perda patrimonial, desvio, apropriação, malbaratamento ou dilapidação dos bens ou haveres das entidades referidas no art. 1º desta Lei, e notadamente: (Redação dada pela Lei nº 14.230, de 2021).
§1º Nos casos em que a inobservância de formalidades legais ou regulamentares não implicar perda patrimonial efetiva, não ocorrerá imposição de ressarcimento, vedado o enriquecimento sem causa das entidades referidas no art. 1º desta Lei. (Incluído pela Lei nº 14.230, de 2021).

Isso implica afirmar que, se o acordo versar sobre ato de improbidade tipificado no *rol exemplificativo do artigo 9º*, a análise do *resultado alcançado* ficará restrita à reversão à pessoa jurídica lesada da vantagem indevida obtida pelo agente (inciso II do caput do art. 17-B).

Admitindo-se a mesma interpretação para permitir a celebração de acordo nos casos envolvendo a prática de atos tipificados no rol taxativo do art. 11, o resultado obrigatório esperado (caput do art. 17-B da LIA) também dependerá da análise quanto a eventual dano causado à Administração Pública, a partir, é claro, da apuração, seguindo a literalidade do §3º do art. 17-B.

Nesses casos, registre-se, o dano ao erário não é decorrente da prática de atos tipificados no art. 10 da LIA, que trata de "atos que causam prejuízo ao erário", situação que exige um diferenciado juízo de aferição por parte de instituição que detenha expertise na tutela de bens, valores e dinheiros públicos.

Isso porque a "excludente de improbidade" de que trata o §2º do art. 10 da LIA[10] constitui óbice ao enquadramento de um ato como sendo "ato de improbidade que cause prejuízo ao erário", o que não impede que a inobservância de formalidades legais ou regulamentares possa se enquadrar em algum inciso do rol taxativo do art. 11, desde que, é claro, reste demonstrada a vontade livre e consciente de alcançar o resultado ilícito (§2º e 3º do art. 1º c/c §1º do art. 11).[11]

O *alcance da oitiva do Tribunal de Contas* também merece análise. Na redação do art.17-B, §3º, apesar de o verbo "deverá" se encontrar imediatamente próximo "à oitiva do Tribunal de Contas", possibilitando leitura apressada de que a obrigatoriedade estaria condicionada tão somente à oitiva, é preciso reconhecer que a expressão explicativa "que se manifestará", intercalada por vírgulas, indica a *imprescindibilidade* da manifestação, ficando sobrestado o curso do acordo, até que a Corte

---

[10] Art. 10. Constitui ato de improbidade administrativa que causa lesão ao erário qualquer ação ou omissão dolosa, que enseje, efetiva e comprovadamente, perda patrimonial, desvio, apropriação, malbaratamento ou dilapidação dos bens ou haveres das entidades referidas no art. 1º desta Lei, e notadamente: (Redação dada pela Lei nº 14.230, de 2021).
§2º A mera perda patrimonial decorrente da atividade econômica não acarretará improbidade administrativa, salvo se comprovado ato doloso praticado com essa finalidade. (Incluído pela Lei nº 14.230, de 2021).

[11] A propósito desse debate e com o objetivo de evidenciar as controvérsias que gravitam em torno dele, registre-se que o Conselho Superior do Ministério Público do Estado do Ceará, no bojo do Procedimento com registro tombado sob o nº 01.2021.00021650-9, entendeu, alicerçado na doutrina do Prof. Igor Pinheiro Queiroz, não ser cabível o firmamento do acordo de não persecução civil nos casos em que restar constatada a existência cumulativa de dano ao erário e enriquecimento ilícito.

de Contas competente apure o dano e indique os critérios que levaram à quantificação dele.

A despeito de os Tribunais de Contas não figurarem como partícipes dos acordos, a ausência de manifestação dessas instituições – dentro do prazo a que alude o §3º do art. 17-B – não transfere a competência apuratória do valor do dano ao Ministério Público demandante. Sobre esse ponto, é acertada a posição de Marçal Justen Filho, para quem "é necessária a manifestação do Tribunal de Contas competente sobre o valor do dano a ser ressarcido".[12]

O problema prático pode surgir quando se leva em conta que os Tribunais de Contas têm seus planos anuais de auditoria a serem concretizados, além de outras competências de raiz constitucional, o que poderá inviabilizar a manifestação, no âmbito dos acordos de não persecução civil, dentro do prazo de 90 (noventa) dias. Tais circunstâncias levam esse prazo a ser rotulado como *prazo impróprio*. Entretanto, importante ponderar que a ausência de manifestação dentro do prazo legal preestabelecido poderá comprometer a efetividade dos acordos, em razão das causas de interrupção e suspensão de prazos prescricionais contempladas no art. 23 da LIA, de forma taxativa e restrita, especialmente se a proposta de celebração de acordo se der no curso da ação ou no momento da execução da sentença condenatória (§4º do art. 17-B).

Diante disso, é preciso que a transformação do texto em norma se dê à luz do ordenamento sistêmico que rege o controle da Administração Pública, em conformidade com os postulados da cooperação e consensualidade, sobretudo quanto aos limites às respectivas medidas, ponderando, sempre, os distintos interesses tutelados pelas ações de controle.

O Tribunal de Contas competente está *vinculado aos parâmetros fáticos e jurídicos que deram ensejo* à *eventual quantificação prévia feita pelo órgão ministerial*, mesmo para evitar que a ampliação de escopo venha a comprometer a efetividade da celebração de acordos, vindo a constituir, por via de consequência, medida de desestimulo à celebração. Não pode ser conferida interpretação que, por via transversa, transforme as Cortes de Contas em "calculadoras" do órgão, com legitimidade para celebrar o acordo, redução institucional que não se justifica em razão do assento constitucional dos órgãos de controle.

---

[12] JUSTEN FILHO, Marçal. *Reforma da lei de improbidade administrativa comentada e comparada*: Lei nº 14.230, de 25 de outubro de 2021. 1. ed., 2. reimp. Rio de Janeiro: Forense, 2022. p. 208.

Nesse sentido, à luz dos artigos 70 a 75 da CRFB/88, caberá ao Tribunal de Contas competente recepcionar os dados, informações e elementos de prova como representação – ou outra espécie processual que venha a ser especificamente criada para esse fim – para, a partir de então, apurar a ocorrência de dano e, por via de consequência, seguindo os requisitos dispostos no §3º do art. 17-B, indicar o montante do prejuízo financeiramente quantificável a ser ressarcido ao ente federativo lesado.

Trata-se de procedimento administrativo delineado pela lei que impõe ao órgão com competência para celebrar o acordo, como requisito de validade, a necessária participação do Tribunal de Contas na apuração do valor do dano a ser ressarcido. Ao órgão de controle externo competirá emitir sua manifestação a partir de parâmetros claros e sem ampliação do escopo.

Dito isso, entendemos que o sentido e alcance do §3º do art. 17-B transcendem hipóteses de acordo de não persecução civil celebrado em razão da prática de atos de improbidade tipificados no art. 10, alcançando, também, os acordos decorrentes da prática de atos tipificados no art. 11, eis que possíveis de serem enquadráveis no inciso I do caput do art. 17 ou a partir de uma interpretação sistematizada da LIA. *Prescindem de manifestação dos Tribunais de Contas*, contudo, os acordos firmados em razão de atos tipificados no art. 9º, tendo em vista que nesses casos, a despeito de a vantagem ter sido obtida em razão do cargo público, não se enquadra como prejuízo que causa dano à Administração Pública, por opção legislativa, a despeito de se reconhecer o potencial dano à imagem reputacional do ente federativo a que se encontra vinculado o investigado/demandado.

Entretanto, importante reconhecer que, como a lei é o ponto de partida para interpretação e não um dado acabado e imutável, há larga margem interpretativa para inserir os incisos I e II do caput do art. 17 como sendo de observância cumulativa e obrigatória. Isso porque, ao auferir vantagem indevida valendo-se da condição de agente público, o agente expõe a imagem reputacional do ente federativo a alto grau de risco de lesão à proteção da confiança legítima, como dito anteriormente, o que justifica a quantificação financeira a ser compensada a título de dano a ser ressarcido ao ente, pelo menos para fins de acordo, registre-se.

Ainda que não se possa reconhecer a existência de direito subjetivo do investigado ou demandado à celebração de acordo, a análise das circunstâncias concretas pelo Ministério Público e a decisão deverão ser devidamente fundamentadas para que seja possível compreender – e, eventualmente, questionar – a adequação da racionalidade decisória à luz do interesse público. Essa conclusão em nada fere a independência funcional do agente público que representa a instituição com legitimidade para a celebração, uma vez que também deve ser preservada a unidade institucional, sob pena de instalação de insegurança jurídica.

Nesses termos, o campo de incidência de análise de "vantajosidade" na celebração dos acordos gira em torno da bilateralidade de interesses em jogo. De um lado, o direito dos cidadãos a uma boa, regular e proba Administração Pública, notadamente em razão da parte final do §2º do art. 17-B; do outro, o direito a uma intervenção estatal mínima, razoável e adequada daquele contra quem há imputação da prática de um ato de improbidade administrativa. Em ambos os casos, há direitos fundamentais em jogo, o que exige um juízo diferenciado de ponderação de interesses que considere as consequências práticas da decisão, não se amparando meramente em valores jurídicos abstratos (Art. 20, LINDB).

Assim, a apuração para fins de integral ressarcimento do dano de que trata o inciso I do art. 17-B dar-se-á a partir de *oitiva necessária* do Tribunal de Contas competente, que não deverá ampliar o escopo apuratório, seguindo os usuais parâmetros já estabelecidos nas instruções processuais conclusivas de imputação em débito, o que contemplará a expressão legal "indicando os parâmetros utilizados" contida no §3º do aludido artigo.

Para viabilizar a concretização desse procedimento, é importante recorrer à via da cooperação interinstitucional, à luz, inclusive, do inciso II do art. 1º da Resolução nº 350, de 2020, do CNJ, que estabelece diretrizes e procedimentos sobre a cooperação judiciária nacional entre os órgãos do Poder Judiciário e outras instituições e entidades, considerando, inclusive, os arts. 67 ao 69 do Código de Processo Civil.

Nesse sentido, Fredie Didier Jr., citando Artur Cézar de Souza:

> A existência de diversos tribunais administrativos (CADE, CVM, tribunais de contribuintes, tribunais de contas, etc.) serve para demonstrar a grande utilidade que a cooperação entre tribunais administrativos brasileiros pode vir a ter. Ou seja: é lícito que os tribunais administrativos brasileiros peçam, atendam e concertem cooperação, nos moldes do art. 69 do CPC.[13]

Referida cooperação poderá disciplinar, a título de exemplo, formas de integração dos sistemas processuais eletrônicos dos órgãos cooperantes, com vistas a garantir que eventuais embaraços decorrentes

---

[13] DIDIER JÚNIOR, Fredie. *Cooperação Judiciária Nacional – Esboço de uma Teoria para o Direito Brasileiro*. 2. ed. rev. atual., e ampl. Salvador: Editora JusPodivm, 2021. p. 59.

das tradicionais comunicações interinstitucionais não venham a comprometer a razoável duração dos processos, em descompasso com a celeridade e a busca pela efetividade processual, pelos quais são pautados os instrumentos de fiscalização (art. 6º, I da Resolução nº 350, de 2020).

2.2 Os reflexos das instruções processuais e decisões dos Tribunais de Contas no sistema de responsabilização por atos de improbidade administrativa: a segregação de funções no sistema de responsabilização no âmbito do Controle Externo como condição de legitimidade processual-decisória

Como se sabe, mesmo antes das alterações legislativas recentes, as peças de instrução processual – materializadas em relatórios e pareceres dos órgãos de auditoria e instrução – dos Tribunais de Contas e as decisões dessas instituições já eram utilizadas na instrumentalização de inquéritos civis e ações de improbidade administrativa. Com o advento dos §§1º e 2º do artigo 21 da LIA, esse usual procedimento passou a integrar o plano normativo, com um elemento diferencial correspondente ao alargamento do ônus argumentativo decisório – *distinto dever de motivação*.

Isso porque o art. 21, a despeito de consignar, no inciso II, que a aplicação das sanções independe da aprovação ou rejeição das contas pelo órgão de controle interno ou pelo Tribunal de Contas (em grave atecnia legislativa, eis que controle interno não aprova ou rejeita contas, competência exclusiva dos Tribunais de Contas, por força do disposto no art. 71, I da CF), impôs ao magistrado, na formação de sua convicção, o *dever* de considerar as provas e decisões dos órgãos de controle (§§1º e 2º do art. 21).

O enunciado normativo do §1º do art. 21 parece remeter às recomendações, determinações e orientações gerais. Eis a proposição. Importante aclarar que, no caso de Tribunais de Contas, instituições de natureza colegiada, essas orientações gerais, de caráter normativo, são materializadas em deliberações, a partir de uma dialética processual, gerando resoluções, decisões. O processo de consulta, *v.g*, é espécie processual por via da qual os Tribunais de Contas manifestam interpretação de leis ou atos normativos, fazendo prejulgamento da tese – não do caso concreto – mas que vincula a todas as unidades jurisdicionadas pelo respectivo Tribunal.

A obrigação de considerar os atos do controle interno ou externo que tiverem servido de fundamento para a conduta do investigado ou demandado (art.21, §1º) alinha-se aos arts. 23 e 24 da LINDB, na medida em que busca preservar as orientações vigentes à época em que o ato foi praticado e a necessidade de regime de transição, sempre que houver mudança de entendimento.

Adotar caminho diverso poderia sujeitar os agentes públicos a alto grau de incerteza na aplicação das leis, gerando insegurança jurídica, daí porque é possível concluir que a referida disposição buscou atingir um olhar sistêmico e interativo entre os distintos órgãos de controle, tudo com vistas a pavimentar um ambiente institucional em que os agentes não invoquem o medo de tomar decisões como justificativa para interdição de inovações no âmbito da Administração Pública.

Ao distinguir as provas produzidas perante os órgãos de controle das correspondentes decisões, o §2º do art. 21 remete à atuação dos Tribunais de Contas, cujas competências são materializadas por meio da necessária segregação de funções – auditoria, instrução processual (momento em que as provas são produzidas), e julgamento – num formato que mantém aderência ao sistema acusatório como pressuposto básico para o legítimo exercício da função sancionadora estatal de controle.

Importante considerar, como exemplo, que a delimitação da fase de instrução no âmbito do TCU é extraível do art. 1º, §3º, I da Lei nº 8.443, de 1992 (Lei Orgânica do TCU),[14] dos artigos 156 e 160, §1º do RITCU, cujos enunciados possibilitam ao intérprete compreender o início e o término da fase de instrução no âmbito da Corte Federal.[15]

---

[14]   Art. 1º Ao Tribunal de Contas da União, órgão de controle externo, compete, nos termos da Constituição Federal e na forma estabelecida nesta Lei:
[...]
§3º Será parte essencial das decisões do Tribunal ou de suas Câmaras:
I – o relatório do Ministro-Relator, de que constarão as conclusões da instrução (do Relatório da equipe de auditoria ou do técnico responsável pela análise do processo, bem como do parecer das chefias imediatas, da Unidade Técnica), e do Ministério Público junto ao Tribunal;

[15]   Art. 156. São etapas do processo, a instrução, o parecer do Ministério Público e o julgamento ou a apreciação.
§1º Na etapa da instrução, aplica-se aos servidores o disposto no inciso VIII do art. 39.
Art. 160. As alegações de defesa e as razões de justificativa serão admitidas dentro do prazo determinado na citação ou na audiência.
§1º Desde a constituição do processo até o término da etapa de instrução, é facultada à parte a juntada de documentos novos.

Para garantir um processo justo, devido e adequado, também é essencial anotar que os auditores de controle externo – integrantes do quadro próprio de pessoal dos Tribunais de Contas – que atuam na fase de auditoria e instrução processual, estão sujeitos às regras de impedimento e suspeição a que estão submetidos os magistrados de contas, conforme literalidade do §1º do art. 156 do RITCU, o que revela a preocupação com a imparcialidade instrutória.

Retomando a análise, diferentemente da previsão do art. 21, §1º, o texto do §2º consagra a necessidade de o juiz, em juízo de formação de convicção, considerar atos e fatos que foram submetidos ao contraditório e à ampla defesa, no bojo das instruções – provas produzidas no âmbito dos órgãos de auditoria e instrução processual, portanto – e respectivas decisões dos Tribunais de Contas. Ao discorrer sobre o §2º do art. 21, Marçal Justen Filho aponta a necessidade de se reconhecer a dose diferenciada de eficácia quanto à decisão dos Tribunais de Contas, instituições dotadas de competência especializada, que acumulam conhecimento e informações que não são titularizadas por outras instituições, nem mesmo pelo Poder Judiciário.[16]

Essa reconhecida importância da competência especializada dos Tribunais de Contas e as inovações legislativas prestam-se a evidenciar os riscos decorrentes de uma instrução processual deficiente, no âmbito dos Tribunais de Contas, vir a inviabilizar a efetividade do sistema de responsabilização por atos de improbidade administrativa.

Respeito à segregação de funções, ao sistema acusatório no âmbito de processos cujos desfechos possam tocar em direitos subjetivos de terceiros: eis a norma jurídica extraída do §2º do art. 21 da LIA[17]. Se

---

Acórdão TCU nº 7738/2019 Segunda Câmara (Recurso de Reconsideração, Relator Ministro Augusto Nardes) Direito Processual. Princípio da ampla defesa. Memorial. Instrução de processo. Relator. Poder discricionário. Após o término da fase de instrução, documentação entregue pelos responsáveis tem natureza jurídica de memorial (art. 160, §§1º e 3º, do Regimento Interno do TCU) e, ainda que contenha argumentos inéditos aos autos, não vincula a formação de juízo do relator, podendo este até mesmo não autorizar sua juntada ao processo. Não existe na processualística do Tribunal etapa de contestação da instrução da unidade técnica e tampouco fase processual de réplica do parecer do Ministério Público.

[16] JUSTEN FILHO, Marçal. *Reforma da lei de improbidade administrativa comentada e comparada*: Lei nº 14.230, de 25 de outubro de 2021. 1. ed., 2. reimp. Rio de Janeiro: Forense, 2022. p. 237.

[17] "O objetivo do sistema acusatório é propiciar um julgamento imparcial. Deste modo, os três elementos estruturais apontados acima – impossibilidade de prestação da jurisdição sem prévia acusação; separação entre as funções de julgar e acusar, através de seu exercício por órgãos diversos; e vinculação do órgão julgador à matéria de fato objeto da acusação – são o suficiente para que o sistema acusatório alcance a sua finalidade" (BASTOS, Marcelo Lessa. *Processo Penal e gestão da prova*: a iniciativa instrutória do juiz em face do sistema acusatório e da natureza da ação penal. 3. ed. Rio de Janeiro: Lumen Juris, 2018. p. 183).

não for observada a segregação das funções de instrução processual (incluída a produção de provas) e julgamento, estará o magistrado diante de uma instrução com mera aparência de legitimidade. Nessa situação, as provas podem ter sido produzidas, escolhidas, para confirmar a decisão, sem imparcialidade no processo, do que resulta necessário concluir pela impossibilidade de considerá-las, tendo em vista a não aderência ao intencionado pelo legislador, ao tratar de forma separada, provas produzidas e correspondentes decisões.

Não se pode olvidar que, ao considerar essas instruções com aparência de legitimidade, poderá o magistrado vir a "legitimar" a prática de ato lesivo ao patrimônio público, o que se agrava diante do alto risco de seletividade às avessas, seja para beneficiar amigos, correligionários, quando elas não indicam a ocorrência de irregularidades, seja para perseguir adversários, quando indicam a ocorrência de irregularidades, sem que elas, de fato, tenham ocorrido.

O pedido de ingresso dessas provas e das correspondentes decisões ao processo de improbidade cabe às partes ou, no silêncio dessas, ao juiz, *ex officio*, a quem cabe, frise-se, requisitar o parecer conclusivo do órgão de auditoria e instrução processual e a correspondente decisão do Tribunal de Contas.

Torna-se imperioso registrar que a não juntada dessas provas e das correspondentes decisões dos Tribunais de Contas ou a não consideração delas, pelo magistrado, no processo judicial, poderá ensejar a "nulidade da sentença por inobservância dos deveres judiciais de instrução e de motivação", o que pode ser suscitada em preliminar de apelação ou nas respectivas contrarrazões, conforme defende Thadeu Augimeri de Goes Lima.[18]

Vê-se, pois, que diante dos reflexos das instruções processuais e decisões dos Tribunais de Contas no sistema de responsabilização por atos de improbidade administrativa, torna-se ainda mais necessário aferir o respeito às garantias mínimas a que fazem jus aqueles que se encontram sujeitos ao dever de prestar contas, no âmbito da processualística nos Tribunais de Contas, num formato de controle que não remeta ao sistema inquisitório puro, cuja aceitação é rechaçada pela doutrina diante da manifesta incompatibilidade com o ordenamento jurídico vigente.

Disso resulta necessário concluir que as partes devem impugnar o ingresso de provas produzidas sob o manto da aparência de legitimidade,

---

[18] GOES LIMA, Thadeu Augimeri de. Deveres judiciais introdutórias e de motivação na nova Lei de Improbidade. *Conjur*, 23 mar. 2022. Disponível em: https://www.conjur.com.br/2022-mar-23/goes-lima-deveres-judiciais-instrutorios-lia. Acesso em 20 abr. 2022.

nos termos expostos, assim como deve o magistrado indeferir eventuais pedidos de ingresso de instruções processuais construídas nessas bases, por meio de decisão interlocutória, indeferimento que pode ser atacado, reconheça-se, pela interposição do agravo de instrumento, com fulcro no art. 17, §21 da LIA.

Por fim, convém registrar que não é incomum as provas produzidas em legítima instrução processual indicarem para o reconhecimento de uma irregularidade lesiva ao patrimônio público, mas a decisão enveredar para o caminho da regularidade dos atos. Nessas situações, terá o magistrado um esforço argumentativo maior na consideração de atos distintos (parecer de instrução no controle externo e decisões) para efeito de sua decisão.

Conclusão

Depreende-se do que foi exposto que a Lei de Improbidade Administrativa reformada, ao tempo em que incrementou condições de procedibilidade ao ajuizamento de ações, alargando o ônus argumentativo decisório judicial, pavimentou caminho para que a cooperação interinstitucional, notadamente com os Tribunais de Contas, pudesse se constituir numa via possível de superação desses obstáculos, de alcance da segurança jurídica na apuração e responsabilização de agentes contra quem tenha sido imputada a prática de atos de improbidade administrativa tipificados na Lei nº 8.429, de 1992.

Essa busca pela cooperação entre os distintos sistemas de responsabilização veio refletida na instrumentalização dos acordos de não persecução cível, assim como no dever de consideração das provas produzidas no âmbito dos órgãos de controle e nas correspondentes decisões desses órgãos, reforçando, assim, a preocupação com um controle concertado da Administração Pública brasileira.

Referências

BASTOS, Marcelo Lessa. *Processo Penal e gestão da prova*: a iniciativa instrutória do juiz em face do sistema acusatório e da natureza da ação penal. 3. ed. Rio de Janeiro: Lumen Juris, 2018.

DIDIER JÚNIOR, Fredie. *Cooperação Judiciária Nacional – Esboço de uma Teoria para o Direito Brasileiro*. 2. ed. rev. atual., e ampl. Salvador: Editora JusPodivm, 2021.

ESTADÃO. *O conceito de improbidade*. 11 set. 2020. Disponível em: https://opiniao.estadao.com.br/noticias/notas-e-informacoes,o-conceito-deimprobidade,70003432985. Acesso em 10 mai. 2022.

GOES LIMA, Thadeu Augimeri de. Deveres judiciais introdutórias e de motivação na nova Lei de Improbidade. *Conjur*, 23 mar. 2022. Disponível em: https://www.conjur.com.br/2022-mar-23/goes-lima-deveres-judiciais-instrutorios-lia. Acesso em 20 abr. 2022.

JUSTEN FILHO, Marçal. *Reforma da lei de improbidade administrativa comentada e comparada*: Lei nº 14.230, de 25 de outubro de 2021. 1. ed., 2. reimp. Rio de Janeiro: Forense, 2022.

MOTTA, Fabrício; NOHARA, Irene Patrícia. *LINDB no direito público*: Lei nº 13.655/2018. São Paulo: Revista dos Tribunais, 2019.

OSÓRIO, Fábio Medina. *Direito Administrativo Sancionador*. 7. ed. rev. e atual. São Paulo: Thomson Reuters, 2020.

Informação bibliográfica deste texto, conforme a NBR 6023:2018 da Associação Brasileira de Normas Técnicas (ABNT):

VIANA Ismar; MOTTA, Fabrício. A Lei de Improbidade Administrativa reformada: Inovações, impactos e provas produzidas nos Tribunais de Contas como meio de instrumentalização de inquéritos civis e ações de improbidade. *In*: MOTTA, Fabrício; VIANA, Ismar (coord.). *Improbidade administrativa e Tribunais de Contas*: as inovações da Lei nº 14.230/2021. Belo Horizonte: Fórum, 2022. p. 157-177. ISBN 978-65-5518-445-7.

ACORDOS DE NÃO PERSECUÇÃO CÍVEL E RESSARCIMENTO AO ERÁRIO NA LEI DE IMPROBIDADE ADMINISTRATIVA: O TRIBUNAL DE CONTAS COMO ÁRBITRO DO *QUANTUM DEBEATUR*

LUCIANO FERRAZ

Introdução

Escrevo este artigo a convite dos coordenadores, para integrar obra coletiva cujo temário é "Improbidade Administrativa e Tribunais de Contas". A iniciativa, além de pioneira, é rica e desafiadora. É rica, porque o campo de exploração teórica é pouquíssimo incursionado pela doutrina nacional; e desafiadora, porque não existem suportes bibliográficos mais ostensivos a facilitar a tarefa de escrever a respeito.

Bem de ver que há tempos tenho me dedicado ao estudo dos dois temas,[1] os quais possuem entre si expressivas afinidades. O fio condutor do ensaio é a consensualidade administrativa, notadamente pela previsão na Lei nº 8.429/1992, reformada pela Lei nº 14.230/2021 (art. 17-B) do

---

[1] Confira-se, por todos, sobre a temática dos controles: FERRAZ, Luciano. *Controle da Administração Pública*: elementos para a compreensão dos Tribunais de Contas. Belo Horizonte: Mandamentos, 1999; FERRAZ, Luciano. *Controle e consensualidade*: fundamentos para o controle consensual da Administração Pública. 2. ed. Belo Horizonte: Fórum, 2020. Sobre as improbidades administrativas, ver inúmeros textos publicados na Coluna Interesse Público na Revista Eletrônica Conjur.

acordo de não persecução cível, instrumento de controle consensual, cuja novel disciplina envolve atribuições a cargo do Ministério Público e dos Tribunais de Contas.

1 Consensualidade Administrativa

Administrar é tomar decisões (Herbert Simon).

A afirmação é do economista estadunidense, ganhador do Prêmio Nobel de Economia em 1978, e não se restringe ao campo das relações privadas. Essencialmente, a tomada de decisões participa do mesmo processo lógico-cognitivo, tanto na seara da administração privada, quanto na seara da administração pública.

Na Administração Pública europeia e nas nações que sofreram a influência dos países europeus, como é o caso do Brasil, os estudos sobre administração pública foram basicamente formulados em perspectiva jurídica. Este modo de ver o fenômeno administrativo provocou, como consequência, a prevalência de uma visão jurídica sobre os assuntos que envolvem a Administração Pública.

É certo que o Direito é um instrumento de regência e repressão no seio da sociedade. Não sem base, diversos estudos conectam as estruturas da norma jurídica à ideia de sanção.[2] Mas além de punições, o direito deve lidar também com consensos. A própria lei, por assim dizer, é produto de um consenso político majoritário, assim como a Constituição é produto de um sonho de consensos normativos antecipados.

Lidar com consensos é prestigiar o diálogo em detrimento da imposição. É aceitar explicação e não a expiação. É concentrar esforços em construir. É, portanto, também um exercício de humildade.

O Direito Administrativo Contemporâneo tem se esforçado em buscar afinamento com perspectivas de consenso e pragmatismo, na busca da superação do legalismo irrefletido. As legislações brasileiras dos últimos tempos mostram essa faceta mais aberta e flexível, buscando imprimir certa dose de sensibilidade na tomada de decisões e no controle.

O campo de florescimento dessas noções é edificado sobre alguns alicerces que anunciam tendências, tais como:

---

[2] A visão jurídica da atividade de administração pública conectada à ideia de sanção pelo descumprimento da norma impulsiona o desenvolvimento de mecanismos de controle do tipo punitivo, aproximando os conceitos de controle e responsabilização.

a) Aproximação entre 'ser' e 'dever ser' no âmbito do Direito Administrativo e da Administração Pública (*ex factum oritur jus*, diz o brocardo);
b) Abandono da ideia de vinculação rígida e estrita à lei, afirmando-se uma vinculação ao Direito, com razoabilidade e segurança jurídica (cognoscibilidade, previsibilidade, confiabilidade);
c) Superação da dicotomia Estado-privado, a compreender a possibilidade de revisão da clássica ideia de indisponibilidade do interesse público pela noção de disponibilidade juridicamente condicionada;
d) Diminuição da unilateralidade nas relações administrativas com a consequente ampliação de relações consensuais na Administração Pública.

Como pressuposto de encontro de todos esses aspectos, encarta-se, sob o ponto de vista da formalização e da transparência, a valorização e o uso do procedimento administrativo como *locus* adequado para a construção de consensos, diálogos, negociação, características essenciais dos instrumentos de consensualidade administrativa aplicada.

Com efeito, nos últimos tempos proliferam-se, no Direito Administrativo Brasileiro, instrumentos e técnicas de soluções de conflito que se fundam na ideia de consensualidade administrativa. Alguns exemplos podem ser destacados na legislação nacional, a ver:

a) Art. 5º, §6º da Lei nº 7.347/1985, incluído pela Lei nº 8.078/1990 (termo de ajustamento de conduta),
b) Art. 86, §6º da Lei nº 12.529/2011 (acordos de leniência do CADE);
c) Art. 16 da Lei nº 12.846/2013 (acordos de leniência na improbidade empresarial);
d) Art. 17 da Lei nº 12.846/2013 (acordos substitutivos de inexecução contratual); o Código de Processo Civil (art. 3º, §3º c/c art. 15);
e) Lei nº 13.140/2015 (autocomposição de conflitos e mediação na administração pública).
f) Art. 26 (cláusula geral de consensualidade na Administração Pública) e art. 27, §2º, (Compromissos processuais de compensação) da LINDB.
g) Lei nº 13.964/2019, que alterou a Lei nº 8.429/1992, para prever, pela primeira vez, o acordo de não persecução cível;

A nova Lei nº 14.230/2021, que reformou a Lei de Improbidade Administrativa, também tratou do acordo de não persecução cível, todavia, inseriu novos ingredientes que serão objetos incursionados a seguir.

2 Acordos de não persecução cível

A Lei nº 8.429/1992, quando de sua edição (no início dos anos 1990), e durante muito tempo, traduziu exatamente a noção de controle imperativo e sancionatório, com características de punição e intransigibilidade.

A redação primitiva do parágrafo 1º do art. 17 da Lei nº 8.429/1992 vedava transação, acordo ou conciliação em ações de improbidade administrativa, disposição que foi vista como óbice à solução negociada dos conflitos nesse campo do direito administrativo sancionador.

Bem de ver que o dispositivo sempre me pareceu inconstitucional. Primeiramente, porque conflitava com o preâmbulo da Constituição (que propõe o compromisso do Brasil com a solução pacífica dos conflitos, na ordem interna e internacional) e com o princípio previsto no art. 4º, VII, da Constituição (que orienta a atuação do Estado brasileiro, na ordem internacional, à solução pacífica dos conflitos – seria contraditório não seguir o comando na ordem interna). Secundariamente, porque a regra guardava potencial de confronto, em casos específicos, com os princípios constitucionais da eficiência (art. 37, *caput*) e da economicidade (art. 70, *caput*), a merecer, no mínimo, interpretação conforme a Constituição, caso a caso.

Além do mais, a redação primeira do preceito somente vedava, literalmente, transação, acordo ou conciliação, nas ações (judiciais) de improbidade administrativa, e, portanto, não proibia iniciativas consensuais no curso dos inquéritos civis precedentes – o que, a bem da verdade, amenizava a idiossincrasia da disposição, não se verificando, todavia, na prática, movimentações dos órgãos legitimados para fazer uma leitura menos "armada" do preceito normativo.

O advento da Lei nº 13.655/2018, que acrescentou novas previsões à LINDB (Lei de Introdução às Normas do Direito Brasileiro), impulsionou o debate, porquanto tornou necessário correlacionar as disposições da LINDB com o artigo 17, parágrafo 1º da Lei nº 8.429/1992. O art. 26 da LINDB, nesse percurso, já dava suporte a instrumentos consensuais de controle também na seara da improbidade administrativa, ao criar uma espécie de cláusula geral de salvaguarda ao uso de compromissos de ajuste na Administração Pública em todos os seus matizes.

A ideia era a de que a nova disposição suplantasse a vedação existente no artigo 17, parágrafo 1º da Lei nº 8.429/1992, em ordem a viabilizar uma "solução jurídica proporcional, equânime, eficiente e compatível com os interesses gerais também no âmbito das ações de improbidade administrativa". Isto porque a LINDB, como "metanorma" ou norma de "sobredireito", imprime sobre as demais uma hierarquia funcional-cognitiva, a afastar interpretações de textos de direito público que anunciam proposições normativas em sentido contrário.

A juízo, portanto, da instância administrativa ou controladora legitimada, uma vez presentes os condicionamentos exigidos, o artigo 26 da LINDB autorizava a firmação de termos de ajustamento de conduta pelos órgãos legitimados (aqueles constantes do artigo 5º, parágrafo 6º da Lei nº 7.347/1985), tanto nos inquéritos civis e disciplinares, quanto nas ações de improbidade administrativa. O artigo 26 da LINDB afastava, por assim dizer, a vedação do parágrafo 1º do artigo 17 da Lei de Improbidade Administrativa.

Em seguida, foi editada a Lei nº 13.964, de 24 de dezembro de 2019, que alterou a redação do parágrafo 1º do art. 17 da Lei nº 8.429/1992, passando a dispor *que* "as ações de que trata este artigo admitem a celebração de acordo de não persecução cível, nos termos desta lei", e o novo §10-A acrescentou que "havendo a possibilidade de solução consensual, poderão as partes requerer ao juiz a interrupção do prazo para a contestação, por prazo não superior a 90 (noventa) dias".

A alteração legislativa resolveu literalmente a questão da aplicação de instrumentos de controle consensual no âmbito da ação de improbidade administrativa. O novo acordo de não persecução cível deixou patenteado que tanto na etapa extrajudicial – inquérito civil, administrativo – quanto na esfera judicial da ação de improbidade seria possível a solução do conflito com aplicação do princípio da consensualidade, eis que o empecilho existente, a previsão do parágrafo 1º do art. 17 da Lei nº 8.429/1992, encontrava-se expressamente derrogada.

Alguns órgãos do Ministério Público, mediante atos normativos ou notas técnicas,[3] passaram então a orientar seus membros para que,

---

[3] Nesse sentido, por exemplo, a Nota Técnica nº 001/2020 do CAOPP do Ministério Público do Estado do Ceará e a Nota Técnica nº 02/2020-PGJ-CAOPP do Ministério Público do Estado de São Paulo, sugerindo que a assinatura de acordos de não persecução cível dependeria, essencialmente de: 1) aplicação de pelo menos uma sanção; 2) ressarcimento integral do dano; 3) confissão da prática do ato de improbidade administrativa pelo signatário; 4) colaboração com as investigações; e a Orientação nº 10 da 5ª Câmara de Coordenação e

na formulação dos acordos de não persecução cível, se utilizassem de parâmetros já existentes antes da alteração do parágrafo 1º do artigo 17 da Lei nº 8.429/1992, o que não me parecia correto, porquanto dificultava, sem previsão legal, a utilização do instrumento.

A Lei nº 14.230/2021, que impôs profundas alterações à lei de improbidade administrativa, a propósito do acordo de não persecução civil, passou a disciplinar, no art. 17-B, que o Ministério Público poderá, conforme as circunstâncias do caso, celebrá-lo, desde que dele advenham, ao menos, os seguintes resultados: (I) o integral ressarcimento do dano; (II) a reversão à pessoa jurídica lesada da vantagem indevida obtida, ainda que oriunda de agentes privados. E que dito acordo poderá ser celebrado no curso da investigação de apuração do ilícito, no curso da ação de improbidade ou no momento da execução da sentença condenatória (§4º do art. 17-B).[4]

Convém registrar que a medida cautelar monocrática concedida pelo Ministro Alexandre Moraes no bojo da ADI 7042 e 7043, ajuizadas, respectivamente, pela Associação Nacional dos Procuradores dos Estados e do Distrito Federal (Anape) e pela Associação Nacional dos Advogados Públicos Federais (Anafe), para dar intepretação conforme a Constituição para o disposto nos §6º, 10-C e 14 do art. 17 da Lei nº 8.429/1992, com a redação dada pela Lei nº 14.230/2021 e para suspender o art. 3º da última, não interfere na legitimidade exclusiva do Ministério Público para a celebração do acordo de não persecução cível, previsto no art. 17-B da lei.

A celebração do acordo dependerá, cumulativamente: (I) da oitiva do ente federativo lesado, em momento anterior ou posterior à propositura da ação; (II) de aprovação, no prazo de até 60 (sessenta) dias, pelo órgão do Ministério Público competente para apreciar as promoções de arquivamento de inquéritos civis, se anterior ao ajuizamento da ação; (III) de homologação judicial, independentemente de o acordo ocorrer antes ou depois do ajuizamento da ação de improbidade administrativa.

Revisão Combate à Corrupção do Ministério Público Federal, que, num giro mais maleável, propôs uma espécie de faculdade dirigida aos membros do parquet da União (artigo 23), consignando que "poderão ser objeto de isenção ou redução as seguintes penalidades previstas na Lei nº 8.429/1992 e Lei nº 12.846/2013" (excepcionada do acordo a penalidade de suspensão de direitos políticos nas hipóteses da Lei da "Ficha Limpa" (?). Quanto ao eventual ressarcimento, dispõe que "o ANPC poderá prever valor mínimo de indenização, remetendo-se a apuração definitiva à vítima ou lesado".

[4] Mesmo antes da Lei nº 14.230/2021, o STJ admitia a celebração do ANPC em fase posterior à contestação: "É possível acordo de não persecução cível no âmbito da ação de improbidade administrativa em fase recursal (STJ. AREsp nº 1.314.581/SP, 23.02.2021)". No mesmo sentido, já depois da alteração promovida pela Lei nº 14.230/21, ver, no STJ. AEResp nº 102.585-RS.

Além disso, o 3º do art. 17-B da Lei nº 8.429/1992, incluído pela Lei nº 14.230/2021, passa a exigir que, "para fins de apuração do valor do dano a ser ressarcido, deverá ser realizada a oitiva do Tribunal de Contas competente, que se manifestará, com indicação dos parâmetros utilizados, no prazo de 90 (noventa) dias".

3 Participação dos Tribunais de Contas nos acordos de não persecução cível: árbitro do *quantum debeatur*

Os Tribunais de Contas Brasileiros são órgãos constitucionais independentes que buscam, como sustentei outrora, "na própria Constituição, sua identidade e suas competências, as quais não podem ser mitigadas por legislação infraconstitucional, embora possam ser ampliadas por esta via".[5]

Nesse sentido, o legislador da Lei nº 14.230/2021 incluiu, no procedimento de conformação dos acordos de não persecução cível, a oitiva dos Tribunais de Contas, para fins de apuração do valor do dano a ser ressarcido por seu intermédio. Utilizou-se da expressão "deverá ser realizada a oitiva do Tribunal de Contas", prenunciando que a provocação do órgão de controle não se trata de faculdade, senão de dever imposto ao procedimento.

A razão de ser do envolvimento do Tribunal de Contas parece ser o de evitar o desprezo do órgão de contas aos termos do acordo, tal como aconteceu em relação aos acordos de leniência,[6] como também para que não haja duplicidade ou continuidade de processos de tomada de contas especial (que visam ao ressarcimento ao erário), mesmo após a sua celebração.

Não se compreende, como sustentam alguns, que a iniciativa do legislador seja inconstitucional, por ferir a autonomia funcional do Ministério Público, garantida pelo art. 129 da Constituição. O papel do Tribunal de Contas no procedimento é apenas o de elaborar o cálculo do ressarcimento, que se apresenta como condição à celebração do acordo (art. 17-B, I).

---

[5] FERRAZ, Luciano. *Controle da Administração Pública*: elementos para a compreensão dos Tribunais de Contas. Belo Horizonte: Mandamentos, 1999. p. 142.

[6] O TCU já decidiu que: "O acordo de leniência celebrado pela Administração Federal, nos termos da Lei nº 12.846/2013, não afasta as competências do TCU fixadas no art. 71 da Constituição Federal, nem impede a aplicação das sanções previstas na Lei nº 8.443/1992". (TCU, Acórdão nº 225/2015).

Com efeito, a apresentação do cálculo e sua metodologia não transformam o Tribunal de Contas em partícipe da negociação do acordo de não persecução cível, tarefa que é prescrita com exclusividade ao Ministério Público, nos termos do §5º do art. 17-B da lei, que dispõe: "As negociações para a celebração do acordo a que se refere o caput deste artigo ocorrerão entre o Ministério Público, de um lado, e, de outro, o investigado ou demandado e o seu defensor".

Portanto, compete ao Ministério Público negociar com ampla autonomia o acordo e suas bases com a parte interessada e seu defensor, e ao Tribunal de Contas calcular o montante do ressarcimento ao erário, se houver, possibilitando o cumprimento do requisito do "integral ressarcimento do dano". O papel a ser desempenhado pelo Tribunal de Contas é o de árbitro do *quantum debeatur*.[7]

Referido cálculo deve ser apresentado ao Ministério Público no prazo de 90 dias, contados do seu recebimento. A fixação desse prazo demandará do Tribunal de Contas a edição de regulamentação interna, a fim de definir procedimento expedito para cumprir a missão que lhe prescreveu o legislador. Esse prazo para a elaboração do cálculo é impróprio, porque a oitiva é obrigatória e não está previsto na lei qualquer consequência para sua extrapolação. A lógica a ser aplicada na espécie é semelhante àquela prevista na Lei nº 9.784/1999, art. 42, §1º, "se um parecer obrigatório e vinculante deixar de ser emitido no prazo fixado, o processo não terá seguimento até a respectiva apresentação, responsabilizando-se quem der causa ao atraso".

É de bom alvitre que a regulamentação interna do procedimento do cálculo nos Tribunais de Contas dê a oportunidade, facultativa, de manifestação à parte interessada, embora não se trate propriamente de um contraditório. A ideia deriva do direito constitucional de petição (art. 5º, XXXIV, "a" da Constituição) e não deixa de estabelecer uma

---

[7] Essa ideia do Tribunal de Contas como árbitro da sociedade não é nova, tendo aparecido pela primeira vez em: FERRAZ, Luciano. *Novos Rumos para o controle da administração Pública*. Tese de Doutoramento, UFMG, 2003 e reproduzida em Controle e Consensualidade. Belo Horizonte: Fórum, 2019. p. 105, *verbis*: "A ênfase dada ao controle posterior, notadamente nos processos de julgamento de contas, aliada à prática sancionatória da atividade de controle, não permite que se evolua da detecção das faltas para as ações corretivas. Daí porque se vislumbra a adoção, pelos tribunais de contas, de expediente assemelhado aos termos de ajustamento de conduta, com o objetivo de "contratualizar" com os administradores alternativas e metas para a melhoria do desempenho dos órgãos, entidades e programas. Esse contrato assumirá contornos de verdade 'contrato de gestão', e o Tribunal de Contas desempenhará o papel de árbitro entre a sociedade e os agentes encarregados de lidar com a *res publica*".

colaboração dos interessados com a solução da controvérsia que o acordo visa a dirimir, ampliando a sua dimensão dialógica.

Uma vez recebido o cálculo do valor do ressarcimento do Tribunal de Contas, o órgão negociador do Ministério Público fará a sua juntada ao procedimento, submetendo o acordo negociado à aprovação, no prazo de até 60 (sessenta) dias, do órgão do Ministério Público competente, para apreciar as promoções de arquivamento de inquéritos civis, se não houver ação judicial ajuizada. Depois da aprovação, o acordo deve ser levado à homologação judicial, na forma do art. 17-B, III.

Caso a negociação do acordo se dê já no curso da ação judicial, o órgão negociador do Ministério Público submeterá a proposta, acompanhada do cálculo do ressarcimento elaborado pelo Tribunal de Contas, ao juiz da causa, para homologação, na forma do art. 17-B, §1º, III.

Conclusão

A consensualidade administrativa aplicada é partidária da utilização do consenso e do diálogo institucionalizado. Cada vez mais o legislador brasileiro se vale de sua força resolutiva, para prever instrumentos típicos para a solução de problemas práticos, com especial enfoque para a atividade de controle (consensual) da Administração Pública.

Os acordos de não persecução cível constituem instrumentos desse tipo. A par da sua inclusão inicial no ordenamento jurídico, mercê da edição da Lei nº 13.964/2019, tiveram sua dimensão reconfigurada pela Lei nº 14.230/2001, não apenas para exigir requisitos mais rígidos para sua confecção (que haviam sido objeto de veto presidencial anterior), mas também para prever a participação dos Tribunais de Contas, em auxílio ao Ministério Público, no cálculo do valor integral do ressarcimento a constar do acordo.

O papel a ser desempenhado pelo Tribunal de Contas no procedimento não o torna partícipe da negociação do acordo de não persecução cível, mas pode ser compreendido como de árbitro do montante total do ressarcimento devido (*quantum debeatur*).

A alteração legislativa é novidadeira e traz desafios na sua aplicação. Os Tribunais de Contas deverão regulamentar internamente o exercício dessa nova atribuição, a fim de prestarem seu apoio técnico ao procedimento de negociação dos acordos de não persecução cível a cargo do Ministério Público, sob o crivo final homologatório do Poder Judiciário.

Referências

FERRAZ, Luciano. *Controle da Administração Pública*: elementos para a compreensão dos Tribunais de Contas. Belo Horizonte: Mandamentos, 1999.

FERRAZ, Luciano. *Controle e consensualidade*: fundamentos para o controle consensual da Administração Pública. 2. ed. Belo Horizonte: Fórum, 2020.

FERRAZ, Luciano. *Novos Rumos para o controle da administração Pública*. Tese de Doutoramento, UFMG, 2003 e reproduzida em Controle e Consensualidade. Belo Horizonte: Fórum, 2019.

Informação bibliográfica deste texto, conforme a NBR 6023:2018 da Associação Brasileira de Normas Técnicas (ABNT):

FERRAZ, Luciano. Acordos de não persecução cível e ressarcimento ao erário na Lei de Improbidade Administrativa: O Tribunal de Contas como árbitro do *quantum debeatur*. *In*: MOTTA, Fabrício; VIANA, Ismar (coord.). *Improbidade administrativa e Tribunais de Contas*: as inovações da Lei nº 14.230/2021. Belo Horizonte: Fórum, 2022. p. 179-188. ISBN 978-65-5518-445-7.

O APROVEITAMENTO DA INSTRUÇÃO PROBATÓRIA E RESPONSABILIZAÇÃO NO ÂMBITO DOS TRIBUNAIS DE CONTAS COMO VIA POSSÍVEL PARA A SUPERAÇÃO DO INCREMENTO DAS CONDIÇÕES DE PROCEDIBILIDADE DE QUE TRATA O §6º DO ART. 17 DA LEI Nº 8.429, DE 1992

MARCELO HARGER

Introdução

O §6º do art. 17 da Lei de Improbidade (Lei nº 8.429/1992) continha a seguinte redação anteriormente à reforma efetuada pela Lei nº 14.230/2021:

> Art. 17
>
> ...
>
> §6º A ação será instruída com documentos ou justificação que contenham indícios suficientes da existência do ato de improbidade ou com razões fundamentadas da impossibilidade de apresentação de qualquer dessas provas, observada a legislação vigente, inclusive as disposições inscritas nos arts. 16 a 18 do Código de Processo Civil.

A nova redação é a seguinte:

Art. 17

...

§6º A petição inicial observará o seguinte:
I – deverá individualizar a conduta do réu e apontar os elementos probatórios mínimos que demonstrem a ocorrência das hipóteses dos arts. 9º, 10 e 11 desta Lei e de sua autoria, salvo impossibilidade devidamente fundamentada;
II – será instruída com documentos ou justificação que contenham indícios suficientes da veracidade dos fatos e do dolo imputado ou com razões fundamentadas da impossibilidade de apresentação de qualquer dessas provas, observada a legislação vigente, inclusive as disposições constantes dos *arts. 77 e 80 da Lei nº 13.105, de 16 de março de 2015* (Código de Processo Civil).

Vê-se que a redação original já previa, genericamente, os requisitos que agora foram tornados explícitos pela nova redação. A razão provável da explicitação desses requisitos foi exigir do juízo que recebe a petição inicial uma análise mais detalhada das imputações e dos documentos que a acompanham, para evitar a propositura de ações descabidas.

Essa preocupação sempre foi importante para o legislador, tanto é que se previa uma manifestação prévia e uma análise aprofundada do juízo antes do recebimento da ação de improbidade nos parágrafos 7º e 8º do art. 17.[1] Esses dispositivos infelizmente foram revogados com a reforma da Lei de Improbidade.

Embora, desde sempre, o objetivo do legislador tenha sido o de exigir uma análise detalhada do Poder Judiciário para o recebimento de ações de improbidade, na prática, isso não ocorria. Espera-se que a alteração legislativa sirva ao propósito legislativo de evitar a propositura de ações infundadas.

No presente trabalho, inicialmente analisar-se-ão os requisitos exigidos para uma petição inicial de improbidade administrativa para posteriormente verificar se a instrução probatória promovida perante os tribunais de contas é suficiente para atendê-los.

---

[1] Art. 17

...

§7º Estando a inicial em devida forma, o juiz mandará autuá-la e ordenará a notificação do requerido, para oferecer manifestação por escrito, que poderá ser instruída com documentos e justificações, dentro do prazo de quinze dias.
§8º Recebida a manifestação, o juiz, no prazo de trinta dias, em decisão fundamentada, rejeitará a ação, se convencido da inexistência do ato de improbidade, da improcedência da ação ou da inadequação da via eleita.

1 Os requisitos da petição inicial da ação de improbidade

Conforme já se afirmou, a redação original do §6º do art. 17 da Lei de Improbidade exigia, para o recebimento da ação de improbidade, que houvesse, juntamente com a inicial, documentos ou justificação que contivessem indícios suficientes da existência do ato de improbidade. Esses somente poderiam ser dispensados caso se expusessem razões fundamentadas da impossibilidade de apresentação dessas provas.

O Superior Tribunal de Justiça apresentava dois entendimentos. O primeiro é o de que "para que se processe a ação de improbidade administrativa é preciso que a inicial: (a) descreva adequadamente a ação/omissão capaz de configurar a improbidade administrativa; (b) venha respaldada por indícios suficientes de autoria e materialidade ou acompanhada de razões fundamentadas da impossibilidade de apresentação, neste momento processual, de qualquer dessas provas (art. 16, §6º, da Lei nº 8.429/1992). Só assim estará presente a justa causa para o recebimento da ação e improbidade administrativa, que só se processa quando há viabilidade condenatória".[2] Essa primeira corrente entende, portanto, que o requisito de *indícios suficientes* é equivalente à viabilidade da pretensão condenatória.

Posteriormente, essa exigência veio sendo "minorada", passando o Superior Tribunal de Justiça a entender, diferentemente, que "na fase de recebimento da inicial da ação civil pública de improbidade administrativa, é suficiente a demonstração de indícios da prática do ilícito, ou, fundamentadamente, as razões de sua não apresentação, em homenagem ao princípio do *in dubio pro societate*".[3]

Passou-se a entender que "a rejeição liminar da petição inicial da ação de improbidade cabe somente para evitar o prosseguimento de lides temerárias ou pretensões condenatórias sem fundamento razoável". O recebimento da exordial tratar-se-ia de

> mero juízo de admissibilidade da ação para que se dê início à fase da instrução processual, fase essa em que serão apuradas, ou não, as veracidades dos fatos alegados pelo Parquet, bem como a conduta de cada réu. A expressão "indícios suficientes", utilizada no art. 17, §6º, da Lei nº 8.429/1992, diz o que diz, isto é, para que o juiz dê prosseguimento

---

[2] STJ. REsp: 1663430 AP 2017/0067306-5, Relator: Ministro BENEDITO GONÇALVES, Data de Julgamento: 04.12.2018, T1 – PRIMEIRA TURMA, Data de Publicação: *DJe* 11.12.2018.

[3] STJ. AgInt no AgInt no REsp: 1660310 SP 2015/0325518-5, Relator: Ministra REGINA HELENA COSTA, Data de Julgamento: 01.03.2021, T1 – PRIMEIRA TURMA, Data de Publicação: *DJe* 05.03.2021.

à ação de improbidade administrativa, não se exige que, com a inicial, o autor junte "prova suficiente" à condenação, já que, do contrário, esvaziar-se-ia por completo a instrução judicial, transformada que seria em exercício dispensável de duplicação e (re)produção de prova já existente. Prova indiciária é aquela que aponta a existência de elementos mínimos, portanto, elementos de suspeita e não de certeza, no sentido de que o demandado é partícipe, direto ou indireto, da improbidade administrativa.

À luz do art. 17, §6º, da Lei nº 8.429/1992, o juiz só poderá rejeitar liminarmente a Ação Civil Pública proposta quando, no plano legal ou fático, a improbidade administrativa imputada, diante da prova indiciária juntada, for manifestamente infundada", pois, "em recebimento da petição inicial da ação de improbidade administrativa, prevalece o princípio *in dubio pro societate*.[4]

A pergunta que se coloca é se a nova redação do §6º do art. 17 da Lei de Improbidade é suficiente para modificar o entendimento majoritário do STJ acerca do tema do recebimento das petições iniciais das ações de improbidade.

Atualmente exige-se os seguintes requisitos da petição inicial:

a) Individualização da conduta do réu;
b) Elementos probatórios mínimos que comprovem a ocorrência de uma das hipóteses dos artigos 9º a 11 da Lei de Improbidade;
c) Elementos probatórios mínimos que indiquem a autoria;
d) Seja instruída com documentos suficientes da veracidade dos fatos;
e) Seja instruída com documentos suficientes da ocorrência de dolo;
f) O procedimento administrativo instrutório deve oportunizar a manifestação e juntada de documentos do investigado;
g) Justificação devidamente fundamentada da impossibilidade de apresentação dos elementos/provas anteriores.

---

[4] STJ. AgInt no AgInt no REsp: 1732729 MS 2018/0070497-2, Relator: Ministro HERMAN BENJAMIN, Data de Julgamento: 24.02.2021, T2 – SEGUNDA TURMA, Data de Publicação: *DJe* 01.03.2021.

1.1 Individualização da conduta do réu

Exige-se, como requisito da inicial, a individualização da conduta do réu. Não basta uma mera descrição dos fatos. A ação de improbidade é uma "ação pessoal". Não basta que se indique meramente os fatos e os fundamentos do pedido como se faz corriqueiramente em uma ação cível.[5]

Apesar disso, o Superior Tribunal de Justiça, conforme se verifica pela decisão apresentada a seguir, por vezes admitiu a mera descrição genérica de condutas em ações de improbidade. Essa era uma tese que que já havia sido reconhecida pelo Superior Tribunal de Justiça, conforme se verifica pelo acórdão que se segue:

ADMINISTRATIVO E PROCESSUAL CIVIL? AÇÃO CIVIL PÚBLICA? IMPROBIDADE ADMINISTRATIVA? VIOLAÇÃO DO ART. 535 DO CPC NÃO CARACTERIZADA? TIPIFICAÇÃO DOS ATOS? ART. 11 DA LEI Nº 8.429/1992? COMINAÇÃO DAS SANÇÕES? ART. 12 DA LIA? PRINCÍPIOS DA RAZOABILIDADE E PROPORCIONALIDADE? SÚMULA Nº 7/STJ? CUMULAÇÃO? POSSIBILIDADE? ART. 17, §7º, DA LEI Nº 8.429/1992? PRESCINDIBILIDADE? NULIDADE ABSOLUTA? INOCORRÊNCIA? JULGAMENTO ANTECIPADO DA LIDE? CERCEAMENTO DE DEFESA NÃO-CONFIGURADO.
1. Não ocorre ofensa ao art. 535, II, do CPC, se o Tribunal de origem decide, fundamentadamente, as questões essenciais ao julgamento da lide.
2. O magistrado não está obrigado a aplicar cumulativamente todas as penas previstas no art. 12 da Lei nº 8.429/1992, podendo, mediante adequada fundamentação, fixá-las e dosá-las segundo a natureza, a gravidade e as consequências da infração.
3. Em ação civil pública por ato de improbidade, basta que o autor faça uma descrição genérica dos fatos e imputações dos réus, sem necessidade de descrever em minúcias os comportamentos e as sanções devidas a cada agente.
4. É possível condenar os agentes ímprobos em pena diversa das pleiteadas pelo parquet. Compreensão dos princípios do Direito Romano jura *novit curia* e da *mihi factum dabo tibi ius*, em que as leis são do conhecimento do juiz, bastando que as partes lhe apresentem os fatos.
5. Modificar o quantitativo da sanção aplicada pela instância de origem enseja reapreciação dos fatos e da prova, obstaculado nesta instância especial – Súmula nº 7/STJ.

---

[5] Inciso II do art. 319 do CPC.

6. A falta da notificação prevista no art. 17, §7º, da Lei nº 8.429/1992 não invalida os atos processuais ulteriores, salvo quando ocorrer efetivo prejuízo. Precedentes do STJ.
7. Não ocorre cerceamento de defesa por julgamento antecipado da lide, quando o julgador ordinário considera suficiente a instrução do processo.
8. Recurso especial do Ministério Público Estadual parcialmente provido.
9. Recurso especial do particular não provido.[6]

A partir da lei nº 14.230/2021 reconheceu-se definitivamente o caráter sancionatório da Lei de Improbidade, não podendo mais subsistir a linha decisória tomada pelo acórdão supratranscrito. É o que dispõe o art. 17-D, introduzido no ordenamento jurídico pela nova lei:

> Art. 17-D. A ação por improbidade administrativa é repressiva, de caráter sancionatório, destinada à aplicação de sanções de caráter pessoal previstas nesta Lei, e não constitui ação civil, vedado seu ajuizamento para o controle de legalidade de políticas públicas e para a proteção do patrimônio público e social, do meio ambiente e de outros interesses difusos, coletivos e individuais homogêneos.

Diante desse caráter sancionador e do reconhecimento de que se aplicam na interpretação da Lei de Improbidade os princípios do direito administrativo sancionador,[7] é natural que os requisitos da petição inicial se aproximem daqueles exigidos pelo direito penal.[8] Passou-se a exigir até mesmo a capitulação legal dos fatos imputados ao réu, conforme se verá nos tópicos a seguir.

1.2 Elementos probatórios mínimos que comprovem a ocorrência de uma das hipóteses dos artigos 9º a 11 da Lei de Improbidade

A partir da edição da Lei nº 14.230/2021, os tipos de improbidade passaram a ser *numerus clausus*. Isso significa dizer que inexiste ilícito ímprobo fora das hipóteses tipificadas na Lei de Improbidade ou em leis esparsas. Essa é a conclusão a que se chega em virtude do já transcrito

---

[6] REsp nº 1134461/SP, Rel. Ministra ELIANA CALMON, SEGUNDA TURMA, julgado em 03.08.2010, *DJe* 12.08.2010.
[7] §4º do art. 1º da Lei nº 8.429/1992.
[8] Art. 41 do Código de Processo Penal.

inciso I do §6º da Lei de Improbidade, e do §10-D do mesmo artigo, que dispõe:

§10-D. Para cada ato de improbidade administrativa, deverá necessariamente ser indicado apenas um tipo dentre aqueles previstos nos arts. 9º, 10 e 11 desta Lei.

É necessário, pois, que haja provas mínimas da ocorrência de um dos tipos da Lei de Improbidade para que a ação tenha seguimento. É o que no direito penal se chama de materialidade do delito. Não se aplica à Lei de Improbidade, portanto, a máxima do direito penal de que o réu se defende dos fatos. Nas ações de improbidade o réu deve saber, além dos fatos, qual delito lhe é imputado, pois a sentença que condenar o requerido por tipo diverso daquele definido na petição inicial será nula.[9]

1.3 Elementos probatórios mínimos que indiquem a autoria

É preciso também que existam elementos probatórios mínimos a indicar a autoria do delito. Elemento probatório mínimo é algo mais que um mero indício. Faz-se essa afirmação, porque é necessário ler o parágrafo que ora se comenta por completo.

Deve-se ler, portanto, os incisos I e II do §6º em conjunto, o que levará a conclusão diversa, conforme se demonstrará.

1.4 Seja instruída com documentos suficientes da veracidade dos fatos

A leitura conjunta nos leva à conclusão de que, embora a prova possa ser "mínima", ela deve conter indícios suficientes para provar documentalmente a verdade dos fatos. Mas não basta que os fatos sejam verdadeiros.

É necessário, ainda, um requisito volitivo que é o requisito final.

---

[9] Inciso I do §10-F do art. 17 da Lei nº 8.429/1992.

1.5 Seja instruída com documentos suficientes da ocorrência de dolo

É imperativa, ainda, a comprovação documental da existência de dolo. Deve haver indícios suficientes da ocorrência do dolo na conduta do agente e o dolo que se está a exigir é o dolo específico.

Exige-se a vontade livre e consciente de alcançar o resultado ilícito tipificado nos artigos 9º a 11 da Lei de Improbidade, não bastando a mera voluntariedade do agente.[10] Exige-se que o agente procure alcançar um fim ilícito. Dolo não se presume. Ou ele existe e é comprovado ou não.

1.6 A obrigatoriedade da manifestação do investigado nos processos administrativos para apuração de ilícitos de improbidade em curso no Ministério Público

Dispõe o art. 22 da Lei de Improbidade:

> Art. 22. Para apurar qualquer ilícito previsto nesta Lei, o Ministério Público, de ofício, a requerimento de autoridade administrativa ou mediante representação formulada de acordo com o disposto no art. 14 desta Lei, poderá instaurar inquérito civil ou procedimento investigativo assemelhado e requisitar a instauração de inquérito policial.
> Parágrafo único. Na apuração dos ilícitos previstos nesta Lei, será garantido ao investigado a oportunidade de manifestação por escrito e de juntada de documentos que comprovem suas alegações e auxiliem na elucidação dos fatos.

Vê-se que há disposição expressa assegurando a manifestação por escrito e juntada de documentos por parte do investigado nos processos administrativos de improbidade em curso no Ministério Público. Trata-se não apenas de um direito do investigado, mas principalmente de um dever imposto ao Ministério Público. O uso da expressão "será garantido" não dá margem a dúvidas.

Antes do final do processo administrativo que apura a prática de ato de improbidade, o investigado deverá se manifestar. Somente após essa manifestação é que o órgão ministerial poderá decidir pelo ingresso da ação de improbidade administrativa.

---

[10] §2º do art. 1º da Lei nº 8.429/1992.

Trata-se de um requisito de procedibilidade sem o qual a petição inicial deverá ser rejeitada de plano.

1.7 Justificação devidamente fundamentada da impossibilidade de apresentação dos elementos/provas anteriores

Na impossibilidade de apresentar as provas e indícios descritos nos itens anteriores, o Ministério Público poderá apresentar justificativas para a sua não apresentação.

Obviamente, a exigência de justificativas é "pra valer". Não basta a simples alegação de impossibilidade. Faz-se essa afirmação, porque o Ministério Público possui amplos poderes de instrução de seus procedimentos e processos administrativos.

A Lei de Improbidade prevê, expressamente, a possibilidade de instauração de inquéritos civis, de inquéritos policiais, bem como de outros procedimentos administrativos.[11] As normas disciplinadoras da atividade do Ministério Público, por sua vez, atribuem ampla competência instrutória a esse órgão, como se dá, por exemplo, com o art. 26 da Lei nº 8.625/1993,[12] que autoriza o Ministério Público a requisitar

---

[11] Art. 22. Para apurar qualquer ilícito previsto nesta Lei, o Ministério Público, de ofício, a requerimento de autoridade administrativa ou mediante representação formulada de acordo com o disposto no art. 14 desta Lei, poderá instaurar inquérito civil ou procedimento investigativo assemelhado e requisitar a instauração de inquérito policial. (Redação dada pela Lei nº 14.230, de 2021).
Parágrafo único. Na apuração dos ilícitos previstos nesta Lei, será garantido ao investigado a oportunidade de manifestação por escrito e de juntada de documentos que comprovem suas alegações e auxiliem na elucidação dos fatos.

[12] Art. 26. No exercício de suas funções, o Ministério Público poderá:
I – instaurar inquéritos civis e outras medidas e procedimentos administrativos pertinentes e, para instruí-los:
a) expedir notificações para colher depoimento ou esclarecimentos e, em caso de não comparecimento injustificado, requisitar condução coercitiva, inclusive pela Polícia Civil ou Militar, ressalvadas as prerrogativas previstas em lei;
b) requisitar informações, exames periciais e documentos de autoridades federais, estaduais e municipais, bem como dos órgãos e entidades da administração direta, indireta ou fundacional, de qualquer dos Poderes da União, dos Estados, do Distrito Federal e dos Municípios;
c) promover inspeções e diligências investigatórias junto às autoridades, órgãos e entidades a que se refere a alínea anterior;
II – requisitar informações e documentos a entidades privadas, para instruir procedimentos ou processo em que oficie;
III – requisitar à autoridade competente a instauração de sindicância ou procedimento administrativo cabível;

informações e documentos, instaurar procedimentos administrativos, requisitar diligências investigatórias, dentre outras medidas.

Somente poderá o Ministério Público utilizar da prerrogativa de justificação, quando, por alguma razão, essas medidas não se mostrarem efetivas e seja necessária a intervenção do Poder Judiciário para a produção das provas.

Esses amplos poderes, instrutórios, também, como se verá, exigem que o Ministério Público lastreie a ação de improbidade em mais do que uma mera aparência de direito. A ampla capacidade investigatória faz com que seja necessária documentação que demonstre a probabilidade de um ilícito tipificado na Lei de Improbidade Administrativa.

2 A justa causa na Lei de Improbidade

É cediço que o Ministério Público não pode acusar sem provas. Para que possa processar alguém, é necessário que a ação tenha condições mínimas de viabilidade. Deve fundar-se em suspeita razoável e fundada.

O fundamento deve residir em um substrato probatório mínimo que gera plausibilidade jurídica à imputação feita ao réu. O pedido, portanto, deve ser lastreado em um suporte probatório mínimo que lhe dê suporte e credibilidade. Busca-se, com isso, evitar a lide temerária, pois a simples instauração de um processo é suficiente para afrontar o *status libertatis* e a dignidade do acusado. Essa exigência nada mais é que o conceito de justa causa, conforme estudado pelo Processo Penal.[13]

IV – requisitar diligências investigatórias e a instauração de inquérito policial e de inquérito policial militar, observado o disposto no art. 129, inciso VIII, da Constituição Federal, podendo acompanhá-los;

V – praticar atos administrativos executórios, de caráter preparatório;

VI – dar publicidade dos procedimentos administrativos não disciplinares que instaurar e das medidas adotadas;

VII – sugerir ao Poder competente a edição de normas e a alteração da legislação em vigor, bem como a adoção de medidas propostas, destinadas à prevenção e controle da criminalidade;

VIII – manifestar-se em qualquer fase dos processos, acolhendo solicitação do juiz, da parte ou por sua iniciativa, quando entender existente interesse em causa que justifique a intervenção.

[13] GOMES, Luiz Flávio; BIANCHINI, Alice. Justa causa no processo penal: conceito e natureza jurídica. *Revista dos Tribunais*, v. 805, nov. 2002. Disponível em: https://revistados tribunais.com.br/maf/app/resultList/document?&src=rl&srguid=i0ad6adc600000180511eceb 9a82ae621&docguid=Ifd056960f25011dfab6f010000000000&hitguid=Ifd056960f25011dfab 6f010000000000&spos=5&epos=5&td=4000&context=8&crumb-action=append&crumb-label= Documento&isDocFG=false&isFromMultiSumm=&startChunk=1&endChunk=1. Acesso em 22 abr. 2002.

Exige-se, para a justa causa, a aparência do direito material invocado. É necessária uma fumaça de bom direito, para que a acusação possa ser recebida e o processo prossiga.[14]

Devido ao já apontado caráter sancionador da improbidade administrativa, também se exige a justa causa na propositura desse tipo de ação. Sobre a necessidade desse requisito, Ada Pellegrini Grinover leciona:

> No processo civil sancionatório também existe um caso de necessidade de demonstração da aparência do direito material: na Lei de Improbidade Administrativa (Lei nº 8.429/1992), o §6º do art. 17 prescreve: "A ação será instruída com documentos ou justificação que contenham indícios suficientes da existência de ato de improbidade ou com razões fundamentadas da impossibilidade de apresentação de qualquer dessas provas, observada a legislação vigente, inclusive as disposições inscritas nos arts. 16 a 18 do Código de Processo Civil (LGL\1973\5)".[15]

Conforme se verificou até agora, de um modo geral, para o processo penal, entende-se que é necessário um conjunto probatório mínimo que demonstre, minimamente, a aparência de ocorrência de um ilícito, para a existência de justa causa.

Conforme o entendimento de Ada Pellegrini Grinover, a "lógica processual penal" se aplica à redação original da Lei de Improbidade Administrativa.

Há, contudo, quem defenda que a justa causa está a exigir mais do que uma mera aparência. Exige, na verdade, um juízo de probabilidade. É o que leciona Warley Belo:

> A justa causa expande-se em importância e realidade além das condições da ação a ponto de a conceituarmos como um pré-requisito universal da

---

[14] GRINOVER, Ada Pellegrini. As condições da ação penal. *Revista brasileira de Ciências criminais*, v. 69, nov./dez. 2007. Disponível em: https://revistadostribunais.com.br/maf/app/resultList/document?&src=rl&srguid=i0ad6adc6000001805165bc9b7a6187e6&-docguid=I2479de40f25611dfab6f010000000000&hitguid=I2479de40f25611dfa-b6f010000000000&spos=4&epos=4&td=57&context=18&crumb-action=append&crumb-label=-Documento&isDocFG=false&isFromMultiSumm=&startChunk=1&endChunk=1. Acesso em 22 abr. 2022.

[15] GRINOVER, Ada Pellegrini. As condições da ação penal. *Revista brasileira de Ciências criminais*, v. 69, nov./dez. 2007. Disponível em: https://revistadostribunais.com.br/maf/app/resultList/document?&src=rl&srguid=i0ad6adc6000001805165bc9b7a6187e6&-docguid=I2479de40f25611dfab6f010000000000&hitguid=I2479de40f25611dfa-b6f010000000000&spos=4&epos=4&td=57&context=18&crumb-action=append&crumb-label=-Documento&isDocFG=false&isFromMultiSumm=&startChunk=1&endChunk=1. Acesso em 22 abr. 2022.

persecutio criminis. É que o *ius libertatis* é valioso. Procedimentos fundados em devaneios ou em conjecturas abstratas, ilegalidades ou, ainda, em insuficiência investigatória contrariam o ordenamento jurídico. A ação penal, v.g., só pode e deve ser utilizada quando de sua real necessidade; caso contrário, afrontar-se-ia a Constituição Federal (LGL\1988\3) e de nada valeria consagrar princípios reitores que protegem a liberdade individual.

[...]

O primeiro direito do indivíduo suspeito de crime é o direito de preservação de sua dignidade humana. Tanto a ação do Poder Executivo quanto do Poder Judiciário é limitada pela lei, essa mesma lei que protege a dignidade humana. Não se admite mais arbitrariedades – nem grandes, nem pequenas, nem sobre o manto cego do tecnicismo jurídico de diferenciar processo de procedimento e nivelar a liberdade do indivíduo por esse aspecto.

Esse direito de preservação da dignidade humana protege substancialmente nós cidadãos contra investigações irregulares sobre nossas pessoas e pertences. O que estamos defendendo é que a linha que separa o que é considerado legal – à luz da necessidade de investigar o crime em benefício da comunidade – do que é ilegal – à luz do direito de preservação da dignidade humana – é demarcada pela justa causa. *Sem a probabilidade de que a causa seja justa, haverá espoliação do status dignitatis do acusado.* É dizer que, sempre, deve haver uma prisão necessária, um inquérito necessário, uma ação necessária, um processo necessário, uma medida cautelar necessária, um libelo-crime necessário e uma execução necessária, sendo certo que é a ação penal um grande filtro (a priori ou a posteriori) desses eventos.

Quando o Estado inicia a *persecutio criminis*, necessita, antes de mais nada, respeitar a liberdade e a dignidade moral do acusado. Sob esse aspecto, uma série de transigências viáveis foram sendo feitas através dos séculos, e hoje alcançam grandeza constitucional. Todavia, essas garantias não impedem a atuação do poder-dever de punir. Não impedem, mas limitam e exigem pré-requisitos.

Uma vez estabelecido que é provável que a causa seja justa, pelo conjunto de elementos probatórios, as relações entre o acusado e o Estado alcançam o seu ponto crítico. É tão crítico que não é possível um julgamento válido sem defesa em nosso sistema acusatório misto.

A justa causa está para a *persecutio criminis* assim como o processo penal está para o Estado Democrático de Direito. Analogamente ao que disse Grispigni quanto ao bem jurídico, dizemos que a justa causa é a alma da *persecutio criminis*, o espírito de liberdade vivo no nosso Estado Democrático de Direito.

A justa causa está presente além das condições da ação. É o próprio motivo para agir, seja em que quadrante do processo ou procedimento penal estejamos. É o escudo contra qualquer tipo de abuso do poder-dever de acusar ou qualquer ilegalidade.[16]

Vê-se, pois, que o autor citado defende que há uma evolução no conceito de justa causa que muda de "mera aparência" para a "probabilidade do ilícito". Equivale ao conceito de viabilidade da pretensão condenatória, exigido por parte das decisões do Superior Tribunal de Justiça.

Essa evolução veio consagrada na nova redação do art. 6º da Lei de Improbidade Administrativa. De fato, exigem-se, nos termos do inciso II do §6º do art. 17 da nova redação da Lei nº 8.429/1992, indícios suficientes da veracidade dos fatos e do dolo imputado. A noção de aparência foi substituída por suficiência.

Marçal Justen Filho leciona a esse respeito o seguinte:

A realização do procedimento administrativo preparatório se justifica inclusive pela exigência constante do art. 17, §6º, inciso II, da LIA. O dispositivo determina que a inicial seja acompanhada dos documentos pertinentes aos fatos narrados e que contemplem indícios suficientes da veracidade dos fatos, da autoria da conduta e da presença do dolo. Esse dispositivo reconhece a vedação à instauração de ação de improbidade desacompanhada de evidências suficientes quanto à existência (e à autoria) do ato de improbidade.

A redação legal é muito relevante, eis que o dispositivo não se refere a evidências mínimas. É indispensável que a documentação demonstre de modo suficiente, a existência do ilícito e de sua autoria.

Provas suficientes são aquelas que demonstram, de modo consistente, a existência do crime e os indícios quanto à sua autoria. Portanto, é indispensável mais do que provas mínimas.[17]

Trata-se, portanto, de se exigir, doravante, para a propositura da ação de improbidade administrativa, algo similar à prova pré-constituída[18]

---

[16] BELO, Warley. As condições da ação penal e o julgamento de mérito abusivo. *Revista dos Tribunais*, v. 874, ago. 2008. Disponível em: https://revistadostribunais.com.br/maf/app/resultList/document?&src=rl&srguid=i0ad82d9a0000018057033631a6393182&docguid=I660ff9c0f25111dfab6f010000000000&hitguid=I660ff9c0f25111dfab6f010000000000&spos=2&epos=2&td=2&context=10&crumb-action=append&crumb-label=Documento&isDocFG=false&isFromMultiSumm=&startChunk=1&endChunk=1. Acesso em 23 abr. 2022.

[17] JUSTEN FILHO, Marçal. *Reforma da lei de improbidade administrativa comparada e comentada*: Lei nº 14.230, de 25 de outubro de 2021. Rio de Janeiro: Forense, 2021. p. 191.

[18] "Elementos probatórios são provas, o que dá a entender que o autor só poderia propor uma ação de improbidade administrativa se já estivesse em poder de prova pré-constituída. Verdade que o dispositivo exige elementos probatórios mínimos, mas com o previsto no

exigida no mandado de segurança, que seja suficiente para demonstrar a probabilidade de ocorrência do ilícito.

É natural que assim o seja, pois o Ministério Público tem amplos poderes para instaurar inquéritos civis, criminais e outros procedimentos administrativos, por intermédio dos quais pode realizar investigações aprofundadas. Garante-se, nesse momento "pré-judicial", ao investigado, a oportunidade de manifestação por escrito e de juntada de documentos que comprovem suas alegações e auxiliem na elucidação dos fatos.

Certamente, quando bem conduzidos, a maior parte desses procedimentos acarretará a redução do trabalho judicial, evitando a propositura de ações descabidas ou abreviando a instrução probatória, que terá sido realizada "fora do judiciário", tornando assim os processos mais céleres.

3 Os documentos colhidos em processos nos Tribunais de Contas como elementos importantes na análise do recebimento das ações de improbidade administrativa

Os tribunais de contas, desde a redação originária da Lei nº 8.429/1992, foram alçados a verdadeiros fiscais dos processos administrativos de improbidade, por força do artigo 15 da Lei de Improbidade, que assim dispõe:

> Art. 15. A comissão processante dará conhecimento ao Ministério Público e ao Tribunal ou Conselho de Contas da existência de procedimento administrativo para apurar a prática de ato de improbidade.
> Parágrafo único. O Ministério Público ou Tribunal ou Conselho de Contas poderá, a requerimento, designar representante para acompanhar o procedimento administrativo.

Vê-se, portanto, que os órgãos de contas sempre atuaram como "fiadores" da integridade dos processos administrativos, para apuração de ilícitos de improbidade. É natural que assim o seja, pois as cortes de contas brasileiras contam com corpo técnico especializado para a análise de atos administrativos que, muitas vezes, consegue avaliar a

---

inciso II do mesmo dispositivo, resta clara a exigência de prova pré-constituída. Afinal, o dispositivo exige a instrução da petição inicial com documentos ou justificação que contenham indícios suficientes da veracidade dos fatos e do dolo imputado". (NEVES, Daniel Amorim Assumpção; OLIVEIRA, Rafael Carvalho Rezende. *Comentários à reforma da lei de improbidade administrativa*: Lei nº 14.230, de 25.10.2021 comentada artigo por artigo. Rio de Janeiro: Forense, 2021. p. 81).

lisura dos procedimentos da administração pública com um grau de tecnicidade e aprofundamento maior do que o próprio Poder Judiciário. Apesar disso, é preciso notar que o prisma de análise das cortes de contas difere da simples análise da probidade administrativa nos processos de julgamentos das contas públicas.

A função de nossos tribunais de contas é maior do que a instrução de processos de improbidade. Embora seja incontestável a importância da documentação colhida pelo Tribunal de Contas para a formação do corpo probatório de um processo administrativo de improbidade, não se pode dizer, *a priori*, que a condenação por um tribunal de contas seja suficiente para satisfazer todos os requisitos que deve ter uma inicial de ação de improbidade.

Obviamente, as provas produzidas nos processos administrativos de tomadas de contas deverão ser consideradas pelo juízo, ao analisar a admissibilidade das ações de improbidade. Resta, no entanto, saber, se estas serão suficientes.

Em relação à decisão final da demanda, a própria Lei de Improbidade resolve o problema. Há previsão, no inciso II do art. 21 da Lei nº 8.429/1992, de que a aplicação das sanções da Lei de Improbidade independe da aprovação ou rejeição das contas pelas Cortes de Contas. Mas também prevê que "as provas produzidas perante os órgãos de controle e as correspondentes decisões deverão ser consideradas na formação da convicção do juiz, sem prejuízo da análise acerca do dolo na conduta do agente".[19]

Caminho semelhante deve ser seguido na análise do juízo de admissibilidade das ações de improbidade. Não se pode desconsiderar, sem qualquer fundamentação, a documentação produzida no âmbito dos tribunais de contas, mas essa documentação nem sempre será suficiente para garantir a admissibilidade da ação de improbidade.

É preciso, ainda, notar o conteúdo da decisão do Tribunal de Contas. Como se sabe, as contas podem ser julgadas regulares, regulares com ressalvas ou irregulares.[20] Por óbvio, contas julgadas regulares não se prestam a justificar os requisitos da ação de improbidade.

As contas julgadas regulares com ressalvas são aquelas que evidenciam impropriedade ou faltas de natureza formal que não resultem danos ao erário. Nessas hipóteses, o requisito do dolo específico estará ausente. Em tese, no entanto, caso seja superado por alguma maneira esse requisito, os documentos colhidos somente poderão ensejar a

---

[19]   §2º do art. 21 da Lei nº 8.429/1992.
[20]   Art. 16 da Lei nº 8.443/92.

responsabilidade pelas hipóteses expressamente tipificadas pelos incisos do art. 11 da Lei de Improbidade.

As contas julgadas irregulares são aquelas em que estejam comprovados:

a) omissão no dever de prestar contas;
b) prática de ato de gestão ilegal, ilegítimo, antieconômico, ou infração à norma legal ou regulamentar de natureza contábil, financeira, orçamentária, operacional ou patrimonial;
c) dano ao Erário decorrente de ato de gestão ilegítimo ao antieconômico;
d) desfalque ou desvio de dinheiros, bens ou valores públicos.

A hipótese descrita no item "a" poderá configurar improbidade, caso se comprove que o investigado deixou de prestar contas quando estava obrigado a fazê-lo, apesar de dispor de condições para isso e com o objetivo de ocultar irregularidades.[21]

A hipótese descrita no item "b" somente poderá configurar, em tese, improbidade, quando a documentação servir para comprovar o dolo específico, dano e/ou enriquecimento ilícito. O simples desrespeito formal às normas contábeis, financeiras e orçamentárias não dá ensejo à aplicação da Lei de Improbidade, pois "ilegalidade sem a presença de dolo que a qualifique não configura ato de improbidade".[22]

O item "c" poderá, em tese, ensejar improbidade, quando a documentação instrutória servir para comprovar o dolo específico, dano e/ou enriquecimento ilícito.

O item "d", quando constatado, normalmente terá lastro documental para justificar a propositura de uma ação de improbidade administrativa, pois a constatação de desfalque ou desvio de dinheiros, bens ou valores públicos só pode se dar com a existência dos requisitos do dolo específico, dano e/ou enriquecimento ilícito.

Finalmente, é preciso ressaltar que, atualmente, garante-se, "ao investigado, a oportunidade de manifestação por escrito e de juntada de documentos que comprovem suas alegações e auxiliem na elucidação dos fatos".[23] Trata-se de condição de procedibilidade a impedir que o Ministério Público simplesmente formule a petição inicial e anexe os documentos colhidos junto ao Tribunal de Contas.

---

[21] Inciso VI do art. 11 da Lei nº 8.429/1992.

[22] §1º do art. 17-C da Lei nº 8.429/1992.

[23] Parágrafo único do art. 22 da Lei nº 8.429/1992.

Somente após a manifestação do investigado é que, caso a caso, se poderá averiguar se cada um dos requisitos detalhados no presente trabalho foi atendido pela inicial acusatória.

Conclusões

O recebimento de uma petição inicial de ação de improbidade depende da análise da existência dos seguintes requisitos:
a) Individualização da conduta do réu;
b) Elementos probatórios mínimos que comprovem a ocorrência de uma das hipóteses dos artigos 9º a 11 da Lei de Improbidade;
c) Elementos probatórios mínimos que indiquem a autoria;
d) Seja instruída com documentos suficientes da veracidade dos fatos;
e) Seja instruída com documentos suficientes da ocorrência de dolo;
f) Oportunidade de manifestação do investigado no processo administrativo de improbidade;
g) Justa causa.

A suficiência probatória do material instrutório colhido junto aos tribunais de contas somente poderá ser feita caso a caso, cotejando-se o material colhido com os requisitos supramencionados.

O material probatório coletado pelos tribunais de contas quando as contas forem julgadas regulares ou regulares com ressalvas não é suficiente para instruir uma ação de improbidade administrativa. Quando as contas forem julgadas irregulares, em tese, o material instrutório obtido poderá ser aproveitado para instruir ações de improbidade, desde que sirva para comprovar, além dos requisitos já citados, a existência de dolo específico, dano e/ou enriquecimento ilícito.

Referências

BELO, Warley. As condições da ação penal e o julgamento de mérito abusivo. *Revista dos Tribunais*, v. 874, ago. 2008. Disponível em: https://revistadostribunais. com.br/maf/app/resultList/document?&src=rl&srguid=i0ad82d9a0000018057033631a 6393182&docguid=I660ff9c0f25111dfab6f010000000000&hitguid=I660ff9c0f25111dfab 6f010000000000&spos=2&epos=2&td=2&context=10&crumb-action=append&crumb-la-bel=Documento&isDocFG=false&isFromMultiSumm=&startChunk=1&endChunk=1. Acesso em 23 abr. 2022.

GOMES, Luiz Flávio; BIANCHINI, Alice. Justa causa no processo penal: conceito e natureza jurídica. *Revista dos Tribunais*, v. 805, nov. 2002. Disponível em: https://revistadostribunais.com.br/maf/app/resultList/document?&src=rl&srguid=i0ad6adc600000180511eceb9a82ae621&docguid=Ifd056960f25011dfab6f010000000000&hitguid=Ifd056960f25011dfab6f010000000000&spos=5&epos=5&td=4000&context=8&crumb-action=append&crumb-label=Documento&isDocFG=false&isFromMultiSumm=&startChunk=1&endChunk=1. Acesso em 22 abr. 2002.

GRINOVER, Ada Pellegrini. As condições da ação penal. *Revista brasileira de Ciências criminais*, v. 69, nov./dez. 2007. Disponível em: https://revistadostribunais.com.br/maf/app/resultList/document?&src=rl&srguid=i0ad6adc6000001805165bc9b7a6187e6&docguid=I2479de40f25611dfab6f010000000000&hitguid=I2479de40f25611dfab6f010000000000&spos=4&epos=4&td=57&context=18&crumb-action=append&crumb-label=Documento&isDocFG=false&isFromMultiSumm=&startChunk=1&endChunk=1. Acesso em 22 abr. 2022.

JUSTEN FILHO, Marçal. *Reforma da Lei de Improbidade administrativa comparada e comentada*: Lei nº 14.230, de 25 de outubro de 2021. Rio de Janeiro: Forense, 2021.

NEVES, Daniel Amorim Assumpção; OLIVEIRA, Rafael Carvalho Rezende. *Comentários à reforma da Lei de Improbidade administrativa*: Lei nº 14.230, de 25.10.2021 comentada artigo por artigo. Rio de Janeiro: Forense, 2021.

PINHEIRO, Igor pereira; ZIESEMER, Henrique da Rosa. *Nova Lei de Improbidade administrativa comentada*. Leme: Mizuno, 2022.

Informação bibliográfica deste texto, conforme a NBR 6023:2018 da Associação Brasileira de Normas Técnicas (ABNT):

HARGER, Marcelo. O aproveitamento da instrução probatória e responsabilização no âmbito dos Tribunais de Contas como via possível para a superação do incremento das condições de procedibilidade de que trata o §6º do art. 17 da Lei nº 8.429, de 1992. *In*: MOTTA, Fabrício; VIANA, Ismar (coord.). *Improbidade administrativa e Tribunais de Contas*: as inovações da Lei nº 14.230/2021. Belo Horizonte: Fórum, 2022. p. 189-206. ISBN 978-65-5518-445-7.

O ELEMENTO SUBJETIVO DOLO PARA CONFIGURAÇÃO DE IMPROBIDADE ADMINISTRATIVA E O RECONHECIMENTO DE SUA OCORRÊNCIA POR TRIBUNAIS DE CONTAS

MÁRCIO CAMMAROSANO

Introdução

No trato de temas como o enunciado no título, de natureza eminentemente jurídica, sempre consideramos recomendável dizer, desde logo, o que entendemos por direito como nosso objeto de estudo, assim como fixar algumas premissas inarredáveis, de ordem geral, e outras mais diretamente relacionadas com a matéria a ser versada.

Referida cautela afigura-se nos de grande relevância para fins de consistência das conclusões a serem ao final sintetizadas.

Utilizamos aqui a palavra *direito* para designar a ordem normativa do comportamento humano, dotada de coercibilidade institucionalizada, isto é, da possibilidade do uso da coerção pelo Estado, se e quando necessário, para fazer respeitar, cumprir e aplicar as normas – princípios e regras – que mencionada ordem consubstancia, posta por decisão do legislador competente, bem como normas oriundas de fontes por aquele autorizadas. É este o objeto de estudo que elegemos, designando-o *direito*.

Essa ordem normativa – o direito – deve ser estudada, conhecida, sob perspectiva unitária, como sistema,[1] portanto, na busca de consistência em face mesmo da possível ocorrência de antinomias, reais ou aparentes. Este estudo deve ser organizado metodicamente, com a utilização de técnicas apropriadas à consecução da finalidade almejada.

O ordenamento jurídico brasileiro tem no seu vértice a Constituição da República, como repositório das normas jurídicas do mais elevado nível hierárquico, dotada assim de supremacia.

Nossa Constituição modelou o Estado brasileiro como uma federação, adotando como forma de governo a República e, como sistema, o presidencialismo. No que concerne ao poder, ou poderes de Estado, foram estabelecidos o Legislativo, o Executivo e o Judiciário, independentes e harmônicos entre si (art. 2º), e instituído um sistema de freios e contrapesos, como se sabe.

Em sendo o Brasil um Estado de Direito Democrático, como proclama a Constituição já no seu preâmbulo, e que lhe dá substância ao longo de suas disposições, todas as entidades, instituições, órgãos e pessoas, físicas e jurídicas, públicas e privadas, ao direito estão submetidas. E a desobediência ao direito enseja responsabilização, com a aplicação das sanções previstas no próprio ordenamento jurídico.

Segue-se que a imputação de responsabilidade jurídica também se apresenta juridicamente regulada. E há de ser levada a efeito consoante os sistemas de responsabilização instituídos, cada qual com suas peculiaridades, com seu regime jurídico próprio.

Um desses sistemas, que aqui vamos nos ocupar, ainda que a voo de pássaro, é o sistema de responsabilização por atos de improbidade no que concerne ao exercício de funções públicas, no âmbito dos Poderes Executivo, Legislativo e Judiciário, bem como da administração direta e indireta, da União, dos Estados, dos Munícipios e do Distrito Federal. Esse sistema de responsabilização está consubstanciado na Lei nº 8.429, de junho de 1992, com a redação dada pela Lei nº 14.230/2021, que tem como fundamento último de validade o art. 37, §4º, da Constituição da República, que reza:

> Art. 37. A administração pública direta e indireta de qualquer dos Poderes da União, dos Estados, do Distrito Federal e dos Municípios obedecerá aos princípios de legalidade, impessoalidade, moralidade,

---

[1] Quanto à noção de sistema, de pensamento sistemático. (CANARIS, Claus-Wilhelm. *Pensamento Sistemático e Conceito de Sistema na Ciência do Direito*. 4. ed. Lisboa: Fundação Calouste Gulbenkian, 2008).

publicidade e eficiência e, também, ao seguinte: (Redação dada pela Emenda Constitucional nº 19, de 1998)

(...)

§4º Os atos de improbidade administrativa importarão a suspensão dos direitos políticos, a perda da função pública, a indisponibilidade dos bens e o ressarcimento ao erário, na forma e gradação previstas em lei, sem prejuízo da ação penal cabível.

Dentre as sanções aplicáveis a quem for responsabilizado por improbidade, consoante o sistema de que estamos a tratar, está a suspensão dos direitos políticos.

Por outro lado, o cometimento de improbidade pode implicar inelegibilidade em face do disposto no art. 14, §9, da Constituição, e da Lei Complementar nº 64/90, que, com a redação dada pela Lei Complementar nº 135/2010, prescreve:

Art. 1º São inelegíveis:

(...)

g) os que tiverem suas contas relativas ao exercício de cargos ou funções públicas rejeitadas por irregularidade insanável que configure ato doloso de improbidade administrativa, e por decisão irrecorrível do órgão competente, salvo se esta houver sido suspensa ou anulada pelo Poder Judiciário, para as eleições que se realizarem nos 8 (oito) anos seguintes, contados a partir da data da decisão, aplicando-se o disposto no inciso II do art. 71 da Constituição Federal, a todos os ordenadores de despesa, sem exclusão de mandatários que houverem agido nessa condição;

1 Competências para julgar imputação de responsabilidade por improbidade e os Tribunais de Contas

Ora, em face do sistema de responsabilização por improbidade é preciso estabelecer algumas distinções entre competência para julgar alguém acusado por improbidade, aplicando as sanções cominadas na lei que especificamente trata dessa responsabilização, e competências para tomar certas decisões de outras naturezas, que se impõem como consequências do julgamento da procedência da imputação de improbidade, sem embargo de outras distinções que a matéria comporta.

Impõe-se considerar, incialmente, que no sistema de responsabilização por improbidade de que trata a Lei nº 8.429/1992, investigações podem ocorrer em sede administrativa, consoante previsto no art. 14 dessa mesma lei, mediante processo administrativo disciplinar (art. 14, caput e seu §3º). Também o Ministério Público pode fazê-lo, instaurando inquérito civil ou procedimento investigativo assemelhado (art. 22), sem prejuízo da instauração de inquérito policial, na medida em que se considerar que o que se imputa a alguém como improbidade possa tipificar também crime.

Mas não é só. Instaurado processo administrativo, "a comissão processante dará conhecimento ao Ministério Público e ao Tribunal ou Conselho de Contas da existência de procedimento administrativo para apurar a prática de ato de improbidade". Referidos órgãos poderão designar representantes para acompanhar o procedimento administrativo (art. 15).

Vê-se, portanto, que a própria lei de improbidade considera que Tribunais ou Conselhos de Contas têm interesse jurídico na apuração de improbidade administrativa, na medida em que são órgãos de controle externo da administração pública. E atos de improbidade podem estar relacionados com matéria sujeita a seu exame, consoante prescrito nos arts. 70 a 75 da Constituição da República.

Todavia, a competência para aplicação das sanções de que trata a Lei nº 8429/1992 é do Judiciário, ao ensejo de ação proposta pela Ministério Público, observadas as normas do Código de Processo Civil, ressalvado o disposto na própria Lei nº 8.429/1992. (art. 17).

Destarte, ímprobo é aquele que assim for declarado pelo juízo competente, sujeitando-se às sanções previstas na lei de improbidade e às demais consequências igualmente prescritas em lei.

Quanto aos Tribunais ou Cortes de Contas, suas funções não se confundem com o exercício da função judicial, não tendo competência para, constatada ilegalidade, ilegitimidade ou não observância da economicidade quanto à gestão contábil, financeira, operacional e patrimonial das entidades que fiscaliza, proclamar que houve improbidade administrativa para os efeitos legais.

Constatada ofensa à ordem jurídica por Tribunal de Contas, no exercício de suas funções constitucionalmente declinadas, deverá ser proferida a decisão que a essa Instituição couber, nos limites de sua competência. E em se vislumbrando indícios de improbidade, a autoridade que conhecer dos fatos, inclusive Tribunais e Cortes de Contas, deverá representar ao Ministério Público competente para as providências necessárias (Lei nº 8.429/1992, art. 7º, e art. 71, XI, da C.R.).

Para que Tribunais ou Cortes de Contas representem ao Ministério Público para as providências necessárias à apuração e eventual propositura de ação de responsabilidade por improbidade, constitui requisito necessário e suficiente a existência de indícios de ato de improbidade. Faz-se necessário explicitar, então, no que consiste ato de improbidade, bem como o que se deve considerar como indícios de sua ocorrência.

2 Legalidade, moralidade e probidade; distinções; o sistema de responsabilização por improbidade

Quanto ao que seja improbidade, em tese, a matéria deve ser revisitada, porque a disciplina jurídica-normativa foi substancialmente alterada com o advento da Lei nº 14.230, de 25 de outubro de 2021, que alterou a Lei nº 8.429, de 2 de junho de 1992.

Sabe-se que a Constituição se refere à improbidade e à probidade administrativas, sem, entretanto, defini-las, tendo ficado por conta do legislador ordinário a tarefa de dizer quais atos configuram improbidade. Nada a estranhar quanto a isso, mesmo porque a maioria das palavras utilizadas na nossa Lei maior constituem expressões verbais de conceitos com os quais estamos familiarizados. E aqueles com os quais não estamos familiarizados, a própria Constituição, as leis e outros atos normativos, assim como a doutrina e a jurisprudência, cuidam de dar contornos significativos mais precisos. Mesmo assim, a falta de precisão quanto ao significado das palavras da linguagem comum de que textos jurídicos-normativos se valem, é um dado da realidade com a qual temos que conviver. Daí a necessidade da interpretação consoante variados métodos de hermenêutica, encarecida sempre a importância do contexto.

Seja como for, parece-nos indubitável que a Constituição, utilizando-se das palavras legalidade, moralidade e probidade, não se vale delas como se fossem dotadas de sinonímia absoluta. De há muito temos nos ocupado em distinguir legalidade, moralidade e probidade.[2] Distinguir, sim, mas sem apartá-las radicalmente, como se nada as pudesse relacionar, como se nada se pudesse reconhecer como um denominador comum.

Assim é que dizemos que legalidade é a qualidade do que é legal, conforme a ordem jurídica.

---

[2] CAMMAROSANO, Márcio; PEREIRA, Flávio Henrique Unes. O elemento subjetivo na improbidade administrativa: por uma responsável motivação das decisões judiciais. *In*: *Revista do Superior Tribunal de Justiça*, a. 28, n. 241, jan./fev./mar. de 2016. p. 577-603.

Mas ofensas à ordem jurídica não são todas qualificadas pelo Direito como da mesma gravidade, por força mesmo das consequências nele previstas.

Não observância de normas jurídicas há que implicam irregularidades passíveis de saneamento que, em certas circunstâncias, se põe até como obrigatório, consoante têm proclamado a doutrina, a jurisprudência, até com base em expressa previsão legal, em homenagem à segurança jurídica, à proteção da confiança legitima, da boa-fé, do interesse público enfim.

Ilegalidades há que se corrigem pura e simplesmente com a concessão, por exemplo, de um mandado de segurança, sem que decisões dessa natureza impliquem necessariamente aplicação de sanções à autoridade qualificada como coatora, responsável pela ilegalidade (CR., art. 5º, LXVIII).

Mas ofensas à ordem jurídica pode haver que se tenham como agravadas, a ensejar instrumentos para restauração da legalidade, passíveis de serem manejados até por mais de um legitimado ativamente, com ou sem a previsão de promoção de responsabilidades, com aplicação ou não de sanções de variada natureza.

Dentre as razões ou circunstâncias que agravam dada violação à ordem jurídica aloca-se, como temos sustentado, a concomitante ofensa a valores morais juridicizados,[3] como juridicizados, nos termos em que juridicizados. Ocorre então ofensa à moralidade administrativa – moralidade jurídica – passível de ser protegida, resguardada, restaurada, inclusive por iniciativa de qualquer cidadão manejando ação popular (CR., art. 5º, LXXIII).

Todavia, violações à ordem jurídica há que se apresentam especialmente qualificadas, na medida em que normas que as contemplam cominam sanções as mais contundentes do ordenamento, quais sejam, as previstas por comportamentos tipificados como improbidade administrativa ou infração penal, isto é, crime.

Com efeito, valorando comportamentos de possível ocorrência, mas indesejáveis, de elevado grau de reprovabilidade, o legislador competente pode decidir-se pela cominação de sanções da maior severidade, dentre elas a de suspensão ou perda de direitos relevantíssimo, e até a privação da liberdade.

---

[3] CAMMAROSANO, Márcio. *O princípio constitucional da moralidade e o exercício da função administrativa*. Belo Horizonte: Fórum, 2006.

Assim é que, dentre os sistemas de responsabilização dos que violam a ordem jurídica, figura também o sistema de responsabilização por improbidade administrativa e o sistema de responsabilização pela prática de crimes.

Constitui improbidade ou crime o comportamento que a lei assim qualificar, não havendo relação necessária entre improbidade e crime. Um dado comportamento pode configurar improbidade e também crime ou não, dependendo do que a lei dispuser.

A responsabilização por improbidade deve ser levada a efeito mediante ação proposta em juízo cível, observadas as normas de direito processual civil. A responsabilização penal deve ser levada a efeito mediante ação proposta perante juízo criminal, observadas normas de direito processual penal. Tudo nos termos da legislação em vigor.

3 Improbidade: responsabilidade subjetiva na modalidade dolosa. Inexistência de ofensa ao princípio da vedação do retrocesso

Ora, decidido restou pelo legislador competente, mais recentemente, que só há improbidade a título de dolo, e não de mera culpa no sentido estrito do termo – imprudência, negligência ou imperícia. Já em matéria penal, crimes há não apenas na modalidade dolosa, que é a regra, mas também na modalidade culposa, se a lei expressamente a contemplar. E o núcleo conceitual de dolo e culpa, elementos subjetivos, é o mesmo, seja qual for o ramo do direito que desses conceitos se valha, especialmente em se tratando de aplicação de sanções.

Forçoso concluir, a este passo, que todos os sistemas vigentes de responsabilização jurídica, ensejadora de aplicação de sanções, a quem quer que seja, têm por pressuposto igualmente alguma violação ao ordenamento jurídico, alguma ilegalidade. Já a natureza da sanção cabível será aquela resultante do regime jurídico de sua imposição, aferível pelo exame das normas que referido regime conformar.

Daí porque uma sanção pecuniária, como uma multa, pode se configurar como sanção cível, administrativa, por improbidade ou criminal.

Por outro lado, assim como não há crime sem lei anterior que o defina, não há improbidade sem lei prévia que assim qualifique os comportamentos que descreva, sob pena de ofensa ao próprio princípio da segurança jurídica, indissociável do Estado de Direito Democrático, que postula, na lição de Miguel Reale, a predeterminação formal do direito,[4] de sorte que todos possam saber o que é obrigatório ou proibido fazer.

Segue-se que improbidade consiste, antes de tudo, numa ilegalidade. E ilegalidade proposital, dolosa, com a consciência da antijuridicidade do proceder. E toda ofensa à ordem jurídica no setor público, intencional, eivada de má-fé, consiste, *ab início*, ofensa à moralidade administrativa. Mas ofensa especialmente qualificada por vontade da lei, resultante do juízo, quanto ao elevado grau de reprovabilidade, dos responsáveis pela sua elaboração.

Resumindo: configura improbidade o comportamento que a lei qualifica como tal em face do elevado grau de reprovabilidade que o justifique, a critério do legislador competente, obsequioso, todavia, aos imperativos da razoabilidade. Razoabilidade inexistente preteritamente na previsão de improbidade na modalidade culposa em sentido estrito, como estava comtemplada no art. 10, *caput*, da Lei nº 8424/1992, em boa hora alterado pela Lei nº 14.230/2021.

A propósito, é de causar espécie afirmações de não poucos no sentido de que a eliminação da improbidade na modalidade culposa, exigindo-se sempre dolo para sua configuração, implica retrocesso no combate à corrupção. Com efeito, os sistemas de responsabilização por improbidade e pela prática de crimes são inconfundíveis. E crimes de corrupção, nas suas variadas configurações, continuam sendo crimes. As recentes alterações na Lei de Improbidade em nada implicam descriminalização de comportamentos até então tipificados como infrações penais. Estão aí o Código Penal e a legislação anticorrupção, sem embargo da competência do legislador para, reavaliando o grau de reprovabilidade deste ou daquele proceder, criar novos tipos penais ou suprimir um ou outro preexistente. Aprimorar a legislação não se faz, necessariamente, aumentando a relação de tipos penais, mas também reduzindo o que se passa a considerar desarrazoado.

Se assim não fosse, o que dizer de inovações legislativas abolindo a pena de morte, as de caráter perpétuo, de trabalhos forçados, bem como as que descriminalizam este ou aquele comportamento até então tipificado como infração penal?

Em rigor, o princípio da vedação do retrocesso diz respeito a direitos sociais, conquistas civilizatórias em favor da dignidade da pessoa humana, que uma vez alcançadas, não podem mais ser amesquinhadas ou suprimidas. Vedação do retrocesso diz respeito à intangibilidade do

---

[4] REALE, Miguel. *Filosofia do Direito*. 16. ed. São Paulo: Saraiva, 1994.

que, em termos jurídicos, tenha sido decorrência da evolução cultural, moral, social, numa perspectiva essencialmente humanística.

Já as novas disposições do sistema de responsabilização por improbidade são restritas a esse sistema, em nada afetando o sistema de responsabilização por infrações penais, compreensivo da criminalização de comportamentos tipificados como corrupção.

E mesmo em se considerando o sistema de responsabilização por improbidade, o que havia era a inadmissível equiparação, para fins de qualificação como improbidade, de comportamentos ofensivos à ordem jurídica, tanto dolosos quanto culposos, nos temos do art. 10 da Lei nº 8424/1992. Medieval era o uso e abuso de presunções, como as de dano *in re ipsa* e do *versari in re illicita*.[5]

Em face mesmo de imperativos de razoabilidade, deve responder por improbidade quem atua dolosamente, com má-fé, com o propósito de comportar-se violando a ordem jurídica com a consciência de estar a assim proceder, e não por mera culpa. E impõe-se a quem acusa o ônus de provar o fato com todas as suas circunstâncias, inclusive no que concerne ao elemento subjetivo, afastadas responsabilizações objetivas simplesmente.

4 Reconhecimento por Tribunais de Contas de indícios de improbidade

A este passo, algumas palavras devem ser ditas no que concerne à representação ao Ministério Público, por Tribunais de Contas, para adoção de providências necessárias, em se constatando indícios de ato de improbidade (Lei nº 8429/1992, art. 7º, e art., 71, XI, da CR.).

Sabendo-se já no que consiste improbidade administrativa, faz-se necessário explicitar o que se deve entender por indícios de sua ocorrência, requisito necessário e suficiente para que Tribunais de Contas deles deem conhecimento ao Ministério Público.

O exercício dessa competência pelos Tribunais de Contas, de representar ao Ministério Público, constitui dever jurídico, e não mera faculdade.

---

[5] ZAFFARONI, Raul; BATISTA, Nilo. *Direito Penal Brasileiro*. 4. ed. Rio de Janeiro: I Editora Revan, 2011. p. 247. "O versari in re illicita é a manifestação, em sede jurídico-penal, da responsabilidade objetiva que, embora deva -ser questionada em qualquer ramo do saber jurídico, com mais razão deve sê-lo no âmbito do direito penal".

Todavia, no exercício dessa competência não basta, a nosso ver, mera notícia da constatação de alguma ilegalidade. Faz-se necessário que a Corte de Contas aponte os indícios de possível improbidade, explicitando, com a objetividade e concisão possíveis, as razões pelas quais os entende presentes.

Na medida em que não basta apontamento de ilegalidade para que se tenha ocorrência de improbidade, que reclama o elemento subjetivo dolo, os indícios devem ser pertinentes a esse elemento subjetivo.

Ilegalidades são, no mais das vezes, objetivamente aferíveis mediante juízos de subsunção dos fatos às normas em princípio incidentes na espécie, reclamando ponderação em se tratando de incidência convergente de normas principiológicas.

Provados os fatos e suas circunstâncias, verificada a norma ou normas incidentes na espécie, há de se seguir conclusão quanto à observância ou não do ordenamento jurídico, quanto à existência ou não de ilegalidade.

Em constatando alguma ilegalidade, o Tribunal de Contas pode entender que a violação ao direito corresponde a uma das hipóteses legais de improbidade, e que circunstâncias que ambientaram o proceder ilegal são daquelas que autorizam também concluir pela existência do elemento subjetivo dolo, intenção viciada com consciência da ilegalidade que, todavia, não levou o agente a desistir do seu propósito ilícito. Propósito esse que não pode ser presumido, como se tem feito, sob o argumento da existência do dever dos agentes públicos de bem conhecer as normas jurídicas que presidem o exercício de suas funções, normas essas geralmente suscetíveis de divergências de interpretação, e algumas até possivelmente de difícil conhecimento e ou intelecção por quem não esteja adequadamente capacitado.

Diante, pois, de circunstâncias indiciárias de ilegalidade dolosa, prima facie tipificáveis como improbidade administrativa, é que se impõe dar conhecimento delas ao Ministério Público para as providencias que entender cabíveis.

Estar-se-á, nesses casos, diante da possibilidade da existência de prova indiciária, ou indireta, por vezes a única prova do elemento subjetivo dolo, indispensável à configuração de improbidade.

A propósito, vale a pena recordar que, nos termos do art. 239 do Código de Processo Penal, "considera-se indício a circunstância conhecida e provada, que, tendo relação com o fato, autorize, por indução, concluir-se a existência de outra ou outras circunstâncias", como o elemento subjetivo dolo, a nosso ver.

Tribunais de Contas não têm competência para decidir quanto à ocorrência ou não de improbidade administrativa. Mas têm o dever de atentar para a eventual existência de indícios de cometimento de improbidade. Em considerando a existência de indícios, deverão, repita-se, proceder à comunicação ao Ministério Público.

Convém observar que em face das inovações legislativas na matéria, a expressão "improbidade dolosa" passa a ser pleonástica. Sem dolo não há que se cogitar de improbidade.

Já para que se tenha configurado dolo, não basta a mera voluntariedade do proceder, que de resto informa o comportamento dos seres humanos, dotados que somos de livre arbítrio, com autonomia da vontade, razão pela qual a Lei nº 8.429/1992, com sua nova redação, prescreve:

Art. 1º (...)

§1º Consideram-se atos de improbidade administrativa as condutas dolosas tipificadas nos arts. 9º, 10 e 11 desta Lei, ressalvados tipos previstos em leis especiais.

§2º Considera-se dolo a vontade livre e consciente de alcançar o resultado ilícito tipificado nos arts. 9º, 10 e 11 desta Lei, não bastando a voluntariedade do agente.

§3º O mero exercício da função ou desempenho de competências públicas, sem comprovação de ato doloso com fim ilícito, afasta a responsabilidade por ato de improbidade administrativa.

Quanto a essas inovações, permitimo-nos registrar que tivemos a oportunidade, inicialmente como Presidente da Comissão de Direito Administrativo do Conselho Federal da OAB, de oferecer sugestões quando da discussão da matéria pela Comissão de juristas constituída no âmbito da Câmara dos Deputados, presidida pelo Ministro do STJ Mauro Campbell.

Posteriormente, reapresentamos sugestões ao relator do projeto na Câmara dos Deputados, algumas das quais foram acolhidas e inseridas na lei aprovada, dentre elas, a consubstanciada no §2º do art. 1º transcrito, que em rigor é da nossa lavra, preocupados que estávamos quanto a distorções na conceituação de dolo, algumas das quais persistem.

Conclusão

O que se impõe agora é que operadores do direito, em especial integrantes do Ministério Público e da Magistratura, respeitem as novas disposições da lei de improbidade. Mesmo que tenham críticas a fazer quanto à política legislativa, vale o que está posto por decisão do legislador competente, cujas funções não podem ser usurpadas por quem quer que seja, ainda que disfarçadamente, a pretexto de interpretar a lei, mas de forma tendenciosa.

De sua parte, Tribunais de Contas, que não têm competência para decidir pelo reconhecimento ou não de improbidade, hão de estar atentos quanto ao seu dever de, em constatando, no exercício de suas funções, indícios de improbidade, deles dar conhecimento ao Ministério Público, para que sejam tomadas as providencias que entender necessárias, sem açodamento, mas também sem timidez.

Referências

CAMMAROSANO, Márcio. *O princípio constitucional da moralidade e o exercício da função administrativa*. Belo Horizonte: Fórum, 2006.

CAMMAROSANO, Márcio; PEREIRA, Flávio Henrique Unes. O elemento subjetivo na improbidade administrativa: por uma responsável motivação das decisões judiciais. *In*: *Revista do Superior Tribunal de Justiça*, a. 28, n. 241, jan./fev./mar. de 2016.

CANARIS, Claus-Wilhelm. *Pensamento Sistemático e Conceito de Sistema na Ciência do Direito*. 4. ed. Lisboa: Fundação Calouste Gulbenkian, 2008.

REALE, Miguel. *Filosofia do Direito*. 16. ed. São Paulo: Saraiva, 1994.

ZAFFARONI, Raul; BATISTA, Nilo. *Direito Penal Brasileiro*. 4. ed. Rio de Janeiro: I Editora Revan, 2011.

Informação bibliográfica deste texto, conforme a NBR 6023:2018 da Associação Brasileira de Normas Técnicas (ABNT):

CAMMAROSANO, Márcio. O elemento subjetivo dolo para configuração de improbidade administrativa e o reconhecimento de sua ocorrência por Tribunais de Contas. *In*: MOTTA, Fabrício; VIANA, Ismar (coord.). *Improbidade administrativa e Tribunais de Contas*: as inovações da Lei nº 14.230/2021. Belo Horizonte: Fórum, 2022. p. 207-218. ISBN 978-65-5518-445-7.

OS REFLEXOS DAS COMPETÊNCIAS DE CONTROLE EXTERNO NAS DECISÕES NO ÂMBITO DAS AÇÕES DE IMPROBIDADE ADMINISTRATIVA: ALARGAMENTO DO ÔNUS DECISÓRIO INAUGURADO PELO §1ºDO ART. 21 DA LEI Nº 8.429, DE 1992, E OS IMPACTOS DOS ATOS DOS TRIBUNAIS DE CONTAS NO REGIME DA IMPROBIDADE ADMINISTRATIVA

MARCOS NÓBREGA
ALDEM JOHNSTON BARBOSA ARAÚJO

1 Premissas necessárias

Com a redação que lhe fora conferida pela Lei nº 14.230/2021, o art. 21 da Lei nº 8.429/1992 passou, conforme se vê a seguir, a contar com dois parágrafos que, na prática, vêm a se somar aos elementos essenciais da sentença previstos nos incisos I a VI do §1º do art. 489 do CPC:

> Art. 21. (...)
> §1º Os atos do órgão de controle interno ou externo serão considerados pelo juiz quando tiverem servido de fundamento para a conduta do agente público.

§2º As provas produzidas perante os órgãos de controle e as correspondentes decisões deverão ser consideradas na formação da convicção do juiz, sem prejuízo da análise acerca do dolo na conduta do agente.

Assim, para que uma sentença em ação de improbidade administrativa seja considerada devidamente fundamentada, o juiz deverá considerar: a) os atos do órgão de controle interno ou externo, quando tiverem servido de fundamento para a conduta do agente público e b) as provas produzidas perante os órgãos de controle e as correspondentes decisões daqueles órgãos.

Especificamente no caso do controle externo, é preciso que algo fique bem claro: em que pese o fato de que a instrução processual e as decisões sobre as contas do agente público serão obrigatoriamente objeto de análise por parte do Poder Judiciário no âmbito das ações de improbidade, isso não significa que os Tribunais de Contas tenham competência para atestarem a ocorrência da prática de atos de improbidade.

A esfera de responsabilização dos agentes públicos (e, excepcionalmente, dos particulares) submetidos à jurisdição dos Tribunais de Contas está adstrita à aferição da ocorrência de erro grosseiro que redunde ou na prática de ato de gestão ilegal, ilegítimo ou antieconômico, ou em grave infração à norma legal ou regulamentar de natureza contábil, financeira, orçamentária, operacional ou patrimonial.

Assim, ao imputar débito por dano ao erário ou aplicar multa em razão de ilegalidade de despesa ou irregularidade de contas, os órgãos de controle externo não têm o condão de atestar a ocorrência da prática de corrupção ou de atos de improbidade.

Os Tribunais de Contas julgam as contas dos seus jurisdicionados e não os jurisdicionados em si, devendo de tal forma circunscreverem suas análises à ocorrência ou não de erro grosseiro por parte de quem tem as contas submetidas a escrutínio, e não analisar a ocorrência ou não das figuras típicas que caracterizam a ocorrência de corrupção ou improbidade.

É por isso que não se pode confundir o erro grosseiro, a corrupção e o ato de improbidade.

Em razão da proposta que informa este estudo, nos ocuparemos do erro grosseiro e do ato de improbidade, e remetemos o estudo da corrupção aos artigos 317 e 333 do Código Penal e à Lei nº 12.846/2013.

Começando pelo erro grosseiro, Rogério Donnini entende que tal figura equivale à culpa grave,[1] de modo que a responsabilidade do agente público, nos termos da redação da LINDB, só se configura quando há a comprovação da ocorrência de dolo:

> A culpa pode ser *grave*, *leve* ou *levíssima*. A primeira (*culpa grave*) é considerada por vários doutrinadores uma negligência extremada do agente, equiparada ao dolo, enquanto que a segunda (culpa leve), a falta de diligência própria do *bonus pater famílias*, cujo ato poderia ser evitado com uma atenção ordinária e a última (*culpa levíssima*) seria aquela em que a falta não ocorreria em razão de um cuidado extraordinário. (...) a noção de *erro grosseiro*, vale dizer, o agir com incúria, desídia, sem qualquer cuidado, com real desprezo pela coisa pública, equivale à culpa grave que, por sua vez, se assemelha ao dolo.[2]

No âmbito do TCU, o Ministro Bruno Dantas proferiu no Plenário daquela casa um voto bastante elucidativo no Acórdão nº 2.860/2018, onde se estabeleceu que o administrador médio[3] só pode

---

[1] Registre-se que Edilson Pereira Nobre Júnior leciona no mesmo sentido: "(...) com a inovação legal, exige-se, quando se envolver a responsabilização de gestor, a existência de dolo ou erro grosseiro. A exigência deste faz com que haja necessidade de se aferir o grau da culpa. Nesse particular, vem a calhar a lição de Ángeles de Palma del Teso, para quem é possível se estender ao Direito Administrativo sancionador os graus de culpa recepcionados pelo Direito Civil. Assim, tem-se a culpa lata ou temerária, a leve e a levíssima. O erro grosseiro, a nosso sentir, aproxima-se da culpa temerária, sobre a qual expõe a autora: 'A imprudência temerária, que coincide com a culpa lata, é a modalidade mais grave. Supõe a vulneração das normas de cuidado e diligência que respeitaria a uma pessoa menos diligente, a não observância do cuidado e diligência que se exige ao menos cuidadoso, atento ou diligente. A escala utilizada é a pessoa menos inteligente'. (...) Desse modo, já não basta mais a simples presença de negligência ou imprudência para que o gestor possa vir a ser responsabilizado. O equívoco grosseiro requer a constatação de culpa temerária, ou seja, grave". (NOBRE JÚNIOR, Edilson Pereira. *As normas de Direito Público na Lei de Introdução ao Direito brasileiro*: paradigmas para interpretação e aplicação do Direito Administrativo. São Paulo: Editora Contracorrente, 2019. p. 193-195).

[2] DONNINI, Rogério. Responsabilidade civil do agente público. O art. 28 da Lei de Introdução às Normas do Direito Brasileiro. *In*: CUNHA FILHO, Alexandre Jorge Carneiro da *et al.* (Org.). *Lei de Introdução* às *Normas do Direito Brasileiro – Anotada, Decreto-Lei nº 4.657, de 4 de setembro de 1942*. São Paulo: Quartier Latin, 2019. v. II, p. 405.

[3] Já sobre a caracterização deste chamado "administrador médio", trazemos, para fins didáticos, o entendimento da 2ª Câmara do TCE/MG, nos autos da Tomada de Contas nº 848348: "A questão deve ser enfocada do ponto de vista do gestor médio, aquele cujas diligências, sensibilidade, idiossincrasias e sentimentos éticos e morais sejam representativos da população brasileira. Sobre o tema, *mutatis mutandis*, traz-se à colação a doutrina de Sílvio Rodrigues: Ao se perquirir se existe, ou não, erro de conduta por parte do causador do dano, deve-se comparar o seu comportamento com aquele que seria normal e correntio em um homem médio, fixado como padrão. Se de tal comparação resultar que o dano derivou de uma imprudência, imperícia ou negligência do autor do dano, nos quais não incorreria o

ser responsabilizado à luz do caso concreto, quando incorrer numa conduta dolosa ou na prática de um erro grosseiro, que, a seu turno, consistiria numa

> negligência extrema, imperícia ou imprudência extraordinárias, que só uma pessoa bastante descuidada ou imperita comete. É o erro que poderia ser percebido por pessoa com diligência abaixo do normal, ou seja, que seria evitado por pessoa com nível de atenção aquém do ordinário, consideradas as circunstâncias do negócio.

Já sobre o ato de improbidade, podemos dizer que, conjugando-se os artigos 1º, §§1º, 2º e 3º, 11 §§1º e 2º da Lei de Improbidade Administrativa, com a nova redação que lhes fora conferida pela Lei nº 14.230/2021, temos que o mesmo passa a ser definido como a conduta funcional dolosa do agente público, devidamente tipificada em lei, revestida de fins ilícitos e que tenha o fim de obter proveito ou benefício indevido para si ou para outra pessoa ou entidade.

O conceito de ato de improbidade exposto anteriormente configura clara disrupção no modelo adotado pela redação original da Lei nº 8.429/1992, vez que, ao contrário da Lei nº 14.230/2021, que conta com uma redação analítica, a redação lacônica, sintética e generalista de alguns dos dispositivos revogados da antiga Lei de Improbidade Administrativa permitia a caracterização do ato de improbidade quando constatado o elemento subjetivo dolo genérico na conduta do agente (v.g. STJ, AgRg no AREsp nº 595.192/DF).

Fica, portanto, muito claro que, nos termos da reforma da Lei de Improbidade, o ato ímprobo sequer pode ser equiparado às hipóteses de responsabilização contidas no art. 28 da LINDB, pois se naquele dispositivo a responsabilização do agente público se dá em caso de dolo e erro grosseiro (que, como já exposto, equivale à culpa gravíssima), na Lei nº 14.230/2021, só há ato de improbidade se houver a vontade livre e consciente de alcançar o resultado ilícito tipificado nos arts. 9º, 10 e 11, não bastando a voluntariedade do agente. Assim, na nova redação da Lei de Improbidade exige-se, agora, a caracterização de dolo específico

---

homem padrão, criado *in abstracto* pelo julgador, caracteriza-se a culpa, ou seja, o erro de conduta".

(art. 1º, §2º) na qual deve restar comprovado que o agente público atuou com um especial fim de agir,[4] [5] quando da prática do ato *ímprobo*.[6]

Esclarecidas as grandes diferenças entre o erro grosseiro e o ato de improbidade, nos permitimos reiterar a afirmação de que descabe aos Tribunais de Contas imputar como ímprobos atos praticados pelos seus jurisdicionados.

Registre-se, inclusive, que este era um entendimento consolidado no TCU, restando muito claro que o processo de contas não se confundia com a ação de improbidade administrativa (v.g. acórdão nº 1.049/2020).

Entretanto, nos acórdãos nº 1.482/2020[7] e 7.687/2020, o TCU – com o objetivo de declarar a imprescritibilidade do ressarcimento, nos

---

[4] "Os *elementos subjetivos* que compõem a estrutura do tipo penal assumem transcendental importância na definição da conduta típica, pois é através do *animus agendi* que se consegue identificar e qualificar a *atividade comportamental* do agente. Somente conhecendo e identificando a intenção – vontade e consciência – do agente, poder-se-á classificar um comportamento como típico, especialmente quando a figura típica exige, também, um *especial fim de agir*, que constitui o conhecido *elemento subjetivo especial do tipo*, que, para a corrente tradicional, denominava-se *dolo específico* (terminologia completamente superada). (BITENCOURT, Cezar Roberto; BITENCOURT, Cezar Roberto. Tratado de direito penal: parte geral. 17. ed. rev., ampl. e atual. de acordo com a Lei nº 12.550, de 2011. São Paulo: Saraiva, 2012. p. 762).

[5] "Dolo específico: vontade de realizar conduta visando a um fim especial previsto no tipo. Nos tipos anormais, que são aqueles que contêm elementos subjetivos (finalidade especial do agente), o dolo, ou seja, a consciência e a vontade a respeito dos elementos objetivos, não basta, pois o tipo exige, além da vontade de praticar a conduta, uma finalidade especial do agente. Desse modo, nos tipos anormais, esses elementos subjetivos no autor são necessários para que haja correspondência entre a conduta e o tipo penal (o que é explicado na doutrina, com a denominação de congruência). Exemplo: no crime de extorsão mediante sequestro, não basta a simples vontade de sequestrar a vítima, sendo também necessária a sua finalidade especial de obter, para si ou para outrem, qualquer vantagem, como condição ou preço do resgate, porque esse fim específico é exigido pelo tipo do art. 159 do CP, de maneira que, ausente, não se torna possível proceder à adequação típica. O crime exige (1) a vontade de sequestrar alguém + (2) a finalidade especial de exigir vantagem. Só a vontade de realizar o verbo do tipo será insuficiente, sendo imprescindível o fim de obtenção de vantagem, como condição ou preço do resgate. No furto, do mesmo modo, não basta a vontade de subtrair, sendo necessário o ânimo de assenhoreamento definitivo (subtrair + para si, isto é, para ficar com o bem, ou para outrem, ou seja, para entregá-lo a terceiro). É justamente em razão desse elemento subjetivo que o furto de uso (subtrair + para uso momentâneo) constitui fato atípico". (CAPEZ, Fernando. *Curso de direito penal, volume 1, parte geral*: (arts. 1º a 120). 16. ed. São Paulo: Saraiva, 2012. p. 224-225).

[6] No mesmo sentido ver: JUSTEN FILHO, Marçal. *Reforma da lei de improbidade administrativa comentada e comparada*. Rio de Janeiro: Forense, 2022. p. 26-27; NEVES, Daniel Amorim Assumpção; OLIVEIRA, Rafael Carvalho Rezende. *Comentários à reforma da lei de improbidade administrativa*: Lei nº 14.230, de 25.10.2021 comentada artigo por artigo. Rio de Janeiro: Forense, 2022. p. 05-06 e, por fim, CARVALHO, Matheus. *Lei de Improbidade comentada – Atualizada com a Lei nº 14.230/2021*. São Paulo: Editora JusPodivum, 2022. p. 15.

[7] "Como consectário lógico do artigo 71, II, da Carta Magna, com vistas à continuidade do julgamento das contas dos responsáveis por prejuízos aos cofres públicos, tem este Tribunal

termos do Tema 897[8] do STF, e assim marcar uma posição contrária ao que restou definido no Tema 899[9] do STF – passou a fazer um juízo de improbidade administrativa, para verificar se houve dolo por parte do jurisdicionado.

Veja, não pode o TCU, e por simetria, também não podem os demais Tribunais de Contas subnacionais, se apropriar de uma competência indelegável do Poder Judiciário, para atestar a ocorrência de atos ímprobos e aplicar as devidas sanções correspondentes, da mesma forma que nenhum órgão de controle externo pode exercer um juízo de improbidade administrativa, para determinar o ressarcimento ao erário em razão da imprescritibilidade dessa pretensão.

E essa conclusão é reforçada quando nos debruçamos nos fundamentos utilizados pelo STF no RE nº 636.886 AL, para fixar a tese relativa ao tema 899, pois dali se extraem três claras conclusões[10] sobre o exercício do controle externo por parte dos Tribunais de Contas.

A primeira é a de que o julgamento nos processos de análises e exames de contas conduzidos pelos Tribunais de Contas no exercício do controle externo constitui-se uma atividade eminentemente administrativa.

A segunda é a de que na análise feita nos processos que tramitam nos Tribunais de Contas não se perquire nem culpa, nem dolo, realizando-se o julgamento das contas a partir da reunião dos elementos objeto da fiscalização e apurada a ocorrência de irregularidade.

---

o dever-poder de avaliar, no seu âmbito, o cometimento de ato típico de improbidade administrativa e se o agente cometeu o ato de forma dolosa".

[8] "São imprescritíveis as ações de ressarcimento ao erário fundadas na prática de ato doloso tipificado na Lei de Improbidade Administrativa".

[9] "É prescritível a pretensão de ressarcimento ao erário fundada em decisão de Tribunal de Contas".

[10] No acórdão, de relatoria do ministro Alexandre de Moraes, o STF afirmou que: "3. A excepcionalidade reconhecida pela maioria do SUPREMO TRIBUNAL FEDERAL no TEMA 897, portanto, não se encontra presente no caso em análise, uma vez que, no processo de tomada de contas, o TCU não julga pessoas, não perquirindo a existência de dolo decorrente de ato de improbidade administrativa, mas, especificamente, realiza o julgamento técnico das contas, a partir da reunião dos elementos objeto da fiscalização e apurada a ocorrência de irregularidade de que resulte dano ao erário, proferindo o acórdão em que se imputa o débito ao responsável, para fins de se obter o respectivo ressarcimento".

E a terceira, que decorre das duas primeiras, é a de que os Tribunais de Contas não podem fazer a perquirição de atos de improbidade administrativa.[11] [12]

Posto isso, fica estabelecida a seguinte premissa: a nova redação dos parágrafos do art. 21 da Lei nº 8.429/1992 em algum ponto até relativizou ou ao menos mitigou a independências entre as instâncias administrativa e judicial – vez que no mínimo tornou elemento essencial da sentença a análise dos atos do órgão de controle interno ou externo que tiverem servido de fundamento para a conduta do agente público – mas desse ônus decisório (que claramente prestigia as decisões dos órgãos de controle) não decorre nenhuma prerrogativa que permita aos Tribunais de Contas atestarem na esfera meramente administrativa dos processos de contas a ocorrência da prática de atos de improbidade.

2 O que a doutrina tem dito acerca dos parágrafos 1º e 2º do art. 21 da Lei nº 8.429/1992?

Tendo por pilar o inciso II do art. 21 da Lei nº 8.429/1992, que estabelece que a aprovação ou rejeição das contas pelos órgãos de controle interno e/ou externo não impedem a aplicação de sanções para punir a prática de atos ímprobos, Matheus Carvalho analisa os parágrafos 1º e 2º inseridos pela Lei nº 14.230/2021 como hipóteses de exoneração ou mitigação das penalidades previstas na Lei de Improbidade Administrativa:

> Muito embora seja possível a prática de atos de improbidade administrativa a agentes que tiveram contas aprovadas pelo tribunal de contas, as manifestações destes órgãos de controle devem servir de parâmetro na avaliação da prática do ato de improbidade. Assim, o

---

[11] Diga-se que mesmo antes da decisão do STF no RE nº 636.886 AL e da reforma da Lei de Improbidade Administrativa, já havia posição pretoriana sobre a competência exclusiva do judiciário (reserva de jurisdição) para declarar a existência de ato de improbidade administrativa. Neste sentido: TJPR, Ação rescisória nº 0038740-11.2020.8.16.0000, 30.11.2021; TJSC, Apelação cível nº 0013947-13.2013.8.24.0038, 04.06.2019 e TRF4, Agravo de instrumento nº 2009.04.00.019429-6, 21.09.2009.

[12] Para Marçal Justen Filho, "o Poder Judiciário é titular da competência privativa para promover a apuração, o processamento e a condenação pela prática de infrações por improbidade. (...) O sancionamento por improbidade pressupõe um provimento judicial, cuja imposição exige a observância do devido processo legal, caracterizado pela observância de um procedimento norteado pela imparcialidade do julgador, pela ampla defesa e pelo contraditório". (JUSTEN FILHO, Marçal. *Reforma da lei de improbidade administrativa comentada e comparada.* Rio de Janeiro: Forense, 2022. p. 20).

gestor público que toma uma decisão em um determinado contrato administrativo, embasada em parecer ou acórdão plenário do tribunal, está respaldado por essas atuações da corte, o que, a princípio, afasta o dolo da conduta praticada e, consequentemente, descaracteriza a infração de improbidade. Da mesma forma, a decisão do Tribunal de Contas não impede a configuração do ato de improbidade, mas deve ser levada em consideração quando da análise da prática do ato de improbidade, principalmente no que tange ao elemento subjetivo, a ser caracterizado pelo dolo específico.[13]

Cabe destacar, na lição de Matheus Carvalho, a menção inapropriada a decisões do plenário das Cortes de Contas, vez que o tratamento dos assuntos pela integralidade ou pelas composições fracionadas dos órgãos de controle externo não está na esfera de ingerência do jurisdicionado, sendo, portanto, inconcebível que alguém venha a ser punido pela prática de improbidade administrativa, por seguir decisões do Tribunal de Contas que tenham sido proferidas pelos seus órgãos fracionários (exceto, evidentemente, se tais decisões restaram revistas pelo pleno).

Defendendo uma tese de relativização da independência entre as instâncias administrativa e judicial,[14] Daniel Amorim Assumpção Neves e Rafael Carvalho Rezende Oliveira entendem que os cinco parágrafos do art. 21 da Lei de Improbidade Administrativa conduzem a uma obrigatória harmonização estatal, quando da apuração e punição dos atos ímprobos:

O §1º do art. 21 da LIA, inserido pela Lei nº 14.230/2021, reforça a tese de que a independência de instâncias não é absoluta quando estabelece que o magistrado, no momento de julgar a pretensão formulada na ação de improbidade, deve levar em consideração as manifestações prolatadas pelos órgãos de controle interno ou externo quando tiverem servido de fundamento para a conduta do agente público. De forma semelhante, o §2º do art. 21 da LIA, também introduzido pela Lei nº 14.230/2021, prevê que as provas produzidas perante os órgãos de controle e as correspondentes decisões deverão ser consideradas na formação da convicção do juiz, sem prejuízo da análise acerca do dolo na conduta do agente. A relativização da independência das instâncias é corroborada,

---

[13] CARVALHO, Matheus. *Lei de Improbidade comentada – Atualizada com a Lei nº 14.230/2021*. São Paulo: Editora JusPodivum, 2022. p. 155.

[14] Os autores defendem, por exemplo, que, no caso de aprovação das contas do Chefe do Executivo pelo Poder Legislativo, restaria impedido o Poder Judiciário de condenar o agente público por eventuais irregularidades nas referidas contas.

ainda, pelo §3º do art. 21 da LIA, incluído pela Lei nº 14.230/2021, que prevê que as sentenças civis e penais produzirão efeitos em relação à ação de improbidade quando concluírem pela existência da conduta ou pela negativa da autoria. Trata-se de importante previsão normativa que busca implementar coerência estatal na apuração dos ilícitos e dos respectivos autores. Desse modo, independentemente da esfera jurisdicional (civil ou penal), não seria tolerável a prolação de decisões judiciais conflitantes quanto à existência do próprio fato e do seu autor, o que colocaria em risco o princípio da segurança jurídica. Ocorre que o §4º do art. 21 da LIA apresenta inovação ao intensificar os casos de comunicação entre as instâncias. Segundo o citado dispositivo legal, a absolvição criminal em ação que discuta os mesmos fatos, confirmada por decisão colegiada, impede o trâmite da ação de improbidade, havendo comunicação com todos os fundamentos de absolvição previstos no art. 386 do CPP. (...) Por fim, o §5º do art. 21 da LIA, incluído pela Lei nº 14.230/2021, também revela a preocupação com a coerência no exercício do *jus puniendi* estatal e com a relativização da independência das instâncias punitivas, ao dispor sobre a obrigatoriedade de compensação das sanções eventualmente aplicadas em outras esferas com as sanções previstas na LIA.[15]

Já para Marçal Justen Filho, o parágrafo 1º do art. 21, trazido pela reforma da Lei de Improbidade Administrativa, não impactou a independência entre as instâncias administrativa (onde está inserido o Tribunal de Contas) e judicial, em que pese o próprio autor reconhecer a expertise do órgão de controle externo nas matérias que lhe compete apreciar:

O dispositivo não elimina a autonomia entre as instâncias. Não se trata de subordinar a decisão jurisdicional ao entendimento adotado pelo órgão de controle (não jurisdicional) quanto à conduta questionada. A manifestação do órgão de controle é relevante para a avaliação do elemento subjetivo do agente público. Trata-se de reconhecer que, se a conduta praticada pelo agente público tinha respaldo no entendimento adotado pelo órgão de controle interno ou externo, está afastada a presença do elemento doloso. Logo, não se configura conduta ímproba, em virtude da ausência de elemento subjetivo reprovável constitutivo do tipo. (...) Embora a independência de instâncias, é indispensável reconhecer uma dose diferenciada de eficácia quanto à decisão do Tribunal de Contas que tenha examinado o mesmo ato questionado no

---

[15] NEVES, Daniel Amorim Assumpção; OLIVEIRA, Rafael Carvalho Rezende. *Comentários à reforma da lei de improbidade administrativa*: Lei nº 14.230, de 25.10.2021 comentada artigo por artigo. Rio de Janeiro: Forense, 2022. p. 125-126.

bojo de uma ação de improbidade. Deve-se ter em vista a competência especializada do Tribunal de Contas no tocante à avaliação da economicidade e da legitimidade dos atos administrativos. Isso significa a atuação permanente e contínua do Tribunal de Contas de acompanhamento da atividade administrativa estatal, com a acumulação de conhecimento e de informações que não são titularizadas por outras instituições. Mesmo o Poder Judiciário não dispõe da mesma expertise que o Tribunal de Contas adquiriu.[16]

Neste particular, entendemos que Daniel Amorim Assumpção Neves e Rafael Carvalho Rezende Oliveira estão corretos quanto ao impacto trazido pela Lei nº 14.230/2021 na independência das instâncias, vez que, se pelos termos da nova lei, só se pode cogitar da prática de um ato ímprobo se a conduta funcional dolosa do agente público devidamente tipificada em lei for revestida de fins ilícitos, com o objetivo de obter proveito ou benefício indevido para si ou para outra pessoa ou entidade, resta impossível extrair dolo da conduta de um agente público que se pautou tendo por fundamento um ato do órgão de controle externo ou interno.

Entretanto, registre-se que este impacto na independência das instâncias não significa que o Ministério Público tenha que aguardar o fim da tramitação dos processos nos Tribunais de Contas para ajuizar as ações de improbidade.

A mitigação da independência de instâncias se dará somente nas hipóteses nas quais o entendimento do Tribunal de Contas que fundamentar a conduta do agente público anteceder o ajuizamento da ação de improbidade.

3 O parágrafo 1º do art. 21 da Lei nº 8.429/1992 precisa ser aplicado em conjunto com o art. 24 da LINDB

Como já dito, se um agente público age em conformidade com os entendimentos do Tribunal de Contas, é evidente que sua conduta carece do dolo específico necessário para a configuração da prática de um ato ímprobo.

Para reforçar o disposto no parágrafo 1º do art. 21 da Lei nº 8.429/1992, o microssistema de responsabilização do direito administrativo

---

[16] JUSTEN FILHO, Marçal. *Reforma da lei de improbidade administrativa comentada e comparada.* Rio de Janeiro: Forense, 2022. p. 236-237.

sancionador traz, ainda, o artigo 24[17] da LINDB, que certamente há de ser aplicado em conjunto, pois quem age em conformidade com um entendimento do Tribunal de Contas, inequivocamente atua com base numa orientação geral.

Sobre o conceito do que pode ser caracterizado por uma orientação geral para os fins do art. 24 da LINDB, trazemos a lição de Edilson Nobre Pereira Júnior, que inclui no conceito as decisões administrativas (e aqui, deduz-se da lição do autor, que tais decisões englobam as emitidas por órgãos de controle na seara administrativa):

> Está abrangida pela tutela da segurança jurídica também a jurisprudência formada a partir de decisões reiteradas dos órgãos de julgamento no âmbito da Administração Pública, como é o exemplo corrente a emanada do contencioso tributário.[18]

Citando texto de Tiago Conde Teixeira, Fábio Martins de Andrade leciona que o art. 24 é a pedra de toque da LINDB,

> pois anuncia o dever de uniformidade e unicidade da jurisprudência, garantindo segurança ao sujeito abrangido pela decisão, por meio da manutenção das relações já perfectibilizadas e vedação de invalidação de atos pretéritos fundados em entendimento ou precedente pretérito.[19]

Pois bem, neste cenário, resta muito evidente que a atuação do gestor público em conformidade aos entendimentos do Tribunal de Contas atrai a aplicação do parágrafo 1º do art. 21 da Lei nº 8.429/1992, em conjunto com o artigo 24 da LINDB e, por consequência, afasta a tipificação de atos de improbidade.

---

[17] "Art. 24. A revisão, nas esferas administrativa, controladora ou judicial, quanto à validade de ato, contrato, ajuste, processo ou norma administrativa cuja produção já se houver completado, levará em conta as orientações gerais da época, sendo vedado que, com base em mudança posterior de orientação geral, se declarem inválidas situações plenamente constituídas. (Incluído pela Lei nº 13.655, de 2018) (Regulamento).
Parágrafo único. Consideram-se orientações gerais as interpretações e especificações contidas em atos públicos de caráter geral ou em jurisprudência judicial ou administrativa majoritária, e ainda as adotadas por prática administrativa reiterada e de amplo conhecimento público. (Incluído pela Lei nº 13.655, de 2018)".

[18] NOBRE JÚNIOR, Edilson Pereira. *As normas de Direito Público na Lei de Introdução ao Direito brasileiro*: paradigmas para interpretação e aplicação do Direito Administrativo. São Paulo: Editora Contracorrente, 2019. p. 125.

[19] ANDRADE, Fábio Martins de. *Comentários à Lei nº 13.655/2018*. Rio de Janeiro: Lumen Juris, 2019. p. 230.

Impõe-se, portanto, um ônus decisório ao juiz, quando da prolação da sentença, pois, como já dito, o parágrafo primeiro do art. 21 da Lei nº 8.429/1992 tornou-se, a exemplo dos incisos I a VI do §1º do art. 489 do CPC, um elemento essencial da sentença.

Neste particular, caso uma sentença deixe de observar os atos do órgão de controle interno ou externo que tiverem servido de fundamento para a conduta do agente público, tal sentença será nula, vez que resta afastada, inclusive, a hipótese de caracterização do ato de improbidade administrativa.

4 Considerações de ordem prática

4.1 O risco de os entendimentos dos Tribunais de Contas substituírem os entendimentos da Administração Pública

Aplicando-se a teoria econômica dos incentivos (que é aplicável aos contratos) aos reflexos que o parágrafo 1º do art. 21 da Lei nº 8.429/1992 terão sobre a Administração Pública, não é desarrazoado imaginar que haja um estímulo ao gestor em se "blindar" com motivações baseadas em "ementários" dos Tribunais de Contas (na prática, em sua maioria advindos da jurisprudência do TCU).

Se o gestor que segue à risca o que é determinado pelo Tribunal de Contas tem a garantia de que não incorrerá no dolo específico necessário para caracterizar um ato como ímprobo, a jurisprudência das Cortes de Contas é claramente incentivada a ser ativo valioso para quem administra dinheiros públicos.

Tal condição há de ser objeto de ulteriores estudos, haja vista o evidente risco de os Tribunais de Contas ocuparem não só o papel *think tanks* das políticas públicas, como também de revisores-gerais da Administração Pública e, em última análise, até mesmo de substitutos aos gestores públicos.

E tal fenômeno é até de simples explicação: munindo-se o gestor público de um "arsenal" de entendimentos dos órgãos de controle e tornando-se um mero replicador de tais entendimentos, o gestor abre mão da deferência técnica[20][21] que deveria garantir à Administração a primazia de ela interpretar e aplicar o direito ao caso concreto.

---

[20] Em sede judicial, num raciocínio que pode ser carreado para o controle exercido pelos Tribunais de Contas, o princípio da deferência à Administração Pública "consiste numa recomendação para que magistrados adotem uma postura de autocontenção ao revisar

4.2 A provável inviabilidade de o Ministério Público aguardar o fim do trâmite de processos de contas para propor e julgar ações de improbidade

O risco de prescrição fatalmente impedirá que a proposição de ações de improbidade administrativa aguarde a tramitação dos processos que apreciam as contas dos agentes públicos. Explique-se: via de regra, a pretensão de obter ressarcimento em face de lesões ao erário público submete-se aos efeitos da prescrição. É o que se extrai do tema de repercussão geral nº 666 do STF, que estabelece que é "prescritível a ação de reparação de danos à Fazenda Pública decorrente de ilícito civil".

E qual seria o prazo prescricional para exercitar a pretensão de obter ressarcimento por lesões ao erário público? Bom, na falta de norma regulamentadora específica, o prazo prescricional referencial em matéria de direito administrativo é, em observância ao Decreto nº 20.910/32, de cinco anos (v.g. MS nº 32.201/DF no STF e AgRg no AREsp nº 750.574/PR no STJ).

Já quanto às lesões ao erário provocadas por atos de improbidade administrativa, no tema de repercussão geral nº 897, estabeleceu-se, no STF, que, diferentemente das lesões ao erário que decorrem de ilícitos civis, cuja pretensão ressarcitória prescreve em cinco anos, as lesões ao

---

atos administrativos expedidos em termos admissíveis, ainda que possam eventualmente discordar da interpretação levada a cabo pelo gestor público. Significa que o Poder Judiciário se abstém de impor a sua opinião sobre qual é a resposta correta fornecida pelo ordenamento jurídico, desde que haja duas ou mais opções válidas e a solução encontrada pela Administração seja aderente ao texto da lei e expedida em termos razoáveis". (NIEBUHR, Pedro. OLIVEIRA, Cláudio Ladeira de; MEDEIROS, Isaac Kofi. Controle e deferência judicial à Administração Pública: um ensaio sobre a doutrina Chevron e o artigo 22 da LINDB. *In*: MAFFINI, Rafael; RAMOS, Rafael (Coord.). *Nova LINDB*: consequencialismo, deferência judicial, motivação e responsabilidade do gestor público. Rio de Janeiro: Lumen Juris, 2020. p. 82.

21   "O controle, como função distinta da administração, possui uma vantagem ímpar: analisa os fatos após sua ocorrência. É patente que, nessa perspectiva, é possível sopesar de forma mais clara as variáveis que influenciaram na tomada de decisões, sem estar premido por pressões de toda ordem, quer sejam políticas, administrativas ou comerciais. Diante da visão avantajada do controle, é imprescindível que se tolere as decisões lastreadas em certa razoabilidade, analisando não somente os fatos em exame direto, mas também a situação institucional e a cadeia de acontecimentos da complexa rotina administrativa da época da tomada de decisão. Em que pese existir formalidades necessárias aos atos administrativos e de gestão, aqueles emanados nos limites da legalidade, ainda que assumam determinados riscos, deverão ser respeitados. Nesse particular, vale aclamar o princípio da deferência, o qual impõe que, entre as várias opções legais razoáveis, deve ser respeitada aquela acolhida pelo administrador, desde que uma proposta de autocontenção do controle, mesmo que haja alternativas plausíveis". (FRACARI, Cristiana Muraro. O Controle das Estatais na Lei nº 13.303/2016. *In*: FERNANDES, Murilo Jacoby (Coord.). *Empresas Estatais*: Lei nº 13.303/2016. Belo Horizonte: Forum, 2020. p. 131).

erário provenientes de atos de improbidade administrativa não sofrem os efeitos da prescrição.

Todavia, para que uma pretensão de ressarcimento decorrente de lesão ao erário seja imprescritível, é preciso que haja a configuração da ocorrência de um ato de improbidade administrativa.

E para que haja a configuração da ocorrência de um ato de improbidade administrativa, é preciso entender que só há ato de improbidade administrativa se houver uma decisão judicial transitada em julgado caracterizando-o como tal, e só há ato de improbidade administrativa, se a decisão judicial que o caracteriza como tal obedecer aos prazos previstos na Nova Lei de Improbidade Administrativa.

Formado em juízo o título executivo que declara a existência da prática de ato doloso tipificado na Lei de Improbidade Administrativa, a pretensão ressarcitória daí decorrente *é* imprescritível.

Contudo, para a formação deste aludido título executivo, o *iter* para caracterizar em juízo um ato como ímprobo precisa respeitar as regras de prescrição previstas no caput e nos §§4º e 5º do art. 23 da Lei de Improbidade Administrativa, com a redação que lhes foi conferida pela Lei nº 14.230/2021.

Havendo incidência nas hipóteses de prescrição previstas na Lei nº 14.230/2021, resta afetada a configuração do ato de improbidade e, sem tal configuração, não há a formação do título executivo dotado de imprescritibilidade.

Vamos a um exemplo: se um agente público, em 08.12.2021, "permitir ou facilitar a aquisição, permuta ou locação de bem ou serviço por preço superior ao de mercado" violando o art. 10, V, da Lei de Improbidade Administrativa, a ação para de fato configurar tal ato como ímprobo há de ser ajuizada até 08.12.2029 (vide *caput* do art. 23 da Nova Lei de Improbidade Administrativa), sob pena de incidir a prescrição que, uma vez incidindo, eliminará a possibilidade da formação de um título executivo dotado de imprescritibilidade.

Vamos ainda a outro exemplo: se a ação contra esse mesmo agente público, que em 08.12.2021 permitiu ou facilitou a aquisição, a permuta ou a locação de bem ou serviço por preço superior ao de mercado, foi ajuizada em 19.12.2021, a sentença condenatória deverá ser publicada até 19.12.2025; a decisão ou o acórdão do Tribunal de Justiça ou do Tribunal Regional Federal que confirmar a sentença condenatória deverá ser publicado(a) até 19.12.2029; a decisão ou o acórdão do Superior Tribunal de Justiça que confirmar o acórdão condenatório deverá ser publicado(a) até 19.12.2033; e a decisão ou o acórdão do Supremo Tribunal Federal que confirmar o acórdão condenatório deverá ser publicado(a) até 19.12.2037 (vide §§4º e 5º do art. 23 da Nova Lei de Improbidade Administrativa).

Neste segundo exemplo, a ação de improbidade administrativa pode tramitar por, no máximo, 16 anos, para formar o título executivo imprescritível, e não pode superar os 4 (quatro) anos em cada um dos marcos temporais fixados para a prescrição intercorrente após o ajuizamento: (i) publicação da sentença condenatória e (ii) publicação das decisões ou acórdãos que a confirmarem nas instâncias subsequentes.

Como só há de se falar em imprescritibilidade do ressarcimento ao erário quando a lesão aos cofres públicos decorrer de um ato de improbidade que tenha sido assim caracterizado numa decisão judicial transitada em julgado e proferida dentro dos prazos definidos pela Nova Lei de Improbidade Administrativa, resta pouco provável, portanto, que a proposição de ações de improbidade administrativa aguarde a tramitação dos processos que apreciam as contas dos agentes públicos.

5 Provocações finais

Ainda são incipientes os estudos sobre os impactos da reforma da Lei de Improbidade Administrativa no ordenamento jurídico pátrio, mas, mesmo nas primeiras linhas que se debruçam sobre o tema, resta flagrante que há um inequívoco redesenho do microssistema de responsabilização do direito administrativo sancionador.

Ao deixar evidente o caráter penaliforme das ações de improbidade, a Lei nº 14.230/2021 trouxe um grande desafio aos operadores do direito, que é o de se afastar de concepções mais tradicionais dos processos punitivos que envolvem a Administração Pública, em que, por exemplo, as figuras da tipicidade e da individualização de condutas não têm o mesmo rigorismo formal do direito penal e, sobretudo, processual penal.

A "importação", por assim dizer, de garantias penais e processuais penais às ações de improbidade administrativa – cenário onde o alargamento do ônus decisório estabelecido pelo art. 21, §1º da Lei nº 8.429/1992 está inserido – certamente ainda propiciará inúmeras outras reflexões que hão de fazer frente aos problemas advindos de casos concretos.

Em tal realidade, este claro protagonismo que o Tribunal de Contas recebeu do art. 21, §1º da Lei nº 8.429/1992 é uma via de mão dupla, pois se o novo texto legal impõe um novo ônus decisório ao Judiciário, não se pode dizer que também não há, mesmo que implicitamente, decorrente deste mesmo dispositivo, também um ônus decisório para as Cortes de Contas, pois, sabedoras do poder que decorre de suas decisões, precisam aprimorá-las, conferindo-lhes clareza e adotando os padrões de motivação insculpidos nos incisos I a VI do §1º do art. 489 do CPC por exemplo.

Referências

ANDRADE, Fábio Martins de. *Comentários à Lei nº 13.655/2018.* Rio de Janeiro: Lumen Juris, 2019.

BITENCOURT, Cezar Roberto; BITENCOURT, Cezar Roberto. Tratado de direito penal: parte geral. 17. ed. rev., ampl. e atual. de acordo com a Lei nº 12.550, de 2011. São Paulo: Saraiva, 2012.

CAPEZ, Fernando. *Curso de direito penal, volume 1, parte geral*: (arts. 1º a 120). 16. ed. São Paulo: Saraiva, 2012.

CARVALHO, Matheus. *Lei de Improbidade comentada – Atualizada com a Lei nº 14.230/2021.* São Paulo: Editora JusPodivum, 2022.

DONNINI, Rogério. Responsabilidade civil do agente público. O art. 28 da Lei de Introdução às Normas do Direito Brasileiro. *In*: CUNHA FILHO, Alexandre Jorge Carneiro da *et al.* (Org.). *Lei de Introdução às Normas do Direito Brasileiro – Anotada, Decreto-Lei nº 4.657, de 4 de setembro de 1942.* São Paulo: Quartier Latin, 2019. v. II.

FRACARI, Cristiana Muraro. O Controle das Estatais na Lei nº 13.303/2016. *In*: FERNANDES, Murilo Jacoby (Coord.). *Empresas Estatais*: Lei nº 13.303/2016. Belo Horizonte: Fórum, 2020.

JUSTEN FILHO, Marçal. *Reforma da lei de improbidade administrativa comentada e comparada.* Rio de Janeiro: Forense, 2022.

NEVES, Daniel Amorim Assumpção; OLIVEIRA, Rafael Carvalho Rezende. *Comentários à reforma da lei de improbidade administrativa*: Lei nº 14.230, de 25.10.2021 comentada artigo por artigo. Rio de Janeiro: Forense, 2022.

NIEBUHR, Pedro. OLIVEIRA, Cláudio Ladeira de; MEDEIROS, Isaac Kofi. Controle e deferência judicial à Administração Pública: um ensaio sobre a doutrina Chevron e o artigo 22 da LINDB. *In*: MAFFINI, Rafael; RAMOS, Rafael (Coord.). *Nova LINDB*: consequencialismo, deferência judicial, motivação e responsabilidade do gestor público. Rio de Janeiro: Lumen Juris, 2020.

NOBRE JÚNIOR, Edilson Pereira. *As normas de Direito Público na Lei de Introdução ao Direito brasileiro*: paradigmas para interpretação e aplicação do Direito Administrativo. São Paulo: Editora Contracorrente, 2019.

Informação bibliográfica deste texto, conforme a NBR 6023:2018 da Associação Brasileira de Normas Técnicas (ABNT):

NÓBREGA, Marcos; ARAÚJO, Aldem Johnston Barbosa. Os reflexos das competências de controle externo nas decisões no âmbito das ações de improbidade administrativa: Alargamento do ônus decisório inaugurado pelo §1ºdo art. 21 da lei nº 8.429, de 1992, e os impactos dos atos dos Tribunais de Contas no regime da improbidade administrativa. *In*: MOTTA, Fabrício; VIANA, Ismar (coord.). *Improbidade administrativa e Tribunais de Contas*: as inovações da Lei nº 14.230/2021. Belo Horizonte: Fórum, 2022. p. 219-234. ISBN 978-65-5518-445-7.

A PARTICIPAÇÃO DOS TRIBUNAIS DE CONTAS NA APURAÇÃO DO DANO NOS ACORDOS DE NÃO PERSECUÇÃO CIVIL: AS MÚLTIPLAS CONTROVÉRSIAS DO §3º DO ART. 17-B DA LEI Nº 8.429/1992

ODILON CAVALLARI

Introdução

O §3º do art. 17-B da Lei nº 8.429/1992, inserido pela Lei nº 14.230/2021, trouxe uma inovação que tem potencial para impactar os trabalhos dos Tribunais de Contas, porquanto previu, em leitura combinada com o *caput* do citado artigo, que, com o objetivo de celebrar acordo de não persecução civil e para fins de apuração do valor do dano a ser ressarcido, deverá ser realizada a oitiva do Tribunal de Contas competente, que se manifestará, com indicação dos parâmetros utilizados, no prazo de 90 dias.

O presente estudo analisa o citado dispositivo legal em múltiplas perspectivas. Sob a ótica constitucional, realiza-se leitura pelas lentes da Constituição Federal, a fim de afastar eventuais interpretações que a contrariem e prestigiar aquelas que lhe sejam conformes. Na perspectiva infraconstitucional, analisa-se a relação do aludido dispositivo com alguns outros comandos legais, com base na interpretação sistemática e teleológica. Em visão consequencialista, examinam-se as repercussões práticas da nova norma tanto para os Tribunais de Contas quanto para o Ministério Público e a parte investigada/acusada.

A título de conclusão, apresentam-se, de forma consolidada, os entendimentos sustentados ao longo deste estudo e as opções que se entende estarem disponíveis aos Tribunais de Contas e ao Ministério Público para a tomada de decisões em relação ao §3º do art. 17-B da Lei nº 8.429/1992, inserido pela Lei nº 14.230/2021.

1 Do significado da participação dos Tribunais de Contas prevista no §3º do art. 17-B da Lei nº 8.429/1992

O acordo de não persecução civil não foi inserido na Lei de Improbidade Administrativa pela Lei nº 14.230/2021, mas sim, pela Lei nº 13.964/2019, denominada "Pacote Anticrime", cujo art. 6º deu nova redação ao §1º do art. 17 e passou a admitir a celebração de aludido acordo, contrariamente à redação original desse parágrafo, que expressamente vedava qualquer espécie de transação, acordo ou conciliação nesse tipo de ação.[1]

No entanto, os vetos apostos ao inteiro teor do art. 17-A, que regulamentava o acordo de não persecução civil, dificultaram a sua implementação. O art. 17-B, inserido pela Lei nº 14.230/2021 resgatou, em grande medida, a regulamentação anteriormente vetada do art. 17-A e passou a ter a seguinte redação.

> Art. 17-B. O Ministério Público poderá, conforme as circunstâncias do caso concreto, celebrar acordo de não persecução civil, desde que dele advenham, ao menos, os seguintes resultados:
>
> I – o integral ressarcimento do dano;
>
> II – a reversão à pessoa jurídica lesada da vantagem indevida obtida, ainda que oriunda de agentes privados.
>
> §1º A celebração do acordo a que se refere o *caput* deste artigo dependerá, cumulativamente:
>
> I – da oitiva do ente federativo lesado, em momento anterior ou posterior à propositura da ação;
>
> II – de aprovação, no prazo de até 60 (sessenta) dias, pelo órgão do Ministério Público competente para apreciar as promoções de arquivamento de

---

[1] O §1º do art. 17 da Lei nº 8.429/1992, com a redação dada pela Lei nº 13.964/2019 (Pacote Anticrime), dizia o seguinte: "As ações de que trata este artigo admitem a celebração de acordo de não persecução cível, nos termos desta Lei". Referido dispositivo, na sua redação original, trazia o seguinte comando: "§1º É vedada a transação, acordo ou conciliação nas ações de que trata o *caput*".

inquéritos civis, se anterior ao ajuizamento da ação; III – de homologação judicial, independentemente de o acordo ocorrer antes ou depois do ajuizamento da ação de improbidade administrativa.

§2º Em qualquer caso, a celebração do acordo a que se refere o *caput* deste artigo considerará a personalidade do agente, a natureza, as circunstâncias, a gravidade e a repercussão social do ato de improbidade, bem como as vantagens, para o interesse público, da rápida solução do caso.

§3º Para fins de apuração do valor do dano a ser ressarcido, deverá ser realizada a oitiva do Tribunal de Contas competente, que se manifestará, com indicação dos parâmetros utilizados, no prazo de 90 (noventa) dias.[2]

O §3º do art. 17-B foi uma das novidades, pois seu teor não constava do vetado art. 17-A da Lei nº 13.964/2019 (Pacote Anticrime). Foi, portanto, uma inovação trazida pela Lei nº 14.230/2021, que cria um ato adicional para a celebração do acordo de não persecução civil, pois passa a exigir a oitiva do Tribunal de Contas competente, para fins de apuração do valor do dano a ser ressarcido, e fixa prazo de 90 dias para a manifestação da Corte de Contas, que deve indicar os parâmetros utilizados.

A reforma da Lei nº 8.429/1992 começou a ser discutida no Projeto de Lei nº 10.887/2018, posteriormente renumerado para Projeto de Lei nº 2.505/2021. No entanto, foi somente no dia 15.06.2021 que a oitiva do Tribunal de Contas foi inserida na proposta de alteração da referida lei,

---

[2] O art. 17-A, integralmente vetado na Lei nº 13.964/2019, tinha a seguinte redação (BRASIL. Mensagem nº 726, de 24 de dezembro de 2019. *Diário Oficial da União*, 24 dez. 2019. Disponível em: http://www.planalto.gov.br/ccivil_03/_ato2019-2022/2019/Msg/VEP/VEP-726.htm. Acesso em 14 mar. 2022):

Art. 17-A. O Ministério Público poderá, conforme as circunstâncias do caso concreto, celebrar acordo de não persecução cível, desde que, ao menos, advenham os seguintes resultados:

I – o integral ressarcimento do dano;

II – a reversão, à pessoa jurídica lesada, da vantagem indevida obtida, ainda que oriunda de agentes privados;

III – o pagamento de multa de até 20% (vinte por cento) do valor do dano ou da vantagem auferida, atendendo a situação econômica do agente.

§1º Em qualquer caso, a celebração do acordo levará em conta a personalidade do agente, a natureza, as circunstâncias, a gravidade e a repercussão social do ato de improbidade, bem como as vantagens, para o interesse público, na rápida solução do caso.

§2º O acordo também poderá ser celebrado no curso de ação de improbidade.

§3º As negociações para a celebração do acordo ocorrerão entre o Ministério Público e o investigado ou demandado e o seu defensor.

§4º O acordo celebrado pelo órgão do Ministério Público com atribuição, no plano judicial ou extrajudicial, deve ser objeto de aprovação, no prazo de até 60 (sessenta) dias, pelo órgão competente, para apreciar as promoções de arquivamento do inquérito civil.

§5º Cumprido o disposto no §4º deste artigo, o acordo será encaminhado ao juízo competente para fins de homologação.

a partir da previsão do §3º do art. 17-B no Substitutivo apresentado ao Plenário da Câmara dos Deputados pelo seu relator, Deputado Carlos Zarattini, mas sem que tenha sido apresentada qualquer justificativa para tanto, nem neste dia nem posteriormente, em nenhum dos pareceres emitidos sobre o então projeto de lei.[3]

A análise detalhada dessa regra e do que significa na prática, a partir, inicialmente, do método de interpretação gramatical e literal, é um primeiro passo importante e necessário para o exame do assunto, pois, como adverte Miguel Reale, a lei deve ser estudada na perspectiva gramatical, tendo em vista que é uma realidade morfológica e sintática, razão pela qual é a partir da gramática que o intérprete deve buscar o significado da norma, indagando do "exato sentido de um vocábulo ou do valor das proposições do ponto de vista sintático". Concluída essa investigação de natureza filológica, o intérprete deve, então, segundo o método sistemático, perquirir do sentido da norma consideradas as demais normas pertencentes ao sistema jurídico.[4]

Desse modo, pela interpretação gramatical e literal do §3º do art. 17-B da Lei nº 8.429/1992, são atos obrigatórios tanto a oitiva do Tribunal de Contas competente quanto a sua manifestação no prazo de 90 dias.

Essa interpretação afasta, desde logo, qualquer pretensão de se conferir ao Tribunal de Contas o *status* de partícipe do acordo. E a razão é simples: acordo pressupõe livre decisão dos partícipes que podem escolher não consensualizar. Aliás, podem escolher nem mesmo se sentar à mesa para discutir uma possibilidade de acordo.

A interpretação literal do §3º do art. 17-B da Lei nº 8.429/1992, no entanto, evidencia que o Tribunal de Contas não tem essa opção, pois, segundo essa interpretação, sua manifestação é obrigatória, o que inequivocamente o coloca em situação distinta em relação às partes do acordo, no caso, o Ministério Público e o acusado.

A situação do Tribunal de Contas também difere substancialmente daquela que foi prevista para o ente federativo lesado, pois o inciso I do §1º do art. 17-B da Lei nº 8.429/1992 estabeleceu que a celebração do acordo dependerá da sua oitiva, mas não previu qualquer obriga-toriedade de sua manifestação.

---

[3]   BRASIL. Câmara dos Deputados. *Projeto de Lei nº 2.505/2021*. Disponível em: https://www.camara.leg.br/proposicoesWeb/fichadetramitacao?idProposicao=2184458. Acesso em 12 mar. 2022.

[4]   REALE, Miguel. *Lições preliminares de direito*. 25. ed. São Paulo: Saraiva, 2001. p. 261-262.

Portanto, a manifestação do Tribunal de Contas não lhe confere a qualidade de parte no acordo nem de representante do ente federativo lesado.

A natureza jurídica da manifestação do Tribunal de Contas, por sua vez, é meramente opinativa, porquanto não vincula o Ministério Público nem o acusado, pois, como já se afirmou, o acordo pressupõe livre decisão das partes, o que significa admitir a possibilidade de as partes rejeitarem as conclusões do Tribunal de Contas, a fim de que o acordo seja viabilizado em outros termos e valores. Também não vincula o magistrado que, como órgão do Poder Judiciário, não se submete às decisões de órgãos não jurisdicionais.

Contudo, ainda que o Ministério Público concorde com a avaliação feita pelo Tribunal de Contas, se o acusado discordar e, por essa razão, não celebrar o acordo, a ação judicial seguirá o seu curso, com produção de provas de lado a lado e, ao final, o juiz poderá julgar de modo diverso as conclusões do Tribunal de Contas, caso se convença dos argumentos do acusado. Consequentemente, a manifestação do Tribunal de Contas não encerra a discussão sobre o valor do dano a ser ressarcido, mas apenas a subsidia.

Aliás, desde a edição da Lei nº 8.429/1992, muito antes, portanto, das alterações promovidas pela Lei nº 14.230/2021, o art. 21, inciso II, dispõe que a aplicação das sanções previstas na citada lei independe da aprovação ou rejeição das contas pelo órgão de controle interno ou pelo Tribunal de Contas.

Veja-se que o citado dispositivo se refere às decisões de mérito dos Tribunais de Contas, prolatadas após devido processo legal, que contempla a apuração feita pelos auditores da Corte de Contas de modo independente, a formulação de acusação, o contraditório, o julgamento, com possibilidade de pedido de vista pelos outros julgadores, a interposição dos recursos cabíveis e seus respectivos julgamentos, para, enfim, se alcançar o trânsito em julgado na esfera administrativa do acórdão de mérito.

Portanto, se até mesmo as decisões de mérito que julgam as contas dos administradores públicos não vinculam o julgamento a ser proferido pelo Poder Judiciário em ações de improbidade administrativa, quanto mais a manifestação expedita e precária sobre o valor do dano ao erário produzida pelos Tribunais de Contas em resposta à oitiva prevista no §1º do art. 17-B da Lei nº 8.429/1992.

Em nada muda essa conclusão o fato de o §2º do citado art. 21 da Lei nº 8.429/1992, introduzido pela Lei nº 14.230/2021, ter disposto que as provas produzidas perante os órgãos de controle e as correspondentes decisões deverão ser consideradas na formação da convicção do juiz, sem prejuízo da análise acerca do dolo na conduta do agente.

Aludido comando normativo não se refere apenas aos Tribunais de Contas, mas sim aos órgãos de controle, o que inclui o controle interno e demonstra a preocupação do legislador em induzir o magistrado à análise de todas as provas já produzidas e disponíveis, assim como das respectivas decisões tomadas pelos órgãos de controle, como meio de busca da verdade e de maior reflexão sobre os fatos.

Não há, porém, qualquer lastro jurídico para se extrair desse §2º do citado art. 21 da Lei nº 8.429/1992 a interpretação de que o magistrado estaria vinculado às conclusões a que chegaram os órgãos de controle, sob pena de ofensa ao princípio da independência das instâncias e ao princípio da inafastabilidade da jurisdição, estampado no inciso XXXV do art. 5º da Constituição Federal, no sentido de que a lei não excluirá da apreciação do Poder Judiciário lesão ou ameaça a direito.

Em outras palavras, conforme expressamente previsto no §2º do citado art. 21 da Lei nº 8.429/1992, o magistrado deve considerar as provas e decisões dos órgãos de controle, o que não significa aceitá-las acriticamente, mas, ao contrário, considerá-las, valorá-las e, fundamentadamente, aceitá-las ou rejeitá-las, para fins de improbidade administrativa.

Conforme adverte José Roberto Pimenta Oliveira, a responsabilidade promovida pelos Tribunais de Contas, com fundamento nos artigos 70 e 71, assim como a improbidade administrativa prevista no §4º do art. 37, todos da Constituição Federal, são, ambas, "categorias gerais e autônomas" que produzem "categorias jurídicas diversas de ilicitude", quais sejam: de um lado, a irregularidade de contas formal e material; e, de outro, o ato de improbidade administrativa.[5]

Pelo mesmo motivo, a manifestação do Tribunal de Contas em resposta à oitiva prevista no §3º do art. 17-B da Lei nº 8.429/1992 não pode ser entendida como sinônimo de renúncia de suas atribuições constitucionais e ser invocada como instrumento de interdição de um futuro julgamento das contas do administrador público que tenha celebrado acordo de não persecução civil, inclusive com a possibilidade de condenação ao pagamento de valor superior àquele que tenha sido indicado pelo Tribunal de Contas em sua resposta à oitiva.

Consoante se demonstrou, se for adotada a interpretação literal do §3º do art. 17-B da Lei nº 8.429/1992, a constatação será a de que o

---

[5] OLIVEIRA, José Roberto Pimenta. *Improbidade administrativa e sua autonomia constitucional*. Belo Horizonte: Fórum, 2009. p. 456.

Tribunal de Contas é o único de quem a lei exigiu a manifestação, pois tanto o Ministério Público quanto o investigado/acusado, assim como o ente federativo lesado, não são obrigados a se manifestar.

Portanto, dessa condição não se pode extrair a conclusão de que a sua manifestação forçada e, diga-se, expedita, precária, dado o exíguo prazo de 90 dias, seja impeditiva do exercício das atribuições constitucionais do Tribunal de Contas, sob o argumento de que já teria se comprometido com o valor do dano indicado na sua resposta à oitiva o que, de certo modo, significaria a sua participação no acordo, com renúncia, portanto, de eventual valor superior àquele.

Aceitar essa ideia é admitir a possibilidade de lei ordinária impor aos Tribunais de Contas "goela abaixo" a obrigação de colaborar com a celebração de acordo a ser celebrado pelo Ministério Público em sede de improbidade administrativa e se comprometer com seus resultados, com inadmissível prejuízo ao cumprimento de seus deveres constitucionais.

Uma mera espiada no art. 71 da Constituição Federal é suficiente para rejeitar veementemente essa hipótese, pois é certo que a sua aceitação seria a total subversão da hierarquia das normas, ao se permitir que comando normativo previsto em lei ordinária impusesse ao Tribunal de Contas o dever de colaborar com o acordo e de se comprometer com os valores nele ajustados em detrimento do exercício de suas prerrogativas constitucionais que estariam, assim, interditadas por norma infraconstitucional.

Ainda considerando a hipótese de se conferir ao 3º do art. 17-B da Lei nº 8.429/1992 interpretação literal no sentido de que a manifestação do Tribunal de Contas sobre o valor do dano a ser ressarcido seria obrigatória, haverá, nesta hipótese, profunda diferença entre o disposto no citado comando normativo e o disciplinado pelo Acordo de Cooperação Técnica celebrado em 06.08.2020 pela Controladoria-Geral da União (CGU), Advocacia-Geral da União (AGU), Ministério da Justiça e Segurança Pública (MJSP) e o Tribunal de Contas da União (TCU), em matéria de combate à corrupção no Brasil, especialmente em relação aos acordos de leniência da Lei nº 12.846/2013.[6]

---

[6] BRASIL. República Federativa do Brasil. *Acordo de Cooperação Técnica que entre si celebram o Ministério Público Federal, a Controladoria-Geral da União (CGU), a Advocacia-Geral da União (AGU), o Ministério da Justiça e Segurança Pública (M)SP) e o Tribunal de Contas da União (TCU) em matéria de combate à corrupção no Brasil, especialmente em relação aos acordos de leniência da Lei nº 12.846, de 2013*. Brasília, 06 ago. 2020. Disponível em: https://portal.tcu.gov.br/data/files/11/16/BB/03/575C37109EB62737F18818A8/ACORDO%20DE%20COOPERACAO%20TECNICA%20_1_.pdf. Acesso em 12 mar. 2022.

Neste último caso, a participação do TCU é facultativa, e somente o vincula se expressamente considerar que os valores negociados no acordo satisfazem aos critérios estabelecidos para a quitação do dano por ele estimado, hipótese na qual o tribunal dará quitação condicionada ao pleno cumprimento do acordo.[7]

Como se vê, a disciplina esquadrinhada no Acordo de Cooperação Técnica respeita o entendimento do Supremo Tribunal Federal que, ao apreciar a interrelação das múltiplas esferas de responsabilização administrativa, enfatizou a necessidade de coordenação institucional entre os órgãos envolvidos, assim como a harmonização das sanções premiais.[8]

---

[7] A Segunda ação operacional do citado Acordo de Cooperação Técnica disciplina da seguinte forma a participação do TCU: *Segunda ação operacional:* visando a incrementar-se a segurança jurídica e o trabalho integrado e coordenado das instituições, a Controladoria-Geral da União e a Advocacia-Geral da União conduzirão a negociação e a celebração dos acordos de leniência nos termos da Lei nº 12.846, de 2013, bem como, quando algum ilícito revelado na negociação envolver fatos sujeitos à jurisdição do Tribunal de Contas da União, lhe encaminharão informações necessárias e suficientes para a estimação dos danos decorrentes de tais fatos, observados os seguintes parâmetros: *(1)* a CGU, a AGU e o TCU buscarão parametrizar metodologia específica para apuração de eventual dano a ser endereçado em negociação para acordo de leniência; *(2)* concluindo a CGU/AGU que o acordo está em condições de ser assinado e ainda não havendo manifestação do TCU, este será comunicado para que se manifeste em até 90 (noventa) dias acerca da possibilidade de não instaurar ou extinguir procedimentos administrativos de sua competência para cobrança de dano em face de colaboradora, por considerar que os valores negociados atendem aos critérios de quitação de ressarcimento do dano; *(3)* Havendo manifestação do Tribunal de Contas da União no sentido de considerar que os valores negociados no acordo satisfazem aos critérios estabelecidos para a quitação do dano por ele estimado, o tribunal dará quitação condicionada ao pleno cumprimento do acordo. *(4)* havendo manifestação do TCU no sentido de considerar que os valores negociados no acordo não satisfazem aos critérios estabelecidos para a quitação do dano por ele estimado, a CGU e a AGU buscarão realizar negociação complementar para eventual ajuste dos valores a título de ressarcimento de danos, não estando impedidas de formalizar o acordo de leniência, sem a quitação no ponto, caso não seja possível alcançar consenso nesta negociação complementar; *(5)* não recebida a manifestação do TCU dentro do prazo indicado, a CGU e a AGU poderão assinar o acordo nos termos negociados com a empresa leniente, não havendo, nessa hipótese, quitação do ressarcimento do dano;

[8] BRASIL. Supremo Tribunal Federal. Segunda Turma. Mandado de Segurança nº 35.435. Rel. Min. Gilmar Mendes. Julgamento em 30.03.2021. *DJe* de 02.07.2021. A ementa, na parte relativa ao que, especificamente, ora se comenta, ficou assim redigida: 4. Diante da sobreposição fática entre os ilícitos admitidos pelas colaboradoras perante a CGU/AGU e o objeto de apuração do controle externo, a possibilidade de o *TCU* impor sanção de inidoneidade pelos mesmos fatos que deram ensejo à celebração de acordo de *leniência* com a CGU/AGU não é compatível com o princípio constitucional da segurança jurídica e com a noção de proporcionalidade da pena. 5. Apesar de a Lei Anticorrupção (Lei nº 12.846/2013) não precluir a incidência da Lei nº 8.443/1992, nos casos concretos, a imposição de inidoneidade pelo *TCU* poderia resultar em ineficácia das cláusulas dos acordos de *leniência* que preveem a isenção ou a atenuação das sanções administrativas estabelecidas nos arts. 86 a 88 da Lei nº 8.666/1993, por consequência, esvaziando a força normativa do art. 17 da Lei nº 12.846/2013. 6. A Lei nº 8.433/1992 prevê outros meios menos gravosos para que o *TCU* possa garantir a

Por essa razão, o STF, embora tenha entendido que o TCU não pode aplicar a sanção prevista no art. 46 de sua Lei Orgânica (Lei nº 8.443/1992) de declaração de inidoneidade da empresa que tenha celebrado acordo de leniência com a CGU, a AGU ou o Ministério Público, enfatizou que a Corte de Contas pode apurar "a existência de danos complementares que não foram integrados na reparação ao erário entabulada naqueles acordos" e, para tanto, está, nos termos do art. 44, §2º, da sua Lei Orgânica, autorizado a decretar a indisponibilidade de bens da empresa, assim como a aplicar as multas previstas nos artigos 57 e 58 da citada lei.[9]

Consequentemente, caso se entenda, a partir da interpretação literal do §3º do art. 17-B da Lei nº 8.429/1992, que o Tribunal de Contas está obrigado a efetuar o cálculo do dano ao erário, não haverá qualquer possibilidade de se estabelecer um paralelo com a sua colaboração facultativa nos acordos de leniência, nos termos do aludido Acordo de Cooperação Técnica.

Desse modo, pelos motivos expostos até aqui, a resposta expedita e precária a ser dada pelo Tribunal de Contas à oitiva do §3º do art. 17-B da Lei nº 8.429/1992 requer cautelas específicas, em respeito às suas atribuições constitucionais e a bem da segurança jurídica, motivo pelo qual será tratada em tópico próprio neste estudo.

Portanto, consideradas todas essas questões, o §3º do art. 17-B da Lei nº 8.429/1992 induz à conclusão de que se trata, na realidade, de manifestação do Tribunal de Contas a ser formalizada por meio de pronunciamento de natureza meramente opinativa, independentemente do nome que se dê, se parecer, decisão ou algum outro qualquer.

2 Tribunal de Contas: de auxiliar do Poder Legislativo a auxiliar do Ministério Público e da Justiça?

Caso se confira interpretação literal ao §3º do art. 17-B da Lei nº 8.429/1992, no sentido de que o Tribunal de Contas está obrigado a realizar o cálculo do valor do dano, será inevitável reconhecer algumas

---

reparação integral do dano ao erário, tais como a decretação de indisponibilidade de bens (art. 44, §2º) e a aplicação de multa (arts. 57 e 58). Essas medidas sancionatórias devem ser manejadas pela Corte de Contas, considerando a sua proporcionalidade e os impactos sobre os acordos pactuados com a Administração Pública. (destaques do original).

[9] O trecho entre aspas reproduz afirmação feita pelo relator do MS nº 35.435, anteriormente citado.

relevantes semelhanças desse dispositivo com a prova pericial prevista no Código de Processo Civil (CPC).

A prova pericial, conforme dispõe o art. 464 do CPC, consiste em exame, vistoria ou avaliação quando, nos termos do art. 156, a prova do fato depender de conhecimento técnico ou científico. Para tanto, estabelece o art. 156 do CPC que o juiz será assistido por perito a ser nomeado entre os profissionais legalmente habilitados e os órgãos técnicos ou científicos devidamente inscritos em cadastro mantido pelo tribunal ao qual o juiz está vinculado.

O perito, nos termos expressos do art. 149 do CPC, é considerado um auxiliar da Justiça, assim como o escrivão, o chefe de secretaria, o oficial de justiça, o depositário, o administrador, o intérprete, o tradutor, o mediador, o conciliador judicial, o partidor, o distribuidor, o contabilista e o regulador de avarias.

Conforme disposto no art. 465 do CPC, o juiz deve nomear perito que seja especializado no objeto da perícia e, ao fazê-lo, deve de imediato fixar o prazo para a entrega do laudo que, nos termos do art. 473, inciso III, do CPC, deve conter a indicação do método utilizado, esclarecendo-o e demonstrando ser predominantemente aceito pelos especialistas da área do conhecimento da qual se originou.

Como se vê, portanto, há várias semelhanças entre a novidade trazida pela Lei nº 14.230/2021, no tocante à oitiva do respectivo Tribunal de Contas e a prova pericial prevista no CPC, caso se entenda que o Tribunal de Contas está obrigado a realizar o cálculo do dano.

Considerando, porém, que o art. 17-B da Lei nº 8.429/1992, inserido pela Lei nº 14.230/2021, admite a possibilidade de celebração do acordo de não persecução civil na fase anterior à propositura da ação judicial, convém identificar os instrumentos que a legislação já colocava à disposição do Ministério Público para a produção de prova que dependa de conhecimento técnico ou científico, a exemplo de muitos casos de apuração do valor do dano a ser ressarcido.

Nessa hipótese, tanto o Ministério Público da União quanto os Ministérios Públicos Estaduais dispõem de serviços auxiliares de apoio técnico e administrativo, pertencentes aos seus respectivos quadros de pessoal, que prestam auxílio aos seus membros em relação a diversas questões técnicas, conforme expressamente previsto nas suas respectivas Leis Orgânicas, sem prejuízo de poderem também requisitar informações, perícias e documentos às autoridades da Administração Pública Direta e Indireta pertencentes às suas respectivas esferas de atuação.[10] Desse modo, a produção de prova que dependa de conhecimento técnico ou científico, a exemplo de muitos casos de apuração do valor do dano a ser ressarcido, já recebe da legislação, há muito tempo, tratamento específico, segundo o qual a prova pode ser produzida pelos órgãos auxiliares do Ministério Público, na fase anterior à propositura da ação judicial, ou pelo auxiliar da Justiça, que é o perito, na fase posterior à propositura da ação.

Caso, portanto, se confira interpretação literal ao §3º do art. 17-B da Lei nº 8.429/1992, será natural a constatação de que a Lei nº 14.230/2021, ao impor ao Tribunal de Contas o dever de realizar o cálculo do dano, atribuiu à Corte de Contas tarefa que, em situações similares, é e sempre foi exercida pelos órgãos auxiliares que a legislação infraconstitucional previu para o Ministério Público e para a Justiça.

3 Da necessidade de interpretação conforme à Constituição do §3º do art. 17-B da Lei nº 8.429/1992, inserido pela Lei nº 14.230/2021

A questão, portanto, a ser perscrutada, é a de se saber se é constitucional a legislação ordinária que atribui aos Tribunais de Contas que, por comando expresso da Constituição Federal, são órgãos auxiliares do Poder Legislativo, o desempenho de tarefa que é própria dos órgãos auxiliares do Ministério Público e da Justiça.

Por essa razão, é preciso ler o §3º do art. 17-B da Lei nº 8.429/1992, inserido pela Lei nº 14.230/2021, pelas lentes da Constituição Federal, como, aliás, sói acontecer a partir da constitucionalização do direito.

Com efeito, adverte Luís Roberto Barroso que "toda interpretação jurídica é também interpretação constitucional", pois a constitucionalização do direito representou, a um só tempo, uma via dupla: primeiro, o tratamento pela Constituição de temas antes disciplinados apenas

---

[10] Cf.: Artigos 8º, incisos II e III, 35 e 36 da Lei Complementar nº 75/1993 que dispõe sobre a organização, as atribuições e o estatuto do Ministério Público da União e artigos. 8º, 26, inciso I, alínea "b", e 36 da Lei nº 8.625/1993 que Institui a Lei Orgânica Nacional do Ministério Público, dispõe sobre normas gerais para a organização do Ministério Público dos Estados e dá outras providências.

pela legislação ordinária; segundo, o dever de o aplicador do direito ler a legislação infraconstitucional sempre pelas lentes da Constituição.[11]

No presente caso, o dispositivo atrai relevantes questões de ordem constitucional, pois a literalidade da sua redação pode conduzir à conclusão de que se trata de uma obrigação imposta aos Tribunais de Contas, o que, naturalmente, demanda a sua análise em face dos comandos constitucionais relativos às Cortes de Contas.

Em outras palavras, o estatuto jurídico dos Tribunais de Contas está plasmado na Constituição Federal, particularmente nos arts. 70 a 75, o que significa dizer que se trata de órgão autônomo e com atribuições outorgadas pela própria Constituição que lhe fixa as suas possibilidades e os seus limites, conforme já decidiu o Supremo Tribunal Federal em precedente de cuja ementa se reproduz o seguinte trecho (grifos do original):

A POSIÇÃO CONSTITUCIONAL DOS TRIBUNAIS DE CONTAS – ÓRGÃOS INVESTIDOS DE AUTONOMIA JURÍDICA – INEXISTÊNCIA DE QUALQUER VÍNCULO DE SUBORDINAÇÃO INSTITUCIONAL AO PODER LEGISLATIVO – ATRIBUIÇÕES DO TRIBUNAL DE CONTAS *QUE TRADUZEM* DIRETA EMANAÇÃO *DA PRÓPRIA* CONSTITUI-ÇÃO DA REPÚBLICA. Os Tribunais de Contas *ostentam* posição eminente na estrutura constitucional brasileira, *não se achando subordinados*, por *qualquer* vínculo de ordem hierárquica, ao Poder Legislativo, *de que não são* órgãos delegatários *nem* organismos de mero assessoramento técnico. *A competência institucional* dos Tribunais de Contas *não deriva*, por isso mesmo, de delegação dos órgãos do Poder Legislativo, *mas traduz* emanação *que resulta, primariamente, da própria* Constituição da República. *Doutrina. Precedentes.*[12]

Portanto, normas infraconstitucionais que preveem atribuições ou deveres aos Tribunais de Contas somente serão constitucionais se estiverem harmônicas com a moldura traçada pela Constituição Federal no tocante ao estatuto jurídico dos Tribunais de Contas. Do contrário, ao se admitirem inovações legislativas, seja para aumentar ou para reduzir suas atribuições, mas estranhas à conformação constitucional

---

[11] BARROSO, Luís Roberto. Neoconstitucionalismo e constitucionalização do direito (O triunfo tardio do direito constitucional no Brasil). *In*: SOUZA NETO, Cláudio Pereira de; SARMENTO, Daniel (Coord.). *A constitucionalização do direito*: fundamentos teóricos e aplicações específicas. Rio de Janeiro: Editora Lumen Juris, 2007. p. 226-227.

[12] BRASIL. Supremo Tribunal Federal. Tribunal Pleno. Medida Cautelar na Ação Direta de Inconstitucionalidade nº 4.190-RJ. Rel. Min. Celso de Mello. Julgamento em 10.03.2010. *DJe* de 11.06.2010.

das Cortes de Contas, se permitirá a ilegítima alteração da Constituição por vias transversas.

Conforme reconhecido pela doutrina, o controle externo exercido pelos Tribunais de Contas é espécie do gênero controle legislativo que, no caso, não é político, mas sim técnico, administrativo-financeiro. E, consoante ensina Zanella Di Pietro, o controle exercido pelo Poder Legislativo, seja o político, exercido diretamente, ou o técnico, exercido pelo Tribunal de Contas, representa uma interferência tanto no Poder Executivo quanto no Poder Judiciário, quanto à sua função administrativa, motivo pelo qual se deve limitar às hipóteses constitucionais.[13]

Segundo a autora, por essa razão, normas infraconstitucionais, incluídas as constituições estaduais, não podem inovar no mundo jurídico e prever outras modalidades de controle fora das hipóteses previstas na Constituição Federal, em respeito ao princípio da separação de Poderes, do qual o controle de um Poder sobre o outro configura uma exceção.[14]

O Supremo Tribunal Federal também já teve a oportunidade de enfrentar o tema, ao apreciar a constitucionalidade de norma estadual que previu nova hipótese de fiscalização legislativa dos atos do Poder Executivo, oportunidade na qual aquela Corte enfatizou que somente a Constituição Federal pode disciplinar a matéria, não podendo norma infraconstitucional prever novas hipóteses de interferência que não decorram explícita ou implicitamente das hipóteses constitucionais. Da ementa do citado julgado, destaca-se o seguinte trecho:[15]

II. Separação e independência dos Poderes: pesos e contrapesos: imperatividade, no ponto, do modelo federal.

---

[13] DI PIETRO, Maria Sylvia Zanella. *Direito administrativo*. 28. ed. São Paulo: Atlas, 2015. p. 892-893.

[14] DI PIETRO, Maria Sylvia Zanella. *Direito administrativo*. 28. ed. São Paulo: Atlas, 2015. p. 892-893. Nas palavras da jurista: "O controle que o Poder Legislativo exerce sobre a Administração Pública tem que se limitar às hipóteses previstas na Constituição Federal, uma vez que implica interferência de um Poder nas atribuições dos outros dois; alcança os órgãos do Poder Executivo, as entidades da Administração Indireta e o próprio Poder Judiciário, quando executa função administrativa. Não podem as legislações complementar ou ordinária e as Constituições estaduais prever outras modalidades de controle que não as constantes da Constituição Federal, sob pena de ofensa ao princípio da separação de Poderes; o controle constitui exceção a esse princípio, não podendo ser ampliado fora do âmbito constitucional. Basicamente, são dois os tipos de controle: o *político* e o *financeiro*". (Destaques no original).

[15] BRASIL. Supremo Tribunal Federal. Tribunal Pleno. Ação Direta de Inconstitucionalidade nº 3.046. Rel. Min. Sepúlveda Pertence. Julgamento em 15.04.2004. *DJ* de 28.05.2004.

1. Sem embargo de diversidade de modelos concretos, o princípio da divisão dos poderes, no Estado de Direito, tem sido sempre concebido como instrumento da recíproca limitação deles em favor das liberdades clássicas: daí constituir em traço marcante de todas as suas formulações positivas os "pesos e contrapesos" adotados.

2. A fiscalização legislativa da ação administrativa do Poder Executivo é um dos contrapesos da Constituição Federal à separação e independência dos Poderes: cuida-se, porém, de interferência que só a Constituição da República pode legitimar.

3. Do relevo primacial dos "pesos e contrapesos" no paradigma de divisão dos poderes, segue-se que à norma infraconstitucional – aí incluída, em relação à Federal, a constituição dos Estados-membros –, não é dado criar novas interferências de um Poder na órbita de outro que não derive explícita ou implicitamente de regra ou princípio da Lei Fundamental da República.[16]

Exemplo do que ora se trata foi o art. 56 da Lei Complementar nº 101/2000 (Lei de Responsabilidade Fiscal), segundo o qual o respectivo Tribunal de Contas deveria emitir parecer prévio não apenas sobre as contas do Chefe do Poder Executivo, mas também sobre as contas dos Presidentes dos órgãos dos Poderes Legislativo e Judiciário e do Chefe do Ministério Público.[17]

O Supremo Tribunal Federal, ao apreciar esse dispositivo, declarou a sua inconstitucionalidade, porque, nos termos do art. 71, incisos I e II, da Constituição Federal, a única hipótese em que os Tribunais de Contas não julgam contas, mas apenas emitem parecer prévio, diz respeito às contas do Chefe do Poder Executivo. Ou seja, segundo o estatuto jurídico dos Tribunais de Contas estabelecido na Constituição Federal, referidas Cortes não emitem parecer prévio sobre as contas dos Presidentes dos órgãos dos Poderes Legislativo e Judiciário e do Chefe do Ministério Público, mas sim, as julgam.[18]

Por essa razão, o art. 56 da Lei de Responsabilidade Fiscal, ao ampliar as hipóteses nas quais os Tribunais de Contas emitiriam parecer

---

[16] No mesmo sentido, reconhecendo o Tribunal de Contas como órgão integrante do sistema político-jurídico de freios e contrapesos da Constituição, cf.: BALEEIRO, Aliomar. O Tribunal de Contas e o controle da execução orçamentária. *Revista de Direito Administrativo*, v. 31, jan./mar. 1953. p. 11.

[17] Lei de Responsabilidade Fiscal, art. 56. As contas prestadas pelos Chefes do Poder Executivo incluirão, além das suas próprias, as dos Presidentes dos órgãos dos Poderes Legislativo e Judiciário e do Chefe do Ministério Público, referidos no art. 20, as quais receberão parecer prévio, separadamente, do respectivo Tribunal de Contas.

[18] BRASIL. Supremo Tribunal Federal. Tribunal Pleno. Ação Direta de Inconstitucionalidade nº 2.324. Rel. Min. Alexandre de Moraes. Julgamento em 22.08.2019. *DJe* de 14.09.2020.

prévio, afrontou o disposto nos incisos I e II do art. 71 da Constituição Federal, motivo pelo qual foi declarado inconstitucional.

Em sentido oposto, o art. 59 também da Lei de Responsabilidade Fiscal oferece bom exemplo de norma infraconstitucional que é harmônica com a moldura definida pela Constituição Federal para os Tribunais de Contas, pois se trata de comando normativo que apenas regulamenta a forma de atuação das Cortes de Contas no tocante ao controle da responsabilidade fiscal.

A obrigatoriedade, por exemplo, de os Tribunais de Contas, nos termos do §1º do art. 59 da LRF, emitirem alertas nas hipóteses em que os limites prudenciais fixados naquela lei complementar estiverem em risco é absolutamente harmônica e compatível com as competências constitucionais das Cortes de Contas previstas no art. 71, em especial com o inciso IX, que prevê o dever de o Tribunal de Contas "assinar prazo para que o órgão ou a entidade adote as providências necessárias ao exato cumprimento da lei, se verificada ilegalidade". Ora, se a Corte de Contas pode e deve exigir a correção do ato, com mais razão ainda pode emitir alerta para prevenir que a ilegalidade se consuma.

Nesse mesmo diapasão, é exemplo a previsão nas leis orgânicas dos Tribunais de Contas da competência para decidirem sobre consulta que lhes seja formulada por autoridade competente, a respeito de dúvida suscitada na aplicação de dispositivos legais e regulamentares concernentes a matéria de sua competência, pois, se o Tribunal de Contas, nos termos do art. 71, inciso IX, da Constituição Federal, pode "assinar prazo para que o órgão ou a entidade adote as providências necessárias ao exato cumprimento da lei, se verificada ilegalidade", ou seja, se pode exigir a correção do ato para fazer cumprir a lei, também pode orientar acerca da melhor aplicação da lei.

Dito de outra forma, normas infraconstitucionais podem prever novas atribuições a órgãos de estatura constitucional, desde que transitem dentro da moldura definida pela Constituição Federal, sob pena de se permitir o alargamento de suas atribuições de modo absolutamente incoerente com a missão que lhes foi outorgada pelo Constituinte.

Há ainda uma consequência prática que não pode ser ignorada, relativa ao grave comprometimento da capacidade operacional do órgão de cumprir suas atribuições constitucionais, pois as novas atribuições previstas, ilegitimamente, em norma infraconstitucional, irão concorrer com as atribuições constitucionais no direcionamento dos limitados recursos materiais e humanos e, por certo, reduzirão a capacidade de o órgão cumpri-las de modo eficiente.

Portanto, em relação ao §3º do art. 17-B da Lei nº 8.429/1992, inserido pela Lei nº 14.230/2021, é preciso perquirir se o seu teor está de acordo com a Constituição Federal relativamente ao estatuto jurídico dos Tribunais de Contas, se não o contraria e se não ultrapassa os limites da moldura traçada pela Constituição Federal para os Tribunais de Contas.

A resposta depende da interpretação que se confira a esse dispositivo, pois, conforme reconhece a doutrina, não se pode confundir o texto com o sentido do texto, ou seja, com a norma jurídica que dele se extrai a partir da sua interpretação, o que requer a intervenção do aplicador da norma e o respeito à hermenêutica jurídica.[19]

Nesse desiderato, havendo mais de uma interpretação possível para o texto normativo, o que não é raro de acontecer dada a fluidez da linguagem, é preciso afastar aquela que afronta a Constituição e prestigiar a que lhe é mais harmônica. Trata-se da denominada interpretação conforme à Constituição, que decorre da supremacia da Constituição.

Sobre o tema, observa o jurista português Rui Medeiros que a supremacia da Constituição tem duplo significado, pois é regra de colisão entre normas infraconstitucionais e a própria Constituição, mas é também critério de interpretação das demais normas, inserido no âmbito da interpretação sistemática e teleológica, o que significa dizer que a Constituição deve funcionar como instrumento hermenêutico a obrigar qualquer intérprete dos textos normativos, inclusive as autoridades administrativas, a "proceder a uma interpretação das leis em conformidade com a Constituição.[20]

4 Da inconstitucionalidade da interpretação que conclui pela obrigação de o Tribunal de Contas se manifestar sobre o valor do dano a ser ressarcido

Portanto, deve ser afastada do §3º do art. 17-B da Lei nº 8.429/1992, inserido pela Lei nº 14.230/2021, a interpretação segundo a qual a manifestação do respectivo Tribunal de Contas sobre o valor do dano a ser ressarcido seria obrigatória, pois, neste caso, haveria grave ofensa ao art. 71 da Constituição Federal, porquanto se estaria criando inusitada

---

[19] Nesse sentido, cf.: STRECK, Lenio Luiz. *Verdade e consenso*: Constituição, hermenêutica e teorias discursivas. 4. ed. São Paulo: Saraiva, 2011. p. 69.

[20] MEDEIROS, Rui. *A Decisão de Inconstitucionalidade*. Lisboa: Universidade Católica Editora, 1999. p. 289 e 297.

atribuição aos Tribunais de Contas, totalmente estranha à moldura que lhes traçou a Constituição.

Com efeito, Tribunais de Contas são órgãos auxiliares dos respectivos Parlamentos, mas não são auxiliares do Poder Judiciário nem do Ministério Público. E o auxílio prestado à Casa Legislativa se dá nos termos e na forma que a própria Constituição Federal indicou.

Não se pretende com essa afirmação contrastar o entendimento doutrinário sustentado, entre outros, por Ricardo Lobo Torres, de que, a rigor, o Tribunal de Contas "é órgão auxiliar dos Poderes Legislativo, Executivo e Judiciário, bem como da comunidade e de seus órgãos de participação política".[21]

De fato, o Tribunal de Contas presta auxílio a todos os Poderes e à sociedade em geral, decorrente do natural exercício das atribuições que a Constituição lhe outorgou diretamente, mas, consoante reconhecido pela doutrina, é apenas ao Poder Legislativo que presta auxílio específico, na forma e nos exatos termos previstos expressamente pela Constituição Federal.

Conforme explica Ricardo Lobo Torres, o Tribunal de Contas "auxilia o Legislativo no controle externo, fornecendo-lhe informações, relatórios e pareceres", ao passo que "auxilia a Administração e o Judiciário na autotutela da legalidade e no controle interno, orientando a sua ação e controlando os responsáveis por bens e valores públicos".[22]

Carlos Ayres Britto oferece definição que realça a profunda distinção entre o auxílio prestado pelos Tribunais de Contas ao Poder Legislativo daquele que, genericamente, presta aos demais Poderes e à sociedade. Diz o autor que assim como "não se pode exercer a jurisdição senão com a participação do Ministério Público", é "inconcebível o exercício da função estatal de controle externo sem o necessário concurso ou o contributo obrigatório dos Tribunais de Contas".[23]

Ou seja, embora as atribuições dos Tribunais de Contas lhes tenham sido outorgadas diretamente pela Constituição Federal, de modo que não agem por delegação de competência dos respectivos Parlamentos, é possível identificar várias dessas atribuições como sendo também instrumentos de auxílio aos Parlamentos, a exemplo

---

[21] TORRES, Ricardo Lobo. *Tratado de direito constitucional, financeiro e tributário, volume V*: o orçamento na Constituição. 3. ed. Rio de Janeiro: Renovar, 2008. p. 487.

[22] TORRES, Ricardo Lobo. *Tratado de direito constitucional, financeiro e tributário, volume V*: o orçamento na Constituição. 3. ed. Rio de Janeiro: Renovar, 2008. p. 487.

[23] BRITTO, Carlos Ayres. Regime constitucional dos tribunais de contas. *In*: SOUZA, Alfredo José de *et al*. *O novo Tribunal de Contas*: órgão protetor dos direitos fundamentais. 3. ed. Belo Horizonte: Fórum, 2005. p. 68-69.

das seguintes, outorgadas diretamente ao TCU e que, por força do art. 75 da Constituição Federal, concernente ao princípio da simetria, aplicam-se também aos demais Tribunais de Contas:

- Emissão de parecer prévio sobre as contas do Chefe do Poder Executivo (CF, art. 71, inciso I), o que subsidia o Parlamento na sua competência de lhe julgar as contas (CF, art. 49, inciso IX);
- Realização de auditorias e inspeções por solicitação da Câmara dos Deputados, do Senado Federal, de Comissão técnica ou de inquérito (CF, art. 71, inciso IV);
- Prestação de informações solicitadas pelo Congresso Nacional, por qualquer de suas Casas, ou por qualquer das respectivas Comissões, sobre a fiscalização contábil, financeira, orçamentária, operacional e patrimonial e sobre resultados de auditorias e inspeções realizadas (CF, art. 71, inciso VII);
- Comunicação à Câmara dos Deputados e ao Senado Federal, quando sustar, se não atendido, a execução do ato impugnado (CF, art. 71, inciso X);
- Submissão ao Congresso Nacional, para fins de deliberação, de contrato, quando o TCU entender que deva ser sustado por conter ilegalidade (CF, art. 71, §1º);
- Encaminhamento ao Congresso Nacional, trimestral e anualmente, de relatório de suas atividades (CF, art. 71, §4º);
- Pronunciamento conclusivo, no prazo de trinta dias, por solicitação da Comissão mista permanente a que se refere o art. 166, §1º, da Constituição Federal, sobre indícios de despesas não autorizadas, ainda que sob a forma de investimentos não programados ou de subsídios não aprovados (CF, art. 72).

Considerado o exposto, extrai-se a conclusão de que é inconstitucional a interpretação do §3º do art. 17-B da Lei nº 8.429/1992, inserido pela Lei nº 14.230/2021, no sentido de que seria obrigatória a manifestação do Tribunal de Contas competente sobre o valor do dano a ser ressarcido. São quatro os fundamentos que respaldam essa conclusão:

Primeiro, contraria o art. 71 da Constituição Federal, ao impor, de modo ilegítimo, aos Tribunais de Contas, dever absolutamente estranho às atribuições que lhes foram diretamente outorgadas pela Constituição e que estão voltadas para, em auxílio ao Poder Legislativo, exercer o controle externo da Administração Pública.

Segundo, compromete o princípio republicano da separação e harmonia entre os Poderes, previsto no art. 2º da Constituição Federal, ao atribuir aos Tribunais de Contas, órgãos auxiliares do Poder Legislativo, função de auxílio ao Ministério Público e ao Poder Judiciário, que sempre foi exercida pelos seus respectivos órgãos auxiliares, previstos na legislação ordinária, que são seus órgãos administrativos, no caso do Ministério Público, conforme dispõem suas leis orgânicas, e os peritos, no caso do Poder Judiciário, nos termos do CPC.

Terceiro, ofende, em particular, o art. 71, inciso IV, da Constituição Federal, ao alargar, por meio de lei ordinária, o restrito rol de legitimados a solicitar auditorias e inspeções ao Tribunal de Contas, que somente pode ser alterado por emenda constitucional.

Quarto, agride o princípio do devido processo legal substantivo, na qualidade de fundamento constitucional do princípio da razoabilidade, ao conferir a cada membro do Ministério Público e do Poder Judiciário prerrogativa que nem mesmo o parlamentar tem, qual seja, a de obrigar o Tribunal de Contas a se manifestar sobre determinado assunto, pois o art. 71, inciso IV, da Constituição Federal não reconhece a nenhum parlamentar a prerrogativa de solicitar auditorias ou inspeções ao Tribunal de Contas, cuja legitimidade para tanto é conferida apenas à própria Casa Legislativa ou às suas Comissões Técnicas e de Inquérito e à Comissão mista permanente a que se refere o art. 166, §1º, da Constituição Federal.

A ausência de autorização constitucional para o parlamentar, individualmente, solicitar auditorias e inspeções ao respectivo Tribunal de Contas foi ressaltada em voto do Ministro Carlos Ayres Britto, ao afirmar que, no tocante à fiscalização, a Constituição Federal "prestigiou o princípio da colegialidade e impessoalizou o seu discurso", inclusive no âmbito do controle externo, exercido com o auxílio do Tribunal de Contas, cuja "tônica foi a mesma: sempre Mesa da Câmara, Mesa do Senado Federal; nunca um Deputado, um Senador, um parlamentar isoladamente".[24]

Portanto, pelos fundamentos anteriormente expostos, não é constitucional a interpretação do §3º do art. 17-B da Lei nº 8.429/1992, inserido pela Lei nº 14.230/2021, no sentido de que seria obrigatória a manifestação do Tribunal de Contas competente sobre o valor do dano a ser ressarcido.

---

[24] BRASIL. Supremo Tribunal Federal. Tribunal Pleno. Ação Direta de Inconstitucionalidade nº 3.046. Rel. Min. Sepúlveda Pertence. Julgamento em 15.04.2004. *DJ* de 28.05.2004.

5 Do não cabimento da invocação das Leis Orgânicas dos Ministérios Públicos e do CPC para justificar solicitações de auditorias e inspeções aos Tribunais de Contas

Sem prejuízo da análise feita anteriormente, na perspectiva constitucional, sobre o §3º do art. 17-B da Lei nº 8.429/1992, inserido pela Lei nº 14.230/2021, há, ainda, duas disposições legislativas que requerem abordagem específica, dada a possibilidade de serem indevidamente invocadas para justificar a obrigatoriedade de manifestação dos Tribunais de Contas sobre o valor do dano, para fins de celebração de acordo de não persecução civil.

A primeira consta das leis orgânicas dos Ministérios Públicos da União e dos Estados, ao prever que podem requisitar perícias para autoridades, órgãos e entidades da administração direta, indireta ou fundacional, de qualquer dos Poderes da União, dos Estados, do Distrito Federal e dos Municípios.[25] A segunda diz respeito ao art. 378 do CPC, segundo o qual ninguém se exime do dever de colaborar com o Poder Judiciário para o descobrimento da verdade. Nos dois casos, a interpretação, de igual modo, deve ser feita com as lentes da Constituição Federal.

Quanto aos Ministérios Públicos, admitir que as suas leis orgânicas conferiram aos seus membros prerrogativa de solicitar auditorias aos Tribunais de Contas que nem mesmo os membros do Poder Legislativo individualmente possuem é ignorar a norma constitucional estampada no art. 71, IV, da Constituição, que limitou essa legitimidade apenas à própria Casa Legislativa ou às suas Comissões Técnicas e de Inquérito e à Comissão mista permanente a que se refere o art. 166, §1º, e permitir que esse restrito rol de legitimados seja ampliado por meio de norma infraconstitucional, o que subverteria a hierarquia das normas.

Ora, quando o legislador decide dispor sobre determinada matéria na própria Constituição, e não em norma infraconstitucional, é porque

---

[25] A Lei Orgânica do Ministério Público da União (LC nº 75/1993) dispõe o seguinte: art. 8º Para o exercício de suas atribuições, o Ministério Público da União poderá, nos procedimentos de sua competência: II – requisitar informações, exames, perícias e documentos de autoridades da Administração Pública direta ou indireta. A Lei Orgânica dos Ministérios Públicos dos Estados (Lei nº 8.625/1993), a seu turno, dispõe da seguinte forma: art. 26. No exercício de suas funções, o Ministério Público poderá: b) requisitar informações, exames periciais e documentos de autoridades federais, estaduais e municipais, bem como dos órgãos e entidades da administração direta, indireta ou fundacional, de qualquer dos Poderes da União, dos Estados, do Distrito Federal e dos Municípios;

quer lhe dar maior estabilidade e rigidez para sua alteração, que somente poderá ocorrer por meio de emenda constitucional, cujo processo legislativo é bem mais rigoroso. Consequentemente, limites impostos pela Constituição, principalmente quando apresentam rol taxativo, não podem ser restringidos ou ampliados por norma infraconstitucional, sob pena de se permitir alteração constitucional por meios ilegítimos.

Além disso, para fins de interpretação das citadas leis orgânicas dos Ministérios Públicos, relativamente ao que se deva entender por administração direta, indireta e fundacional, convém considerar a relevante distinção feita pelos artigos 20, 21, 23, 24 e 27 da Lei de Introdução às Normas do Direito Brasileiro – LINDB –, entre as esferas administrativa, controladora e judicial, o que revela o reconhecimento do legislador quanto à diferenciada natureza jurídica dos Tribunais de Contas.[26]

Na seara constitucional, a natureza jurídica distinta dos Tribunais de Contas é tema de estudo há muito tempo, conforme se depreende da afirmação de Victor Nunes Leal, ao corroborar a observação de Francisco Campos, no sentido de que os Tribunais de Contas exercem as suas funções de controle "em nome, por autoridade e com a sanção do Parlamento", motivo pelo qual "não é o seu controle um controle administrativo, mas constitucional".[27]

Desse modo, os Tribunais de Contas não estão alcançados pela expressão "órgãos e entidades da administração direta, indireta ou fundacional, de qualquer dos Poderes da União, dos Estados, do Distrito Federal e dos Municípios", aludida pelas Leis Orgânicas dos Ministérios Públicos da União e dos Estados.

Em relação ao dever de colaborar com o Poder Judiciário para o descobrimento da verdade, não se pode invocá-lo para justificar a transformação de um órgão constitucional de controle de contas públicas, que tem a missão de prestar auxílio ao Poder Legislativo, em perito e, portanto, auxiliar da Justiça.

Ademais, não é de se confundir o ato de colaboração com o dever de auxílio à Justiça. Tribunais de Contas podem e devem colaborar com a Justiça, ao lhe encaminhar, por exemplo, o resultado de processos

---

[26] O art. 20 da LINDB tem a seguinte redação: "Art. 20. Nas esferas administrativa, controladora e judicial, não se decidirá com base em valores jurídicos abstratos, sem que sejam consideradas as consequências práticas da decisão". Essa mesma distinção entre as esferas administrativa, controladora e judicial é repetida nos artigos 21, 23, 24 e 27 da citada norma.

[27] LEAL, Victor Nunes. *Problemas de direito público*. 1. ed. Rio de Janeiro: Companhia Editora Forense, 1960. p. 225-226.

julgados. Mas o dever de auxílio à Justiça recai apenas sobre os seus auxiliares elencados expressamente no citado art. 149 do CPC, como é o caso do perito.

É, portanto, juridicamente insustentável a invocação da legislação infraconstitucional para tentar transmudar os Tribunais de Contas da qualidade de auxiliares do Poder Legislativo, por comando expresso na Constituição Federal, para auxiliares do Ministério Público ou da Justiça.

6 Da constitucionalidade do §3º do art. 17-B da Lei nº 8.429/1992, se a manifestação do Tribunal de Contas sobre o valor do dano for interpretada como facultativa

O que se disse até aqui não significa a inviabilidade jurídica de o Tribunal de Contas competente dar a sua contribuição para eventual acordo de não persecução civil. O que se ressaltou foi o entendimento de que não pode norma infraconstitucional criar obrigação para os Tribunais de Contas que não seja, de algum modo, já alcançada pelas suas atribuições constitucionais.

Desse modo, a interpretação juridicamente viável para o §3º do art. 17-B da Lei nº 8.429/1992 é a de que o Tribunal de Contas competente deve se manifestar em resposta à oitiva, prestando as informações que lhe forem viáveis, dentro de sua esfera de atribuições, o que significa, na prática, escolher por, ao menos, uma das seis seguintes opções, sem prejuízo de que outras venham a ser cogitadas também:

Primeira opção de resposta à oitiva: efetuar os cálculos solicitados pelo Ministério Público ou pelo Juízo, se assim lhe parecer interessante, segundo a perspectiva do melhor cumprimento da sua missão constitucional de exercício do controle externo.

Por óbvio, o Tribunal de Contas não está proibido de realizar o cálculo do dano ao erário em atendimento à oitiva requerida pelo Ministério Público ou pelo Poder Judiciário, mas, se o fizer, não poderá depois justificar eventual descumprimento de sua missão constitucional, sob o argumento de que lhe faltaram tempo e recursos humanos, porque teve que atender à demanda decorrente do §3º do art. 17-B da Lei nº 8.429/1992.

Não se pode admitir que o Tribunal de Contas deixe de cumprir as atribuições que lhe foram diretamente outorgadas pela Constituição para atender demanda prevista em lei ordinária, pois seria a mais absoluta inversão da hierarquia das normas. Exemplo do que se trata seria o não atendimento ou o atendimento intempestivo ou incompleto de solicitação de auditoria formulada pelo Poder Legislativo ou ainda o atraso no julgamento das contas dos agentes públicos ou na emissão do parecer prévio relativo às contas do Chefe do Poder Executivo.

Mas, não são apenas os comandos constitucionais expressos que têm prioridade sobre a demanda decorrente do §3º do art. 17-B da Lei nº 8.429/1992. As competências constitucionais implícitas dos Tribunais de Contas também não podem ser preteridas para atendimento da oitiva de que trata a Lei de Improbidade, como seria o caso de o Tribunal de Contas deixar de exercer o seu poder geral de cautela, reconhecido pacificamente pelo STF, ou exercê-lo tardiamente, deixando, assim, o erário exposto ao elevado risco de sofrer um dano que poderia ser evitado com a medida cautelar não adotada.[28]

Além disso, também não podem ser preteridos os seus deveres legais decorrentes de leis que guardam plena harmonia com suas atribuições constitucionais, como é o caso do alerta de que trata o §1º do art. 59 da Lei de Responsabilidade Fiscal, pois, neste caso, embora não seja previsão constitucional, é comando normativo que se encontra dentro da moldura traçada pela Constituição Federal para os Tribunais de Contas, motivo pelo qual tem precedência sobre atividades colaborativas que o Tribunal de Contas decida exercer.

É importante considerar, ainda, que, caso o Tribunal de Contas opte por realizar o cálculo do dano ao erário no prazo de 90 dias, haverá o risco de pronunciamentos contraditórios se, depois de sua manifestação em resposta à oitiva, o Tribunal de Contas concluir por valor substancialmente distinto, calculado em processo de controle externo conduzido de acordo com o devido processo legal.

Note-se que o devido processo legal nos Tribunais de Contas deve necessariamente contemplar a apuração feita pelos Auditores de Controle Externo de modo independente, formulação de acusação, contraditório, manifestação do Ministério Público de Contas, julgamento, com possibilidade de pedido de vista pelos outros julgadores, interposição dos recursos cabíveis e seus respectivos julgamentos antecedidos por manifestações de Auditores de Controle Externo distintos dos que atuaram na fase originária e do Ministério Público de Contas, para,

---

[28] O *leading case* que reconheceu a competência dos Tribunais de Contas para expedir medidas cautelares no exercício do seu poder geral de cautela, com base na teoria dos poderes implícitos foi o seguinte: STF. Tribunal Pleno. Mandado de Segurança nº 24.510. Rel. Min. Ellen Gracie. Julgado em 19.11.2003. *DJ* de 19.03.2004.

enfim, se alcançar o trânsito em julgado na esfera administrativa do acórdão de mérito.[29] [30]

Sem dúvida que se trata, portanto, de situação geradora de insegurança jurídica, pois o acusado na esfera da improbidade, se tiver celebrado acordo de não persecução civil com base no valor indicado pelo Tribunal de Contas na sua resposta à oitiva do §3º do art. 17-B da Lei nº 8.429/1992, certamente será surpreendido com a condenação em valor superior, desestabilizando, assim, a situação jurídica que supunha consolidada.

Para evitar essa indesejada situação, é importante o Tribunal de Contas dizer, na resposta à oitiva, que o valor do dano indicado na sua manifestação expedita e precária é de natureza apenas estimativa e sujeita a modificações decorrentes de processo de controle externo que, após o devido processo legal, terá o seu mérito julgado pela Corte de Contas.

Segunda opção de resposta à oitiva: encaminhar ao Ministério Público ou ao Juízo as informações que têm a respeito do valor do dano ao erário objeto da oitiva, esclarecendo se referido valor decorre de decisão transitada em julgado na esfera da Corte de Contas ou se é entendimento ainda sujeito a alteração;

Terceira opção de resposta à oitiva: informar ao Ministério Público ou ao Juízo que, embora não tenha decisão sobre o assunto, há processo em tramitação no qual a matéria está sendo discutida, motivo pelo qual, tão logo o Tribunal julgue o mérito do processo, será enviada cópia do inteiro teor do julgado.

Quarta opção de resposta à oitiva: informar ao Ministério Público ou ao Juízo que, embora não tenha decisão sobre o assunto, consta da sua programação de auditorias o enfrentamento do tema, motivo pelo qual, tão logo o Tribunal julgue o mérito do processo, será enviada cópia do inteiro teor do julgado.

---

[29] Nesse sentido é a Lei Orgânica de vários Tribunais de Contas, assim como a do TCU, que no §3º do art. 1º da Lei nº 8.443/1992, dispôs o seguinte: §3º Será parte essencial das decisões do Tribunal ou de suas Câmaras: I – o relatório do Ministro-Relator, de que constarão as conclusões da instrução (do Relatório da equipe de auditoria ou do técnico responsável pela análise do processo, bem como do parecer das chefias imediatas, da Unidade Técnica), e do Ministério Público junto ao Tribunal; II – fundamentação com que o Ministro-Relator analisará as questões de fato e de direito; III – dispositivo com que o Ministro-Relator decidirá sobre o mérito do processo.

[30] Sobre a instrução processual no TCU e as funções exercidas por cada ator processual, cf.: OLIVEIRA, Odilon Cavallari de. A instrução processual no Tribunal de Contas da União em face de um processo célere e consistente juridicamente: os desafios dos novos tempos. *Revista do Tribunal de Contas da União*, n. 108, a. 38, p. 63-70, jan./abr. 2007.

Quinta opção de resposta à oitiva: informar ao Ministério Público ou ao Juízo que, embora não tenha decisão sobre o assunto nem conste da sua programação, trata-se de matéria que atende aos critérios internacionais de auditoria de risco, materialidade, relevância e oportunidade, motivo pelo qual o Tribunal incluirá o assunto na sua programação de auditorias, motivo pelo qual, tão logo o Tribunal julgue o mérito do processo, será enviada cópia do inteiro teor do julgado.

Sexta opção de resposta à oitiva: informar ao Ministério Público ou ao Juízo que, dadas as suas atribuições e deveres constitucionais, o Tribunal de Contas não tem condições de realizar o cálculo do valor do dano ao erário, pois seu objeto não atende aos critérios internacionais adotados pelo Tribunal, relativos a risco, materialidade, relevância e oportunidade, ou não está alcançado pela estratégia de controle definida para aquele ano, motivo pelo qual a Corte de Contas não tem condições operacionais, naquele momento, de contribuir para o atendimento da demanda.

Os critérios internacionais de auditoria têm sido amplamente usados pelos Tribunais de Contas e servem de instrumento para a efetivação do princípio da eficiência no exercício do controle externo, pois os recursos humanos e materiais à disposição das Cortes de Contas são limitados e insuficientes em face das múltiplas atribuições constitucionais que têm que desempenhar e da amplitude e complexidade da Administração Pública.

Consequentemente, a otimização dos seus esforços é imperativo inevitável, a fim de que, por meio de criteriosa atuação seletiva, possa voltar a sua atenção para os objetos de controle que ofereçam à sociedade a melhor relação custo/benefício/oportunidade.

Exemplificativamente, o TCU tem aplicado esses critérios a todos os seus processos, desde as prestações de contas de gestão, que não são mais julgadas em sua totalidade, mas apenas algumas,[31] passando pelas tomadas de contas especiais, que somente devem ser autuadas se o valor do suposto dano ao erário for superior a 100 mil reais,[32] até as denúncias e representações que somente serão julgadas pelo TCU se o

---

[31] Cf.: BRASIL. Tribunal de Contas da União. *Instrução Normativa nº 84/2020*. 22 abr. 2020. Disponível em: https://pesquisa.apps.tcu.gov.br/#/documento/ato-normativo/*/TIPO%253A%2528%2522Instru%25C3%25A7%25C3%25A3o%2520Normativa%2522%2529%2520NUMATO%253A84/score%2520desc/0/%2520. Acesso em 30 mar. 2022.

[32] Cf.: BRASIL. Tribunal de Contas da União. *Instrução Normativa nº 71/2012*. 28 nov. 2012. Disponível em: https://pesquisa.apps.tcu.gov.br/#/documento/ato-normativo/*/TIPO%253A%2528%2522Instru%25C3%25A7%25C3%25A3o%2520Normativa%2522%2529%2520NUMATO%253A71/score%2520desc/0/%2520. Acesso em 30 mar. 2022.

Tribunal se convencer de que a sua atuação imediata é necessária, caso contrário, a Corte encaminhará o assunto à unidade jurisdicionada ou ao órgão de controle interno, para que adotem as devidas providências diante do fato relatado ao Tribunal.[33]

Especificamente em relação ao TCU, há ainda uma circunstância adicional que ressalta a importância da aplicação dos critérios internacionais de auditoria como parâmetros de decisão: segundo decidiu o Superior Tribunal de Justiça, compete à Justiça Estadual julgar as ações de improbidade administrativa oferecidas contra agentes públicos por suposta malversações de recursos federais repassados mediante transferências voluntárias a Estados, Distrito Federal e Municípios, ainda que tenham de prestar contas ao TCU, pois a Justiça Federal somente seria competente para o caso se a ação fosse criminal ou se houvesse a presença da União em um dos polos da ação cível, nos termos do art. 109 da Constituição Federal.[34]

Na prática, esse precedente do STJ significa que compete à Justiça Estadual julgar a ação de improbidade administrativa oferecida contra um Prefeito acusado de mal uso de verbas federais que tenham sido repassadas ao Município mediante convênio. No entendimento do STJ, embora o Prefeito possa vir a ter a sua prestação de contas julgada pelo TCU, caso não seja aprovada pelo órgão federal concedente dos recursos, a ação de improbidade administrativa oferecida contra ele deve ser julgada pela Justiça Estadual.

Considerada a redação do §3º do art. 17-B da Lei nº 8.429/1992, não será surpresa a chegada ao TCU de elevado número de oitivas requeridas por membros de Ministérios Públicos estaduais de todo país, na expectativa de que a Corte de Contas faça o cálculo do dano a ser ressarcido ao erário, para fins de eventual celebração de acordo de não persecução civil com agente público estadual ou municipal que tenha administrado verbas federais repassadas por transferências voluntárias, o que implicará um aumento significativo da demanda do Tribunal. Portanto, o Tribunal de Contas não pode deixar de observar esses critérios, sob pena de comprometer a sua missão constitucional.

---

[33] CF.: BRASIL. Tribunal de Contas da União. *Resolução nº 259/2014*. 07 mai. 2014. Disponível em: https://pesquisa.apps.tcu.gov.br/#/documento/ato-normativo/*/ TIPO%253A%2528Resolu%25C3%25A7%25C3%25A3o%2529%2520NUMATO%253A259/ score%2520desc/0/%2520. Acesso em 30 mar. 2022.

[34] BRASIL. Superior Tribunal de Justiça. Primeira Seção. Conflito de Competência nº 174.764. Rel. Min. Mauro Campbell Marques. Julgado em 09.02.2022.

Por outro lado, ainda que não realize o cálculo do valor do dano ao erário, o Tribunal de Contas deve responder à oitiva na forma indicada em uma das seis opções anteriormente mencionadas, ou ainda em alguma outra que venha a ser cogitada. O que não pode é ignorar a oitiva, como se nem a tivesse recebido.

Há ainda uma última consideração a ser feita relativamente aos casos em que for inviável o atendimento pelo Tribunal de Contas da oitiva no prazo de 90 dias, o que, suspeita-se, será a maioria.

Nessas hipóteses, caso o Ministério Público entenda importante, para o cálculo do dano, contar com a colaboração do Tribunal de Contas competente, é interessante que aja de modo estratégico quanto ao momento de oferta de um acordo para o acusado ou de propositura da ação de improbidade administrativa, a fim de viabilizar a colaboração do Tribunal de Contas, preferencialmente por meio de decisão de mérito prolatada em processo de controle externo, após devido processo legal.

É certo que, conforme decidido pelo STF, ao apreciar o Tema de repercussão geral 897, são imprescritíveis as ações de ressarcimento ao erário fundadas na prática de ato doloso tipificado na Lei de Improbidade Administrativa, o que poderia induzir à conclusão de que não há qualquer preocupação com o tempo. Essa não é, porém, a melhor maneira de se analisar a questão, pois, entre outros motivos, a segurança jurídica precisa ser prestigiada, assim como a razoável duração do processo.[35]

Adicionalmente, há que se considerar que o art. 23 da Lei nº 8.429/1992, com redação dada pela Lei nº 14.230/2021, passou a dispor que, em relação às sanções, excluído, portanto, o ressarcimento do dano ao erário, a ação de improbidade prescreve em oito anos, contados a partir da ocorrência do fato ou, no caso de infrações permanentes, do dia em que cessou a permanência.

Trata-se de hipótese que foi expressamente comentada nos votos dos ministros do STF ao longo do citado julgamento, que resultou na fixação da mencionada tese do Tema 897 e que, mais recentemente, ensejou decisão do Superior Tribunal de Justiça, sob a sistemática dos recursos especiais repetitivos, no sentido de fixar a tese de que é possível o prosseguimento da ação civil pública por ato de improbidade administrativa para pleitear o ressarcimento do dano ao erário, ainda

---

[35] BRASIL. Supremo Tribunal Federal. Tribunal Pleno. Recurso Extraordinário nº 852.475. Redator para o acórdão Min. Edson Fachin. Julgado em 08.08.2018. *DJe* de 25.03.2019.

que sejam declaradas prescritas as demais sanções previstas no art. 12 da Lei nº 8.429/1992.[36]

Ou seja, na prática, significa que o decurso do prazo prescricional anteriormente mencionado, embora não inviabilize o ressarcimento do dano ao erário, inviabiliza a aplicação das sanções previstas no inciso II do art. 12 da Lei nº 8.429/1992, decorrentes da prática de ato doloso de improbidade que cause dano ao erário, tais como a perda dos bens ou valores acrescidos ilicitamente ao patrimônio, se concorrer esta circunstância, perda da função pública, suspensão dos direitos políticos até 12 anos, pagamento de multa civil equivalente ao valor do dano e proibição de contratar com o poder público ou de receber benefícios ou incentivos fiscais ou creditícios, direta ou indiretamente, ainda que por intermédio de pessoa jurídica da qual seja sócio majoritário, pelo prazo não superior a 12 anos.

Desse modo, a fim de que o microssistema de responsabilização dos agentes públicos seja aperfeiçoado, mas com respeito às competências de cada órgão de controle, o diálogo institucional prévio entre Ministério Público e Tribunal de Contas pode ser um caminho viável e interessante para ambos, pois, talvez assim, a partir de informações preliminares prestadas pelo Tribunal de Contas competente, quanto aos seus processos e sua programação de auditorias, o Ministério Público tenha melhores subsídios para avaliar qual seria o momento mais adequado para o oferecimento de um acordo ou para a propositura da ação de improbidade administrativa.

7 Do risco de interpretação ampliativa do §3º do art. 17-B da Lei nº 8.429/1992

Como se vê, até este ponto fez-se a defesa de uma interpretação sistemática e conforme à Constituição do §3º do art. 17-B da Lei nº 8.429/1992. Contudo, é importante investigar se seria juridicamente viável conferir interpretação ampliativa ao citado dispositivo, de modo que se entendesse pela sua aplicação não apenas para fins de celebração de acordo de não persecução civil, mas também para o julgamento de toda e qualquer ação de improbidade administrativa na qual se discute a ocorrência de dano ao erário.

---

[36] BRASIL. Superior Tribunal de Justiça. Primeira Seção. Rel. Min. Assusete Magalhães. Tema nº 1.089. Julgamento em 22.09.2021. *DJe* de 13.10.2021.

A interpretação ampliativa ou extensiva do §3º do art. 17-B da Lei nº 8.429/1992 não tem sustentação jurídica, pois a oitiva do Tribunal de Contas é obrigatória apenas para fins de celebração de acordo de não persecução civil, conforme texto expresso do citado dispositivo legal. Não se tratando da hipótese de busca da solução consensual, deve-se seguir o rito previsto expressamente pelo art. 17, segundo o qual a ação para a aplicação das sanções previstas na Lei nº 8.429/1992 seguirá, em regra, o procedimento comum previsto no Código de Processo Civil, o que contempla, entre outros atos processuais, a citação do réu (§7º), a especificação de provas (§10-E), e o seu interrogatório (§18).

Aplicar a oitiva do Tribunal de Contas para além da restrita hipótese do acordo de não persecução civil seria retirar do §3º do art. 17-B da Lei nº 8.429/1992 o que Manuel Atienza denominou de racionalidade jurídico-formal, no sentido de que as normas devem contribuir para a sistematicidade do direito, sem produzir contradições que acabem por provocar a erosão da estrutura do ordenamento jurídico.[37]

Desse modo, não há amparo legal para, após o oferecimento da ação judicial de improbidade administrativa, o Ministério Público requerer ao Juízo que realize a oitiva do Tribunal de Contas para fins de produção de prova do dano ao erário, com vistas a uma futura e eventual condenação do acusado. Nada diz a Lei nº 8.429/1992 nesse sentido que autorize passo de tamanha largueza.

Além disso, como já se disse, Tribunal de Contas não é auxiliar da Justiça que, para tanto, dispõe da possibilidade de nomear perito, segundo as regras dispostas no Código de Processo Civil.

Conclusão

Portanto, no tocante ao §3º do art. 17-B da Lei nº 8.429/1992 – inserido pela Lei nº 14.230/2021, segundo o qual, em leitura combinada com o *caput* do citado artigo, com o objetivo de celebrar acordo de não persecução civil e para fins de apuração do valor do dano a ser ressarcido, deverá ser realizada a oitiva do Tribunal de Contas competente, que se manifestará, com indicação dos parâmetros utilizados, no prazo de 90 (noventa) dias – é possível extrair as seguintes conclusões:
- A manifestação do Tribunal de Contas tem natureza meramente opinativa, independentemente do nome que se dê, se parecer, decisão ou algum outro qualquer;

---

[37] ATIENZA, Manuel. *Contribución a una teoría de la legislación*. Madrid: Civitas, 1997. p. 32-33.

- Caso, com base na intepretação literal do §3º do art. 17-B da Lei nº 8.429/1992, se entenda que o Tribunal de Contas está obrigado a realizar o cálculo do dano ao erário, haverá profunda diferença entre o disposto no citado comando normativo e o disciplinado pelo Acordo de Cooperação Técnica celebrado pela CGU, AGU, Ministério da Justiça e Segurança Pública e TCU em matéria de combate à corrupção no Brasil, especialmente em relação aos acordos de leniência da Lei nº 12.846/2013;
- Caso se confira interpretação literal ao §3º do art. 17-B da Lei nº 8.429/1992, será natural a constatação de que a Lei nº 14.230/2021, ao impor ao Tribunal de Contas o dever de realizar o cálculo do dano, atribuiu à Corte de Contas tarefa que, em situações similares, é e sempre foi exercida pelos órgãos auxiliares que a legislação infraconstitucional previu para o Ministério Público e para a Justiça, ou seja, pelo perito.
- A resposta do Tribunal de Contas à oitiva prevista no §3º do art. 17-B da Lei nº 8.429/1992, na qual indique, em manifestação expedita e precária, a estimativa do valor do dano a ser ressarcido, não interdita o exercício posterior de suas atribuições constitucionais, inclusive quanto à possibilidade de julgar irregulares as contas do administrador público e de condená-lo à reparação do dano em valor superior àquele que, precariamente, indicou ao Ministério Público;
- É inconstitucional a interpretação do §3º do art. 17-B da Lei nº 8.429/1992 que conclua pela obrigatoriedade de manifestação do Tribunal de Contas quanto ao valor do dano a ser ressarcido, pois, neste caso, haveria grave ofensa ao art. 71 da Constituição Federal, porquanto se estaria criando, pela via da legislação ordinária, inusitada atribuição aos Tribunais de Contas totalmente estranha à moldura que lhes traçou a Constituição;
- A previsão nas leis orgânicas dos Ministérios Públicos da União e dos Estados de poderem requisitar perícias para autoridades, órgãos e entidades da administração direta, indireta ou fundacional, de qualquer dos Poderes da União, dos Estados, do Distrito Federal e dos Municípios, assim como a estipulação prevista no art. 378 do CPC, segundo o qual ninguém se exime do dever de colaborar com o Poder Judiciário para o descobrimento da verdade, devem ser lidas pelas lentes da Constituição Federal, motivo pelo qual referidos comandos normativos não servem para justificar interpretação que conduza à conclusão de que os Tribunais de Contas estariam

obrigados a atender solicitações de auditoria oriundas desses órgãos, fora das hipóteses constitucionais, portanto;

– O §3º do art. 17-B da Lei nº 8.429/1992 requer interpretação conforme à Constituição, de modo que a interpretação juridicamente viável é a de que o Tribunal de Contas competente deve se manifestar em resposta à oitiva, prestando as informações que lhe forem viáveis, dentro de sua esfera de atribuições, o que significa, na prática, escolher por, ao menos, uma das seis seguintes opções, sem prejuízo de outras que venham a ser cogitadas:

– Primeira opção de resposta à oitiva: efetuar os cálculos solicitados pelo Ministério Público ou pelo Juízo, se assim lhe parecer interessante, segundo a perspectiva do melhor cumprimento da sua missão constitucional de exercício do controle externo, mas, se o fizer, não poderá depois justificar eventual descumprimento de sua missão constitucional, sob o argumento de que lhe faltaram tempo e recursos humanos, porque teve que atender à demanda decorrente do §3º do art. 17-B da Lei nº 8.429/1992.

– Caso escolha essa primeira opção, é importante o Tribunal de Contas dizer, na resposta à oitiva, que o valor do dano indicado na sua manifestação expedita e precária é de natureza apenas estimativa e sujeita a modificações decorrentes de processo de controle externo que, após o devido processo legal, terá o seu mérito julgado pela Corte de Contas.

– Segunda opção de resposta à oitiva: encaminhar ao Ministério Público ou ao Juízo as informações que têm a respeito do valor do dano ao erário objeto da oitiva, esclarecendo se referido valor decorre de decisão transitada em julgado na esfera da Corte de Contas ou se é entendimento ainda sujeito a alteração;

– Terceira opção de resposta à oitiva: informar ao Ministério Público ou ao Juízo que, embora não tenha decisão sobre o assunto, há processo em tramitação no qual a matéria está sendo discutida, motivo pelo qual, tão logo o Tribunal julgue o mérito do processo, será enviada cópia do inteiro teor do julgado.

– Quarta opção de resposta à oitiva: informar ao Ministério Público ou ao Juízo que, embora não tenha decisão sobre o assunto, consta da sua programação de auditorias o enfrentamento do tema, motivo pelo qual, tão logo o Tribunal julgue o mérito do processo, será enviada cópia do inteiro teor do julgado.

- Quinta opção de resposta à oitiva: informar ao Ministério Público ou ao Juízo que, embora não tenha decisão sobre o assunto nem conste da sua programação, trata-se de matéria que atende aos critérios internacionais de auditoria de risco, materialidade, relevância e oportunidade, motivo pelo qual o Tribunal incluirá o assunto na sua programação de auditorias, motivo pelo qual, tão logo o Tribunal julgue o mérito do processo, será enviada cópia do inteiro teor do julgado.
- Sexta opção de resposta à oitiva: informar ao Ministério Público ou ao Juízo que, dadas as suas atribuições e deveres constitucionais, o Tribunal de Contas não tem condições de realizar o cálculo do valor do dano ao erário, pois seu objeto não atende aos critérios internacionais adotados pelo Tribunal, relativos a risco, materialidade, relevância e oportunidade, ou não está alcançado pela estratégia de controle definida para aquele ano, motivo pelo qual a Corte de Contas não tem condições operacionais, naquele momento, de contribuir para o atendimento da demanda.
- O Tribunal de Contas, ainda que não realize o cálculo do valor do dano ao erário, deve responder à oitiva na forma indicada em uma das seis opções anteriormente mencionadas, ou ainda em alguma outra que venha a ser cogitada. O que não pode é ignorar a oitiva, como se nem a tivesse recebido.
- Considerando o exíguo prazo de 90 dias, fixado pelo §3º do art. 17-B da Lei nº 8.429/1992, caso o Ministério Público entenda importante, para o cálculo do dano, contar com a colaboração do Tribunal de Contas competente, é interessante que aja de modo estratégico quanto ao momento de oferta de um acordo para o acusado ou de propositura da ação de improbidade administrativa, a fim de viabilizar a colaboração do Tribunal de Contas, preferencialmente por meio de decisão de mérito prolatada em processo de controle externo, após o devido processo legal;
- Para tanto, a fim de que o microssistema de responsabilização dos agentes públicos seja aperfeiçoado, mas com respeito às competências de cada órgão de controle, o diálogo institucional prévio entre Ministério Público e Tribunal de Contas pode ser um caminho viável e interessante para ambos, pois, talvez assim, a partir de informações preliminares prestadas pelo Tribunal de Contas competente quanto aos seus processos e sua programação de auditorias, o Ministério Público tenha melhores

subsídios para avaliar qual seria o momento mais adequado para o oferecimento de um acordo ou para a propositura da ação de improbidade administrativa;

– Não tem sustentação jurídica a interpretação ampliativa ou extensiva do §3º do art. 17-B da Lei nº 8.429/1992, no sentido de que seria cabível a oitiva do Tribunal de Contas não apenas para fins de celebração de acordo de não persecução civil, mas também para o julgamento de toda e qualquer ação de improbidade administrativa na qual se discute a ocorrência de dano ao erário.

Referências

ATIENZA, Manuel. *Contribución a una teoría de la legislación*. Madrid: Civitas, 1997.

BALEEIRO, Aliomar. O Tribunal de Contas e o controle da execução orçamentária. *Revista de Direito Administrativo*, v. 31, jan./mar. 1953.

BARROSO, Luís Roberto. Neoconstitucionalismo e constitucionalização do direito (O triunfo tardio do direito constitucional no Brasil). *In*: SOUZA NETO, Cláudio Pereira de; SARMENTO, Daniel (Coord.). *A constitucionalização do direito*: fundamentos teóricos e aplicações específicas. Rio de Janeiro: Editora Lumen Juris, 2007.

BRASIL. Câmara dos Deputados. *Projeto de Lei nº 2.505/2021*. Disponível em: https://www.camara.leg.br/proposicoesWeb/fichadetramitacao?idProposicao=2184458. Acesso em 12 mar. 2022.

BRASIL. Mensagem nº 726, de 24 de dezembro de 2019. *Diário Oficial da União*, 24 dez. 2019. Disponível em: http://www.planalto.gov.br/ccivil_03/_ato2019-2022/2019/Msg/VEP/VEP-726.htm. Acesso em 14 mar. 2022.

BRASIL. República Federativa do Brasil. *Acordo de Cooperação Técnica que entre si celebram o Ministério Público Federal, a Controladoria-Geral da União (CGU), a Advocacia-Geral da União (AGU), o Ministério da Justiça e Segurança Pública (M)SP) e o Tribunal de Contas da União (TCU) em matéria de combate à corrupção no Brasil, especialmente em relação aos acordos de leniência da Lei nº 12.846, de 2013*. Brasília, 06 ago. 2020. Disponível em: https://portal.tcu.gov.br/data/files/11/16/BB/03/575C37109EB62737F18818A8/ACORDO%20DE%20COOPERACAO%20TECNICA%20_1_.pdf. Acesso em 12 mar. 2022.

BRASIL. Tribunal de Contas da União. *Instrução Normativa nº 84/2020*. 22 abr. 2020. Disponível em: https://pesquisa.apps.tcu.gov.br/#/documento/ato-normativo/*/TIPO%253A%2528%2522Instru%25C3%25A7%25C3%25A3o%2520Normativa%2522%2529%2520NUMATO%253A84/score%2520desc/0/%2520. Acesso em 30 mar. 2022.

BRASIL. Tribunal de Contas da União. *Instrução Normativa nº 71/2012*. 28 nov. 2012. Disponível em: https://pesquisa.apps.tcu.gov.br/#/documento/ato-normativo/*/TIPO%253A%2528%2522Instru%25C3%25A7%25C3%25A3o%2520Normativa%2522%2529%2520NUMATO%253A71/score%2520desc/0/%2520. Acesso em 30 mar. 2022.

BRASIL. Tribunal de Contas da União. *Resolução nº 259/2014*. 07 mai. 2014. Disponível em: https://pesquisa.apps.tcu.gov.br/#/documento/ato-normativo/*/TIPO%253A%2528Resolu%25C3%25A7%25C3%25A3o%2529%2520NUMATO%253A259/score%2520desc/0/%2520. Acesso em 30 mar. 2022.

BRITTO, Carlos Ayres. Regime constitucional dos tribunais de contas. *In*: SOUZA, Alfredo José de *et al*. *O novo Tribunal de Contas*: órgão protetor dos direitos fundamentais. 3. ed. Belo Horizonte: Fórum, 2005.

DI PIETRO, Maria Sylvia Zanella. *Direito administrativo*. 28. ed. São Paulo: Atlas, 2015.

LEAL, Victor Nunes. *Problemas de direito público*. 1. ed. Rio de Janeiro: Companhia Editora Forense, 1960.

MEDEIROS, Rui. *A Decisão de Inconstitucionalidade*. Lisboa: Universidade Católica Editora, 1999.

OLIVEIRA, José Roberto Pimenta. *Improbidade administrativa e sua autonomia constitucional*. Belo Horizonte: Fórum, 2009.

OLIVEIRA, Odilon Cavallari de. A instrução processual no Tribunal de Contas da União em face de um processo célere e consistente juridicamente: os desafios dos novos tempos. *Revista do Tribunal de Contas da União*, n. 108, a. 38, p. 63-70, jan./abr. 2007.

REALE, Miguel. *Lições preliminares de direito*. 25. ed. São Paulo: Saraiva, 2001.

STRECK, Lenio Luiz. *Verdade e consenso*: Constituição, hermenêutica e teorias discursivas. 4. ed. São Paulo: Saraiva, 2011.

TORRES, Ricardo Lobo. *Tratado de direito constitucional, financeiro e tributário, volume V*: o orçamento na Constituição. 3. ed. Rio de Janeiro: Renovar, 2008.

Informação bibliográfica deste texto, conforme a NBR 6023:2018 da Associação Brasileira de Normas Técnicas (ABNT):

CAVALLARI, Odilon. A participação dos Tribunais de Contas na apuração do dano nos acordos de não persecução civil: As múltiplas controvérsias do §3º do art. 17-B da Lei nº 8.429/1992. *In*: MOTTA, Fabrício; VIANA, Ismar (coord.). *Improbidade administrativa e Tribunais de Contas*: as inovações da Lei nº 14.230/2021. Belo Horizonte: Fórum, 2022. p. 235-268. ISBN 978-65-5518-445-7.

CONTROLE DA LEGITIMIDADE DO ENRIQUECIMENTO DE AGENTES PÚBLICOS

WALLACE PAIVA MARTINS JÚNIOR

Introdução

A tutela da probidade administrativa é valor constitucional de destaque no ordenamento jurídico brasileiro, estando presente em várias esferas, como a administrativa, a civil, a eleitoral, a penal e a política, articulada em normas preventivas e repressivas. Decerto um dos temas de maior importância nesse espectro se consubstancia no controle da legitimidade do enriquecimento dos agentes públicos, próprio da tutela preventiva, e que tem, não obstante, grande utilidade para a repressão dos atos de improbidade, a fim de materializar o mandado de responsabilização constante do §4º do art. 37 da Constituição de 1988.

Ele se conecta também com a delicada e sensível questão da transparência da vida patrimonial dos agentes públicos e coloca em cena as missões institucionais do Ministério Público e do Tribunal de Contas na tutela da probidade na Administração Pública. Para além da necessária abordagem de um sistema de controle permanente da legitimidade do enriquecimento dos agentes públicos, sujeitos à cláusula republicana da responsabilidade, emerge a imprescindibilidade da atuação integrada desses dois organismos, para efetivação daquele comando normativo constitucional, dentro de suas respectivas áreas de atuação, arquitetada por um fluxo constante de medidas. Em outras palavras, a apuração da ilicitude da evolução patrimonial e a sua relação com a percepção de valores extrafuncionais demanda uma leitura conjunta dos arts. 9º, VII, e 13, da Lei nº 8.429, de 1992, e a organização de mecanismos tendentes à retenção e consolidação de dados e informações da Administração Pública pelo Tribunal de Contas, como caminho para a instrumentalização dos inquéritos civis pelo *Parquet*.

1 Controle da legitimidade do enriquecimento de agentes públicos

Na redação primitiva da Lei nº 8.429/1992 estava previsto o controle permanente da legitimidade do enriquecimento de agentes públicos. Ele foi mantido pela Lei nº 14.230/2021 e consiste na obrigatoriedade da apresentação, na posse do agente público, e a renovação anual de declaração de imposto de renda e proventos de qualquer natureza, que tenha sido apresentada à Receita Federal. A alteração legislativa substituiu a exibição de declaração de bens e valores pela declaração fiscal. Sua eficácia se estende desde a fase prévia à investidura no cargo, função ou emprego público, abrangendo o seu exercício pela atualização anual e espraiando-se na cessação da investidura (art. 13 e §2º). Os elementos compulsórios dessa declaração, que constavam do §1º do art. 13, foram abolidos, o que pode arrefecer o controle se a declaração fiscal não contiver dados relevantes para a formação de juízo seguro, impondo diligências para averiguação mais adequada.

A exigência de declaração de bens foi predicada por Carlos Alberto Ortiz como "regra de segurança para conferência permanente da probidade administrativa".[1] Ela já constava do art. 3º da Lei nº 3164/1957 (Lei Pitombo-Gódoi Ilha), comentando Francisco Bilac Moreira Pinto que a providência tornava "fácil a prova do eventual enriquecimento ilícito dos servidores públicos ou autárquicos, cria para estes o dever de explicar a origem dos seus novos bens ou rendas, toda vez que se suscite dúvida acerca da irregularidade de sua aquisição".[2] A providência foi inculcada por Pontes de Miranda, preconizando aos agentes públicos "a inventariar todos os anos o que têm, e o que têm os seus parentes sucessíveis, e à publicação dos seus haveres e rendas, anualmente".[3]

---

[1] ORTIZ, Carlos Alberto. Improbidade Administrativa. *Cadernos de Direito Constitucional e Eleitoral,* São Paulo, Imprensa Oficial do Estado de São Paulo, n. 28, 1994. p. 20.

[2] PINTO, Francisco Bilac Moreira. *Enriquecimento ilícito no exercício de cargos públicos.* Rio de Janeiro: Forense, 1960. p. 113-114.

[3] MIRANDA, Francisco Cavalcanti Pontes de. *Comentários à Constituição de 1967.* 3. ed. Rio de Janeiro: Forense, 1987. t. V, p. 199.

A obrigação legal tem serventia para aferição de eventual enriquecimento ilícito do agente (art. 9º, Lei nº 8.429/1992), notadamente nos casos de evolução patrimonial desproporcional em relação à renda (art. 9º, VII, Lei nº 8.429/1992), e a utilidade para ministrar pedido de indisponibilidade de bens, garantindo a execução de sentença condenatória de perda dos bens adquiridos ilicitamente ou de ressarcimento do dano ao erário, evitando a insolvência fraudulenta e simulada, bem como a impunidade.

A previsão de demissão, sem prejuízo de outras sanções cabíveis ao agente público foi preservada nas hipóteses de (a) recusa de apresentação da declaração (no prazo fixado) ou (b) fornecimento de declaração falsa.

O art. 13 da Lei nº 8.429/1992 é aplicável a todos os agentes públicos, de quaisquer dos Poderes, da União, dos Estados, do Distrito Federal e dos Municípios, e suas respectivas entidades da administração indireta (autarquias, fundações públicas, empresas estatais), como norma geral de direito financeiro. Deve ser efetivamente cumprido para que não figure como mais uma ineficaz disposição de boa vontade. Estados e Municípios têm a prerrogativa de estabelecer normas próprias a respeito, sem, no entanto, nulificar ou contrariar as disposições da legislação federal comentada, que fixa requisitos mínimos de observância compulsória para as unidades federadas, além daqueles que estas venham a posteriormente estabelecer. Além disso, todos os entes federados podem editar regulamento para descrição de condições de sua exequibilidade.

A exigência da declaração de bens cumpre importante função institucional para o controle da legitimidade do enriquecimento dos agentes públicos. Ela não é mera formalidade dissociada do adimplemento de uma finalidade. Por isso, deve se instituir um sistema permanente e eficiente de controle, de modo que, ano após ano, se detectem variações patrimoniais inexplicáveis (em cotejo com a evolução patrimonial ou da renda do agente) e se verifique, com a cessação da investidura no serviço ou atividade pública, se o agente público é probo ou não.

Há necessidade de que os exames aqui mencionados sejam realizados e encaminhados ao legitimado, para promoção da ação civil em tempo hábil e compatível, evitando-se a ocorrência da prescrição, razão pela qual o controle deve ser automático, contemporâneo, imediato, permanente e periódico, a ser exercido por órgão especializado da Administração Pública e pelo Tribunal de Contas, de ofício, a requerimento de qualquer pessoa (nos termos do art. 14 da Lei nº 8.429/1992) ou mediante requisição do Ministério Público (nos termos do art. 129,

III, da Constituição Federal, do art. 26, I a III da Lei nº 8.625/1993, do art. 8º da Lei nº 7.347/1985 e do art. 22 da Lei nº 8.429/1992).

A Lei nº 8.730/1993 complementa esse panorama de controle de legitimidade do enriquecimento. Marcelo Figueiredo observa que suas exigências se destinam a "acompanhar o desenvolvimento econômico-financeiro do agente, sempre visando a detectar alguma anomalia ou presença de ilícito ou improbidade administrativa",[4] instituindo o controle externo da legitimidade do enriquecimento de agentes públicos, com remessa de cópia ao Tribunal de Contas, para, dentre outras providências, exercer o exame de sua legitimidade (art. 1º, §2º, II), procedendo ao levantamento da evolução patrimonial do seu titular e ao exame de sua compatibilização com os recursos e disponibilidades declarados, inclusive exigindo sua comprovação (arts. 2º, §7º, 4º, §2º).

De acordo com o art. 13 da Lei nº 8.429/1992, a apresentação da declaração de bens como condição da posse ou exercício em cargo, emprego ou função pública, e o art. 3º da Lei nº 8.730/1993 explicitou a sanção de nulidade da investidura, configurando a apresentação da declaração de bens requisito de validade do ato, até porque sua falta impede a sua prática. Não há dúvida de que a apresentação da declaração de bens é requisito de validade da posse do agente público, e à sua falta o ato é nulo. O cumprimento desse art. 13 é formalidade do ato administrativo, e a ausência gera a nulidade, porque a lei a declara indispensável.

A recusa, o atraso ou a falsidade de sua prestação gera a demissão (art. 13, §3º, Lei nº 8.429/1992), sem prejuízo de outras sanções cabíveis, estabelecidas no art. 3º da Lei nº 8.730/1993, configurando, de um lado, crime de responsabilidade (Lei nº 1.079/1950) e, de outro, infração político-administrativa, crime funcional (lei penal deve prever o fato típico e as respectivas penas) ou falta grave disciplinar, puníveis com a perda do mandato, demissão do cargo, exoneração do emprego ou destituição da função, além de inabilitação (até cinco anos) para o exercício de novo mandato, cargo, emprego ou função pública.

Mesmo com a modificação da Lei nº 8.429/1992, persiste a incompletude, pois, conviria que essa declaração abrangesse bens, interesses e atividades para aprimoramento desse controle. José Alfredo de Oliveira Baracho relata que dentre os instrumentos para inibir condutas corruptas, além das medidas penais, as legislações contemporâneas primam pela

---

[4] FIGUEIREDO, Marcelo. *Probidade Administrativa*. 1. ed. São Paulo: Malheiros, 1995. p. 79.

adoção de procedimentos como a declaração de bens e interesses, antes do agente público assumir o cargo público.[5] Na Espanha, Jesus Gonzalez Perez relata que a Lei nº 12, de 11 de maio de 1995, abrange tanto a declaração de bens quanto de atividades (arts. 5º e 6º), observando que "la declaración de intereses financieros se ha considerado uno de los mecanismos más eficaces para salvaguardar la *ética* en las actividades públicas".[6] A declaração de atividades compreende todas as atividades desempenhadas pelo agente público na sua vida privada e tem por objetivo verificar a efetiva cessação (se houver incompatibilidade com a função pública), constatar eventuais desvios de sua atuação como agente público em favor de pessoas com que teve relações na atividade particular e controlar o exercício compatível da função pública com a atividade privada (se admissível pela lei), tudo sob o exame de órgão especialmente criado (*Registro de Actividades de Altos Cargos*).

A declaração de atividades e interesses tem maior grau de relevância para a salvaguarda da ética nas atividades públicas. Ela compreende todas as atividades desempenhadas pelo agente público na sua vida privada, e tem por objetivo verificar a efetiva cessação (se houver incompatibilidade com a função pública), constatar eventuais desvios de sua atuação como agente público em favor de pessoas com que teve relações na atividade particular e controlar o exercício compatível da função pública com a atividade privada (se admissível pela lei), aquilatando, em suma, a existência de confusão entre o interesse público e o privado. Sua finalidade ressalta a eficiência do instituto como garante da probidade, na medida em que é a declaração dos interesses do agente público, podendo servir como guia da eficácia dos impedimentos, incompatibilidades e abstenções impostas aos agentes públicos.

É certo que a Lei nº 12.813, de 16 de maio de 2013, que dispõe sobre o conflito de interesses no exercício de cargo ou emprego do Poder Executivo federal e impedimentos posteriores ao exercício do cargo ou emprego, é um significativo avanço na tutela da probidade. Sua efetividade depende, além da iniciativa do próprio agente público para provocação do órgão competente em consulta, da edição de regras infralegais pela Comissão de Ética Pública ou pela Controladoria-Geral da União (art. 8º), sem embargo do dever do agente público promover (a)

---

[5] BARACHO, José Alfredo de Oliveira. O enriquecimento injusto como princípio geral do Direito Administrativo. *Revista dos Tribunais*, São Paulo, n. 755, set. 1998. p. 39.

[6] PEREZ, Jesus Gonzalez. *La ética en la Administración pública*. Madrid: Civitas S.A., 1996. p. 73.

o envio anual de declaração com informações sobre situação patrimonial, participações societárias, atividades econômicas ou profissionais e indicação sobre a existência de cônjuge, companheiro ou parente, por consanguinidade ou afinidade, em linha reta ou colateral, até o terceiro grau, no exercício de atividades que possam suscitar conflito de interesses; e (b) a comunicação do exercício de atividade privada ou o recebimento de propostas de trabalho que pretende aceitar, contrato ou negócio no setor privado para exame de potencial conflito de interesses (art. 9º). Atualmente, o Decreto nº 10.571, de 09 de dezembro de 2020, dispõe sobre a apresentação e a análise das declarações de bens e de situações que possam gerar conflito de interesses por agentes públicos civis da administração pública federal.

Uma questão que se põe em relevo é justamente a publicidade dessas declarações. Na Espanha, diferentemente da declaração de atividades, a declaração de bens e direitos tem caráter sigiloso e reservado, abrangendo a totalidade de bens, direitos e obrigações do agente público e, facultativamente, de seu cônjuge. Jesus Gonzalez Perez critica a falta de publicidade dessas declarações de bens, sopesando que entre o direito à intimidade e o direito à integridade das instituições públicas deve prevalecer o último, pois

> el que se lanza a la via pública debe ser conciente de que, al mismo tiempo que recibe prerrogativas y honores, viene sujeto a deberes y limitaciones que no afectan a los demás ciudadanos. Si entre estos deberes están las declaraciones de bienes (al acceder y cesar en un cargo público) y, para que *éstas* cumplan la finalidad de garantizar la transparencia en su actuación y, por ende, la *ética* pública, es necesaria la publicidad, no existe razón que justifique la limitación del derecho al acceso a los archivos y registros administrativos que reconoce el artículo 105 de la Constitución, para conocer cuál era el patrimonio del político al ocupar y al cesar en cargo público.[7]

Mesmo que se considerada sublimada a cláusula da intimidade da vida privada, no direito brasileiro, não há outra solução: aqueles que ingressam no serviço público recebem remuneração do poder público; devem atuar com exclusividade e isenção, manejam e gerenciam o patrimônio público em nome alheio; devem ser totalmente transparentes, em todos os aspectos, no exercício de suas funções, porque neles a

---

[7] PEREZ, Jesus Gonzalez. *La ética en la Administración pública*. Madrid: Civitas S.A., 1996. p. 76-77.

sociedade deposita a sincera confiança de honestidade. O exercício de cargos, funções e empregos públicos pode gerar algumas prerrogativas especiais aos seus titulares (geralmente confundidos pela opinião pública como privilégios), mas, em compensação, lhes são impostos certos ônus que, em função do interesse público (valor maior do que a intimidade) fazem cessar certos direitos garantidos a eles e aos demais. Pontes de Miranda, como antes salientado, bem percebeu a evidência e a justiça desse raciocínio. O Supremo Tribunal Federal assentou, em repercussão geral, que "é legítima a publicação, inclusive em sítio eletrônico mantido pela Administração Pública, dos nomes dos seus servidores e do valor dos correspondentes vencimentos e vantagens pecuniárias" (Tema 483), o que consta, aliás, do Decreto nº 7.724, de 16 de maio de 2012, que regulamenta a Lei nº 12.527/2011 (art. 7º, §3º, VI).

De acordo com a Lei nº 8.730/1993, o Tribunal de Contas publicará periodicamente, por extrato, dados e elementos constantes da declaração (de bens) e fornecerá certidões e informações requeridas por qualquer cidadão, para propor ação popular que vise a anular ato lesivo ao patrimônio público ou à moralidade administrativa, na forma da lei (art. 1º, §2º, IV e VI).

Portanto, o que se tem, na atualidade, no direito brasileiro, é um sistema misto de controle da legitimidade do enriquecimento de agentes públicos: interno e externo; aquele, desenvolvido pela própria Administração Pública; este, pelo Tribunal de Contas. Ambos devem funcionar como vasos comunicantes para aquisição de mais eficiência em suas medidas. Ao se constatar em qualquer dessas instâncias a evolução desproporcional, há o dever jurídico de provocar a atuação do Ministério Público para os fins do inciso VII do art. 9º da Lei da Improbidade Administrativa, mas, nada impede que, se o *Parquet* já estiver precedentemente apurando fato determinado, também demande ao Tribunal de Contas elementos para formação de sua convicção responsável, bem como ambos os organismos estruturem canais permanentes de compartilhamento para essa finalidade, ainda que gizados pela facultatividade à luz da cooperação orgânico-institucional.

3 Enriquecimento ilícito e evolução patrimonial desproporcional

Concebendo a Lei nº 8.429/1992 espécies de atos de improbidade administrativa nos arts. 9º, 10 e 11, sua redação primitiva estabelecia como enriquecimento ilícito no exercício de função pública *lato sensu* a figura constante do inciso VII do art. 9º, consistente na aquisição, para o agente público ou outrem, no exercício de mandato, cargo, emprego ou função pública, de bens de qualquer natureza cujo valor seja desproporcional à evolução do patrimônio ou à renda do agente público.

Destarte, se o agente público amealhasse ativos financeiros ou patrimoniais incompatíveis por desproporcionalidade à evolução de seu patrimônio ou sua renda, no exercício da função pública, e desde que esse incremento não tivesse causa lícita, incidia em improbidade pelo enriquecimento ilícito. Como já discorrido outrora,

> o art. 9º, VII, da lei censura o comportamento daquele que amealha bens incompatíveis com a evolução de seu patrimônio ou renda, considerando a ilicitude do enriquecimento porque, tendo o agente público como fonte exclusiva de rendimentos os vencimentos de seu cargo, tudo aquilo que não vem dessa origem (ou de alguma outra origem lícita, como herança), é fruto de vantagem econômica indevida. A evolução desproporcional do patrimônio é caso residual de enriquecimento ilícito, pois, se não há prova de que a vantagem econômica percebida é relacionada ou conexa à prática de ato ou à abstenção da execução de ato de ofício, afastando a incidência de outra modalidade de enriquecimento ilícito, mesmo assim se afigura inidôneo o enriquecimento do agente público, porque adquiriu bens ou valores desproporcionais e incompatíveis com a evolução de seu patrimônio ou renda. Sua razão repousa na ideia de uma presunção da ilegitimidade do enriquecimento, pois não deriva de justa causa, aproximando do ilícito o enriquecimento sem causa.[8]

A normativa presume a inidoneidade do agente público que adquire bens ou valores incompatíveis com a normalidade do seu padrão de vencimentos, bastando provar que exercia função pública e que os bens e valores (mobiliários ou imobiliários) adquiridos são incompatíveis ou desproporcionais à evolução de seu patrimônio ou renda. A lei também censura os sinais exteriores de riqueza[9] e a obtenção de bens ou valores para outrem e pune igualmente artifícios empregados para dissimular o enriquecimento ilícito, de modo que atinge a aquisição

---

[8] MARTINS JÚNIOR, Wallace Paiva. *Probidade administrativa*. 4. ed. São Paulo: Saraiva, 2009. p. 237-238.

[9] Para Wolgran Junqueira Ferreira, a lei abrange "também os sinais exteriores da riqueza, como viagens ao exterior com a família, o fato de se hospedar com freqüência em hotéis caros, casa de veraneio, automóveis importados, mostram claramente que a renda do agente público não daria para suportar tais despesas" (FERREIRA, Wolgran Junqueira. *Enriquecimento ilícito dos servidores no exercício da função*. Bauru: Edipro, 1994. p. 110).

direta ou indireta (simulação, triangularização, utilização de esquema de lavagem de dinheiro, de testas de ferro, de membros da família etc.). A inidoneidade financeira gera a ilicitude do enriquecimento. Quem não tinha disponibilidade econômica para ter um patrimônio desproporcional e incompatível com a evolução da renda ou patrimônio não tem justificativa hígida para sua aquisição, advindo esses recursos de origem ilícita. A exigência da apresentação de bens e sua atualização anual (art. 13 da Lei nº 8.429/1992 e Lei nº 8.730/1993) proporciona o exercício de um controle permanente e automático do enriquecimento de agentes públicos, competindo à Administração Pública e ao Tribunal de Contas verificar a ilicitude do enriquecimento, a partir das informações prestadas pelo agente público, de modo que, se cumprida a legislação, os resultados serão profícuos no campo da legitimidade do seu enriquecimento. A previsão legal não é novidade no direito brasileiro, levando em conta o Decreto-Lei nº 359/68 (arts. 6º a 8º) e o Decreto-Lei nº 3.240/41 (art. 7º).

É uma das formas mais engenhosas e eficientes de enriquecimento ilícito, que não era tipificado na Lei nº 3.502/58, e por isso foi prevista na redação originária da Lei nº 8.429/92. Não obstante a eliminação da regra explícita da inversão do ônus da prova, o texto aprovado não aboliu esse instrumento, porque para o autor da ação, repita-se, basta a prova de que o agente público exercia alguma função pública e adquiriu bens ou valores incompatíveis e desproporcionais à evolução de seu patrimônio ou renda, constatação que é feita a partir das informações constantes das declarações de bens prestadas por ele próprio, de informações patrimoniais ou rendimentos em seu nome existentes em instituições bancárias, serviços notariais e de registros públicos, repartições públicas etc., de modo que sempre caberá a ele provar a origem lícita dos recursos empregados na aquisição, como determina a Lei nº 8.730/1993 (arts. 2º, §§5º e 7º, e 4º, §2º). É nessa exata medida que se dá a inversão do ônus da prova, atuando a norma como presunção *juris tantum* (relativa).

Nesse sentido, é interessante trazer ao debate a contribuição pretoriana, destacando que

> no tocante ao ônus da prova da licitude do incremento patrimonial, demonstrada pelo Ministério Público riqueza incompatível com a renda do servidor, a incumbência de provar a fonte legítima do aumento do patrimônio é do acusado, e não da Administração; o art. 9º, VII, da Lei nº 8.429/1992 considera improbidade administrativa a conduta genericamente dolosa do agente público de aumentar o patrimônio

pessoal sem justificativa legal para tanto, independentemente de que esse aumento seja fruto de desvio funcional ou de qualquer outro tipo de atividade,[10] porque em matéria de enriquecimento ilícito, cabe à Administração comprovar o incremento patrimonial significativo e incompatível com as fontes de renda do servidor, ficando a cargo deste o ônus de demonstrar a licitude da evolução patrimonial apontada pela Administração.[11]

E "segundo a improbidade prevista no art. 9º, VII, da LIA, não se exige que o acréscimo patrimonial injustificado tenha como causa desvio funcional do agente público", pois, "o mencionado dispositivo considera improbidade administrativa a conduta genericamente dolosa do agente público de aumentar o patrimônio pessoal sem justificativa legal para tanto, independentemente de sua origem ser por desvio funcional ou qualquer outro tipo de atividade".[12]

Esses entendimentos do Superior Tribunal de Justiça foram partilhados pelo Supremo Tribunal Federal ao decidir que

> não há, portanto, no mencionado dispositivo, qualquer exigência de que a origem do incremento patrimonial esteja relacionada com o cargo, podendo esse derivar de desvio funcional ou de outra atividade ilícita desconexa. Quanto ao ônus de prova, há entendimento pacífico no sentido de que cabe à Administração provar que houve incremento patrimonial significativo e incompatível com as fontes de renda do servidor, enquanto que, ao acusado, caberia demonstrar a licitude da evolução patrimonial, sob pena de configuração de improbidade administrativa por enriquecimento ilícito. Tal construção doutrinária e jurisprudencial deriva do dever do agente público de informar a declaração de bens e valores que compõem o seu patrimônio, conforme exigência do art. 13 da Lei nº 8.249/92.[13]

Outra decisão gizou que,

> nos termos do Decreto nº 5.483, de 30 de junho de 2005, a evolução patrimonial que caracteriza a improbidade administrativa é apurada por meio da competente sindicância patrimonial, que tem por objetivo

---

[10] STJ. AgInt nos EAREsp nº 1467927/MT, 1ª Seção, Rel. Min. Gurgel de Faria, 30.11.2021, *DJe* 17.12.2021.

[11] STJ. AgInt no AREsp nº 1391197/RJ, 1ª Turma, Rel. Min. Gurgel de Faria, 08.09.2021, *DJe* 14.09.2021.

[12] STJ. MS nº 21708/DF, 1ª Seção, Rel. Min. Herman Benjamin, 08.05.2019, *DJe* 11.09.2019.

[13] STF. RMS nº 37.259/DF, Rel. Min. Dias Toffoli, 20.10.2020, *DJe* 22.10.2020.

a prova da desproporcionalidade da evolução patrimonial, conforme previsão constante do art. 9º, VII, da Lei nº 8.429. A desproporcionalidade implica, como presunção relativa, ato de enriquecimento ilícito. Noutras palavras, há, aqui, uma inversão do ônus da prova: é o agente público que deve demonstrar a origem lícita desses recursos.[14]

Nota-se, aqui, preocupação legítima do legislador com o princípio da moralidade administrativa, o qual seria gravemente afetado por interpretação diversa que permitisse a manutenção de patrimônio incompatível com a renda auferida por servidor público.

Para tanto, o dolo é essencial, de maneira que "nos casos de variação patrimonial a descoberto, resta caracterizado o dolo genérico na conduta do servidor que não demonstre a licitude da evolução patrimonial constatada pela Administração, caracterizado pela falta de transparência do servidor".[15]

Com efeito, a vantagem do art. 9º, VII, é que ele é norma residual para a punição do enriquecimento ilícito no exercício de função pública. De fato, se não se prova a prática ou a abstenção de qualquer ato de ofício do agente público que enriqueceu ilicitamente porque se trataria de outra figura de enriquecimento ilícito prevista nos demais incisos ou no *caput* do art. 9º, satisfaz o ideário de repressão à imoralidade administrativa provar que seu patrimônio tem origem inidônea, incompatível, desproporcional, sendo manifestamente insólito à normalidade da evolução de sua riqueza e absolutamente incongruente com a sua disponibilidade financeira, porque foi construído a partir das vantagens proporcionadas pelo exercício da função pública, ou seja, da condição de agente público.

A alteração promovida pela Lei nº 14.230/2021 não desconfigurou essa interpretação. Essa figura típica de enriquecimento ilícito de agente público é conceituada pela seguinte fórmula normativa:

> Adquirir, para si ou para outrem, no exercício de mandato, de cargo, de emprego ou de função pública, e em razão deles, bens de qualquer natureza, decorrentes dos atos descritos no *caput* deste artigo, cujo valor seja desproporcional à evolução do patrimônio ou à renda do agente público, assegurada a demonstração pelo agente da licitude da origem dessa evolução.

---

[14] STF. RMS nº 33.666/DF, 1ª Turma, Rel. Min. Edson Fachin, 31.05.2016, *DJe* 21.09.2016.

[15] STJ. AgInt no MS nº 19.524/DF, 1ª Seção, Rel. Min. Regina Helena Costa, 19.10.2021, *DJe* 26.10.2021.

A lei pune com as sanções do inciso I de seu art. 12 a aquisição, por agente público e no exercício e em razão de função pública *lato sensu* (mandato, cargo, função ou emprego públicos), de ativos patrimoniais ou financeiros (bens de qualquer natureza) decorrentes da obtenção de vantagem patrimonial indevida, cujos valores sejam desproporcionais à evolução de seu patrimônio ou de sua renda, assegurando-lhe a demonstração de sua causa lícita. Não exige a lei que o agente pratique quaisquer ações ou omissões com percepção de vantagem patrimonial indevida descritos nas demais figuras do art. 9º. Ou seja, não demanda a lei a vinculação a ato de ofício ou sua abstenção. Além de explicitação da inversão do ônus da prova, agora textualmente imposta ao agente público, sem, no entanto, abolir do órgão de controle a demonstração da desproporcionalidade, a normativa enfocada quando menciona "bens de qualquer natureza, decorrentes dos atos descritos no *caput* deste artigo", não obriga à demonstração de prática ou abstenção de ato de ofício. A locução em cena evidencia, com sua remissão ao *caput* do art. 9º, a necessidade de auferimento doloso de qualquer tipo de vantagem patrimonial indevida no exercício de função pública *lato sensu*. Além disso, basta que o agente público esteja exercendo mandato, cargo, função ou emprego públicos, sendo esse o sentido da expressão "e em razão deles".

Interpretação diversa não se compatibilizaria, ademais, com os compromissos internacionais assumidos. Chama-se a atenção ao disposto na Convenção das Nações Unidas contra a Corrupção, aprovada pelo Congresso Nacional por meio do Decreto Legislativo nº 348, de 18 de maio de 2005, e ratificada em 15 de junho de 2005, objeto do Decreto nº 5.687, de 31 de janeiro de 2006, cujo art. 20 enuncia que

> com sujeição a sua constituição e aos princípios fundamentais de seu ordenamento jurídico, cada Estado Parte considerará a possibilidade de adotar as medidas legislativas e de outras índoles que sejam necessárias para qualificar como delito, quando cometido intencionalmente, o enriquecimento ilícito, ou seja, o incremento significativo do patrimônio de um funcionário público relativos aos seus ingressos legítimos que não podem ser razoavelmente justificados por ele.

Em sentido idêntico labora o art. 9º da Convenção Interamericana contra a Corrupção, que o Congresso Nacional aprovou por meio do Decreto Legislativo nº 152, de 25 de junho de 2002, objeto do Decreto nº 4.410, de 07 de outubro de 2002. Esse preceito apregoa, por sinal, a tipificação dessa figura de enriquecimento ilícito como delito, *in verbis*:

Sem prejuízo de sua Constituição e dos princípios fundamentais de seu ordenamento jurídico, os Estados Partes que ainda não o tenham feito adotarão as medidas necessárias para tipificar como delito em sua legislação o aumento do patrimônio de um funcionário público que exceda de modo significativo sua renda legítima durante o exercício de suas funções e que não possa justificar razoavelmente.

4 Cooperação institucional

Considerando as potencialidades da construção de sistema de controle permanente e eficiente da legitimidade do enriquecimento dos agentes públicos cuja base é a declaração de bens e suas renovações anuais, de incumbência tanto da Administração Pública, no seio do controle interno, quanto do Tribunal de Contas, no âmbito do controle externo, é indispensável que esses organismos, para além de se estruturarem para o desempenho desse encargo, estabeleçam fluxos de comunicação com o Ministério Público, para a tomada de providências, colimando a responsabilização e a punição de agentes públicos, nos termos do inciso VII do art. 9º da Lei da Improbidade Administrativa.

É induvidoso que essa competência constitui dever jurídico e seu exercício deve observar o prazo de prescrição para punição da improbidade. Os elementos captados pelo controle do Tribunal de Contas são uteis e valiosos para o *Parquet* desenvolver seu encargo de combate aos atos de improbidade. Embora a instituição possa instaurar, impulso oficial ou mediante provocação, investigações próprias por meio do inquérito civil, nada obsta que se aproveita dos dados coletados no sistema permanente de controle. Ou seja, se de um lado, há a obrigatoriedade de comunicação ao Ministério Público pelo Tribunal de Contas – e também pela Administração Pública – de situações tipificadas no art. 9º, VII, da Lei nº 8.429/1992, de outro, o *Parquet* tem a prerrogativa de acesso aos resultados desse controle para abastecimento de seu inquérito civil, ainda que isso constitua faculdade, dispensável se ele possuir elementos suficientes para formação de sua convicção responsável, valendo destacar, ainda, que as conclusões do Tribunal de Contas e da Administração Pública não são vinculantes.

Sem prejuízo dessa interface mais orientada por aspectos normativos, seria de bom grado que, sob o signo da cooperação orgânico-institucional, o Ministério Público e o Tribunal de Contas firmassem acordos para implantação de fluxo constante de comunicações.

Referências

BARACHO, José Alfredo de Oliveira. O enriquecimento injusto como princípio geral do Direito Administrativo. *Revista dos Tribunais*, São Paulo, n. 755, set. 1998.

FERREIRA, Wolgran Junqueira. *Enriquecimento ilícito dos servidores no exercício da função*. Bauru: Edipro, 1994.

FIGUEIREDO, Marcelo. *Probidade Administrativa*. 1. ed. São Paulo: Malheiros, 1995.

MARTINS JÚNIOR, Wallace Paiva. *Probidade administrativa*. 4. ed. São Paulo: Saraiva, 2009.

MIRANDA, Francisco Cavalcanti Pontes de. *Comentários à Constituição de 1967*. 3. ed. Rio de Janeiro: Forense, 1987. t. V.

ORTIZ, Carlos Alberto. Improbidade Administrativa. *Cadernos de Direito Constitucional e Eleitoral*, São Paulo, Imprensa Oficial do Estado de São Paulo, n. 28, 1994.

PEREZ, Jesus Gonzalez. *La ética en la Administración pública*. Madrid: Civitas S.A., 1996.

PINTO, Francisco Bilac Moreira. *Enriquecimento ilícito no exercício de cargos públicos*. Rio de Janeiro: Forense, 1960.

Informação bibliográfica deste texto, conforme a NBR 6023:2018 da Associação Brasileira de Normas Técnicas (ABNT):

MARTINS JÚNIOR, Wallace Paiva. Controle da legitimidade do enriquecimento de agentes públicos. *In*: MOTTA, Fabrício; VIANA, Ismar (coord.). *Improbidade administrativa e Tribunais de Contas*: as inovações da Lei nº 14.230/2021. Belo Horizonte: Fórum, 2022. p. 269-282. ISBN 978-65-5518-445-7.

SOBRE OS AUTORES

Aldem Johnston Barbosa Araújo
Advogado. Pós-graduado em Direito Público e pós-graduando em Licitações e Contratos Públicos, e também em Convênios e Parcerias Governamentais.

André Rosilho
Professor da Fundação Getulio Vargas (FGV Direito São Paulo). Coordenador do Observatório do TCU da Fundação Getulio Vargas (FGV Direito São Paulo) + Sociedade Brasileira de Direito Público (SBDP). Doutor em direito pela Universidade de São Paulo (USP). Mestre em direito pela Fundação Getulio Vargas (FGV Direito São Paulo)..

Caio Mário Lana Cavalcanti
Advogado. Bacharel em Direito pela Universidade Federal de Minas Gerais (UFMG). Especialista em Direito Administrativo (tendo recebido o Prêmio de Direito Administrativo Professor Júlio César dos Santos Esteves), em Direito Tributário e em Direito Processual pela Pontifícia Universidade Católica de Minas Gerais (PUC Minas). Especialista em Direito Tributário pela Universidade Cândido Mendes (UCAM). Especialista em Advocacia Pública pelo Instituto para o Desenvolvimento Democrático (IDDE), conjuntamente com o Centro de Direitos Humanos da Faculdade de Direito da Universidade de Coimbra (*Ius Gentium Conimbrigae* – IGC) e com a Faculdade Arnaldo. Especialista em Direito Administrativo, em Direito Público, em Direito Processual e em Direito Constitucional pela Faculdade de Estudos Administrativos de Minas Gerais (FEAD/MG). Especialista em Direito Penal e Processual Penal e em Direito Civil e Processual Civil pela Faculdade Arnaldo. Especialista em Direito Público Aplicado pelo Centro Universitário UNA e pela Escola Brasileira de Direito (EBRADI), conjuntamente com a Escola Superior de Advocacia da OAB/SP (ESAOAB/SP). E-mail: caio@carvalhopereirafortini.adv.br.

Carlos Ari Sundfeld
Professor titular da Fundação Getulio Vargas (FGV Direito São Paulo). Presidente da Sociedade Brasileira de Direito Público (SBDP).

Christianne de Carvalho Stroppa
Doutora e Mestra pela Pontifícia Universidade Católica de São Paulo (PUC-SP). Professora de Direito Administrativo na PUC-SP. Assessora de Controle Externo do Tribunal de Contas do Município de São Paulo.

Cristiana Fortini
Advogada. *Visiting Scholar* pela *George Washington University*. Doutora em Direito Administrativo pela Universidade Federal de Minas Gerais (UFMG). Especialista em Mediação, Conciliação e Arbitragem pelo Instituto para o Desenvolvimento Democrático (IDDE). Professora da Graduação, Mestrado e Doutorado da Universidade Federal de Minas Gerais (UFMG). Professora do Mestrado da Faculdade Milton Campos. Professora Visitante da *Università di Pisa*. Vice-Presidente do Instituto Brasileiro de Direito Administrativo (IBDA). E-mail: cristiana@carvalhopereirafortini.adv.br.

Érika Capella Fernandes
Doutoranda em Direito Político e Econômico na Universidade Presbiteriana Mackenzie. Professora de Direito Administrativo da Universidade de Sorocaba (UNISO). Procuradora do Município de Sorocaba.

Fabrício Motta
Professor permanente do Programa de Pós-Graduação em Direito e Políticas Públicas da Universidade Federal de Goiás (PPGDP-UFG). Conselheiro do Tribunal de Contas dos Municípios do Estado de Goiás (TCM-GO). Doutor em Direito do Estado pela Universidade de São Paulo (USP) e Mestre em Direito Administrativo pela Universidade Federal de Minas Gerais (UFMG). Membro nato do Instituto Brasileiro de Direito Administrativo (IBDA). Membro da Diretoria da ATRICON e do Instituto Rui Barbosa (2022-2024).

Flávio Henrique Unes Pereira
Doutor e Mestre em Direito Administrativo pela Universidade Federal de Minas Gerais (UFMG). Presidente do Instituto de Direito Administrativo do Distrito Federal. Professor do mestrado do IDP-SP. Sócio do Silveira e Unes Advogados.

SOBRE OS AUTORES | 285

Floriano de Azevedo Marques Neto
Professor Titular do Departamento de Direito Público da Faculdade de Direito da Universidade de São Paulo (USP), na área de Direito Administrativo. Doutor e livre-docente em Direito Público pela Universidade de São Paulo (USP). Professor visitante da Universidade Federal Fluminense; da Universidade Católica de Lisboa; da Escola Superior de Negócios (ESAN), Perú; e da Universidad Externado de Colombia. Autor de vários livros individuais e em coautoria, além de mais de duzentos artigos acadêmicos publicados em revistas especializadas.

Henrique Pandim Barbosa Machado
Doutorando em Direito pela Universidade de Coimbra, Portugal. Mestre em Direito, Relações Internacionais e Desenvolvimento pela Pontifícia Universidade Católica de Goiás (PUC Goiás). Procurador-Geral do Ministério Público junto ao Tribunal de Contas dos Municípios do Estado de Goiás.

Irene Patrícia Nohara
Livre-Docente e Doutora em Direito do Estado pela Universidade de São Paulo (USP). Professora-Pesquisadora do Programa de Direito Político e Econômico da Universidade Presbiteriana Mackenzie. Advogada Parecerista e Gestora do Site www.direitoadm.com.br.

Ismar Viana
Doutorando em Direito Administrativo pela Pontifícia Universidade Católica de São Paulo (PUC-SP). Mestre em Direito (UNIT/SE). Especialista em Direito Administrativo; em Direito Educacional e em Combate à corrupção: prevenção e repressão a desvios de recursos públicos. Membro do Grupo de Pesquisa "Constitucionalismo, Cidadania e Concretização de Políticas Públicas" da Universidade Federal de Sergipe (UFS) e do Instituto de Direito Administrativo Sancionador Brasileiro (IDASAN). Auditor de Controle Externo. Professor. Advogado. Presidente da Associação Nacional dos Auditores de Controle Externo dos Tribunais de Contas do Brasil (ANTC).

Luciano Ferraz
Advogado e Consultor de entidades públicas e privadas. Pós-doutorado em Direito pela Universidade Nova de Lisboa. Doutor e Mestre em Direito Administrativo pela Universidade Federal de Minas Gerais (UFMG). Professor Associado III de Direito Administrativo na UFMG. Professor Adjunto III de Direito Administrativo e Financeiro da PUC Minas.

Marcelo Harger

Advogado em Santa Catarina. Pós-graduado em processo civil pela Pontifícia Universidade Católica do Paraná (PUCPR). Mestre e Doutor em Direito Público pela Pontifícia Universidade Católica de São Paulo (PUC-SP).

Márcio Cammarosano

Professor nos cursos de graduação e pós-graduação da Pontifícia Universidade Católica de São Paulo (PUC-SP). Ex-Presidente do Instituto Brasileiro de Direito Administrativo (IBDA). Presidente do Centro de Estudos de Direito e Desenvolvimento do Estado (CEDDE). Advogado e Parecerista em São Paulo.

Marcos Nóbrega

Professor Adjunto de Direito da Faculdade de Direito do Recife (UFPE). Doutor em Direito pela Universidade Federal de Pernambuco (UFPE). *Visiting Scholar* na Harvard Law School, Harvard Kennedy School of Government e Massachusetts Institute of Technology (MIT). Conselheiro Substituto do Tribunal de Contas de Pernambuco (TCE-PE).

Matheus Jasper Soares Nangino

Pós-graduado em Direito Administrativo pela Faculdade Focus. Bacharel em Direto pelo Instituto Brasileiro de Ensino, Desenvolvimento e Pesquisa (IDP); em Jornalismo e em Relações Públicas pela Universidade Federal de Minas Gerais (UFMG). Foi assessor parlamentar no Senado Federal. Advogado.

Newton Antônio Pinto Bordin

Graduado em Direito pela Pontifícia Universidade Católica de São Paulo (PUC-SP). Assessor Jurídico do Tribunal de Contas do Município de São Paulo. Advogado.

Odilon Cavallari

Doutorando em Direito pelo Centro Universitário de Brasília (CEUB). Mestre em Direito Constitucional pelo Instituto Brasiliense de Direito Público (IDP). Professor convidado do IDP e da Universidade de Brasília (UnB), em cursos de pós-graduação *lato sensu*. Auditor Federal de Controle Externo e Assessor de Ministro do Tribunal de Contas da União. Advogado.

Ricardo Alberto Kanayama

Mestre em Direito e Desenvolvimento pela Fundação Getulio Vargas (FGV Direito São Paulo). Bacharel em Direito pela Universidade Federal do Paraná (UFPR). Pesquisador do Observatório do TCU da FGV Direito SP + SBDP.

Wallace Paiva Martins Júnior

25º Procurador de Justiça da Procuradoria de Justiça de Interesses Difusos e Coletivos e Subprocurador-Geral de Justiça Jurídico (MPSP). Bacharel em Direito, Mestre e Doutor em Direito do Estado pela Universidade de São Paulo (USP). Professor nos cursos de graduação (Direito Administrativo) e pós-graduação *stricto sensu* (Direito Ambiental) da Faculdade de Direito da Universidade Católica de Santos (UNISANTOS).

Esta obra foi composta em fonte Palatino Linotype, corpo 10
e impressa em papel Offset 75g (miolo) e Supremo 250g (capa)
pela Gráfica Formato.